Politische Vierteljahresschrift

	Zeitschrift der Deutschen Vereinigung für Politische Wissenschaft (Zitierweise PVS)
Gegründet	im Auftrag der Vereinigung von Karl Dietrich Bracher, Gert von Eynern, Otto Heinrich von der Gablentz†, Gerhard Leibholz†, Dolf Sternberger
Herausgegeben	vom Vorstand der Deutschen Vereinigung für Politische Wissenschaft
Redaktion	Prof. Dr. Iring Fetscher, Frankfurt a. M. in Verbindung mit Dr. Herfried Münkler, Frankfurt a. M.; Prof. Dr. Gerd Junne, Amsterdam; Prof. Dr. Manfred G. Schmidt, Berlin
Anschrift und Geschäftsführung der Redaktion	Prof. Dr. Manfred G. Schmidt, Freie Universität Berlin, Fachbereich Politische Wissenschaften, Ihnestr. 21, D-1000 Berlin 33, Tel. 030/838-23 30; Albert Eckert (Redaktionsassistent), Tel. 030/838-62 66
PVS-Literatur	Dr. Herfried Münkler, J. W. Goethe-Universität, Fachbereich Gesellschaftswissenschaften, Abt. Institutionen und soziale Bewegungen, Senckenberganlage 13–17, D-6000 Frankfurt/Main, Tel.: 069 / 798-20 45.

	Gremien der Deutschen Vereinigung für Politische Wissenschaft
Vorstand	Prof. Dr. Hans-Hermann Hartwich (Vorsitzender), Hamburg; Prof. Dr. Beate Kohler-Koch (Stellvertreterin), Darmstadt; Prof. Dr. Franz Lehner (Stellvertreter), Bochum; Prof. Dr. Gerhard Göhler, Berlin; Prof. Dr. Gerhard Lehmbruch (IPSA-Vertreter), Konstanz; Prof. Dr. Frieder Naschold, Berlin; Prof. Dr. Heribert Schatz, Duisburg; Prof. Dr. Adrienne Windhoff-Héritier, Konstanz.
Geschäftsführung	Stephan von Bandemer, Allende-Platz 1, D-2000 Hamburg 13, Tel. 040/41 23-24 25
Beirat	Prof. Dr. Udo Bermbach, Hamburg; Prof. Dr. Bernhard Blanke, Hannover; Prof. Dr. Jürgen Fijalkowski, Berlin; Prof. Dr. Michael Th. Greven, Marburg; Prof. Dr. Martin Jänicke, Berlin; Prof. Dr. Karlheinz Reif, Bamberg; Dr. PD Georg Simonis, Konstanz; Dipl.-Pol. Barbara Sindermann, Düsseldorf; Dr. Michael Strübel, Heidelberg.

Bezugsbedingungen 1986: Jährlich erscheinen 4 Quartalshefte der PVS, 2 Hefte der PVS-Literatur und 1 Sonderheft. Jahresumfang ca. 670 S. Einzelheft DM 19,–, Jahresabonnement DM 96,–, ermäßigter Abonnementpreis für Studierende mit Studienbescheinigung DM 67,– (jeweils zuzüglich Versandkosten). Die Bezugsgebühren enthalten den gültigen Mehrwertsteuersatz.
Das Sonderheft des laufenden Jahrgangs wird je nach Umfang berechnet und den Jahresabonnenten bei Bezug im Jahr des Erscheinens zu einem Vorzugspreis geliefert.
Abbestellungen müssen spätestens 3 Monate vor Ende des Kalenderjahres schriftlich erfolgen.
Druck: Lengericher Handelsdruckerei, Lengerich
Verlag: Westdeutscher Verlag GmbH, Postfach 58 29, D-6200 Wiesbaden 1, Telefon: Vertrieb (06121) 160225 / Anzeigen (06121) 160220. Geschäftliche Zuschriften, Anzeigenaufträge usw. nur an den Verlag.

Redaktionelle Zuschriften werden an die PVS-Redaktion, Büchersendungen und Rezensionen an die Redaktion der PVS-Literatur erbeten.
Es gilt die Anzeigenpreisliste vom 1. Januar 1986.
Die mit dem Verfassernamen gekennzeichneten Beiträge geben nicht in jedem Fall die Meinung der Redaktion oder der Herausgeber wieder.
Die Verfasser sind verantwortlich für die Richtigkeit der in ihren Beiträgen mitgeteilten Tatbestände.

ISSN 0720-7182

ISBN 978-3-531-11830-7   ISBN 978-3-663-11075-0 (eBook)
DOI 10.1007/978-3-663-11075-0

Politische Vierteljahresschrift   Sonderheft 17/1986

Deutsche Vereinigung für Politische Wissenschaft

Politikwissenschaft in der Bundesrepublik Deutschland

Entwicklungsprobleme einer Disziplin

Herausgegeben von Klaus von Beyme

Springer Fachmeien Wiesbaden GmbH

CIP-Kurztitelaufnahme der Deutschen Bibliothek

**Politikwissenschaft in der Bundesrepublik
Deutschland:** Entwicklungsprobleme e.
Disziplin / [Dt. Vereinigung für Polit. Wiss.].
Hrsg. von Klaus von Beyme. — Opladen:
Westdeutscher Verlag, 1986.
  (Politische Vierteljahresschrift:
  Sonderheft; 17)

NE: Deutsche Vereinigung für Politische
Wissenschaft; Beyme, Klaus von [Hrsg.];
Politische Vierteljahresschrift / Sonderheft

Gesamtherstellung: Lengericher Handelsdruckerei, Lengerich

ISBN 978-3-531-11830-7   ISBN 978-3-663-11075-0 (eBook)
DOI 10.1007/978-3-663-11075-0

Inhaltsverzeichnis

Vorwort des Herausgebers

Die Idee zu diesem Band über „*the state of the discipline*" wurde auf einer Vorstandssitzung der Deutschen Vereinigung für Politische Wissenschaft geboren. Anregungen aus dem Ausland spielten eine Rolle. 1982 wurde das erste internationale Handbuch zum Stand der Disziplin herausgegeben (*Andrews*, 1982). In Amerika (*Finifter*, 1983) und Italien (*Arculeo* u. a., 1984) sind flächendeckende Analysen zur Disziplin in einem Lande erschienen. Die Relevanz der Politikwissenschaft wurde ein immer wichtiger Bestandteil der Programmplanung der Weltkongresse der International Political Science Association (Paris, 1985; Washington, 1988).

Ein deutsches Gegenstück mußte versuchen, aus den Unzulänglichkeiten dieser Vorbilder zu lernen. Die meisten Überblicke schildern die Entwicklung des Faches, aufgeteilt in seine Unterdisziplinen. Dies war im zweiten Teil auch für Deutschland unerläßlich. Im Gegensatz zu den ausländischen Vorbildern werden hier jedoch systematische Beiträge zu Problemen der Durchsetzung des neuen Faches in einem ersten Teil an den Anfang gestellt und nicht nur sporadisch eingestreut wie im Lagebericht der American Political Science Association von 1983. Dafür gibt es mehrere Gründe.

1. Die deutsche Politikwissenschaft entstand nach dem Krieg in einer einmaligen politischen Situation. *Politische Faktoren* beeinflußten die Entstehung des Faches, der Institute, der politischen Zeitschriften und des wissenschaftlichen Fachverbandes mehr als in jedem anderen Land (vgl. *Mohr*). Die Verarbeitung der *historischen Erfahrungen* durch die Wissenschaftler im Fach Politikwissenschaft hatte ebenfalls einen Einfluß auf die inhaltliche Entwicklung der Disziplin wie in keinem anderen westlichen Land (vgl. *Günther*).

2. In Amerika scheint es weniger Anlaß zu geben, über die *Relevanz der Disziplin in der Gesellschaft* nachzudenken. Die Nachfrage nach dem Studium wird offenbar weitgehend als Beantwortung der möglichen Frage angesehen. In Deutschland hingegen ist das Laufbahndenken so tief verwurzelt, daß Fächer sich auch in ihrer Nützlichkeit in den verschiedenen Berufskarrieren bewähren müssen. In Amerika wird das Studium der Politikwissenschaft zudem häufig mit weiterführenden Studien in karriereaussichtsreichen Fächern wie Rechtswissenschaft und *business schools* kombiniert, so daß ein größerer Teil der Studenten das Fach nur als propädeutisches kennenlernt als bei uns. Angesichts der großen Zahl der Absolventen der *école des sciences politiques* in Paris, die sich am *concours* für den Eintritt in die ENA bewerben, gilt ähnliches für Frankreich. Der Zugang zur praktischen Politik durch Karrieren in der staatlichen Verwaltung (vgl. *Grottian* in diesem Band) und bei den Lehrenden in der Politikberatung ist angesichts der Tradition der skeptischen Distanz zwischen Geist und Macht in Deutschland eher schwieriger als in anderen Ländern. Kein Zufall, daß auch die Fragen der Politikberatung in einer deutschen Analyse einen gewichtigeren Platz einnehmen (vgl. die Beiträge von *Ellwein, Jann, Sturm* und *Landfried*), da die Penetration des staatlichen Systems durch Politikwissenschaftler vergleichsweise gering ist.

3. Die Durchsetzung neuer Disziplinen ist nicht zuletzt abhängig vom Ausgang der *„Verteilungskämpfe"* um *Forschungsmittel.* In Amerika ist die Mäzenatenlandschaft zu komplex, um diesen Bereich transparent zu machen. In Deutschland hingegen kann die Analyse der Mittelvergabepolitik durch die Deutsche Forschungsgemeinschaft im Vergleich mit anderen Fächern ohne allzu großen Aufwand wertvolle Einsichten vermitteln (vgl. *Hartmann/Neidhardt*).

4. In Amerika spielen neben der Analyse der Unterdisziplinen des Fachs die Reputationsanalysen die größte Rolle. Im Gegensatz zu Amerika mit seiner scharfen Konkurrenz um gute Studenten ist das *ranking* von Departments bei uns weniger möglich (vgl. *Turner,* 1986) als die Reputationsanalyse von einzelnen Wissenschaftlern. Sie ist sicher der kontroverseste Teil der Analyse. Nicht nur aus methodischen Gründen wie in Amerika (vgl. *Parenti,* 1983) und Großbritannien (vgl. „Politics" in: Times Higher Education Supplement, 5. 8. 1983) gegen die jeweils vorliegende Analyse, sondern vielfach aus grundsätzlichen Erwägungen. Der geringe Grad der Paradigmengemeinschaft (vgl. *Hartmann/ Neidhardt*) ist sicher ein Grund dafür, auch wenn *Honolka* geringere metatheoretische und wissenschaftspolitische Einfärbungen der Urteile fand, als mancher erwartet hatte. „Wir sind hier nicht in Amerika" lautete eine Begründung für die Weigerung, den Reputationsteil des Fragebogens auszufüllen. Der Herausgeber dieses Bandes gesteht zu, daß er die Frage nach den 5 wichtigsten Vertretern auch nicht ausgefüllt hat, weil er mit den Schwierigkeiten einer gerechten Beurteilung im Verhältnis von Generationen (die ältesten und die jüngeren Kollegen kommen dabei regelmäßig zu schlecht weg) und Unterdisziplinen nicht fertig wurde (die internationale Politik z. B. führt ein so starkes Eigenleben, daß sie im Gesamttopf der Reputation von der Mehrheit derer, die auf diesem Feld nicht zu Hause sind, vergleichsweise zu schwach bewertet wird). Besonders unangenehm bleibt für den Herausgeber das Ergebnis der Umfrage im Lichte der „parasitären Publizität", die er selbst als Briefanlaufadressse und Vorsitzender der IPSA im Untersuchungszeitraum gehabt hat und die er in fahrlässiger Naivität nicht antizipierte. Als Trost bleibt ihm, daß vor allem er sich dafür einsetzte, daß – über die amerikanischen Paralleluntersuchungen hinaus – die Reputationsanalyse in den Unterdisziplinen durchgeführt wurde, wo sie zu wesentlich weniger fragwürdigen Ergebnissen führen kann.

Aber auch hier sind die Warnungen vor verzerrenden Einschätzungen für künftige Untersuchungen schon jetzt angebracht: Alle, die den Fragebogen angesehen hatten, haben nicht genügend vorausgesehen, daß viele Kollegen auch notorische Nichtpolitikwissenschaftler nennen werden, während andere vermutlich gelegentlich ihre Erstpräferenz zugunsten einer reinen Politologenliste zurückstellten. In Amerika war hier wenig zu lernen. Das Fach ist dort so stark professionalisiert, daß Vertreter anderer Fächer sich entweder zum Politikwissenschaftler mausern (z. B. *Downs, Lipset*) oder in der Reputationsanalyse ungerechterweise nicht auftauchen (z. B. *Mancur Olson*). Besonders in der politischen Theorie führt dieses Problem in Deutschland zu unhaltbaren Ergebnissen. Aber auch die Ergebnisse in der Zeitgeschichte oder der Verwaltungsforschung sind stark davon beeinflußt, ob die Kollegen der Nachbardisziplinen eingeschlossen oder ausgeschlossen werden. Ein amerikanischer Lösungsversuch, Nichtpolitologen nachträglich von der Liste der Nennungen zu streichen (zit. in *Finifter,* 1983, 107), kann aus Gründen der intellektuellen Redlichkeit nicht zur Nachahmung empfohlen werden, zumal er vor allem die Linke betraf (z. B. *Marcuse, C. W. Mills*).

Künftige Reputationsanalysen werden sich auf wenige Problembereiche beschränken und zu einzelnen Themen noch differenziertere Fragebögen vorlegen müssen. Rangeinschätzungen an sich sind wenig aussagekräftig. Bedeutsam werden sie vor allem zur Kontrolle von Aussagen über theoretisch-methodische Präferenzen. Als Hilfsmittel einer Analyse der Bestimmungsgründe von Plazierungen können sie sogar für die allgemeine Wissenschaftssoziologie von Bedeutung werden. Für Amerika sind Faktoren wie innovative Forschung, Originalität der Theoriebildung, Ansehen durch Lehrbücher und *comprehensive Studies* oder Wertschätzung aufgrund außeruniversitärer Aktivitäten in Medien und in der Politik untersucht worden (*Somit/Tanenhaus, 1964*), für Deutschland hingegen noch nicht.

Verbales Verhalten der Interviewten – ausgedrückt im *ranking* – und tatsächliches Verhalten – ausgedrückt in der Häufigkeit, mit der die wissenschaftlichen Ergebnisse laut *citation index* eines Reputierten zur Kenntnis genommen werden – klaffen erfahrungsgemäß auseinander. Der Ranghöchste im Zitierindex (*Lipset*) hatte in den 70er Jahren keinen der ersten zehn Ränge in der Reputationsliste inne (*Finifter, 1983, 106 f.*). Für Deutschland mußte ein solcher Kontrollvergleich vorerst unterbleiben, weil der internationale Zitierindex dem deutschen Sprachraum kaum gerecht wird und die wenigen Politologen begünstigt, die überwiegend englisch publizieren.

Reputation ist offenbar häufig nicht in erster Linie auf theoretisch innovative Beiträge gegründet, wie ein weit verbreitetes Wissenschaftsideal suggerieren könnte. In amerikanischen Untersuchungen gibt es bei den Highscorern in den Zitier- und Reputationsskalen häufig eine Kluft zu den Spitzenreitern der innovativen theoretischen Leistung. Im Lichte dieser Kluft ist die vielbeschworene „Sichtbarkeit in der Profession" keineswegs der höchste Wert. Sie dient jedoch offenbar der Findung eines Minimalkonsenses in einer fragmentierten Disziplin. Aus den völlig unplausiblen Ergebnissen der Umfrage im Bereich der politischen Theorie würde ich einen anderen Schluß als *Honolka* ziehen. Gerade in diesem Kernbereich der Disziplin, die dem metatheoretischen Selbstverständnis und dem Kredo eines jeden Politikwissenschaftlers am nächsten steht, offenbart sich der Mangel an Paradigmengemeinschaft: Die *Habermas-Luhmann*-Debatte endet gleichsam als Remis-Spiel. Originelle Positionen, wie sie *Offe* und *Hennis* vertreten, werden völlig unterbewertet im Vergleich zu einem Autor – als ich-schonendes Interpretationsmuster empfiehlt sich meist ein Zitat – „whose contribution has been that of systematizing a new field in the discipline" (2. Bestimmungsgrund der Reputationseinschätzungen bei *Somit/ Tanenhaus, 1964, 68*). *Honolka* macht geltend, daß in Amerika die Punktzahlen für die Spitzenreiter der Reputationsskala geringer seien als bei uns. Dies erklärt sich nicht durch größeren inhaltlichen Dissens als er bei uns besteht, sondern durch die Unübersichtlichkeit einer sehr viel größeren und ausdifferenzierten Disziplin, durch die starke Hierarchisierung der Hochschulen in Amerika und die Tendenzen zum Blockvoting ganzer Departments bei Reputationsfragen. In Deutschland kann man sich gerade im Bereich der politischen Theorie noch weniger auf die „*rare idea men*" einigen als in Amerika (1. Bestimmungsgrund für Reputationszumessung bei *Somit/Tanenhaus, 1964, 67*). Katalysatoren und „*organization men*" (3. Kategorie) kommen daher in vielen Unterdisziplinen zu gut weg, nicht weil großer Konsens herrscht, sondern weil man im Dissens den kleinsten gemeinsamen Nenner sucht.

Auch auf dem Gebiet der Politikberatung sind die Autoren noch vor Erscheinen ihres Bandes klüger geworden. War der Fragebogen im Abschnitt *Landfried* weniger nach chronologischen Epochen ausdifferenziert als im Abschnitt *Honolka*, ist der Schaden, der daraus entstand, gleichwohl gering. Die subjektive Einschätzung der wichtigsten Politologen in der Politikberatung war durch objektive Daten über tatsächliches Engagement in diesem Bereich überprüfbar. Daß beide Datengruppen zur Kongruenz neigen, zeigt einmal mehr, daß Umfragen nicht nur irrelevantes subjektives Meinen zutage fördern. Im Vergleich zur Anwendungsforschung wird es das Hauptmanko der Reputationsstudien für immer bleiben, daß es objektive Kontrollkriterien zur Überprüfung der Urteile in Reputationsfragen nicht geben kann. Daher ist es wahrscheinlich, daß die Reputationsanalyse „everyone's favorite controversy" (*Parenti*, 1983) bleiben wird, selbst wenn die Analyseinstrumente verfeinert und *„unobtrusive measures"* besser als bei diesem Versuch sichergestellt werden.

Das lobenswerte Bemühen um Vergleichbarkeit der deutschen Befunde mit Untersuchungen für Amerika (*Falter* u. a., 1987) hat einen Preis gehabt, den die Komparatistik nicht selten zahlen muß: Simplifizierung der Fragestellung zur Wahrung der transnationalen Vergleichbarkeit. Dennoch bleiben Versuche, mit neuen Ansätzen die Geschichte der Disziplin in Deutschland anzugehen, hoffentlich auch dann diskussionswürdig, wenn selbst bei den Autoren noch nicht die letzten Zweifel über die Brauchbarkeit aller Ergebnisse ausgeräumt sind. Das gilt unter der Voraussetzung, daß die *scientific community* sich auf den Satz eines Standardwerkes der Surveyforschung als Minimalkonsens einigen kann: *„the goal of science is the education of the scientist"* (*Barnes/Kaase*, 1979, 9).

Literaturverzeichnis

Andrews, William G. (Hrsg.), 1982: International Handbook of Political Science. Westport/Conn., Greenwood.

Arculeo, A., u. a., 1984: La scienza politica in Italia: Materiali per un bilancio. Mailand, Franco Angeli.

Barnes, Samuel/Kaase, Max, u. a., 1979: Political Action. London, Sage.

Finifter, Ada W. (Hrsg.), 1983: Political Science. The State of the Discipline. Washington, American Political Science Association.

Falter, Jürgen/Honolka, Harro/Ludz, Ursula, 1987: Die Entwicklung der politischen Theorie in den Vereinigten Staaten 1950–1980. Eine empirische Analyse. Opladen, Westdeutscher Verlag.

Parenti, Michael, 1983: The State of the Discipline: one Interpretation of Everyone's Favorite Controversy. PS, Spring, S. 189–196.

Robey, J. S., 1982: Reputations vs. Citations: Who are the Top Scholars in Political Science? PS, 15, S. 199–200.

Somit, Albert/Tanenhaus, Joseph, 1964: American Political Science. A Profile of a Discipline. New York, Atherton.

Turner, George, 1986: Wo ist der Champion? Seriöse Bestenlisten gibt es bisher nicht. Die Zeit, Nr. 11, S. 49.

I. Die Entwicklung der Politikwissenschaft in der Nachkriegszeit

Die deutsche Politikwissenschaft im internationalen Vergleich

Klaus von Beyme

Die meisten bisherigen Versuche einer Darstellung der Disziplin „Politikwissenschaft" in Deutschland kranken daran, daß sie die allgemeine Wissenschaftssoziologie ausblenden und in Larmoyanz ohne Vergleichsmaßstäbe über das Fach räsonieren. Die Vergleichsmaßstäbe, die einen guten Teil der üblichen Selbstanklagen relativieren, lassen sich aus dem Vergleich mit anderen Disziplinen oder aus dem Vergleich mit der Entwicklung des Faches in anderen Ländern gewinnen. Eine angemessene Darstellung muß zwischen zwei Extremen hindurchzusteuern versuchen: der Annahme einer übertriebenen Wichtigkeit der inhaltlich-theoretischen Probleme eines Faches, wie sie in der Politikwissenschaft überwiegt, und dem Hinwegräsonieren über die Inhalte eines Faches, wie es bei der allgemeinen Wissenschaftssoziologie gelegentlich anzutreffen ist.

Immerhin zeigt die historisch-vergleichende Wissenschaftsgeschichte, daß die Politikwissenschaft kein einmaliger Fall ist. Selbst Naturwissenschaften, wie die Agrarbiologie, sind durch politisch motivierte Förderungsschübe durchgesetzt worden. In einem Fach, das wie die Politikwissenschaft aus mehreren Wissenschaften ausdifferenziert wurde, läßt sich allerdings nicht, wie in der Agrarchemie ein einzelner Forscher – etwa Justus von Liebig – nennen, der den Prozeß in Gang brachte und hochschulpolitisch durchsetzte. Die allgemeine Dynamik der Entwicklung von wissenschaftlichen Disziplinen ist auf wenige Stadien reduziert worden: (1) *experimenteller Empirismus,* mit dem Vorrang der Entdeckung vor der Erklärung, (2) die Phase der *Konzeptualisierungsstrategie,* in der Klassifikationen und Modellbildung überwiegen, (3) die Phase der großen *theoretischen Erklärungsversuche,* (4) die Entwicklung zur „normal science" bei Festigung eines Paradigmas, das nur noch gelegentlich modifiziert wird, und (5) schließlich die Periode der *Finalisierung* der Wissenschaft, welche die von außen definierten Problemfelder auf der Basis allgemein anerkannter Theorien als Forschungsgebiet akzeptiert (*van den Daele/Weingart,* 1976, 253).

Es ist nicht einfach, die Politikwissenschaft heute in eines der Stadien zu pressen. Die Linnésche Klassifikationswut, die anfangs in der vergleichenden Regierungslehre herrschte, ist sicher überwunden, und der Standort könnte zwischen dem 3. und 4. Stadium angesetzt werden. Aber es bleibt zweifelhaft, ob der Schritt von der 4. auf die 5. Stufe zwingend ist. Es besteht ohnehin die Gefahr, daß „normal science" allzusehr mit den Maßstäben eines von *Popper* geprägten theoretischen Bilderverbots definiert wird, das ganz auf „Stückwerktechnologie" geeicht ist. Andererseits wird das Finalisierungskonzept eher von normativ-kritischen Forschern angenommen werden als vom Mainstream der Empiriker, für die der Kritische Rationalismus wenigstens implizit als gesunkenes Kulturgut forschungsanleitend geworden ist. Gibt es überhaupt einen generalisierbaren Ablauf von Wissenschaftsentwicklung? Auch andere Disziplinen, die längst „normal science" geworden zu sein schienen, wie Anthropologie und Soziologie, haben Renaissancen der großen Theorie erlebt (vgl. *Skinner*, 1985).

Ein zu stark generalisierender wissenschaftssoziologischer Ansatz droht den Sinn für die nationalen Unterschiede in der Entwicklung von Disziplinen zu verlieren. Bei den stark von politischen und sozialen Prozessen determinierten Fächern der Sozialwissenschaften sind nationale Traditionen wie mittel- und kurzfristige Einwirkungen von Staat und Gesellschaft naturgemäß noch größer als bei anderen Fächern. Andererseits hat die Selbstbespiegelung im Fach Politikwissenschaft in Deutschland die spezifisch deutschen Determinanten der Entwicklung des Faches überbetont.

Kaum ein anderes Fach ist so stark hin und her gerissen zwischen den langfristigen Determinanten der Wissenschaftsorganisation und der Denktradition eines Landes einerseits und den mittel- und kurzfristigen Wirkungen politischer Entwicklungen auf das Fach wie die Politikwissenschaft andererseits. Daher schwanken die Interpretationen der Geschichte der Disziplin zwischen den Extremen der langfristigen Erklärung sozial bedingter und politisch stabilisierter Denktraditionen und der kurzfristigen Erklärung aus singulären politischen Umständen. Die beiden umfangreichsten Interpretationen der Geschichte des Faches, die Ende der 70er Jahre entstanden, betonen die mittelfristigen Wirkungen auf die Lage der Politikwissenschaft. *Arndt* (1978, 110) erklärt die Entwicklung der Disziplin aus der „Lagevergessenheit der Deutschen": „Die Besiegten von 1945 haben nicht ihre Politologie bekommen". Bei *Kastendiek* (1977) überwiegen gesellschaftspolitische Erklärungsmuster. Beiden gemeinsam ist eine starke Deutschlandzentriertheit des Blickwinkels. Erst der transnationale Theorievergleich kann zeigen, was spezifisch deutsche Entwicklung ist und welche Trends der Entwicklung der Disziplin generell zugrunde liegen. Trotz des Versuches, die beiden Analysen bei *Arndt* und *Kastendiek* auf griffige Antithesen zu bringen, wie „Froschperspektive" und „Vogelperspektive", „Logik der Sache" und „Sache der Logik" (*Mohr*, 1985, 8) haben die beiden Interpretationen weit mehr Gemeinsamkeiten, als die großen Unterschiede der metatheoretischen Positionen der beiden Verfasser vermuten lassen.

Beide werfen der deutschen Politikwissenschaft ihren ahistorischen Charakter vor (*Kastendiek*, 1977, 14), beide aber setzen ihre Erklärung historisch erstaunlich kurzfristig an und verfehlen partiell, die Zusammenhänge mit ihrem jeweils angenommenen Movens der Entwicklung (Niederlage 1945 – sozio-ökonomischer Wandel der Bundesrepublik) hinreichend plausibel werden zu lassen. Beide müssen eine Art Generationentheorie für diffizilere Erklärungen einsetzen; der eine durch strategisch motivierte Cliquen, die langsam die Macht übernahmen (*Arndt*, 1978, 196), der andere den Impetus neuer sozialer Bewegungen. Erstaunliche Konstanten im Denkstil der deutschen Sozialwissenschaften entgehen damit beiden, zumal die zweite Generation diese Konstanten eher wieder verstärkte. Beide Analysen haben wichtige Bewegungsmomente der Disziplin herausgearbeitet, beide aber haben vorwiegend im Bereich der mittelfristigen Determinanten der Entwicklung gearbeitet.

Die Geschichte des Faches ist widersprüchlich, wie die Geschichte Westdeutschlands selbst. Lang-, mittel- und kurzfristige Wirkungen haben das Bild der jungen Disziplin geformt. Generationen können diesen Wandel allenfalls exemplifizieren, nicht jedoch erklären. Als geschlossene Akteure traten die Generationen zudem nicht auf, weil die polarisierende Wirkung, etwa der Studentenrevolte, die zweite Generation von Politikwissenschaftlern – manchmal innerhalb der gleichen Schule – stark polarisierte, so daß wenigstens zeitweilig schwer nachzuvollziehen schien, daß *Krippendorff* wie *Steffani Fraenkel*-Schüler, *Sontheimer* wie *Maier Bergstraesser*-Schüler, *Bermbach* wie *Domes Sternberger*-Schüler waren. Gegen die Debatten dieser zweiten Generation, die in seltsamer Zeitzündung sogar die Einheit der wissenschaftlichen Vereinigung spalteten, haben sich Debatten der Gründergeneration zwischen *Fraenkel* und *Abendroth* friedlich, wie eine Familien-Geburtstagsfeier ausgenommen.

Die Suche nach dem Movens der Entwicklung in der Disziplin wird mehrere Ebenen der Einwirkung unterscheiden müssen.

1. *Langfristige Wirkungen* gingen von Wissenschaftstraditionen und Denkstilen aus, die durch frühe Weichenstellungen im deutschen Universitätssystem geformt worden sind.
2. *Mittelfristige Wirkungen* lagen in der Abgrenzung und Durchsetzung eines neuen Faches im Kreise der etablierten Nachbarwissenschaften und in der dominierenden Rolle der amerikanischen Politikwissenschaft.
3. *Kurzfristige Wirkungen* schließlich sind bei aktualitätsbezogenen Sozialwissenschaften vom politischen System, seinen Anforderungen, Moden und Tendenzwenden und seinen Eingriffen in das Universitätssystem ausgegangen.

1. Für den ersten Ansatz, der Erklärung von Disziplingeschichte aus nahezu unwandelbaren intellektuellen Traditionen und Denkstilen hat *Galtung* (1983) ein möglicherweise nicht ganz ernstgemeintes Beispiel gegeben. In seiner Idealtypenkonstruktion ist der teutonische intellektuelle Stil – mit Zentrum an den kleineren deutschen Traditionsuniversitäten, wie Marburg, Heidelberg oder Tübingen – durch die Neigung zu starker Theoriebildung bei schwacher Daten- und Thesenproduktion herausgebildet worden. Der Stil der wissenschaftlichen Auseinandersetzungen wird – vor allem im Vergleich zum angelsächsischen Stil – als autoritär, darwinistisch, gesprächsunbereit und lernunfähig charakterisiert. Die Entstehung eines weltweiten intellektuellen Stils wird noch in Abrede gestellt. Aber wo Computer vordringen, dringt auch der datenreiche und theoriearme Wissenschaftsstil der Angelsachsen vor.

Wenn diese Typologie mehr als eine geistreiche Spielerei auf der unhistorischen Basis der Annahme ewiger Nationalcharaktere sein soll, müssen die sozialen Bedingungen der Entstehung und des Fortlebens solcher intellektueller Traditionen analysiert werden.

Der von *Arndt* so beredt vorgetragene Vorwurf der lagevergessenen Ungeschichtlichkeit der Deutungen in der Politikwissenschaft fällt auf den Autor zurück. Seine eigene Analyse greift historisch gesehen erstaunlich kurz, wenn alles auf 1945 reduziert wird. Wenn eine militärische Niederlage auf die Entwicklung der deutschen Politikwissenschaft fortwirkte und einen typisch deutschen Denkstil – getragen von einem eigenen Verständnis von Wissenschaft in der Gesellschaft – bis heute prägt, so ist es die Niederlage von Jena 1806. Die Antwort der Verlierer war häufig eine geistige: In Preußen die Gründung der Universität Berlin und die Grundlegung der Tradition der Humboldtschen Universität, die in den 1870er Jahren als vorbildlich galt, von Rußland bis Amerika. Diese Universität war gekennzeichnet durch den Primat der Philosophie. Als Deutungswissenschaften haben die in der Philosophischen Fakultät zusammengeschlossenen Fächer in Deutschland eine Rolle gespielt, die weder in der angelsächsischen noch in der französischen mehr denkbar war. In

Frankreich hat die Soziologie in der Dritten Republik nur halb erfolgreich versucht, diese Rolle zu spielen (*Lepenies*, 1985, 57 ff.). Widerstrebend gründeten die Anhänger der neuen Republik, wie *Renan, Taine* und *Boutmy*, eine freie Schule für „sciences politiques". Sie hätten es vorgezogen, die Universität nach deutschem Muster zu reformieren, glaubten aber, zu eiligem Handeln gezwungen zu sein, um der anfangs gefährdeten Dritten Republik rasch die nötigen loyalen Kader zu sichern.

Die deutsche Universität wurde nach 1945 nicht grundlegend reformiert. Die Theorielastigkeit des teutonischen Denkstils blieb in vielen Geistes- und Sozialwissenschaften erhalten. Kein Wunder, daß sie in einem neuen Fach, das gerade die normativ räsonierenden Köpfe vieler Nachbardisziplinen anzog, besonders stark erschien. Die Bedingungen dieser deutschen Sonderentwicklung – die ungewöhnlich starke Ausdifferenzierung von Geist und Macht, das unpolitische Verständnis des deutschen Bildungsbürgertums, die Nichtakzeptanz der Sozialwissenschaften in Beratungsverhältnissen für die Machthaber, all dies ließ sich nicht sofort abbauen. Der französische Weg der Politikwissenschaft als Vorstufe zur Kaderbildung in der ENA wurde nicht gegangen. Die freien Hochschulen für Politik in Berlin und München hatten kein höheres Ziel, als möglichst rasch voll in die Universität integriert zu werden, und haben niemals an ihre Sendung bei der Elitenbildung so recht geglaubt. Die Politikwissenschaft in Deutschland hat nach dem Krieg die Tradition des Primats philosophischen Denkens fortgesetzt. Die Selbstbezogenheit in den größeren Kulturen (vgl. *Falter*, 1982, 3) hat in anderen Ländern – vor allem in Frankreich – zu ähnlicher Resistenz gegenüber dem pragmatischen Selbstverständnis der Politikwissenschaft geführt. Früh wurde von den am amerikanischen Mainstream orientierten Politikwissenschaftlern gefordert, die Attitüde des „Philosophenkönigtums" aufzugeben (*Wildenmann*, 1967, 21).

Diese Spitze vor allem gegen die Neoaristoteliker konnte auch vor anderen Gelehrten der älteren Generation nicht Halt machen. Die Nachkriegsgeneration hatte ein hohes theoretisches Pathos, das jedoch weitgehend im Programmatischen blieb. Diesem Pathos ist sogar nachgesagt worden, daß es theorielos blieb (vgl. *Ludz*, 1979, 288). Theorien gab es durchaus, aber wenige davon waren operationalisierbar. Der Bedarf an normativ gestimmtem Deutungswissen war in der Reeducationphase gewaltig, und auch er führte nicht eben zu operationalisierbaren Theorien im Sinne des angelsächsischen Modells in der Typologie von *Galtungs* Denkstilen.

Retrospektiven sind freilich dabei nicht immer ganz gerecht: In Amerika werden diese Selbstverständnisdebatten allenfalls noch in den Präsidentenadressen der American Political Science Association geführt. In Deutschland knüpfte man hingegen an eine vorszientistische Bürgererziehungstradition an, die auch in Amerika bis zur „New Science of Politics" und der Chicago-Revolte von Einfluß war. Der Unterschied bestand darin, daß es in Amerika einen stärkeren Grundkonsens auf dem Boden der liberalen Tradition gab, in Deutschland hingegen die Ideologien seit der französischen Revolution in neueren Varianten fortlebten.

Die Analysen der zahlreichen programmatischen Gelegenheitsschriften führt jedoch zu einem einseitigen Bild. Es ist *Arndt* (1978, 301) zuzustimmen, daß sich die Disziplin über alle Differenzen hinweg sowohl als normative, kritische wie auch empirische Wissenschaft verstand. Erst später neigten zwei Schulen dazu, das Epitheton „kritisch" gruppenspezifisch zu reprivatisieren. Die Neopositivisten machten davon Gebrauch meist nur auf der

metatheoretischen Ebene in Verbindung mit dem neuen Rationalismus. Einige Dialektiker hingegen erhoben einen umfassenden Anspruch auf das Wort „kritisch".

Unabhängig von den Bezeichnungen, die in Grundsatzreferaten und Beiträgen zur
politischen Bildung gewählt wurden, haben viele der normativen Äußerungen sich kaum
auf die empirisch-analytische Grundeinstellung der täglichen Wissenschaftsproduktion
ausgewirkt. Obwohl es eine starke Orientierung zur untheoretischen Empirie hin gab,
läßt sich im transnationalen Vergleich dennoch sagen, daß die deutschen Traditionen –
lange vor 1945 angelegt – stark weiterwirkten. *Galtung* hat dem gallischen Stil ähnlichen
Theoriedogmatismus nachgesagt, nur durch einen rhetorischen Darstellungsstil gemil-
dert. Die Renaissance der großen Theorien in den Sozialwissenschaften war in Frankreich
sogar noch größer als in Deutschland, wenn man die Fallstudien bei *Skinner* (1985) zusam-
menzählt. Dennoch wird man für die Politikwissenschaft sagen können, daß das Denken
von *Foucault, Althusser* oder *Lévi-Strauss* in Frankreich von geringerem Einfluß war als die
Theorien von *Habermas* oder *Luhmann* für die deutsche Politikwissenschaft.

Die Tradition einer stärker sozialphilosophischen Orientierung hat sich im Laufe der
Protestbewegung ab der zweiten Hälfte der 1960er Jahre noch verstärkt. Von *Galtung*
(1983, 325) ist diese Wende nicht zufällig als teutonische Revolte gegen den angelsächsischen Pragmatismus und seine Theorielosigkeit gedeutet worden. Dabei kam es hochschulpolitisch zu ad hoc-Koalitionen zwischen den „pro-saxonischen" und den ursprünglich „anti-saxonischen" Positionen, den Empirikern und den Normativisten, freilich ohne
daß man sich auf eine gemeinsame Theorie der Politik verständigen konnte, es sei denn auf
den Konsens, daß ein demokratischer Überschwang die Errungenschaften der deutschen
Nachkriegsdemokratie zu gefährden schien. Nur gelegentlich kam es zu theoretischen
Annäherungen, etwa als *Oberndörfer* (1971) die einst bekämpfte Systemtheorie rezipierte,
wenn auch weitgehend folgenlos für die Forschung der Freiburger Schule, mit Ausnahme
von *Klaus Faupel*.

Die Systemtheorie wurde weit einflußreicher im Dialog zwischen Empiristen und dialektisch-kritischen Schulen und wurde in den 70er Jahren – als die Phase der angestrengten
Rezeption der Systemtheorien überwunden war – zur Basis eines Minimalkonsenses von
Forschern aus dialektischen und analytischen Richtungen, um konkrete Probleme in den
Politikfeldern anzupacken, ohne den Anspruch auf Theorieformulierung ganz aufzugeben. Gelegentlich ist dieser neue Partialkonsens der linken Mitte als „politischer Keynesianismus" bezeichnet worden (*Kastendiek*, 1977, 248), obwohl politischer Reformglaube
nur einen Teil derer umfaßte, die weder Systemtheorie und Kybernetik als Glasperlen-
spiele noch reine Ableitungsliteratur neomarxistischer Provenienz für fruchtbar hielten.

Die Kontinuitätshypothese sollte nicht überstrapaziert werden. Aber im Vergleich zur
ausländischen Entwicklung bleibt ein Theoriehunger in der Wissenschaft und den Parteien, die an Grundwertekatalogen arbeiten, bedeutsam, der selbst in Ländern mit stark
ideologisch geprägten Parteiensystemen, wie den romanischen Ländern, eher befremdlich
wirkt.

Die Verteidigung gegen den Vorwurf der Theorielosigkeit in Einzelbereichen, wie der
Parteienforschung, lautet sinnvollerweise nicht, daß es keine Theorie in diesem Bereich
gebe (abweichend *Hartmann* in diesem Band). Deutsche Politikwissenschaftler haben
solche mit schlechtem Gewissen und vielfach in Anlehnung an politische Soziologie oder
politische Ökonomie immer wieder angeboten. Der Gegeneinwand lautet vielmehr, daß

die vorliegenden – über Typologien und partielle Kausalzusammenhänge hinausreichen-
den – Theorieansätze nicht hinreichend operationalisiert sind, als daß man damit arbeiten
könne. Sie bleiben daher folgenlos für die Empirie. An Theorien gibt es im „teutonischen
Modell" noch immer mehr als in anderen Ländern – auch wenn der Theorienenthusias-
mus ein bißchen nachgelassen hat.

Die vielfach kritisierte „Narretei der Schulen-Trias" (*Faul*, 1979, 74/*Matz*, 1985, 4) ergibt
nur in Deutschland für eine bestimmte Phase der Theorieentwicklung einen Sinn. Für
Großbritannien konnte man nur einzelne Wissenschaftler, wie *Oakeshott* oder *Crick*, der
normativen Tradition zurechnen, und für Amerika ließen sich vornehmlich Emigranten
aus dem deutschen Sprachraum für die kleinen Flügelgruppen neben dem hegemonialen
Mainstream benennen, die in der Regel nur im Bereich der „political philosophy" und der
politischen Theoriengeschichte von Bedeutung waren (*von Beyme*, 1984), nicht aber für
Lehrstuhlpolitik und Curriculumsentwicklung wie in Deutschland. Diese Einschränkung
bedeutet jedoch nicht, daß die „Trias" für Deutschland in der Frühphase sinnlos war. Es ist
kein Zufall, daß sie von Vertretern der Freiburger Schule am stärksten in Abrede gestellt
wurde, gerade weil sie sich gegen den (auch im Ausland erhobenen Vorwurf) zur Wehr
setzen, die normative Schule habe in der deutschen Hochschulpolitik eine Zeitlang dominiert (*Caciagli*, 1976, 566, *Šachnazarov*, 1982, 265).

2. *Mittelfristige* Wirkungen gingen vor allem von der Umstrukturierung der Fächer nach
dem Zweiten Weltkrieg aus. Die Abgrenzung der neuen Disziplin und der Einfluß der
dominanten amerikanischen Politikwissenschaft mit ihrer standardisierenden Wirkung
waren wichtige Faktoren.

a) Die *Abgrenzung der Politikwissenschaft von den Nachbardisziplinen* absorbierte einen Teil
der Kräfte der Theoriebildung in der Nachkriegszeit. Das schlichte Denken in Wirklich-
keitssegmenten – Gesellschaftliches gehört der Soziologie, Politisches der Politik – ließ
sich in diesem Falle kaum durchhalten. Im Gegensatz zu anderen Ländern war die Hierar-
chie der Orientierungs- und Deutungswissenschaften in Deutschland stärker durcheinan-
der geraten, zumal einige Fächer sich vor 1945 stärker ideologisch einspannen ließen als
andere. Kompetenz- und Grenzstreitigkeiten wurden daher mit größerer Härte ausgetragen.

Die Philosophie hatte ihren Thron als oberste Deutungswissenschaft räumen müssen, aber
es waren noch nicht die Sozialwissenschaften auf die Nachfolgethrönchen geklettert wie
in anderen Ländern. In Frankreich ist der Einfluß der Politikwissenschaft nach 1945 größer
gewesen, wenn auch weniger auf die Politik – wie Thesen von den „Intellokraten" gern
unterstellen – als auf die öffentliche Meinung. Die „*hommes carrefours*" haben durch
Funktionenkumulation einen Einfluß nehmen können (*Leca*, 1982, 658), der sich nicht nur
von ihrer Stellung im engeren Fach ableiten ließ. Aber bis heute sieht der deutsche Durch-
schnittspolitologe mit stillem Neid, wie selbst Massenblätter den Sozialwissenschaftlern
ihre Spalten öffnen, um das neue Proporzwahlrecht, anstehende Verfassungsreformen
oder Details der Verteidigungspolitik in erstaunlich wissenschaftlicher Weise – nur ohne
Fußnoten – in den Gazetten abzuhandeln. Philosophie und Soziologie aber nehmen im
Parnass der öffentlichen Reputation der Intellektuellen noch immer einen höheren Rang
ein als die Politikwissenschaft, wie soziologische Surveys aus Frankreich belegen (*Bourdieu*, 1984, 281).

Da die Politikwissenschaft weder eine eigene Theorie noch eine eigene Methode mit-brachte und ihre Grenzen umstritten waren, hat ihr Bemühen um Partialtheorien ange-sichts des überzogenen Theorieanspruchs, der die Schattenseite der Humboldtschen Universität schon immer gewesen ist, auf die Nachbardisziplinen wenig Eindruck ge-macht. Das Bemühen um Partialtheorien hat in der Politikwissenschaft die professionellen Sozialphilosophen in der Frühphase der Politikwissenschaft nicht überzeugt, weil es nach Ansicht einiger Kritiker (z. B. *von Kempski,* 1966, 468) nur dazu kam, daß den Nachbar-wissenschaften einige Federn ausgerissen wurden, um sich damit zu schmücken. Eine Theorie des politischen Handelns „auf die Beine zu stellen", mißlang jedoch. Dieser Vorwurf war gewichtiger als die übliche Kritik an dem neuen Fach, das in den Kreis der etablierten Disziplinen drängte, daß es weder einen eigenen Gegenstand noch eine eigene Methode vorweisen könne. *Lepsius* (1961, 79) hatte das bereits mit der Feststellung relati-viert, daß die Politikwissenschaft – wenn sie den Charakter einer enzyklopädischen Wissenschaft, die nach Erklärung der sozialen Totalität strebt, aufgäbe – zwar das „Erfah-rungsobjekt", nicht aber das „Erkenntnisobjekt" mit anderen Wissenschaften teile. Das Denken in ontisch gegebenen Fächergrenzen hat schon immer verkannt, daß die gleichen Vorwürfe der etablierten Wissenschaften im 19. Jahrhundert gegen die Nationalökono-mie gerichtet wurden. Suspekt blieb an dem Fach Politikwissenschaft, daß seine Vertreter in der Methode vorwiegend zwischen Zeitgeschichte und Soziologie optierten, wobei diese Optionen sich keineswegs eindeutig den metatheoretischen Positionen zuordnen ließen. Die Trias hatte ihre Bedeutung immer nur im wissenschaftstheoretischen Grund-verständnis. Im Bereich der Methoden waren unterschiedliche Ansätze kombinierbar. Neomarxisten und die sogenannten Normativisten waren einiger in der Notwendigkeit historischer Analysen als jede der beiden Richtungen mit dem empirisch-analytischen Mainstream, der weitgehend die Soziologie methodisch und theoretisch als Vorbild ansah. Ganz gleich, wie man in der Frage der Methoden und Ansatzhöhen der Theoriebildung jedoch optierte, blieb die Soziologie Hauptlieferant angesichts des von fast allen Politolo-gen beklagten Theoriedefizits. Dies führte jedoch nicht zu einer Etablierung der politi-schen Soziologie als Brückenschlag, wie sie noch *Stammer* in Berlin vorgeschwebt hatte. Zu stark hatten sich die Fächer in ihren Institutionen ausdifferenziert und waren vielfach mit der Auflösung der alten Fakultäten oft nicht einmal im gleichen Fachbereich angesie-delt. Doppellehrstühle für beide Fächer haben sich nicht durchgesetzt. Der Lehrstuhl für Politische Wissenschaft und Soziologie an der Universität Bielefeld(1970 ff. *Peter Christian Ludz,* 1975 ff. *Claus Offe*) blieb eine Ausnahme. die Soziologie hat anfangs in ihrer Stand-ortbestimmung dem methodisch nächst verwandten Vetter und den Spätgeborenen verwirrt gegenüber gestanden. *Schelsky* (1959, 11) hielt die Lage in der Politischen Wis-senschaft noch für „zu ungeklärt". Die Bielefelder „Und-Bezeichnung" eines Lehrstuhls läßt darauf schließen, daß er auch später in der konkreten Hochschulpolitik von der Eigen-entwicklung des Faches wenig hielt, längst ehe auch Politologen als Beteiligte an der „Verschwörung der neuen Klasse der Intellektuellen" bei ihm neues Mißtrauen auf sich lenkten.

Die Beziehungen der beiden Fächer – die am stärksten mit den Problemen der Gegen-wartsgesellschaft verbunden waren – näherten sich in vielfältiger Weise an, trotz aller verbalen Abgrenzungsversuche. Die Ausdifferenzierung immer neuer Bindestrichsozio-logien hat nicht verhindert, daß weite Teile der Soziologen sich der politischen Soziologie wieder stärker widmeten, die in der Nachkriegszeit zunächst erstaunlich zugunsten anderer Gebiete, wie der Industriesoziologie, in den Hintergrund getreten war (*Schwarz*, 1962, 310). Beide Fächer gaben die überzogenen Ansprüche einer politischen Soziologie als historisch-gesamtgesellschaftliche Disziplin, wie sie von *Alfred Weber* (1955, 15) vertreten wurde, überwiegend auf. Zur Wiederanknüpfung an die ältere Tradition kam es nur vereinzelt (*Ebbighausen*, 1981).

Auf manchen politikwissenschaftlich relevanten Gebieten, wie der Wahlforschung, kam es zu so enger Kooperation, daß einzelne Beteiligte der Köln-Mannheimer Schule die Frage, ob sie sich als Soziologen oder Politologen fühlen, vermutlich für irrelevant erklären würden. Doch machte sich auch in diesem Bereich ein Übergewicht der Soziologen bemerkbar. Die mangelnde Kooperation von inner- und außeruniversitärer Surveyforschung, die schon in den USA beklagt wurde, reproduzierte sich auch in der Bundesrepublik (vgl. *Küchler* in diesem Band).

Absetzmanöver einer stärker auf die Eigenständigkeit der Politikwissenschaft pochenden Politologie, wie sie in Berlin bei *Otto von der Gablentz* und *Ernst Fraenkel* (1973, 337 ff.) – in deutlicher Polemik gegen *Stammers* Konzeption – vorkamen, blieben relativ folgenlos. Erst als die empirische Sozialforschung wieder an intellektuellem Terrain gewann und mit dem Versickern der neomarxistischen Ableitungsliteratur eher historisch-soziologische Programme auf die Fahnen geschrieben wurden, verschärfte sich in der Politikwissenschaft die Polemik gegen die Soziologisierung des Gegenstandes, wie sie einst *Fraenkel* vertreten hatte. International konnten sich die Absetzmanöver auf andere – vor allem europäische – Gelehrte stützen, von *Cricks* (1966) „Eine Lanze für die Politik" bis zu *Sartoris* Kampf gegen den „soziologischen Reduktionismus". Im Deutschen ist *Sartoris* (1969, 69) englische Unterscheidung einer guten „politischen Soziologie", als Kreuzung zwischen sozialen und politischen Erklärungen, und einer abzulehnenden reduktionistischen „Soziologie der Politik" nicht heimisch geworden, obwohl diese Unterscheidung erstmals bei einer Konferenz am *Stammer*schen Institut in Berlin vorgetragen worden ist. Die starken Vorbehalte gegen eine soziologische Auffassung der Politikwissenschaft scheinen auch von langfristigen Trends der deutschen Wissenschaftsgeschichte geprägt zu sein und reproduzieren die Vorbehalte, welche die deutschen Staatswissenschaften seit *Treitschke* (mit Ausnahme von *Robert von Mohl*) immer wieder gegen die dem deutschen Geist „fremde Soziologie" vorbrachten (vgl. *Lepenies*, 1985, 284).

Der Konflikt zwischen Soziologie und Politikwissenschaft ist heute bedeutungslos, obwohl der geringere Rang in den theoretischen Möglichkeiten im Vergleich zur Soziologie immer wieder einmal bestätigt wird, weil die Politikwissenschaft moralisch-praktische Fragen der Legitimität aus der wissenschaftlichen Betrachtung ausschließe oder als „deskriptiv zu erfassenden Legitimitätsglauben" behandle (*Habermas*, 1981, 18). Sie befindet sich jedoch damit in guter Gesellschaft, etwa mit der Ökonomie, welche den alten Impetus der frühbürgerlichen politischen Ökonomie verloren hat. Die professionalisierte – sich in Bindestrichsoziologien ausdifferenzierende – Soziologie des empiristischen Mainstreams ist vermutlich überwiegend bereit, sich gegen *Habermas'* Verdikt mit der Politikwissenschaft zu solidarisieren und keine höhere Deutungskompetenz in Legitimitäts- und Rationalitätsfragen zu beanspruchen. Ein Deutungsmonopol wäre für die Sozialwissenschaften schon deshalb unhaltbar, weil sie sich selbst weiter ausdifferenzieren, wie *Lepsius* (1961, 23) schon früh voraussagte. Im Bereich der Verwaltungs- und Politikfeldstudien und in der Internationalen Politik und Friedensforschung hat dieser Prozeß in der Politikwissenschaft bereits eingesetzt. Die Ausdifferenzierung der Internationalen Politik, die in Amerika schon weit fortgeschritten ist, ist durch die Einmauerung der Friedensforschung in Deutschland wieder gebremst worden. Trotz des interdisziplinären Anspruches gelang es der Politikwissenschaft, in den meisten Friedensforschungsinstituten die Federführung zu übernehmen, ohne daß sich die Ausdifferenzierung eines neuen Faches ereignete. Gegen die „Aufbröselung" der Disziplin in diverse Policy-Bereiche (*Rühle/Veen*, 1982, 8) ist der Widerstand in Deutschland schwächer, weil dieser Bereich technokratisch für die unterschiedlichsten politischen Richtungen besser nutzbar ist.

b) Eine wichtige mittelfristige Wirkung ging vom Einfluß der dominanten *amerikanischen Politikwissenschaft* aus. *Hannah Arendt, Dolf Sternberger* und die *Voegelin*-Schule haben häufig enge Bindungen zwischen der amerikanischen Polity und der Politikauffassung der griechischen Antike gesehen und die Verdrängung des Impetus der politischen Revolution Amerikas zugunsten der Credos aus den sozial-klassengebundenen Revolutionen Europas beklagt. Das Pathos für die amerikanische Demokratie war stark, auch bei vielen Rückkehrern aus Amerika. *Carl J. Friedrich*, der sich nie als Emigrant fühlte, hatte vergleichsweise noch das entspannteste Verhältnis zum Vorbild Amerika. Politikwissenschaftler der zweiten Generation, die in ihren Dissertationen noch mit einer scharfen Kritik der ahistorischen amerikanischen Sozialwissenschaften begonnen hatten, haben später vieles vom amerikanischen Credo lautlos übernommen, wie *Oberndörfer*, oder sich in seltsam gemischten Gefühlen von der amerikanischen Politikwissenschaft auch weiterhin distanziert, indem sie den „American creed" in den USA für „lageadäquat" hielten, ihn aber für Europa ablehnten (*Arndt*, 1978, 291).

Auch deutsche Normativisten haben aus der Abhängigkeit Deutschlands heraus niemals mit der Bissigkeit eines *Bernard Crick* (1967, 247) in der Frühphase kritisiert: „The givenness of American life can no longer be taken for granted, and neither can it be rescued by an intellectually empty citizenship training". Vehemente Kritik an dem Mainstream kam vor allem aus Frankreich, wo unlängst in einem repräsentativen Handbuch (mit Übertreibungen) kritisiert wurde, daß 90% aller Politologen der Welt Amerikaner seien und von diesen 90% sich ausschließlich mit Amerika befaßten, das nur einen der interessanten Gegenstände im Fach darstelle (*Grawitz/Leca*, 1985, XIV). Andererseits war die deutsche Politikwissenschaft in ihrem Selbstverständnis selbst in der ersten Phase kaum so „lagevergessen" wie die italienische Politikwissenschaft, die in ihrer Selbstdarstellung weitgehend nur angelsächsische Ansätze rezipierte (*Pasquino*, 1984), obwohl es durchaus eigene Traditionsstränge zu berichten gibt, wie den Schwerpunkt bei Erklärungen mit Elitetheorien, einer institutionellen Krisentheorie, meist festgemacht an der „*partitocrazia*", und die Betonung des „*caso italiano*" im Gegensatz zu Deutschland, das sich beeilt, seine Entwicklung zu einem Land wie jedes andere zu belegen (vgl. *von Beyme*, 1986 a). Das Dilemma der Politikwissenschaft, sich als Demokratiewissenschaft zu verstehen und zwischen den wissenschaftlichen Techniken und den demokratischen Idealen hin und her gerissen zu sein, ist sogar in Amerika dramatisierend zur „Tragödie" erklärt worden (*Ricci*, 1984, 24). Dieses Dilemma verstärkte sich bei der Rezeption der amerikanischen Political Science in Deutschland, die demokratisches Credo und wissenschaftliche Technik zugleich zu vermitteln suchte.

Mit der starken Anlehnung an die amerikanische Wissenschaft stand die neue Disziplin nicht allein. Auch die Soziologie, die vor 1933 eine unverwechselbare nationale, überwiegend historisch-philosophisch orientierte Tradition besaß und sich zum „Sonderweg der deutschen Kultur ... emphatisch bekannt hatte" (*Tenbruck*, 1979, 79; 1984, 176 ff.) übernahm mit den modernen Methoden vielfach auch das amerikanische Gesellschaftsbild. Bei *Dahrendorf* (1968, 18) schien dies wie eine Chance, die Soziologie in der Gesellschaft aufzuwerten, denn „es besteht eine merkwürdig enge, wiewohl keineswegs spannungslose Affinität zwischen Amerikanern und Soziologen". Für die Politikwissenschaft ohne gefestigte Tradition, aber mit dem festen Entschluß, die eher vordemokratischen Traditionen der älteren deutschen Staatslehre zu überwinden, lag die amerikanische Option noch näher, weil sie hin zur politischen Soziologie als Wirklichkeitswissenschaft und weg von der normativen Staatswissenschaft führte.

Das empirisch-analytische Mittelfeld der Politikwissenschaft hatte die geringsten Probleme mit der amerikanischen Hegemonie. Die Vorbildrolle Amerikas ist seit langem umstritten gewesen. Von *Tocqueville* bis *Bryce* haben Europäer immer wieder gefragt, ob bestimmte Modernisierungsschübe von Amerika im Wege der Diffusion ausgingen oder ob sich auch ohne amerikanische Vorreiterrolle überall funktionale Äquivalente herausbilden würden (vgl. *von Beyme*, 1986). Empirisch-analytische Wissenschaftler würden die zweite Deutung für richtig halten und es aufgrund ihres Wissenschaftsverständnisses ganz normal finden, daß man an den Universitäten von Michigan oder Mannheim zu äquivalenten Ergebnissen kommt. Es ist kein Zufall, daß die Berichte über die empirische Sozialforschung am wenigstens scharfe Grenzen zwischen den Nationalitäten der behandelten Forscher ziehen (*Inglehart* in: *Finifter*, 1983, 429 ff., *Küchler* in diesem Band). Selbst wo Empiriker eine gewisse „sprachgeschützte Innerlichkeit" am amerikanischen Vorbild monieren, wird diese noch immer für weniger gefährlich gehalten als der politikwissenschaftliche Provinzialismus der Bundesrepublik (*Falter*, 1982, 3). Auch dieser Seitenhieb ist zu relativieren. Trotz der deutschen Lust am Leiden an der Theorielosigkeit ist der Provinzialismus im ganzen noch gemäßigter als bei anderen Europäern, von den kleineren Ländern in Nordeuropa (mit Ausnahme Belgiens, das *Falter* zu Unrecht einschließt, und vielleicht sogar Schwedens) einmal abgesehen.

Der Schreckensruf: „In ganz Deutschland lehren weniger Politologen als in Berkeley" (zit. *Merkl*, 1977, 1097) ist überholt. Westdeutsche Politikwissenschaftler liegen seit den 70er Jahren auf der Ebene der „International Political Science Association" nach den USA und Kanada – vielfach vor Großbritannien und Frankreich – an dritter oder vierter Stelle in der Partizipation, obwohl sie nicht das Privileg genießen, eine zugelassene „Verhandlungssprache" der Weltvereinigung zu sprechen. Indikatoren dafür sind die Teilnahme an Kongressen – die man vielleicht noch mit dem deutschen Hang zum Tourismus abwerten könnte –, aber auch gewichtigere Anzeichen, wie: Initiativfunktionen, Beiträge zu internationalen Zeitschriften und Round Tables.

In der umfangreichen Bestandsaufnahme der „American Political Science Association" (*Finifter*, 1983, 595 ff.) sind deutsche Politikwissenschaftler die am häufigsten genannte Gruppe aus dem Ausland, auch wenn die Auswahl überwiegend auf die empirisch-analytische Kernmannschaft beschränkt wird. Die „Amerikanisierung" – wie das Resultat dieser internationalen Kooperation vereinfachend genannt wird – ist stärker fortgeschritten als in Ländern vergleichbarer Größe, wie Frankreich und Großbritannien, mit älteren Traditionen einer institutionell verselbständigten Politikwissenschaft, als sie Deutschland besitzt.

3. *Kurzfristige* Wirkungen gingen vor allem von der Anpassung des Faches an die politischen Strömungen in der Bundesrepublik, vom Wandel der Beratungskonjunkturen, des Fächerprestiges und der Arbeitsmarktlage aus.

Der Einfluß mittelfristiger Wirkungen auf das Fach durch Anpassung an wirtschaftliche und soziale Entwicklungen in der Bundesrepublik läßt sich nicht leicht abschätzen. Die Sozialwissenschaften waren von der Ausdehnung der Universität am stärksten begünstigt, zum Teil, weil sie noch am wenigsten etabliert waren. Daher profitierten sie von einer Auffassung von Bildung als Bürgerrecht. Zum Teil wurden sie jedoch auch gezielt begünstigt, weil die Reformeuphorie seit der Zeit der Großen Koalition den politikrelevanten Fächern eine besondere Funktion beimaß. Die Ausdehnung des Faches läßt sich jedoch nicht auf den erwähnten „politischen Keynesianismus" zurückführen, denn sie ging in allen Bundesländern vor sich, unabhängig von der Partei an der Macht und ihrer jeweiligen Steuerungskonzeption. Inhaltlich geriet die Politikwissenschaft – vor allem gegenüber der Geschichtswissenschaft – vorübergehend aus der Defensive. Vielfach wurden überhöhte Erwartungen an sie herangetragen, obwohl ein Skeptiker wie *Lepsius* (1961, 22) vorausgesagt hatte, daß die Sozialwissenschaften weder ein neues Bildungsideal noch die dafür nötige Pädagogik entwerfen könnten.

Neuerdings ist das Fach jedoch von einer doppelten gegenläufigen Tendenz in seiner Entwicklung behindert; durch die Konzentrierung der Förderung von unmittelbar als nützlich angesehenen Fächern und durch einen Nachfrageschwund, je stärker sich die Demokratie gefestigt hat (*Günther*, 1985, 73). Für das Demokratiepathos der frühen Jahre besteht heute weniger Bedarf. Die Professionalisierung der Disziplin läßt auch das Angebot an solchem Demokratiepathos zunehmend schrumpfen. Auch in anderen Ländern gab es solche Entwicklungen, die für Frankreich als Entwicklung zur „hypernormalen" Wissenschaft beschrieben worden ist (*Lemaine*, 1980). Manchem mag der Gegensatz zwischen „weimarabhängigen" und „bonnabhängigen" Orientierungen etwas dramatisiert erscheinen (vgl. *Günther* in diesem Band), weil es neben diesen, an wissenschaftlichen Programmreden der beiden wissenschaftlichen Vereinigungen ablesbaren Orientierungen in beiden Lagern sehr viel „normale Wissenschaft" gibt. Ganze Teilbereiche des Faches, die sich nicht mit stabilitätsrelevanten Fragen der deutschen Politik befaßten, wie die Vergleichende Politikwissenschaft – seit sie das Imitationspathos abgelegt hat, das sie bei *Fraenkel*, *Hermens* oder *Sternberger* gelegentlich noch hatte –, oder die Internationale Politik, waren immer stärker „normal science" in diesem Sinne. Die Politikwissenschaft ist eine „normale Wissenschaft" geworden, die weitgehend für einen wissenschaftlichen Binnenmarkt produziert und mit dem Aufgeben des demokratischen Belehrungspathos zunehmend weniger abhängig von direkten politischen Einflüssen zu sein scheint, andererseits aber die Finalität des wissenschaftlichen Tuns weniger verkrampft akzeptiert als in der Gründungsphase der neuen Disziplin.

Kurzfristige Wirkungen auf das Fach sind auch durch die Veränderung der Gesellschaft und der politischen Szene gegeben, die neue Verwertungsmöglichkeiten des Faches mit sich bringen. Die Planungseuphorie der späten 60er und frühen 70er Jahre führte zu einer Entspannung auch des Verhältnisses Politik und Wissenschaft. Beratungsverhältnisse intensivierten sich und blieben vor allem im Policy-Bereich auch von der niedergehenden Konjunktur weniger berührt als in anderen Bereichen (vgl. *Landfried, Jann* und *Sturm* in diesem Band).

Auf der beruflichen Ebene sind die arbeitsmarktpolitischen Chancen für die Absolventen des Faches nicht eben gestiegen. Politologen haben sich dennoch auf dem Arbeitsmarkt gerade dank der Bereitschaft, sich über den engeren Studienschwerpunkt hinaus für den Beruf zu orientieren, und durch den Verzicht auf überkommene Besoldungsstrukturen noch relativ gut halten können (vgl. *Grottian* in diesem Band), obwohl die Einrichtung von Diplomen die Studenten vielfach in einer falschen Sicherheit bezüglich ihrer Berufsperspektive wiegte.

Schluß

Die Determinanten der Entwicklung der Disziplin Politikwissenschaft in einem Lande treten deutlicher durch den Vergleich mit der Entwicklung in anderen Ländern hervor. Wären die langfristigen Wirkungen der Wissenschaftsorganisation und Denkstile allein ausschlaggebend, könnte gerade bei einer Neigung zur Bildung möglichst geschlossener Systeme in Deutschland die *Kuhn*sche These vom revolutionären Paradigmawandel vieles erklären. Die vielgescholtene Trias der metatheoretischen Positionen weist Schulenübergreifende Gemeinsamkeiten deutscher Denktraditionen auf und zeigt dennoch, warum auch die Protestbewegung nicht zu einem grundlegenden und dauerhaften Paradigmawandel in den Sozialwissenschaften führte. Die mittel- und kurzfristigen Einwirkungen stärken die Überlebenschancen des alten und schwächen die Durchsetzungschancen des neuen Paradigmas. Im fragmentierten politischen System der Bundesrepublik sind Schulen durch politische Präferenzen der Hochschulpolitik einzelner Länder relativ geschützt. Selbst in den wissenschaftlichen Zeitschriften des Faches herrscht stärkere Fragmentierung zwischen den Autoren der „Zeitschrift für Politik", der „Politischen Vierteljahresschrift" und dem „Leviathan" vor, als dies in anderen Ländern üblich ist (vgl. *Falter/Göhler* in diesem Band).

Ungewöhnlich fragmentiert blieben auch das Lehrangebot und die Auffassung des Curriculums an den deutschen Universitäten (*Mohr*, 1977, 105), was die Herausbildung eines einheitlichen Kanons der Anforderungen in der Politikwissenschaft bis heute nicht begünstigt. Daher ist es wohl auch kein Zufall, daß Fragen nach der Reputation von Fachvertretern und Instituten – wie sie in Amerika zum selbstverständlichen Teil jeder fachlichen Bestandsaufnahme geworden sind (*Somit/Tanenhaus*, 1967, 193, *Finifter*, 1983, 106) in Deutschland von einem großen Teil der Forscher noch nicht akzeptiert werden (vgl. *Honolka* in diesem Band). Mangelndes Bewußtsein, unter Gleichen in einem Wettbewerb zu stehen, scheint auch aus den Untersuchungsbefunden der Gutachter für das Fach Politikwissenschaft bei der Deutschen Forschungsgemeinschaft zu sprechen (vgl. *Hartmann/Neidhardt* in diesem Band).

Dies ist nicht in erster Linie dem Verlust der Einheit der wissenschaftlichen Organisation zuzuschreiben. Nach Abflauen der Protestbewegung nahm der Dialog wieder zu. Durch Doppelmitgliedschaften in beiden Vereinigungen ist der Dialog auch in der organisierten Disziplin nicht ganz abgerissen, und es kam auch nicht zur völligen Auseinanderentwicklung der Weimar- und Bonn-orientierten Wissenschaft. Internationalisierung – vielfach als Amerikanisierung wahrgenommen – und Professionalisierung lassen in vielen Bereichen des Faches die Kooperation weitergehen, auch wenn Teile, wie die klassische Institutionenlehre auf der einen und die Policy-Forschung auf der anderen Seite, in jeweils einer wissenschaftlichen Gesellschaft stärker vertreten erscheinen und die empirische Sozialforschung im engeren Mannheimer Sinne – unabhängig von der Mitgliedschaft in einer Vereinigung – zunehmend ein Sonderleben führt. Wenn ein Grund für das Auseinanderleben der Kampf um Forschungsmittel – entzündet an der Frage der Wahl der Gutachter für die Deutsche Forschungsgemeinschaft – gewesen sein sollte (so *Günther, Mohr* und *Hartmann/Neidhardt* in diesem Band), so spielt diese Frage gerade für diesen Bereich eine geringere Rolle, da er seine Sonderbehandlung in der DFG längst durchgesetzt hat.

Theodor Eschenburg hat auf der Mannheimer Tagung der DVPW zu dem Schisma die Meinung vertreten, es sollte nur eine wissenschaftliche Vereinigung geben, diese aber sollte etwa wie die Vereinigung der Deutschen Staatsrechtslehrer organisiert sein. Da diese Ansicht schwer implementierbar sein dürfte, denken einige Politologen an eine Ausdifferenzierung der Funktionen: Die neue Vereinigung soll eher wissenschaftliche Plattform sein, die alte sich hingegen stärker um berufsständische Probleme kümmern. Auch diese *itio in partes* wird von vielen nicht akzeptiert.

Dieser knappe Überblick hat hoffentlich gezeigt, daß die beiden Funktionen so wenig auseinanderdifferenziert werden könnten wie die Faktoren, die auf die Entwicklung des Faches einwirken. Es wird daher gemeinsame Sorge aller Politikwissenschaftler sein müssen, bisherige Fehlentwicklungen in falsch verstandenes Streben nach berufsrelevantem Wissen neben allzu globalen Orientierungs- und Weltdeutungsfunktionen zu korrigieren. Neuere Tendenzen in den Sozialwissenschaften gehen eher in die Richtung, diese zum Grundlagen- und Nebenfach für andere, stärker berufsorientierte Disziplinen werden zu lassen, als immer weitere Elemente dieser Fächer in einen enzyklopädischen politikwissenschaftlichen Diplomstudiengang hineinzupressen. Nach Abflauen der großen Ideologieangebote hat die Disziplin es wieder leichter, sich zu einer gemäßigten und nicht überzogenen Orientierungsfunktion zu bekennen, ohne das Anliegen im methodischen Bereich, berufsverwertbares Methodenwissen zu vermitteln, völlig zu vernachlässigen.

Literaturverzeichnis

Arndt, Hans-Joachim, 1978: Die Besiegten von 1945. Versuch einer Politologie für Deutsche samt Würdigung der Politikwissenschaft in der Bundesrepublik Deutschland. Berlin, Duncker & Humblot.

Beyme, Klaus von, 1982: Federal Republic of Germany, in: *Andrews, William G.* (Hrsg.): International Handbook of Political Science. Westport/Conn., Greenwood, S. 169–176.

Beyme, Klaus von, 1984: Die Rolle der Theoriengeschichte in der amerikanischen Politikwissenschaft, in: *Bermbach, Udo* (Hrsg.): Politische Theoriengeschichte. Opladen, Westdeutscher Verlag, S. 181–193.

Beyme, Klaus von, 1986: Vorbild Amerika? Der Einfluß der amerikanischen Demokratie in der Welt. München, Piper.

Beyme, Klaus von, 1986a: La scienza politica italiana – vista dall'estero, in: *Graziano, Luigi* (Hrsg.): La scienza politica italiana. Mailand, Feltrinelli, in Vorbereitung.

Bourdieu, Pierre, 1984: Homo Academicus. Paris, Minuit.

Caciagli, Mario, 1976: Il dibattito politologico nella repubblica federale tedesca. Rivista italiana di scienza politica. S. 561–587.

Crick, Bernard, 1966: Eine Lanze für die Politik. München, Nymphenburger.

Crick, Bernard, 1967: The American Science of Politics. Berkeley, University of California Press.

Daele, Wolfgang van den/Weingart, Peter, 1976: Resistance and Receptivity of Science to External Direction: The Emergence of New Disciplines under the Impact of Science Policy, in: *Lemaine, Gérard*, u. a. (Hrsg.): Perspectives on the Emergence of Scientific Disciplines. Paris, Mouton, Chicago, Aldine, S. 247–275.

Dahrendorf, Ralf, 1968: Die angewandte Aufklärung. Frankfurt, Fischer.

Ebbighausen, Rolf, 1981: Politische Soziologie. Zur Geschichte und Ortsbestimmung. Opladen, Westdeutscher Verlag.

Falter, Jürgen, 1982: Der ‚Positivismusstreit‘ in der amerikanischen Politikwissenschaft. Opladen, Westdeutscher Verlag.

Faul, Erwin, 1979: Politikwissenschaft im westlichen Deutschland. PVS, S. 71–103.

Finifter, Ada W. (Hrsg.), 1983: Political Science. The State of the Discipline. Washington, APSA.

Fraenkel, Ernst, 1973: Reformismus und Pluralismus. Hamburg, Hoffmann und Campe.

Galtung, Johann, 1983: Struktur, Kultur und intellektueller Stil. Leviathan, S. 303–338.

Grawitz, Madelaine/Leca, Jean (Hrsg.), 1985: Traité de science politique. Paris, PUF, Bd. 1.

Grottian, Peter, 1985: Politologin oder Politologe. Suche nach einer neuen Identität, in: *Fetscher, Iring/Münkler, Herfried* (Hrsg.): Politikwissenschaft. Reinbek, Rowohlt, S. 637–648.

Günther, Klaus, 1985: Politisch-soziale Analyse im Schatten von Weimar. Frankfurt, Lang.

Habermas, Jürgen, 1981: Theorie des kommunikativen Handelns. Frankfurt, Suhrkamp, Bd. 1.

Kastendiek, Hans, 1977: Die Entwicklung der westdeutschen Politikwissenschaft. Frankfurt, Campus.

Kempski, Jürgen von, 1966: Wissenschaft von der Politik – sozusagen. Merkur, S. 454–468.

Leca, Jean, 1982: La science politique dans le champ intellectuel français. Revue française de science politique, S. 653–678.

Lemaine, Gérard, 1980: Science normale et science hypernormale. Revue française de sociologie, S. 499–527.

Lepenies, Wolf, 1985: Die drei Kulturen. München, Hanser.

Lepsius, M. Rainer, 1961: Denkschrift zur Lage der Soziologie und der politischen Wissenschaft, im Auftrag der Deutschen Forschungsgemeinschaft. Wiesbaden.

Ludz, Peter Ch., 1979: Die Bedeutung der Soziologie für die Politische Wissenschaft, in: *Lüschen, Günther* (Hrsg.): Deutsche Soziologie seit 1945. Opladen, Westdeutscher Verlag (Sonderheft 21 der KZfSS), S. 264–293.

Matz, Ulrich, 1985: Bemerkungen zur Lage der deutschen Politikwissenschaft. Zeitschrift für Politik, S. 1–7.

Merkl, Peter H., 1977: Trends in German Political Science. APSR, 19, S. 1097–1108.

Mohr, Arno, 1977: Anfänge zu einer materialen Analyse der (west)deutschen Politikwissenschaft. Magisterarbeit, Heidelberg.

Mohr, Arno, 1985: Politische Wissenschaft als Alternative. Stadien einer Disziplin auf dem Wege zu ihrer Selbständigkeit im der Bundesrepublik Deutschland, 1945–1965. Diss. Heidelberg.

Oberndörfer, Dieter (Hrsg.), 1971: Systemtheorie, Systemanalyse und Entwicklungsländerforschung. Berlin, Duncker & Humblot.

Pasquino, Gianfranco, 1984: Dalla separatezza alla rilevanza della politica: Verso un nuovo paradigma?, in: Fondazione Feltrinelli: La scienza politica in Italia: Materiali per un bilancio. Mailand, Franco Angeli, S. 15–48.

Ricci, David M., 1984: The Tragedy of Political Science. Politics, Scholarship, and Democracy. New Haven, Yale UP.

Rühle, Hans/Veen, Hans-Joachim (Hrsg.), 1982: Entwicklungslinien der Politikwissenschaft in der Bundesrepublik Deutschland. Knoth, Melle.

Šachnazarov, Georgij Ch. (Red.), 1982: Sovremennaja buržuaznaja političeskaja nauka (Die zeitgenössische bürgerliche Politikwissenschaft). Moskau, Nauka.

Sartori, Giovanni, 1969: From the Sociology of Politics to Political Sociology, in: *Lipset, Seymour Martin* (Hrsg.): Politics and the Social Sciences. New York, Oxford UP, S. 65–100.

Schelsky, Helmut, 1959: Ortsbestimmung der deutschen Soziologie. Düsseldorf, Diederichs.

Schwarz, Hans-Peter, 1962: Probleme der Kooperation von Politikwissenschaft und Soziologie in Westdeutschland, in: *Oberndörfer, Dieter* (Hrsg.): Wissenschaftliche Politik. Freiburg, Rombach, S. 297–333.

Skinner, Quentin (Hrsg.), 1985: The Return of Grand Theory in the Human Sciences. Cambridge, Cambridge UP.

Somit, Albert/Tanenhaus, Joseph, 1967: The Development of American Political Science. Boston, Allyn & Bacon.

Tenbruck, Friedrich, H., 1979: Deutsche Soziologie im internationalen Kontext, in: *Lüschen, Günther* (Hrsg.): Deutsche Soziologie seit 1945. Opladen, Westdeutscher Verlag (Sonderheft 21 der KZfSS), S. 71–107.

Tenbruck, Friedrich, H., 1984: Die unbewältigten Sozialwissenschaften oder die Abschaffung des Menschen. Graz, Styria.

Weber, Alfred, u. a., 1955: Einführung in die Soziologie. München, Piper.

Wildenmann, Rudolf, 1967: Politologie in Deutschland. Der Politologe, H. 23, S. 13–23.

Politikwissenschaft in der Bundesrepublik und die jüngste deutsche Geschichte

Klaus Günther

Einleitung

Die Charakterisierungen der internationalen Politikwissenschaft schwanken. Ihrer Einordnung als Disziplin, in der sich wissenschaftskonzeptionelle und -thematische Perspektiven kreuzen (*crossroads science*), steht die Einschätzung gegenüber, daß es in diesem Fach zur fruchtbaren Integration unterschiedlicher Forschungsaktivitäten (*synthetic science*) komme (*Philippart* 1982, 47).

Was speziell die bundesrepublikanische Politikwissenschaft angeht, so gelten solche Unsicherheiten nur sehr bedingt. Das Fach, das sich – ein sozialwissenschaftlicher „Nachkömmling" – erst nach dem Zweiten Weltkrieg als autonome akademische Disziplin etablieren konnte, entwickelte sich unverkennbar zu einer „*Crossroads*-Disziplin".[1] In dieser fehlt es zwar nicht an synthetischen Leistungen. Im ganzen ist sie freilich weit davon entfernt, jene Ansprüche auf Integration und Synopse einzulösen, die in den frühen Diskussionen um das Selbstverständnis des Faches erhoben wurden (vgl. *Kastendiek* 1977, 204–208; 214–237).

Die vielfache Zerklüftung der Disziplin, die im internationalen Vergleich hervorsticht und in der Spaltung der Deutschen Vereinigung für Politische Wissenschaft (1983) auch einen organisatorischen Ausdruck fand, soll hier als Ergebnis einer besonderen historischen Entstehungs- und Entwicklungslage dargestellt werden. Zu dieser speziellen Ausprägung der bundesrepublikanischen Politikwissenschaft gehören auch Sonderbeziehungen zu den Nachbarfächern, aus denen sie herauswuchs und zu denen ein besonderes Verhältnis gegenseitiger Überlappung besteht.[2]

I. Forschung im Erfahrungshorizont der jüngsten deutschen Geschichte

Nachdenken über Politik stand nach dem Zweiten Weltkrieg gewiß auch in anderen Ländern unter dem Eindruck der gerade zurückliegenden geschichtlichen Erfahrung: des Niedergangs der Weimarer Republik, des Aufstiegs der Nationalsozialisten und der in die Katastrophe führenden nationalsozialistischen Herrschaft.[3] Die Besonderheit der bundesrepublikanischen Lage bestand indessen darin, daß die sich erst jetzt etablierende Spezialdisziplin ihr Existenzrecht vorwiegend aus dieser Erfahrung ableitete.[4]

1. Weimar-Abhängigkeiten

Die neue Disziplin wuchs aus einem Alltag und aus einer tagespolitischen Diskussion heraus, die in ihren materiellen ebenso wie in ihren geistig-interpretativen Bezügen unter dem alles überlagernden Eindruck der unmittelbar zurückliegenden Geschichte stand.[5] Die beschwörend-rituell benutzte Formel „Bonn ist nicht Weimar" (oder: „Bonn darf nicht Weimar werden")[6] steht für diese Abhängigkeit und dafür, daß die tagespolitische und die mit ihr verknüpfte wissenschaftliche Erfassung von Gegenwartsproblemen sowohl in der Themenwahl als auch normativ „vorprogrammiert" war. Die Formel verweist auf ein Weimar-abhängiges Denkmuster, in dessen Rahmen Vergleichsbilder gelten und Begriffe eingesetzt werden, die für die Analyse und Bewertung des bundesrepublikanischen Ideen- und Institutionensystems bis in die zweite Hälfte der 60er Jahre dominierend waren und ihre untersuchungsleitende Antriebskraft bis heute nicht verloren haben.

2. Denkmuster, Vergleichsbilder und Begriffe

Das sich unter dem Eindruck der jüngsten deutschen Geschichte durchsetzende Denkmuster, das vor allem auf die Weimarer Erfahrungen bezogen ist, läßt sich zusammenfassend wie folgt umschreiben: Aufmerksamkeit ziehen in der Regel nur Probleme auf sich, die im historischen Erfahrungshorizont ins Auge stechen. Das gilt zum Beispiel für das Parteienthema, das sich aus der Erinnerung an die Weimarer Republik aufdrängt. Da nun aber der historische Stoff assoziativ mit Bewertungen besetzt ist, liegt im analytischen Zugang immer auch ein wertender Zugriff. Zum Beispiel wird die Analyse der bundesrepublikanischen Parteien und des Parteiensystems stets mit Lob und Tadel verbunden. Dabei gilt ein Bewertungsautomatismus, der so funktioniert, daß die Nähe zum historischen Gegenstand – etwa zum Parteitypus und zum Vielparteiensystem der Weimarer Republik – negativ zu Buche schlägt, wogegen die Entfernung zum historischen Hintergrund – im besonderen die Konzentration des bundesrepublikanischen Systems auf wenige Parteien – eine betont oder auch nur stillschweigend zustimmende Einschätzung erfährt.[7] Zur überblicksartigen Illustration läßt sich beispielsweise eine Studie von *Kurt Sontheimer* heranziehen, die aus Anlaß des 30jährigen Bestehens der Bundesrepublik (1979) nicht nur den Weg der Republik, sondern auch die Analyse- und Bewertungsansätze bilanziert, die – vor allem in der Erinnerung an Weimar – verbreitet sind.

Sontheimers Studie belegt, daß neben und in Verbindung mit Partei- und Parteiensystemfragen (vgl. Kap. III.2.) Parlaments- (vgl. Kap. III.3.) und Verbändeprobleme (vgl. Kap. III.5) Beachtung finden, die in deutlicher Erinnerung an Weimarer Erfahrungen in die Diskussion verfassungsrechtlicher Rahmenbedingungen (vgl. Kap. III.1.) eingebaut sind.[8] Dabei zeigt sich die am Parteienbeispiel schon erläuterte Bewertungstendenz, die dann in besonders auffälliger Weise auf der Ebene der Ideen- und Bewußtseinsanalyse greifbar wird. Bis heute werden hier Denkhaltungen, die auf der Linie des „antidemokratischen Denkens" der Weimarer Republik liegen, insonderheit solche, die sich in die marxistische Denktradition einordnen lassen, in der Absicht dargestellt, sie ein für allemal aus dem Dunstkreis westlicher Länder zu verbannen (vgl. Kap. IV.: „Krise des Bewußtseins").[9]

Eine etwas genauere Beschäftigung mit Untersuchungsansätzen, für die hier *Sontheimers* 30-Jahre-Bilanz steht, bringt Vergleichsbilder zum Vorschein, die sich innerhalb des skizzierten Denkmusters zu Bewertungsmaßstäben verdichten, die zum Teil bewußt ausformuliert sind, zum Teil auch unbewußt gelten. Dabei handelt es sich einerseits um Negativbilder, die in stilisierter Form Weimarer Systemmerkmale – zum Beispiel das zerfasernde Parteiensystem – und auch institutionelle sowie ideelle Elemente sowohl des NS-Regimes als auch (sowjet-)kommunistischer Regime enthalten.[10] Andererseits – und zum Teil mit Negativbildern kombiniert – zeigen sich Positivbilder, in denen sich historische und gegenwärtige Anschauungsmaterialien der USA[11] und vor allem Großbritanniens modellhaft sammeln. Speziell die im Umkreis des Heidelberger Lehrstuhls von *Dolf Sternberger* vorangetriebenen Forschungen zum parlamentarischen Oppositionsverhalten (vgl. *Kralewski/Neunreither* 1963) halten sich fast sklavisch an ein britisches Vorbild, nach dem die Wählerschaft in angemessenen Fristen immer wieder dafür sorgt, daß zwei miteinander konkurrierende Parteien die Regierungs- und Oppositionsrolle tauschen.

Wie maßstabsbildend das „Westminster-Modell" wirkt, das sich als Gegenstück zum „Weimarer System" anbietet, zeigt begriffsstrategisch die sich bis in die Gegenwart erstreckende Rede vom *Machtwechsel* (vgl. etwa *Baring* 1982). Auf ihn ist ein großer Teil der Aufmerksamkeit institutionell orientierter Forschung, zumal der Wahl- und Parteienforschung, konzentriert.[12] Wenn letztere sich um Maximen des *Parteienstaats* bemüht und Beiträge zu seiner empirischen Erschließung zu leisten sucht, so gibt es zwar durchaus unterschiedliche Verständnisse des Begriffs, den der Verfassungsrichter *Gerhard Leibholz* schon früh in die bundesrepublikanische Diskussion einbrachte (*Haungs* 1973). Trotzdem schwingen in diesen Bemühungen oft gemeinsame Sorgen darüber mit, die Parteien könnten den Weimarer und nicht den gewünschten britischen Weg gehen.

Die im erläuterten Denkmuster und seinen Vergleichsbildern angelegte normative Tendenz wird begrifflich zudem im Gedanken der *streitbaren Demokratrie* faßbar. An Institutionen und Ideen orientierte Analyse gewinnt aus ihm ihren Bewertungseifer. Überhaupt findet die normative Schlagseite Weimar-abhängiger Forschung ihren begrifflichen Ausdruck darin, daß mit großer Hartnäckigkeit der Demokratiebegriff ins Spiel gebracht wird.[12a] Wo in anderen Ländern einfach von *government* die Rede ist, geht es im deutschen Sprachgebrauch um „parlamentarische Demokratie", „Parteien-Demokratie" oder „Kanzler-Demokratie", wenn nicht im Sinne einer spezifischen Verfassungsrechtstradition von „Parteien-Staat" gesprochen wird. Wo andernorts unbefangen auf Verfassung, Parteien und Gewerkschaften Bezug genommen wird, scheint in der Bundesrepublik das Beiwort *demokratisch* unentbehrlich.

3. Beschränkter Forschungs-Pluralismus

Summiert man die hier dargestellten „Lehren aus der Geschichte", vermittelt durch Denkmuster, Vergleichsbilder und Begriffe, so beruhen sie auf der Angst vor Weimarer Instabilität. Zugleich wird aus ihnen die Hoffnung darauf abgeleitet, in der entstehenden und sich entwickelnden Bundesrepublik werde ein Stabilitäts- und Integrationskurs möglich. In solcher Lage dominieren Fragen nach dem Überleben und nach Überlebensbedingungen, wie sie Anthropologen und Biologen stellen, die unter dem Eindruck niedergehender Kulturen und Organismen stehen.

Von hier aus versteht sich, daß Versuche, aus der jüngsten deutschen Geschichte andere Konsequenzen zu ziehen, weitgehend zum Scheitern verurteilt waren. Das gilt einmal für die Forderung nach „radikaldemokratischem" Umdenken, die an die unabweisbare Beobachtung anknüpfen konnte, daß die Weimarer Republik – nach einer verbreiteten Formel – eine „Demokratie (Republik) ohne Demokraten (Republikaner)" gewesen und an zuwenig Demokratie untergegangen war. Es trifft zum anderen für die Forderung nach einer antikapitalistischen, zumindest „weniger kapitalistischen" Neuordnung der Wirtschaft zu, die unmittelbar nach dem Kriege auch von weiten Teilen des „bürgerlichen Lagers" gestützt wurde.[13]

Wie eng der Bewegungsraum für eine solche Verarbeitung des historischen Erfahrungsschatzes und einer auf sie gestützten Bundesrepublik-Analyse war, läßt sich besonders deutlich am Beispiel von *Wolfgang Abendroth* erkennen, der von 1951 bis 1972 einen politikwissenschaftlichen Lehrstuhl an der Universität Marburg innehatte. In seiner Verfassungs- und Institutionenanalyse beschränkte er sich weitgehend darauf, konstitutionell verfügbare Freiheitsräume zum Zwecke möglicher, zukünftiger Nutzung abzusichern und zu umschreiben, ohne präzise Anleitungen zur Praxis von „mehr Demokratie" zu geben (*Günther* 1985, 129 f.). Zugleich fällt auf, daß *Abendroth* fast völlig darauf verzichtete, Elemente seiner marxistisch inspirierten Analyse der Bundesrepublik und ihres Umfeldes zu entfalten, wie er sie – im Rahmen eines erfolglosen Gegenentwurfs zum Godesberger Programm der SPD – im Jahre 1959 konzipierte (*Abendroth* 1967, 407 ff.). Somit steht *Abendroth* dafür, daß die Bedingungen weder für einen „radikaldemokratisch" inspirierten Zugriff der Forschung noch für marxistisch inspirierte Analyse günstig waren.

Gleiches gilt überdies für szientistisch inspirierte Bemühungen: Wenn es im Zeichen eines republikanischen Neuanfangs um in der praktischen Politik schnell und unmittelbar verwertbare „Konstruktivität" ging, so fehlten die Voraussetzungen dafür, daß nach dem Vorbild der Naturwissenschaften wertfreier Erkenntnisfortschritt angestrebt wurde. „In Sachen menschlicher Ordnung" – so formulierte etwa der schon genannte *Sternberger* – „können wir uns nicht mit der bloßen unbeteiligten Vorführung und Ausstellung von Präparaten begnügen."[14]

Soweit die Forschung an dem Beitrag gemessen wurde, den sie zur Lösung brennender Tagesprobleme leistete, so fehlte schließlich ganz allgemein der Anreiz zu präziser Begründung und Anleitung einzelner Forschungsvorhaben. Es bestand kaum das Bedürfnis, über je speziell eingeschlagene Forschungswege Rechenschaft abzulegen, unterschiedliche Vorgehensweisen gegeneinander abzuwägen und in diesem Sinne theoretische Arbeit zu leisten.

Im ganzen schält sich demnach ein Forschungsbetrieb heraus, der insofern pluralistisch war, als er formell nicht durch direkte staatliche Zugriffe reglementiert wurde. Informell war dieser Pluralismus jedoch vielfach beschränkt. Die bundesrepublikanischen Nachkriegsbedingungen waren so beschaffen, daß mit der Ermunterung zu ebenso wertbetonter wie demokratie-theoretisch vorsichtiger „institutioneller und ideeller Aufbauarbeit" eine massive Einengung möglicher anderer Forschungsaktivitäten einherging.[15]

II. Forschung im Erfahrungshorizont der Bonner Geschichte und Gegenwart

Zu wichtigen sozial-ökonomischen und institutionellen Veränderungen, die einen neuen Erfahrungshorizont begründeten, kam es vor allem seit der zweiten Hälfte der 60er Jahre. Dieser sich bis in die 80er Jahre hinein erstreckende Wandel läßt sich hier nicht im einzelnen nachvollziehen (vgl. *Rupp* 1982). Es müssen zum einen punktuelle Hinweise darauf genügen, daß es Anhaltspunkte dafür gab, an der Konsolidierung der Bundesrepublik zu zweifeln. Zum andern läßt sich aber auch zeigen, daß solche Zweifel immer wieder zerstreut wurden.

1. Bonn-Abhängigkeiten

Im Bereich der sozial-ökonomischen Entwicklung fällt ins Auge, daß sich die Rezession der Jahre 1966/67 ebenso auffangen ließ wie der ölpreisbedingte Abschwung von 1974/75 und die Rezession der Jahre 1980/82, letztere freilich auf Kosten massiver Einschnitte im sozialen Leistungsbereich und unter Mißachtung des Ziels der Vollbeschäftigung.

Was die meist parallel laufenden institutionellen Irritationen angeht, so konnten auch sie immer wieder beseitigt werden:

Für die mittels einer Regierungsumbildung „korrigierte" Spiegelkrise (1962), für die Ablösung der „systemwidrigen" Großen Koalition (1966–1969) und speziell für die in entschärfter Fassung verabschiedeten Notstandsgesetze (1967/68) galt das ebenso wie für die Ersetzung einer krisenhaften sozial-liberalen durch eine christlich-liberale Koalition (1982/83). Gerade die Umstände dieses Koalitionswechsels, der durch eine außerordentliche Wahl bekräftigt wurde, verweisen besonders deutlich darauf, daß sich die Voraussetzungen, unter denen Politik gemacht und über Politik nachgedacht wurde, verändert hatten.

In den Jahren einer allgegenwärtigen Erinnerung an das Ende der Weimarer Republik wären ohne Not nie außerordentliche Neuwahlen arrangiert worden. Verband sich doch mit ihnen die Angst vor Chaos und Instabilität. Wenn aber jetzt die Regierung Helmut Schmidt den verfassungsrechtlich zumindest bedenklichen Weg über Art 68 GG ebenso gehen wollte (1982) wie ihn die „parlamentarisch-konstruktiv" ins Amt gekommene Regierung Helmut Kohl dann tatsächlich ging (1983), so hieß das: Außerordentliche Wahlen waren jetzt möglich, weil – wie *Schmidt* formulierte – „die Bundesrepublik inzwischen erwachsen geworden ist, weil Weimarer Verhältnisse auch in Zukunft in Bonn nicht zu befürchten sind".[16]

Unter diesen neuen Bedingungen konnte die Forschung nunmehr in dem Sinne Bonn-abhängig reagieren, daß sie sich – ohne „Weimar-Befangenheit" – den aus der Bonner Geschichte und Gegenwart herauswachsenden Problemen öffnete. Damit war eine Verbreiterung des bislang sehr engen Spektrums Weimar-abhängiger Forschungsaktivitäten möglich.

2. Denkmuster, Vergleichsbilder, Begriffe

Was Bonn-abhängig arbeitende Forschung an thematischen und methodologischen Neuerungen beisteuert, läßt sich überblicksartig *Hans-Karl Rupps* „Politischer Geschichte der

Bundesrepublik" entnehmen (1982), die *Sontheimers* 30-Jahre-Bilanz gegenübergestellt
werden kann. *Rupp* geht von jenen „radikaldemokratisch" und „kapitalismuskritisch"
gefärbten Nachkriegspositionen aus, von denen sich oben zeigen ließ, daß sie im Weimar-
Horizont (z. B. von *Sontheimers* Bilanz) nur geringe Entfaltungsmöglichkeiten hatten.
Mit diesen unterschiedlichen Bewertungskriterien verbinden sich dann thematische
Schwerpunkte, die sich aus der Bonner sozial- und interventionsstaatlichen Entwicklung
seit der zweiten Hälfte der 60er Jahre aufdrängen und im Weimarer Horizont (z. B. von
Sontheimers Bilanz) tendenziell ausgespart werden. Dabei handelt es sich vor allem um eine
betonte Herausarbeitung der ökonomischen Grundlagen des politischen Prozesses und der
ökonomisch gerichteten Politikinhalte (*Rupp* 1982, 1.1., 2.1., 3.1.), um die Darstellung
von Föderalismusproblemen (*Rupp* 1982, 2.3., 3.3.) und um die Problematisierung
sogenannter konzertierter Aktionen zwischen Staatsadministration und Verbänden (*Rupp*
1982, 3.31.).
Es wird ein neues Denkmuster sichtbar, das direkte historische Bezüge, soweit sie hinter
die Geschichte der Bundesrepublik zurückreichen, weitgehend ausspart. Statt dessen
dominieren, teils stillschweigend, teils ausdrücklich, horizontale Vergleiche mit westlichen Ländern, soweit sie durch ähnlich gelagerte sozial-ökonomische und institutionelle
Probleme herausgefordert werden wie die Bundesrepublik. In horizontal-vergleichender
Perspektive treten an die Stelle stilisierter Positivbilder „westlicher Demokratien" Realbilder „westlicher Industriegesellschaften" (*Günther* 1985, 132 f.), im besonderen auch
Realbilder der DDR (vgl. *Behr* 1979).
Als Vergleichsmodell im Sinne eines Vorbilds, dem nachgeeifert werden soll, wird nun
speziell Schweden vorgestellt. Dabei zeigt sich zugleich eine im Weimar-Horizont noch
kaum mögliche Hinwendung zu „mehr Demokratie" (*Fenner* 1977, 101 ff.), die akzen-
tuierter noch in der Beschäftigung mit Rätemodellen erkennbar ist (*Bermbach* 1973).
Solche demokratietheoretisch anspruchsvollen Orientierungen der Forschung zeigt der
im Weimar-abhängigen Erfahrungsbereich noch fehlende Begriff der *Demokratisierung* an
(*Rupp* 1982, 3.1.). In der durch ihn eröffneten Perspektive stellt beispielsweise die Parteienforschung ehrgeizige Anforderungen an den innerorganisatorischen Willensbildungsprozeß (*Wiesendahl* 1980, bes. 128 ff.).
Auf Forschungsschwerpunkte und -bereiche, die im Bonner Erfahrungshorizont erschlossen werden, verweist auch das *Stamokap*-Kürzel (Staatsmonopolitischer Kapitalismus), das
auf Positionskämpfe zwischen verschiedenen marxistisch inspirierten Richtungen hindeu-
tet (*Günther* 1985, 56–59). Dabei wird die Wiederentdeckung von *Marx*, mit der zualler-
erst eine Aufarbeitung lange vernachlässigter prinzipieller Probleme verbunden ist, durch
die kurz bezeichneten Krisenerscheinungen der 60er, 70er und 80er Jahre genährt.
Vor allem auf szientistischen Forscherehrgeiz, der sich u. a. auf die schon erwähnte „konzertierten Aktionen" richtet, bezieht sich der Gedanke des *„Korporatismus"* oder auch *„Neokorporatismus"* (vgl. etwa *von Alemann* 1981). Zum Teil in enger Verbindung mit (neo-)korpora-
tistischen Fragestellungen entwickelt sich auch eine in der Verwaltungswissenschaft Boden
gewinnende *Policy*-Forschung (*Hartwich* 1985). Darüber hinaus steht der Begriff der *politischen Kultur* für Forschungsaktivitäten, in denen sich einerseits die Weimar-abhängige Ideen-
und Ideologieforschung fortsetzt (*Sontheimer* 1979, Kap. IV.5.), in denen andererseits aber all
jene Forschungsrichtungen zum Zuge kommen, die in der Abhängigkeit von der jüngsten
deutschen Geschichte noch zu einem Schattendasein verurteilt waren.

In diesem Forschungsbereich läßt sich zudem exemplarisch erkennen, daß es jetzt Spielräume dafür gibt, von je unterschiedlichen Positionen her über die theoretische Anleitung von Forschung nachzudenken.[17] Dies gilt in auffälliger Weise auch für Untersuchungen, die sich um die Deskription und Erklärung eines neuen Gegenstandsbereichs bemühen, der seit etwa Mitte der 70er Jahre unter dem Stichwort „neue soziale Bewegungen" Aufmerksamkeit findet.[18]

3. Erweiterter Forschungs-Pluralismus

Ohne hier weitere Illustrationen zu geben und ohne im besonderen zeigen zu können, was die Entfaltung lange zu kurz gekommener Forschungsaktivitäten für den Bereich der Internationalen Politik bedeutet[19], sind zusammenfassend folgende Beobachtungen wichtig: In dem Maße, in dem die Erinnerung an die jüngste deutsche Vergangenheit durch Erfahrungen der bundesrepublikanischen Geschichte und Gegenwart angereichert wird, erweitert sich das Spektrum des Forschungsbetriebs beträchtlich. Neben eine Forschungsperspektive, in der es darum geht, „konstruktive", sowohl ordnungspolitische als auch empirische Beiträge zum Aufbau einer zweiten Republik zu leisten, um „Bonn nicht Weimar werden zu lassen", tritt jetzt:

- Forschung, die in möglichst großer, ideeller und empirischer Breite Möglichkeiten einer Demokratisierung der Bundesrepublik erschließen will;
- Forschung, die in vielfältiger Verarbeitung marxistischer Traditionsbestände die Bundesrepublik als (spät)kapitalistisches Krisensystem analysieren will;
- Forschung, die in unterschiedlichem Abstand zum naturwissenschaftlichen Vorbild intersubjektiv nachvollziehbare Erkenntnisfortschritte erzielen will;
- Forschung, die richtungsübergreifend und richtungsspezifisch zu theoretischer Durchleuchtung und Fundierung des Forschungsalltags beitragen will.

Zwischen den hier aufgezählten, sich Bonn-abhängig entfaltenden Positionen gibt es Differenzen und Reibungen, wie sie – gefiltert durch je spezielle Forschertemperamente – auch im Forschungsbetrieb anderer Länder vorkommen. Die Besonderheit der bundesrepublikanischen Lage besteht freilich darin, daß es – quer zu solchen Reibungspunkten – eine Hauptkonfliktlinie gibt, die Bonn-abhängige von Weimar-abhängiger Forschung trennt.

III. *Konfliktorischer Forschungs-Pluralismus im doppelten Erfahrungshorizont*

Die bestehende Konfliktlage läßt sich nach einem interaktionistischen Modell vorstellen. Dieses bezieht seine Dynamik aus je unterschiedlichen Erfahrungshorizonten der Akteure. Die Heftigkeit, mit der diese sich gegenseitig abstoßen, versteht sich aus der eigensinnigen Selbstsicherheit, mit der einzelne Forscher ihre Einstellung zu Fragen der Themenwahl und Bewertung durch ihren je speziellen Horizont beglaubigt sehen.

1. Die Spaltung der Deutschen Vereinigung für Politische Wissenschaft

Ein untrüglicher Beleg für die Tiefe des Konflikts ist die Zweispaltung der Deutschen Vereinigung für Politische Wissenschaft (DVPW), ein Vorgang, der hier nicht im einzelnen beschrieben werden kann (vgl. *Günther* 1985, 70–73). Die sich Anfang 1983 von der DVPW ablösende Deutsche Gesellschaft für Politikwissenschaft (DGfP) besteht in ihrem harten Kern klar erkennbar aus wichtigen Vertretern einer „zweiten Generation" von Forschern (Jahrgänge 1920–1933)[20], die sich zu ihrer Weimar-Abhängigkeit bekennen. Hinzu kommen einige Exponenten einer „jüngeren Generation" (Jahrgänge ab 1934)[21], die bewußt in derselben Abhängigkeit stehen.[22] Dazu paßt, daß die ersten Jahrestagungen der DGfP ordnungspolitisch-präskriptiven Themen galten. Auf der ersten Tagung im Jahre 1983 ging es um Bewertungsprobleme des Ost-West-Konflikts.[23] Die zweite Tagung (1984) war „Aktuellen Herausforderungen der repräsentativen Demokratie" gewidmet.[24] 1985 schließlich wurde über die „Bedeutung der Ideologie in der heutigen Welt" diskutiert.[25]

Demgegenüber besteht der harte Kern der „alten" Vereinigung zum einen aus Wissenschaftlern, die sich für unterschiedliche Positionen offenhalten. Für sie stehen im besonderen die in den 70er Jahren amtierenden Vorsitzenden der DVPW, unter denen sowohl Vertreter der „zweiten Generation" als auch der „jüngeren Generation" sind.[26] Zum anderen und vor allem gehören Forscher der „jüngeren Generation" dazu, soweit sie sich in eine jener Forschungsaktivitäten einschalten, die sich seit den 60er Jahren entfalten konnten. Die Vielfalt der Zugriffe und Forschungstemperamente, die sich im Rahmen des DVPW-Kongresses 1985 am aktuellen Thema „Politik und die Macht der Technik" versuchten, bekräftigt diese Lagebeschreibung.[27]

2. Beispielhafte Positionen im interaktionistischen Schlagabtausch

Am Beispiel einiger Kernaussagen von *Wilhelm Hennis*, einer der streitbarsten Verfechter einer bewußt Weimar-abhängigen Forschungsausrichtung, läßt sich die Distanz zwischen Weimar- und Bonn-abhängigen Positionen knapp illustrieren. Dabei verstehen sich *Hennis'* Äußerungen immer als Antwort auf die entschiedene und zum Teil provozierende, manchmal auch herablassende Art, in der die „andere Seite" auf Weimar-abhängige Forschung reagierte.

- Die „Demokratisierungs-Position" sieht Hennis als „Revolte gegen die Natur" und schleudert ihr die Warnung entgegen: „Da illusionäre Erwartungen nicht eingelöst werden können, könnte am Ende auch dieser illusionären Erwartung hier wie immer nur stehen: die Agonie der Freiheit" (*Hennis* 1970, in: *Hennis* 1973, 51; vgl. demgegenüber *Vilmar* 1973, 35; 329f.).
- Den Versuchen, Verteilungs- und Steuerungsprobleme des (Spät-)Kapitalismus – auf marxistisch inspirierte Analyse aufbauend – als Legitimationsprobleme zu fassen, setzt *Hennis* in der pointierenden Schlußsequenz eines Vortrags den – besonders auf *Habermas* und *Offe* bezogenen – Satz entgegen: „Zum Ausstellen des Totenscheins für die Form freiheitlich-demokratisch-legitimer Herrschaft, wie sie die Neuzeit entwickelt hat, sehe ich heute noch keine Veranlassung . . ." (*Hennis* 1976, 28).

– Der stark an Fragen der Tagespolitik anknüpfenden und empirisch quantifizierend arbeitenden Policy-Forschung hält *Hennis* vor: „Wir können unsere Fragen nicht wie in den Naturwissenschaften formulieren. Sonst leben wir neben dem Feld her, das unser eigentliches Wissenschaftsfeld ist. . . . Wissenschaftliche Fragestellungen qualifizieren sich nicht durch ihren zeitweiligen Erfolg am ‚Markt' " (*Hennis* 1985, in: *Hartwich* 1985, 131).

– *Hennis'* Ablehnung von „leerlaufender" Wissenschaftstheorie bekommt beispielsweise *Heinrich Bußhoff* zu spüren. Als dieser sich um eine „theoretische Stagnation der Regierungslehre" besorgt zeigt und die „Skizze eines Auswegs" versucht (PVS 3/80, 284–295), bescheidet ihn Hennis mit der rüden Aufforderung: „Könnte Bußhoff denn nicht einmal etwas zur Sache schreiben? An Stoff fehlt es doch nicht" (PVS 4/80, 401).

Wenn konfliktorischer Pluralismus sich in so scharfer Form ausprägt, so handelt es sich freilich nicht um die einzigen Positionsvarianten, die im Rahmen eines interaktionistischen Schlagabtauschs möglich erscheinen, der sich auf einem doppelten Erfahrungshintergrund abspielt. Zweifellos wird sich kaum ein Forscher – und dies ist das Besondere der bundesrepublikanischen Lage – außerhalb dieses doppelten Horizonts stellen können. Solange die Erinnerung an die Weimarer Republik und ihr Ende im nationalsozialistischen Unrechtsstaat nachwirkt, wird es wohl auch kaum möglich sein, nicht eher in Richtung Weimar- oder Bonn-Abhängigkeit Farbe zu bekennen.

Und doch zeigt etwa das Beispiel des 1979 verstorbenen *Peter Christian Ludz*, daß es keineswegs zu eigensinnig-verabsolutierenden „Farbgebungen" zu kommen braucht: Bewußt Bonn-abhängig und – in horizontal-vergleichender Perspektive – betont offen gegenüber amerikanischen Forschungseinflüssen, tritt *Ludz*, der sich als politischer Soziologe versteht, für eine „systematische und empirische Wissenschaft" ein *(Ludz* 1979, 273). Dem entspricht seine Unzufriedenheit mit Positionen, denen es – wie er sich ausdrückt – „an methodologischer Stringenz" fehlt. Diese vermißt er bei dem marxistisch inspirierten *Wolfgang Abendroth* *(Ludz* 1979, 268) genauso wie bei *Alfred Weber (Ludz* 1979, 270). Denselben Mangel erkennt er auch bei *Otto Stammer* (aus dessen Berliner Institut Ludz hervorging), bei *Gerhard Leibholz, Theodor Eschenburg, Arnold Bergstraesser, Ernst Fraenkel, Otto Heinrich von der Gablentz, Ossip K. Flechtheim* und *Gert von Eynern (Ludz* 1979, 270–272). Gleichzeitig kennzeichnet es jedoch die vermittelnde Position von *Ludz*, daß er ihnen allen fruchtbare Forschungsarbeit zurechnen kann, die er vom „Zeitgeist" *(Ludz* 1979, 270) und von „starkem politischem Engagement" geleitet sieht *(Ludz* 1979, 272).

Bei aller Geradlinigkeit der eigenen Auffassung, in solcher Weise offen zu sein, fällt gewiß Jüngeren (die im Bonner Horizont aufgewachsen sind) gegenüber Älteren (die unter dem Eindruck der Weimarer- und NS-Erfahrung stehen) leichter als umgekehrt. Gleichwohl steht gerade *Ludz* als Vertreter der „zweiten Generation" (Jahrgang 1931) dafür, daß die im bundesrepublikanischen Schlagabtausch entwickelten Positionen und die Art und Weise ihrer Vertretung nicht allein als Generationsfrage angesehen werden können.[28]

IV. Offene Grenzen zu den Nachbarfächern

Bis hierher ist – abgesehen von der Einleitung und von den wenigen Bezügen zur Zweispaltung der DVPW – bewußt nicht von Politikwissenschaft und von Politikwissenschaftlern die Rede gewesen. Ist es doch nicht die formelle Etikette allein, die einzelne Forscher zu Vertretern der politikwissenschaftlichen Disziplin macht.[29]

Die Erwähnung einiger weniger Namen genügt – sie sind hier teilweise schon genannt worden –, um klarzulegen, daß die sich nach dem Zweiten Weltkrieg etablierende Politik- wissenschaft aus einer Reihe „politiknaher" Traditionsfächer hervorwuchs. Zur „ersten Generation" der Politikwissenschaftler (Jahrgänge vor 1920) gehören beispielsweise *Theo- dor Eschenburg* und *Michael Freund* als Historiker, *Ernst Fraenkel* und *Wolfgang Abendroth* als Juristen, *Siegfried Landshut* und *Gerd von Eynern* als Nationalökonomen sowie *Arnold Bergstraesser* und *Otto Stammer* als Soziologen. In der „zweiten Generation" waren es dann vor allem wieder Historiker (*Karl Dietrich Bracher* und *Kurt Sontheimer*), Juristen (*Thomas Ellwein* und *Wilhelm Hennis*) und auch Soziologen (z. B. *Ralf Dahrendorf*), die die Ent- wicklung des Faches von etablierten Universitätsdisziplinen her trugen. Freilich liegt hier nicht der entscheidende Unterschied zu anderen Ländern, in denen die meist schon früher entstandene Spezialdisziplin auch – zumindest teilweise – von der Blutzufuhr etablierter Nachbarfächer abhängt (vgl. *Philippart* 1982, 48).

Das Kennzeichnende der bundesrepublikanischen Spätentwicklung beruht vielmehr darauf, daß nach dem Zweiten Weltkrieg in Teilbereichen der Geschichtswissenschaft, Rechtswissenschaft, Nationalökonomie und Soziologie wissenschaftskonzeptionelle und - thematische Konfliktlagen entstanden, die sich mit denen der Politikwissenschaft über- schneiden. Wie ist diese Offenheit der politikwissenschaftlichen Grenzen gegenüber den genannten Traditionsfächern genauer zu verstehen?

Es entsprach der Logik der allgemeinen Lernhaltung gegenüber der jüngsten deutschen Geschichte, daß von den aufgezählten Traditionsfächern eine Erweiterung, wenn nicht eine Korrektur eingefleischter Fragestellungen erwartet wurde (*Günther* 1985, 77 f.). Speziell für die Geschichtswissenschaft lag darin die Anforderung, von einer bloß deskrip- tiv-verstehenden Traditionslinie wegzukommen und der Geschichte gegenwartsbezo- gene Lehren zu entnehmen. Desgleichen wurden auch von der Rechtswissenschaft und von der Nationalökonomie ordnungspolitische Aufbauleistungen erwartet, parallel dazu auch von der Soziologie, in der die Sensibilität für Theorie- und Werturteilsprobleme mit dem Bemühen konkurrierte, die szientistische Zwischenkriegstradition fortzuführen (vgl. bes. *Kern* 1982, 217 ff.).

Im ganzen scheint somit plausibel, daß die Politikwissenschaft im informellen Teilverbund mit etablierten Fächern herausgefordert war. Letzteren oblag nicht nur die Pflege traditio- neller Forschungsschwerpunkte. Ihnen waren jetzt zugleich Aufgaben gestellt, zu deren Erledigung – nach dem Prinzip „doppelt genäht hält besser" – eine spezielle Disziplin ge- schaffen wurde. Das aber hieß, daß für die genannten Nachbarfächer dieselben wissen- schaftskonzeptionell und -thematisch einengenden Voraussetzungen wirksam waren und dann unter veränderten Rahmenbedingungen dieselben „interaktionistischen Gegen- schläge" erfolgten, die für das politikwissenschaftliche Spezialfach herausgestellt wurden.

Zusammenfassung

1. Die jüngste deutsche Geschichtserfahrung wirkte gewiß auch in die Politikwissen- schaft anderer Länder hinein. So „hautnah" wie in der Bundesrepublik und so konsti-

tutiv für eine demokratisch-ordnungspolitische Ausrichtung politikwissenschaftlicher Fragestellungen war sie jedoch nirgendwo sonst. Das heißt aber auch, daß Forschungskonzeptionen und -themen, die nicht in dieses normativ-„theoretische Pathos" *(Lepsius)* paßten, nirgends so geringe Entfaltungsmöglichkeiten hatten wie in der Bundesrepublik.

2. In dem Maße, in dem der Druck der jüngsten deutschen Geschichte nachließ und Gegenwartserfahrungen Raum gewannen, konnte es nicht ausbleiben, daß bis dahin ausgeblendete Forschungskonzeptionen und -themen – zum Teil gestützt durch ausländische Einflüsse – ihr „Existenzrecht" ebenso entschieden einklagten, wie es ihnen bislang verwehrt worden war.

3. Die erste und die zweite Beobachtung summieren sich zu der Einsicht in eine komplizierte innerwissenschaftliche Konfliktlage, die sich in den Kategorien eines wissenschaftskonzeptionellen und -thematischen Interaktionismus fassen läßt. Dieser wird seine Dynamik so lange entfalten, wie einerseits Erinnerungen an historische Erfahrungen und mit ihnen verbundene Forschungsantriebe wirksam bleiben, andererseits Gegenwartserfahrungen entgegengesetzt wirken.

4. Die besondere Prägung der bundesrepublikanischen Politikwissenschaft wird dadurch noch unterstrichen, daß sie als „Crossroads-Disziplin" in eine Reihe von benachbarten Traditionsfächern hineinragt und diese umgekehrt auch gegenüber der Politikwissenschaft offene Grenzen haben.

Anmerkungen

1   Einen besonders deutlichen Beleg für diese Lage des Faches liefert ein wissenschaftliches Symposium „Zum Verhältnis der Policy-Forschung/Policy-Studies zu den ‚Kernbereichen' des Faches", das im November 1984 in Hannover stattfand (*Hartwich* 1985): Ein Einverständnis über gemeinsame ‚Kernbereiche' oder auch nur Fragestellungen der Fachvertreter wurde von einzelnen Teilnehmern für möglich und für wünschbar gehalten (vgl. bes. die Beiträge von *Manfred G. Schmidt, Michael Th. Greven, Jürgen Fijalkowski* und *Fritz W. Scharpf*). Herstellen ließ sich ein solches Einverständnis freilich nicht (vgl. die Darstellung des Diskussionsverlaufs durch *Hans-Hermann Hartwich*).
    Vgl. zu den Bemühungen in der NS-Zeit, die Disziplin an der Berliner Universität und über ein „Deutsches Auslandswissenschaftliches Institut" als „Auslandswissenschaft" zu begründen, vor allem zum Selbstverständnis, erste Hinweise bei: *Weyer* 1985.
2   Der hier verfolgte Beobachtungs- und Gedankengang stützt sich in Teilen auf eine ausführlichere Studie des Verfassers: *Günther* 1985.
3   Die länderübergreifende Orientierung der Demokratieforschung am Stabilitätsmaßstab zeigt dies unmißverständlich; vgl. etwa *Lijphart* 1969, 51 ff.
4   Dies belegen etwa die Beratungen auf den Konferenzen in Waldleiningen (1949) und Königstein (1950); vgl. *Kastendiek* 1977, 173 ff.; *Arndt* 1978, 117 ff.
5   Eine systematische Fundierung dieses Zusammenhangs zwischen Geschichte und (Politik-) Wissenschaft, die hier nicht erarbeitet werden kann, hätte auf neuere Ansätze der Alltags- und Lebensweltforschung zurückzugreifen, die vor allem in der Phänomenologie von *E. Husserl* und *A. Schütz* wurzeln. (Vgl. etwa *Werner Bergmann*, Lebenswelt, Lebenswelt des Alltags oder Alltagswelt? Ein grundbegriffliches Problem ‚alltagstheoretischer' Ansätze, in: KZfSS XXXIII, 1981 [H. 1], 50–72; *Bergmann* zielt hier auf die Herausarbeitung der schon bei *Husserl* angelegten Bedeutungsvielfalt des Lebenswelt-Begriffs, der im Zusammenhang meiner Überlegungen in seiner „Bodenfunktion" für [Politik-]Wissenschaft interessant wäre.)

6   Vgl. den Titel einer Publikation des Journalisten *Fritz René Allemann:* Bonn ist nicht Weimar, Köln 1956.

7   Vgl. dazu bes. einen Aufsatz, der Weimar-abhängige Untersuchungen des Bonner Parteiensystems zusammenfaßt und quantifizierend zu systematisieren sucht: *Schwickert/Wolffsohn* 1978.

8   In *Sontheimers* 1979er Studie kommt noch das Bürokratieproblem hinzu (Kap. III.4.), das freilich – wie sich weiter unten ergibt – erst im Horizont der Bonner Geschichte wichtig wird.

9   Ein besonders eindrucksvolles Beispiel für diese Art von „ideeller Abwehrschrift", die frühere Abwehrpositionen aufnimmt und in die Gegenwart verlängert, ist: *Bracher* 1982.

10   Vgl. bei *Sontheimer* 1979 sich vielfach wiederholende Bezüge zum Weimarer Negativbild.

11   Vgl. zur Präsenz der amerikanischen Bildvariante etwa Ralf Dahrendorfs Untersuchung über „Gesellschaft und Demokratie in Deutschland", München 1965.

12   Nach den Bedingungen des Machtwechsels fragt die erste deutsche Wahlstudie, die den Maßstäben empirischer Professionalität genügt: *Scheuch/Wildenmann* 1966.

12a Vgl. zur Illustration wiederum Sontheimer 1979, passim.

13   Beide Forderungen erhebt *Hans-Karl Rupp* in seiner „Politischen Geschichte der Bundesrepublik Deutschland (1. Aufl., Stuttgart 1978; 2. Aufl., Stuttgart 1982, Einleitung) zu Maßstäben einer bundesrepublikanischen Entwicklung, die so jedoch erst unter veränderten Rahmenbedingungen gesehen werden kann; vgl. dazu Kap. II.2. dieses Aufsatzes.

14   So im Vorwort zu *Erwin Faul:* Der moderne Machiavellismus, Köln/Berlin 1961, 11.

15   Vgl. zu international vergleichenden Ausblicken auf die USA, Großbritannien und Frankreich: Günther 1985, 20 ff.

16   So in einer Bundestagsrede v. 17. 9. 1982, in: Frankfurter Rundschau, 18. 9. 1982.

17   Greifbar werden die unterschiedlichen Positionen beispielsweise in einer Debatte, die auf dem „Forum" der Politischen Vierteljahresschrift ausgetragen wurde: PVS 4/80, 382–399; PVS 1/81, 110–117/117–122; PVS 2/81, 195–204/204–209; PVS 4/81, 415–422.

18   Eine Zusammenschau der wichtigsten Zugriffe liefert *Brand* 1982; vgl. jetzt auch Raschke 1985.

19   Vgl. zu einer Zusammenfassung der in diesem Bereich ausgetragenen Konflikte: *Meyers* 1977, 153 ff.

20   Es handelt sich vor allem um *Karl Dietrich Bracher, Manfred Hättich, Wilhelm Hennis, Kurt Sontheimer, Rudolf Wildenmann.*

21   Vgl. zur Einteilung in Generationen *Arndt* 1978, 250–253.

22   Dabei handelt es sich vor allem um: *Peter Haungs, Peter Graf Kielmansegg, Heinrich Oberreuter, Werner Link, Ulrich Matz, Alexander* und *Gesine Schwan.*

23   Vgl. *Siegfried Thielbeer:* Eine nie gesehene Entmachtung der sicherheitspolitischen Experten, in: Frankfurter Allgemeine Zeitung, 11.11. 1983.

24   Vgl. *Siegfried Thielbeer:* Die Lebensfähigkeit der repräsentativen Demokratie, in: Frankfurter Allgemeine Zeitung, 12. 11. 1984.

25   Vgl. *Gunter Hofmann:* Zwischen Campus und Rittersaal. Die alten Ideologien sind erschlafft, doch das Bedürfnis danach muß gestillt werden, in: Die Zeit, 8. 11. 1985.

26   *Winfried Steffani* 1971/72 (Jg. 1927), *Klaus von Beyme* 1973/74 (Jg. 1934), *Udo Bermbach* 1975/76 (Jg. 1938), *Thomas Ellwein* 1977/78/79/80 (Jg. 1927).

27   Vgl. Anm. 25.

28   Vgl. für flexible Positionen innerhalb der „zweiten Generation" etwa auch *Thomas Ellwein, Iring Fetscher* und *Jürgen Fijalkowski.*
     Wie die Forderung nach Flexibilität und Verbindlichkeit im Blick auf die thematische Differenzierung und Breite der Forschung zu begründen wäre, kann hier nicht erörtert werden (vgl. Günther 1985, 87 ff.).

29   In der für diesen Band ausgewerteten Befragung zu „Entwicklungen in der Politikwissenschaft der Bundesrepublik 1970–1985" mußte aus diesem Grunde in Frage 6 („Und wenn man nun nach einzelnen Forschungsfeldern unterscheidet: Wer zählt da gegenwärtig zu den wichtigsten Vertretern in der Bundesrepublik?") auch die Nennung von „Nicht-Politologen" eingeräumt werden („bei Gleichrangigkeit bis zu 3 Nennungen, auch von Nicht-Politologen").

Literaturverzeichnis

Abendroth, Wolfgang, 1967: Antagonistische Gesellschaft und politische Demokratie. Aufsätze zur politischen Soziologie, Neuwied.

Alemann, Ulrich von (Hrsg.), 1981: Neokorporatismus, Frankfurt/New York.

Arndt, Hans-Joachim, 1978: Die Besiegten von 1945. Versuch einer Politologie für Deutsche und Würdigung der Politikwissenschaft in der Bundesrepublik Deutschland, Berlin.

Baring, Arnulf, 1982: Machtwechsel. Die Ära Brandt – Scheel, Stuttgart.

Behr, Wolfgang, 1979: Bundesrepublik Deutschland – Deutsche Demokratische Republik. Systemvergleich Politik – Wirtschaft – Gesellschaft, Stuttgart.

Bermbach, Udo, 1973: Theorie und Praxis der direkten Demokratie. Texte und Materialien zur Rätediskussion, Opladen.

Bracher, Karl Dietrich, 1982: Zeit der Ideologien. Eine Geschichte politischen Denkens im 20. Jahrhundert, Stuttgart.

Brand, Karl-Werner, 1982: Neue soziale Bewegungen. Entstehung, Funktion und Perspektive neuer Protestpotentiale. Eine Zwischenbilanz, Opladen.

Dahrendorf, Ralf, 1965: Gesellschaft und Demokratie in Deutschland, München.

Fenner, Christian, 1977: Demokratischer Sozialismus und Sozialdemokratie. Realität und Rhetorik der Sozialismusdiskussion in Deutschland, Frankfurt.

Günther, Klaus, 1985: Politisch-soziale Analyse im Schatten von Weimar, Frankfurt.

Hartwich, Hans-Hermann (Hrsg.), 1985: Policy-Forschung in der Bundesrepublik Deutschland. Ihr Selbstverständnis und ihr Verhältnis zu den Grundfragen der Politikwissenschaft, Opladen.

Haungs, Peter, 1973: Die Bundesrepublik – Ein Parteienstaat? Kritische Anmerkungen zu einem wissenschaftlichen Mythos, in: Zeitschrift für Parlamentsfragen, Dez. 1973, 500–524.

Hennis, Wilhelm, 1973: Demokratisierung. – Zur Problematik eines Begriffs, in: *ders.*, Die mißverstandene Demokratie. Demokratie – Verfassung – Parlament. Studien zu deutschen Problemen, Freiburg.

ders., 1976: Legitimität – Zu einer Kategorie der bürgerlichen Gesellschaft, in: *Kielmansegg, Peter Graf* (Hrsg.), Legitimationsprobleme politischer Systeme, Tagung der Deutschen Vereinigung für Politische Wissenschaft in Duisburg, Herbst 1975, Opladen, 9–38.

ders., 1985: Über die Antworten der eigenen Wissenschaftsgeschichte und die Notwendigkeit, „zentrale Fragen" der Politikwissenschaft stets neu zu überdenken, in: Hartwich, 122–131.

Kastendiek, Hans, 1977: Die Entwicklung der westdeutschen Politikwissenschaft, Frankfurt.

Kern, Horst, 1982: Empirische Sozialforschung. Ursprünge, Ansätze, Entwicklungslinien, München.

Kralewski, Wolfgang/Neunreither, Karlheinz, 1963: Oppositionelles Verhalten im Ersten Deutschen Bundestag 1949–1953, Köln/Opladen.

Lijphart, Arend, 1969: Typologies of Democratic Systems, in: *ders.* (Ed.), Politics in Europe. Comparisons and Interpretations, London.

Ludz, Peter Christian, 1979: Die Bedeutung der Soziologie für die Politische Wissenschaft. Zur wissenschaftssoziologischen Interpretation des Streites um die politische Soziologie in den 50er Jahren, in: *Lüschen, Günther* (Hrsg.), Deutsche Soziologie seit 1945. Entwicklungsrichtungen und Praxisbezug, Kölner Zeitschrift für Soziologie und Sozialpsychologie, SH 21, Opladen, 264–293.

Meyers, Reinhard, 1977: Die Lehre von den Internationalen Beziehungen. Ein entwicklungsgeschichtlicher Überblick, Düsseldorf.

Philippart, André, 1982: Position in the Social Sciences, in: *Andrews, William G.* (Ed.), International Handbook of Political Science, Westport, 47–55.

Raschke, Joachim, 1985: Soziale Bewegungen. Ein historisch-systematischer Grundriß, Frankfurt/New York.

Rupp, Hans-Karl, 1982: Politische Geschichte der Bundesrepublik Deutschland, Stuttgart (2. Aufl.).

Scheuch, Erwin K./Wildenmann, Rudolf (Hrsg.), 1966: Zur Soziologie der Wahl, Kölner Zeitschrift für Soziologie und Sozialpsychologie, SH 9/10, Köln/Opladen.

Schwickert, Reinhard/Wolffsohn, Michael: Das Weimarer und Bonner Parteiensystem: Vergleiche und Modellkonstruktionen, in: Zeitschrift für Parlamentsfragen IX, Dez. 1978, 534–555.

Sontheimer, Kurt, 1979: Die verunsicherte Republik. Die Bundesrepublik nach 30 Jahren, München.

Vilmar, Fritz, 1973: Strategien zur Demokratisierung, Bd. 1: Theorie der Praxis, Darmstadt/Neuwied.

Weyer, Johannes, 1985: Politikwissenschaft im Faschismus (1933–1945): Die vergessenen zwölf Jahre, in: PVS, 423–437.

Wiesendahl, Elmar, 1980: Parteien und Demokratie. Eine soziologische Analyse paradigmatischer Ansätze der Parteienforschung, Opladen.

Reputation, Desintegration, theoretische Umorientierungen
Zu einigen empirisch vernachlässigten Aspekten der Lage der Politikwissenschaft in der Bundesrepublik Deutschland

Harro Honolka

1. Zur Lage der Politikwissenschaft in der Bundesrepublik: Diskussion mit empirischen Defiziten

„The state of the discipline" gehört unter Politikwissenschaftlern in den USA zu „everyone's favorite controversy" – so die Ankündigung eines entsprechenden Beitrages (*Parenti* 1983). Die laufende Lagediskussion der Disziplin kann sich dort auf reichlich vorhandenes empirisches Material stützen (vgl. Lynn 1983):

- Auf „ratings" der Reputation von Fachvertretern, Departments und Fachzeitschriften in Lehre wie Forschung
- Auf Produktivitätsanalysen (gemessen am Publikationsausstoß) von Fachvertretern und Departments.
- Auf systematische Auswertungen von Artikeln über längere Zeiträume hinweg, die eine genauere Datierung theoretischer und thematischer Entwicklungen gestatten.
- Auf Zitationsanalysen, die Beeinflussungsstrukturen und „invisible colleges" sichtbar machen.
- Auf Befragungen von Fachvertretern unter verschiedenen Gesichtspunkten (Arbeitsgebiete, theoretische Orientierung, Parteipräferenzen u. a.).

Die Ergebnisse solcher laufend unternommenen Studien werden gut zugänglich veröffentlicht, vor allem in PS, dem offiziellen Organ der American Political Science Association, in regelmäßig erscheinenden Gesamtdarstellungen der Lage der Disziplin (die letzte herausgegeben von *Finifter* 1983) und selbst in den Students' Guides der Universitäten. Den zahlreichen Befragungen, mit denen die Disziplin immer wieder überzogen wird, scheint man sich ohne großes Murren zu unterwerfen, wie die konstant hohen Rücklaufquoten zeigen.[1]

Dieses starke Interesse amerikanischer Politikwissenschaftler an empirischen Selbstanalysen wurzelt weniger in einer besonderen Lust an Nabelbeschauungen oder Leistungsvergleichen. Von der eigenen Lage in der Disziplin, vom eigenen Abschneiden in Produktivitäts- oder Reputationsrankings, die häufig auch auf der Ebene der Departments durchgeführt werden, hängen nicht unwesentlich wissenschaftliche Chancen ab: Berufen zu werden, Studenten anzuziehen, Vertragsverlängerungen zu erhalten, Forschungsmittel zu aquirieren. Laufende empirische Erhebungen in der Disziplin über die Disziplin sind zum akzeptierten Bestandteil politikwissenschaftlicher Kultur geworden. Selbst über den professionspolitischen Sinn der „ranking"-Umfragen ist nur wenig Kritisches zu hören. Wenn man sich mit ihnen auseinandersetzt, dann vor allem unter methodischen Gesichtspunkten (*Robey* 1982, Lynn 1983, *Welch, Hibbing* 1983).

Wir haben die Situation in den USA etwas ausführlicher geschildert, um den Unterschied zur Bundesrepublik stärker hervortreten zu lassen. Zwar werden auch in der hiesigen Politikwissenschaft laufend Beurteilungen zur Lage der Disziplin abgegeben (*Schwan* 1970, *Kastendieck* 1977, *Arndt* 1978, *Faul* 1979, *Hättich* 1980, *Massing* 1980, *Veen* 1982, *Matz* 1985); sie stützen sich aber vergleichsweise wenig auf systematisch erhobenes empirisches Material. Außer einer Analyse der Entwicklung von Lehrgegenständen zwischen 1950 und 1980 an Hand von Vorlesungsverzeichnissen (*Mohr* 1980) und einer Befragung von Fachvertretern über vergangene, gegenwärtige und geplante Themenfelder (*Böhret* 1985) ist wenig veröffentlicht worden – zu wenig, um einige nach wie vor kontrovers behandelte Fragen einer Diskussion zuzuführen und zu wenig, um sich im Vergleich mit internationalen Entwicklungen bundesdeutscher Besonderheiten bewußt zu werden.

Weiterer empirischer Überprüfungen bedürfen beispielsweise die immer wieder diagnostizierten Desintegrationstendenzen des Faches, die von den einen beklagt (*Schwan* 1970, *Veen* 1982, 8, *Sontheimer* 1976, *Mols* 1979, 304), von anderen als normal bezeichnet werden (*Matz* 1985², *Kastendieck* 1977, 305–339). Zwar hat Böhret der bundesrepublikanischen Politikwissenschaft bescheinigt, daß trotz aller hinzugestoßenen Policy-Forschung „die Kernbereiche der Disziplin weiterhin umfassend gepflegt werden; die ‚konventionellen‘ Aspekte der Politikwissenschaft werden breit beachtet. Dies gilt ‚natürlicherweise‘ besonders stark für die Forschung" (*Böhret* 1985, 98). Aber sind auf den einzelnen Themenfeldern auch alle theoretischen Orientierungen breit vertreten? Wenn nicht, zerfiele die Disziplin in einzelne theoretisch „versäulte" Themenfelder und müßte als zerrissen bezeichnet werden. Des weiteren wäre im Anschluß an die Böhretsche Studie zu fragen, inwieweit sich Desintegrationstendenzen im fehlenden Konsens über wichtige Fachvertreter äußern. Könnte sich die Disziplin nicht auf von allen als wichtig eingeschätzte Vertreter einigen, würden die Wichtigkeitszumessungen gar dem theoretischen „Stallgeruch" der Beurteilten folgen, dann müßte das als weiterer Aspekt der Zerrissenheit des Faches gewertet werden.

Die Diskussion der gegenwärtigen Situation des Faches erfordert immer auch einen Blick auf frühere Entwicklungsabschnitte. In der vorliegenden Lagebeurteilungsliteratur finden sich in der Tat zahlreiche Periodisierungsversuche, die aber, mit Ausnahme der *Mohr*schen Studie, auf zeitlich sehr ungenauen Angaben beruhen. Wenn wir hier für genauere Datierungen plädieren, dann nicht aus Gründen historiographischer Perfektion. Eine präzisere zeitliche Bestimmung thematischer und theoretischer Entwicklungsbeginne erscheint unerläßlich, wenn die wissenschaftssoziologisch wie professionspolitisch bedeutsame Frage nach den kurz- und mittelfristigen Ursachen von Entwicklungen in der Disziplin beantwortet werden sollen. Wie will man beispielsweise die Frage klären, ob die „protestlerischen" Analysen der Kritischen Theoretiker zuerst in der Soziologie und zunächst ohne die Politologen oder gar gegen sie entwickelt wurden (*Kastendieck* 1977, 285), solange man nicht genau weiß, wann sich Politikwissenschaftler persönlich der Kritischen Theorie zuzuwenden begannen? Der Zeitpunkt von Veröffentlichungen bietet einen nur unscharfen Ansatz für wissenschaftssoziologische Erklärungen, da er das Ende, das Resultat von Beeinflussungsprozessen markiert, nicht ihren Beginn und weil veröffentlichungstechnische Verzögerungen in Rechnung zu stellen sind.

Vor allem aber wäre der Vergleich des genauer datierten Beginns von Entwicklungen der Politikwissenschaft im In- und Ausland erforderlich, um internationale Einflüsse festzustellen, die in deutschen Lagebeurteilungen häufig im Sinne eines Theorieimports aus den USA, einer theoretischen Einbahnstraße, wahrgenommen werden.

Daß die Lagebeurteilung der Politikwissenschaft in der Bundesrepublik nicht auf laufende Umfrageergebnisse einer „*ranking*"-Kultur amerikanischen Vorbilds zurückgreifen kann, muß nicht unbedingt als Manko empfunden werden. Die professionspolitischen Bedenken liegen auf der Hand: Würde die Veröffentlichung von Reputationslisten nicht letztlich konservative, überwiegend etablierten Großordinarien zugute kommende Wirkungen haben? Würden Vertreter kleiner Arbeitsgebiete und Theorietraditionen abseits des „main-streams" nicht schlechter abschneiden? Müßte die Veröffentlichung von Reputationslisten somit nicht der im Humboldtschen Denken angelegten prinzipiellen Gleichrangigkeit von Wissenschaftlern, Fächern und Universitäten zuwiderlaufen? Würde sie nicht unangenehme Tendenzen zu Imagepflege und Publicity-Denken auch bei Wissenschaftlern induzieren? Würde die Aufmerksamkeit auf einzelne „Stars" unter den Politikwissenschaftlern nicht davon ablenken, daß Erkenntnisgewinnung eine gesellschaftliche Veranstaltung ist? Und schließlich: Wären regelmäßige Produktivitäts- und Reputationsmessungen nicht der erste Schritt zur Durchsetzung eines Wettbewerbs- und Leistungsprinzips abseits wissenschaftlicher Diskurse?

Das sind zweifellos ernst zu nehmende Argumente. Aber spielt nicht auch schon im jetzigen politikwissenschaftlichen Alltag die informelle Reputation einzelner Forscher eine nicht zu übersehende Rolle, etwa bei der Bewilligung von Forschungsmitteln, bei Stellenbesetzungen oder Veröffentlichungsentscheidungen? Wie sich diese Reputation bildet, bleibt dabei weitgehend im dunkeln. Hätte es da nicht Sinn, Reputationsvoten quasi offiziell auf breiterer Basis einzuholen? Die Politikwissenschaft in der Bundesrepublik hat sich mit solchen Fragen noch nicht eingehender auseinandergesetzt. Nichts verspricht, diese längst fällige Diskussion besser in Gang zu bringen als das Vorlegen erster in der Bundesrepublik erhobener Ergebnisse von „Ranking"-Studien.

2. Absicht der Studie und Methode

Die vorliegende Studie legt empirisches Material vor, das zur Diskussion der geschilderten offenen Fragen in der gegenwärtigen Lagebeurteilung des Faches beitragen soll:
- Wie ist das Fach in thematischer und theoretischer Hinsicht gegliedert?
- Äußern sich Desintegrationstendenzen auch in einem fehlenden Konsens über die Wichtigkeit von Fachvertretern?
- Wann setzten in der Nachkriegsentwicklung thematische und theoretische Innovationsphasen ein?
- Welche Einflüsse wissenschaftsexterner und -interner Art haben kurzfristige Entwicklungen in der bundesrepublikanischen Politikwissenschaft ausgelöst?
- Inwiefern unterscheidet sich die Entwicklung der bundesrepublikanischen Politikwissenschaft von der amerikanischen?

Sie steuert gewissermaßen Verbrauchsmaterial bei, das keinen großen theoretischen Gebrauchswert über die aktuelle Diskussion hinaus beansprucht.

Das empirische Material stammt aus einer schriftlichen Befragung von 860 Politikwissenschaftlern in der Bundesrepublik (Befragungszeitpunkt: Zwischen Juni und Oktober

1985), die in der Deutschen Vereinigung für Politische Wissenschaft und der Deutschen Gesellschaft für Politikwissenschaft organisiert sind. Von Entwicklungen in der wissenschaftlichen Vita dieser Forscher schließen wir aggregierend auf entsprechende Entwicklungen in der Disziplin als Ganzes. Das erscheint vertretbar, da politikwissenschaftliche Forschung in der Bundesrepublik weitgehend individualisiert, um Einzelforscher herum organisiert und von diesen methodisch und thematisch geprägt ist; teamartige Forschungsgefüger sind selten.

Zunächst erfragten wir gegenwärtige Forschungsgebiete und theoretische Orientierungen des Befragten, um danach lebensgeschichtlich zurückzugreifen. Wer früher andere Schwerpunkte hatte, wurde nach Zeitpunkt und Richtung seiner Umorientierung gefragt. Häufen sich in bestimmten Jahren persönliche Umorientierungen, dann schließen wir auf zeitgleiche Strömungen, die die Disziplin als Ganzes erfaßt hatten. Die von den Befragten am häufigsten genannten Motive der persönlichen Umorientierungen liefern uns Hinweise auf Einflüsse, die auf die Disziplin als Ganzes einwirkten.

Der Fragebogen enthielt überwiegend geschlossene Fragen. Zweifellos wären ergänzende qualitative Verfahren wünschenswert gewesen, um zentrale Äußerungen des Befragten, etwa über seine theoretische Identifikation, sinnadäquater interpretieren und konkrete Umstände von Umorientierungen lebensgeschichtlich besser ausleuchten zu können. Der knappe Zeit- und Mittelrahmen der Studie ließ aber eine solche hermeneutisch sensiblere Vorgehensweise nicht zu.

Die Statements, mit denen Arbeitsschwerpunkte des Befragten gemessen werden sollten, lehnten sich an die Kategorien Böhrets an. Die theoretische Identifikation des Befragten wurde in offener wie in geschlossener Frageweise ermittelt. Die dabei verwendeten Vorgaben stammen aus einem methodisch und thematisch zum Teil vergleichbaren Fragebogen, der 1984 in den USA ins Feld ging (*Falter/Honolka/Ludz* 1987)[3]. Durch die explizite Aufforderung, unter der Rubrik „Sonstige" weitere theoretische Identifikationen aufzuführen, sollte spezifisch deutschen Theorieverständnissen Raum gegeben werden. 10% der Befragten machten von dieser Möglichkeit Gebrauch.[4]

Aus der amerikanischen Vergleichsstudie stammen auch die Vorgaben in der Frage nach den Gründen persönlicher Umorientierungen. Sie repräsentieren eine Reihe kurzfristiger Einflußgrößen wissenschaftsexterner (politische Motive, Anwendungsbezug) wie wissenschaftsinterner Art (empirische und interdisziplinäre Fruchtbarkeit des neuen Ansatzes, metatheoretische und methodische Überlegungen, Integrationskraft, Einflüsse aus dem Kollegenkreis, Karrieremotive, Ausbildung).

Der Pretest hatte Hinweise auf mögliche Probleme im Zusammenhang mit der zugesicherten Anonymität der Befragung ergeben (aus Angaben über Alter, theoretische Orientierung und institutionelle Zugehörigkeit hätte die Identität des Befragten rekonstruiert werden können). Wir zogen es daher vor, auf die ursprünglich geplante Frage nach dem Alter und der jetzigen wie der promovierenden bzw. habilitierenden Institution zu verzichten. Das ist bedauerlich, weil damit die interessante Frage nach der Rolle von Schülergenerationen nicht mehr weiter verfolgt werden konnte (vgl. *Faul* 1979, 85).

Besondere Bemerkungen erfordert das methodische Verfahren der Reputationsermittlung. Der vieldiagnostizierte Zerfall des Faches in „Bindestrich"-Politologien ließ es ratsam erscheinen, Reputation getrennt nach Arbeitsfeldern des Einzuschätzenden zu erheben. Reputation ist, wie eine amerikanische Studie ergab, ein Bündel aus mehreren

Dimensionen, wobei nur 50% ihrer Varianz durch wissenschaftliche Leistung erklärbar ist (*Welch/Hibbing* 1983, 1540). Welche Faktoren den übrigen Varianzteil bestimmen, ist empirisch nicht geklärt. In einer personell und räumlich so überschaubaren Disziplin wie der Politikwissenschaft in der Bundesrepublik wäre nicht auszuschließen, daß wissenschaftliche Reputation auch auf Persönlichkeitsmerkmalen beruht (*Ricci* 1984, 309 f.). Da zu vermuten ist, daß Ansehen in der Öffentlichkeit, professionspolitischer Einfluß und Bedeutung in der Politikberatung wichtige Quellen der Reputationsstiftung sind, wurde nach ihnen gesondert gefragt.

In Reputationsstudien besteht die Wahl zwischen der offen gestellten Frage nach den wichtigsten Fachvertretern und der Aufforderung zur Beurteilung von vorgegebenen Namen. Der Desintegrationsthese folgend hätte man Tendenzen zur Entmonopolisierung der Reputation von Fachvertretern in Rechnung stellen und somit sehr viele Namen zur Beurteilung vorgeben müssen. Der Fragebogen wäre dadurch zu lang geworden. Bei der offenen Frageweise hingegen bestand die Gefahr, daß dem Antwortenden einzelne Namen momentan nicht geläufig sind und die Beurteilungen im Bereich weniger namhafter Fachvertreter unschärfer werden. Wir wählten die offene Vorgehensweise trotzdem, weil angenommen werden konnte, daß momentane Erinnerungslücken zufällig verteilt sind und sich über eine große Zahl von Befragten ausgleichen. Der Befragte wurde gebeten, eine Rangordnung der fünf wichtigsten Fachvertreter herzustellen. Die Nennungen wurden mit gewichteten Punkten versehen[5] und über alle Befragten hinweg addiert. Daraus errechnete sich ein Punktindex für jeden genannten Autor, aus dem sein Rang nach eingeschätzter Wichtigkeit abgelesen werden kann. Wir sehen in dieser Vorgehensweise einen ersten Versuch. Wenn er weitere und elaboriertere Untersuchungen anregt, hätte er seinen Zweck erfüllt.

Schon der Pretest hatte gezeigt, daß gegen Reputationsfragen starke Vorbehalte bestehen, sei es aus methodischen oder aus professionspolitischen Gründen. Wir hatten versucht, diesen im Anschreiben entgegenzuwirken. Zahlreiche schriftliche Kommentare zu den entsprechenden Fragen („Quatsch", „Blödsinn", „Hitliste", „sind wir auf dem Sportplatz?", „typisch amerikanisch", „auf Wissenschaftler nicht anwendbar", „weigere mich, das zu beantworten") und die bei den Reputationsfragen besonders hohen Antwortausfallquoten (vgl. weiter unten) zeigen, daß sie so leicht nicht aus der Welt zu schaffen waren. Der Rücklauf betrug 200 verwertbare Fragebögen, das sind 23%. Verglichen mit den zitierten amerikanischen Befragungen, die in der Regel einen Rücklauf um 50% und darüber erreichen, ist das wenig. Das mag zum Teil an einer gewissen Müdigkeit gegenüber weiteren Selbstanalysen gelegen haben. Böhrets Fragebogen war vor nicht allzu langer Zeit ins Feld gegangen und unser Fragebogen begann mit identischen Fragen. Kritischer für die Repräsentativität der Befragung ist aber ein anderer Grund des geringen Rücklaufs: Zahlreiche schriftliche Kommentare auf dem Fragebogen, aber auch die Protesterfahrung und das Echo aus der Disziplin lassen den Schluß zu, daß für viele die ungeliebte Frage nach der Wichtigkeit von Fachvertretern Anlaß zur Nichtbeantwortung war. Wir können die daraus möglicherweise erwachsene Verzerrung der Repräsentativität zum Teil kontrollieren. Da die kritischen Kommentare zu den Reputationsfragen nicht allzu einseitig verteilt sind, wenn man nach Arbeitsgebiet und theoretischer Orientierung der Kritiker unterscheidet[6], dürfte sich unter diesen Gesichtspunkten keine allzu starke Verzerrung des Rücklaufs ergeben haben.

Wir können die Repräsentativität des Rücklaufs unter zwei weiteren Aspekten qualifizieren: Das Verhältnis zwischen Professoren und Nichtprofessoren entspricht ungefähr dem unter den Angeschriebenen.[7] Bezüglich der Themenfelder, auf denen die Antwortenden gegenwärtig arbeiten, ergibt sich kein stark ins Gewicht fallender Unterschied zum Rücklauf in der Böhretschen Umfrage, deren Repräsentativität nicht in Zweifel gezogen wird.[8] Der Bereich der Internationalen Politik ist bei uns etwas über-, der Bereich Regierungssysteme und Vergleichende Politische Wissenschaft etwas unterrepräsentiert.

3. Ergebnisse

3.1 Theoretische und thematische Desintegration

40% der Befragten gaben an, sich nicht nur mit einer einzigen theoretischen Richtung überwiegend identifizieren zu können. Bereits dieser Befund deutet darauf hin, daß eine theoretische „Lagermentalität" in der heutigen Politikwissenschaft nicht allzusehr verbreitet sein kann. Unter den 32%, die sich überwiegend einer einzigen Richtung zuordneten, besitzen (bei offener Frageweise) Kritische Theorie, empirisch-analytische Orientierung und der historische Ansatz etwa gleich große Anhängerkontingente. Normativistisch-ontologische Positionen werden ganz selten genannt (4 Nennungen); die Narrsche „Trias" theoretischer Grundpositionen schrumpft also zum Duo, wenn man sie als empirische Kategorie betrachtet.

Den Befragten wurden außerdem Vorgaben zur Beurteilung vorgelegt, die 19 ausgewählte theoretische Richtungen repräsentierten. Gefragt wurde nach der Stärke der eigenen Identifikation mit ihnen. Aus den Antworten läßt sich ein Profil der gegenwärtig verbreitetsten theoretischen Orientierungen erstellen (vgl. Tabelle 1). Danach rangiert mit Abstand an erster Stelle der „Historische Ansatz", dem sich 26% „sehr nahe" fühlen; es folgen „Policy-Analysis", Analytische Wissenschaftstheorie und Systemtheorie. Etwa gleichauf rangieren Kritische Theorie, Hermeneutik und Normativistischer Ansatz.

Vergleicht man dieses theoretische Profil mit dem amerikanischer Politikwissenschaftler, so fällt – bei fast identischen Vorgaben – die große Ähnlichkeit auf. Auf den ersten Rängen stehen hier ebenfalls Historischer Ansatz und „Policy-Analysis", gefolgt von Analytischer Wissenschaftstheorie und Systemtheorie. Allerdings spielt der Behavioralismus bei der theoretischen Verortung eine deutlich größere Rolle als in der Bundesrepublik; er hat aber seine ehedem dominante Stellung abgegeben, ist nicht einmal „primus inter pares", wie noch in den 70er Jahren (*Falter* 1982). Stärker ist in den USA auch die Identifikation mit Spieltheorie und „Rational-Choice"-Theorie, während Kritische Theorie und Marxismus nachrangiger liegen als bei Politikwissenschaftlern in der Bundesrepublik. Insgesamt überwiegen heute aber die Gemeinsamkeiten im theoretischen Profil der Politikwissenschaft beider Länder. Wir werden weiter unten sehen, daß diese gegenwärtige Übereinstimmung nicht als Beleg für eine „Amerikanisierung" der bundesdeutschen Politikwissenschaft gewertet werden darf.

Wie stark ist der Zusammenhang zwischen den genannten theoretischen Orientierungen und den thematischen Schwerpunkten der Forschung? Nimmt man den Spearmanschen Korrelationskoeffizienten als Maß, dann zeigen sich nur schwache Zusammenhänge[9]. Mit

Tabelle 1: „Auf der folgenden Liste sind wichtige theoretische Richtungen verzeichnet. Bitte sagen Sie uns, wie sehr Sie sich in ihrer gegenwärtigen Forschungsarbeit mit diesen theoretischen Richtungen identifizieren! Falls Ihre theoretische Ausrichtung durch diese Vorgaben nicht beschreibbar ist: Bitte fügen Sie unter „Sonstige" weitere theoretische Richtungen Ihrer Wahl an!"

Rang	Bundesrepublik (1985)	sehr nahe in rel. %	Rang	USA (1983)*	very close in rel. %
1	Historischer Ansatz	26	1	Historical approach	34
2	„Policy-Analysis"	17	2	Policy-Analysis	22
3	Analytische Wissenschaftstheorie	14	3	Analytical theory	21
4	Systemtheorie	11	4	Systems theory	18
5	Hermeneutik	8	5	Behavioralism	12
	Kritische (neomarx.) Theorie	8		Normativism	12
	Normativistischer Ansatz	8		Rational choice models	12
6	Funktionalismus	5		Post-Behavioralism	12
	Entscheidungstheorie	5	6	Positivism	10
7	Phänomenologie	4	7	Game and decisionmaking theory	8
	Marxismus	4	8	Critical neo-marxist theory	6
8	Behavioralismus	3		Hermeneutics	6
9	Kybernetik	2	9	Cybernetics	4
	Positivismus	2		Operationalism	4
	„Rational Choice"-Theorie	2		Phenomenology	4
	Operationalismus	2	10	Existencialism	3
	Existentialismus	2		Functionalism	1
10	Post-Behavioralismus	1	11	Marxism	0
	Sonstige I	4		Others I	15
	Sonstige II	3		Others II	11

* Falter/Honolka/Ludz 1987. Vergleichbare Fragestellung und Vorgaben wie in der vorliegenden Studie

anderen Worten: auf allen Feldern der Politikwissenschaft herrscht ein hohes Maß an theoretischer Vielfalt. Theoretische Richtungen, die sehr einseitig wenigen Themenfeldern frönen, fallen nicht auf. Besonders Anhänger der Kritischen Theorie, denen häufig unterstellt wird, „Zerbröselungstendenzen" in die bis dato geschlossene Politikwissenschaft getragen zu haben (*Veen* 1982, 8f.), finden sich auf allen Themenfeldern.[10] Wenn man bestimmten Theorierichtungen vorwerfen möchte, einzelne Themengebiete zu vernachlässigen und dadurch zur Desintegration der Disziplin beizutragen, dann eher der hermeneutischen, phänomenologischen, normativistischen oder empirisch-analytischen. Der positive Zusammenhang zwischen hermeneutischer Identifikation und Arbeit auf den Gebieten „Außenpolitik der BRD", „Politische Wissenschaft als Disziplin" sowie „Politischer Kultur", „Politischer Philosophie" und „Zeitgeschichte" ist stark und signifikant[11], besonders stark auf den drei letztgenannten Themengebieten, während er auf den Themenfeldern „Politische Ökonomie" und „Empirische Feldforschung" negativ ist. Unter Befragten, die sich mit Phänomenologie, Normativismus und Historischen Ansätzen identifizieren, zeigen sich ähnliche Zusammenhänge. Wer dem Behavioralismus oder der Analytischen Wissenschaftstheorie nahesteht, zeigt Affinität zu den Gebieten „Wahlforschung", „empirische Feldforschung" und „Forschungsmethoden und -techniken"; seine Bindungen zur Politischen Philosophie sind dagegen negativ. Diese Zusammenhänge sind aber selbst auf den am theoretisch einseitigsten bearbeiteten Themenfeldern – der Politischen Philosophie, der empirischen Feldforschung, der Politischen Ökonomie und der Zeitgeschichte – nicht so stark, daß man von einer theoretischen „Versäulung" der Politikwissenschaft in der Bundesrepublik sprechen könnte.

3.2 Wichtige Fachvertreter

Die Desintegration der Politikwissenschaft in der Bundesrepublik könnte darin bestehen, daß sich die Disziplin nicht auf wichtige Fachvertreter einigen kann, vor allem darin, daß Wichtigkeitseinschätzungen dem theoretischen „Stallgeruch" der beurteilten Fachvertreter folgen. In diesem Fall müßte die Varianz der Nennungen auf die Frage nach den wichtigsten Fachvertretern hoch und entsprechende Wahlverwandtschaften festzustellen sein. Tabelle 2 zeigt, daß das insgesamt nicht der Fall ist. Die Rangunterschiede zwischen den drei insgesamt als am wichtigsten angesehenen Fachvertretern (*v. Beyme*/*Scharpf* und *Ellwein*) und einem breiten Feld mittlerer Wichtigkeit sind beträchtlich. Sie bleiben auch dann bestehen, wenn man das Bepunktungssystem verändert, sogar wenn man alle vorgenommenen Gewichtungen einebnet.

Tabelle 2: „Wer zählt Ihrer Meinung nach gegenwärtig zu den wichtigsten Vertretern der Politikwissenschaft in der Bundesrepublik? Bitte stellen Sie eine Art Rangliste auf!"

Rang		Pkt★
1	v. Beyme	334
2	Scharpf	141
3	Ellwein	120
4	Bracher	91
5	Hennis	61
6	Offe	56
7	Kaase	52
8	Schwarz (H. P.)	50
9	Senghaas	44
10	Sontheimer	40
11	Czempiel	39
12	Eschenburg	37
13	Fetscher	37
14	Löwenthal	35
	Sonstige	bis 30

★ Erstgenannte Fachvertreter 5 Pkt., zweitgenannte 4 Pkt., usw., fünftgenannte 1 Pkt.; Summierung über n=200

Offenbar kann sich die Disziplin auf einige wenige Vertreter einigen, die insgesamt, über alle Spezialisierungen hinweg, am allerwichtigsten erscheinen. Das spricht nicht für starke Desintegrationstendenzen.

Ein Blick auf eine methodisch ähnlich vorgehende Reputationsstudie aus den USA zeigt, daß unter dortigen Politikwissenschaftlern der Konsens über die wichtigsten Fachvertreter viel geringer ist.[12] Nur 18% konnten sich auf den Erstrangierenden (*Lowi*) einigen, 10% auf den Zweiten (*Wildawsky*) und 9% auf den Dritten (*Dye*). Allein durch den größeren personellen Bestand der amerikanischen Politikwissenschaft und einer dadurch gegebenen größeren Unübersichtlichkeit läßt sich der Unterschied nicht erklären, konzentrieren sich die Reputiertesten unter den amerikanischen Politikwissenschaftlern doch an einigen wenigen und daher überschaubaren Departments (*Lynn* 1983, 10). Aber: Verflüchtigt sich dieser erstaunliche Konsens nicht, sobald man die Voten einzelner Gruppen von Politikwissenschaftlern vergleicht? Zeigt sich die Desintegration des Faches dann nicht in deutlich abweichenden Reputationsvorstellungen der einzelnen theoretischen „Lager“?

Trennt man zwischen Professoren und wissenschaftlichem Nachwuchs, bleibt ein hohes Maß an Konsens erhalten. Der Nachwuchs schätzt zwar die „Linken“ *Offe* und *Senghaas* sowie *Schwarz* etwas, d. h. um einen Rang, höher ein, während *Bracher* und *Hennis* um zwei Ränge schlechter wegkommen. Sonst verändert sich an Reihung und Abständen der ersten acht Reputiertesten nichts Wesentliches. Höher als man vielleicht erwartet hätte bleibt der Konsens auch, wenn man nach theoretischer Orientierung unterscheidet. Wer sich hauptsächlich mit der Kritischen Theorie bzw. mit marxistischen Positionen identifiziert, nennt ebenfalls *v. Beyme* und *Scharpf* als allerwichtigste Fachvertreter, stellt ihnen aber *Offe* ranggleich zur Seite. *Fetscher* und *Senghaas* steigen ebenfalls etwas in der Reputation, aber auch *Kaase* widerfährt stärkere Anerkennung (Rang 4). Deutlich verlieren bei den „Linken“ nur *Hennis* und *Bracher* an Boden. In Grenzen halten sich auch „parteiliche“ Reputationszumessungen von Befragten, die sich überwiegend empirisch-analytischen Orientierungen verpflichtet wissen. Zwar steigt *Kaase* stark in ihrer Gunst (auf Rang 3), aber auch bei ihnen behalten *v. Beyme* und *Scharpf* ihre hervorragenden Ränge. In der gesamten Disziplin herrscht also ein Grundkonsens zumindest über einige wichtige Vertreter.

Diese Feststellung ist freilich nur unter zwei Einschränkungen aufrechterhaltbar. Die erste geht von den festgestellten Verzerrungen des Rücklaufs (Überrepräsentation von Befragten, die den Reputationsfragen generell positiv oder zumindest neutral gegenüberstanden) aus, sowie von den hohen Anwortausfällen bei den Reputationsfragen.[13] Wir müssen darauf vertrauen, daß dadurch in den ausgewerteten Antworten nicht Befragte unterrepräsentiert sind, die vom Durchschnitt sehr stark abweichende Reputationsvoten abgegeben hätten. Die zweite betrifft den sehr hohen Punktvorsprung *v. Beymes*. *v. Beyme* hatte einen Beibrief zum Fragebogen verfaßt, in dem er dessen Beantwortung empfahl. Das könnte die Erinnerung an ihn erleichtert haben, ihm möglicherweise einen Reputationsbonus verschafft haben, dessen Größe wir nicht abschätzen können.

Fragt man nach den wichtigsten Vertretern auf einzelnen vorgegebenen Forschungsgebieten, ist der Konsens zum Teil noch größer.

„Monopolisten“ fallen v. a. auf den Forschungsfeldern „Politische Geschichte inclusive Zeitgeschichte“, „Vergleichende Regierungslehre“ und „Innenpolitik der Bundesrepublik“ auf. Weniger monopolisiert ist Reputation auf den Gebieten „Politische Theorie“

Tabelle 3: „Und wenn man nun nach einzelnen Forschungsfeldern unterscheidet: Wer zählt da gegenwärtig zu den wichtigsten Vertretern?"

Politische Theorie		Pkt.	Politische Philosophie/ Ideengeschichte		Pkt.	Politische Geschichte/ Zeitgeschichte		Pkt.
1	v. Beyme	73	1	Fetscher	76	1	Bracher	185
2	Luhmann	66	2	Hennis	66	2	Schwarz (H. P.)	69
3	Habermas	60	3	Habermas	33	3	Wehler	29
4	Offe	51	4	Bermbach	27	4	Baring	19
5	Hennis		5	Sternberger	23	5	Jacobsen	12
5	Kielmansegg	19	6	Euchner	22			
6	Deutsch	18	7	Kielmansegg	19			
7	Narr	17	8	Lübbe	16			
	Sonstige	bis 8		Sonstige	bis 10		Sonstige	bis 5

Verwaltungs- und Policy- Analysis-Forschung		Pkt.	Vergleichende Regierungslehre		Pkt.
1	Scharpf	141	1	v. Beyme	200
2	Böhret	115	2	Steffani	55
3	Ellwein	72	3	Lehmbruch	46
4	Mayntz	59	4	Schmidt M. G.	20
5	Hesse	33	5	Ellwein	15
6	Wollmann	20	6	Stammen	13
	Sonstige	bis 10		Sonstige	bis 6

Innenpolitik Bundespolitik		Pkt.	Internationale Politik		Pkt.
1	Ellwein	139	1	Czempiel	141
2	Sontheimer	48	2	Senghaas	113
3	Böhret	41	3	Kaiser K.	41
4	Hartwich	39	4	Schwarz	40
5	v. Beyme	25	5	Haftendorn	39
6	Scharpf	16	6	Elsenhans	25
7	Eschenburg	15	7	Link W.	19
	Sonstige	bis 12		Sonstige	bis 10

und „Politische Philosophie inclusive Ideengeschichte". Hier liegen Vertreter theoretischer Orientierungen mit etwa gleich hohen Punktzahlen auf den vorderen Rängen, die im Sinne der Narrschen „Trias" eindeutig unterschiedlichen Theorielagern zuzuordnen sind (*Luhmann* versus *Habermas, Fetscher* versus *Hennis*), ähnlich auf dem Gebiet der Internationalen Politik (*Czempiel* versus *Senghaas*). Der deutlich geringere Konsens auf diesen drei Gebieten scheint zwei Gründe zu haben: Die besonders hohen Ausfallquoten bei der Frage nach der Wichtigkeit in Theorie und Politischer Philosophie deuten auf kognitive Schwierigkeiten vieler Befragter, hier eindeutige Präferenzen zu treffen. Hinzu kommt, daß die Reputationsvoten vieler Befragter hier stärker nach dem theoretischen „Stallgeruch" der Beurteilten zustandekommen: Dialektisch Orientierte[14] halten auf dem Gebiet der Theorie mit großem Abstand *Offe*, dann *Narr und Habermas* für am wichtigsten, während ihre empirisch-analytisch ausgerichteten Kollegen[15] *Luhmann* an erster Stelle setzen, danach *Habermas, Offe* und *v. Beyme* gleichauf. Ähnlich polarisiert sind die Reputationsvoten der beiden Untergruppen für die Forschungsfelder „Politische Philosophie" und „Internationale Politik". Wenn man also Desintegrationstendenzen konstatieren möchte, dann v. a. auf diesen drei Teilgebieten der Forschung.

Die Antworten auf die Frage nach dem generell wichtigsten Vertreter der Disziplin könnten Reputationsbeimengungen enthalten, die nicht auf wahrgenommenen Forschungsleistungen beruhen, sondern auf Reputation in Öffentlichkeit, Professionspolitik oder Politikberatung. Dominant sind solche forschungsfremden Beimengungen bei dem Dreigestirn *v.Beyme/Ellwein/Scharpf* aber kaum gewesen. Da die drei ihre Wichtigkeit auch auf einzelnen Forschungsgebieten behalten, kann ihr gleichzeitiger Spitzenrang in Politikberatung und Professionspolitik nicht ihren ganzen Ruf ausgemacht haben. In der Öffentlichkeitsreputation schließlich stehen andere Namen – *Sontheimer* und *Eschenburg* – an der Spitze (vgl. Tabelle 4).

Tabelle 4: „Wer zählt gegenwärtig zu den wichtigsten Vertretern der Politikwissenschaft in der Bundesrepublik, wenn man ihre Reputation in der Öffentlichkeit, ihre Bedeutung in Politikberatung sowie unter professionspolitischen Aspekten betrachtet?"

Reputation Öffentlichkeit		Pkt.	Bedeutung Politikberatung		Pkt.	professionspolitische Bedeutung		Pkt.
1	Sontheimer	82	1	Scharpf	81	1	v. Beyme	137
2	Eschenburg	79	2	Ellwein	78	2	Ellwein	83
3	v.Beyme	66	3	Kaiser	31	3	Hartwich	76
4	Ellwein	59	4	Böhret	27	4	Böhret	24
5	Bracher	58	5	Mayntz	25	5	Wildenmann	22
6	Fetscher	24	6	Kaltefleiter	19	6	Kaase	19
7	Hennis	19	7	Eschenburg	12	7	Scharpf	18
	Sonstige	bis 14		Sonstige	bis 7		Sonstige	bis 14

3.3 Periodisierung thematischer und theoretischer Entwicklungen

Für 55% der Befragten war früher ein anderes als das gegenwärtige Forschungsfeld am wichtigsten, für 31% eine andere theoretische Identifikation. Offensichtlich ist man in thematischer Hinsicht beweglicher als in theoretischer. Wir fragten nach dem Zeitpunkt stattgefundener Veränderungen und nach den dabei stärker bzw. schwächer gewordenen Orientierungen.[16] Von Jahren, in denen sich in der persönlichen Vita der Befragten thematische oder theoretische Umorientierungen häufen, schließen wir auf Entwicklungsabschnitte in der Disziplin als Ganzes. Tabelle 5 zeigt die Jahre des Beginns theoretischer und thematischer Umorientierungen. Aussagekräftig sind dabei nicht die absoluten Zahlengrößen – sie differieren aufgrund unterschiedlicher Zahlen von Befragten –, sondern die Stärke der Veränderungen von Jahr zu Jahr. Als Innovationsphasen interpretieren wir Jahre, in denen gegenüber den vorangegangenen und nachfolgenden Jahren deutlich häufiger persönliche Umorientierungen begannen (z. B. 1967–1972). Dabei müssen wir allerdings bei den „runden" und daher besonders erinnerungsträchtigen Jahren – z. B. 1960 – korrigierende Abstriche vornehmen, uns die berichteten Umorientierungen stärker auf die Nachbarjahre verteilt vorstellen.

Tabelle 5: Beginn thematischer Umorientierungen

Beginn thematischer Umorientierungen

1950	51	52	53	54	55	56	57	58	59	60	61	62	63	64	65	66	67	68	69	70	71	72	73	74	75	76	77	78	79	80	81	82	83	84	85
2	3	0	0	4	1	2	1	6	4	7	3	6	3	5	14	14	13	22	16	36	10	20	18	19	34	26	19	20	23	27	13	14	9	11	2

Beginn theoretischer Umorientierungen

1950	51	52	53	54	55	56	57	58	59	60	61	62	63	64	65	66	67	68	69	70	71	72	73	74	75	76	77	78	79	80	81	82	83	84	85
0	0	0	0	0	0	0	0	0	3	1	0	1	0	1	3	1	3	4	1	6	2	7	4	3	7	7	6	5	5	9	0	2	1	2	2

Lesebeispiel: Von insgesamt 86 zwischen 1950 und 1985 berichteten theoretischen Umorientierungen begannen 3 im Jahre 1959. Umkringelungen: Im Text als Innovationsphasen interpretiert.

Es ergeben sich folgende Zeiträume, in denen die Disziplin besonders starken thematischen Veränderungsimpulsen ausgesetzt war: 1958–1962, 1965–1970, 1975–1980. Veränderungsimpulse auf theoretischem Gebiet häufen sich in den Jahren 1959, 1967–1972 und 1975–1980. In den 80er Jahren flauen theoretische, aber auch thematische Umorientierungstendenzen merklich ab. Gegenwärtig sehen 11% der Befragten bei sich Tendenzen zu theoretischen Umorientierungen. Ausmaß und Ursachen dieser jüngsten Immobilität der Politikwissenschaftler der Bundesrepublik etwas detaillierter nachzugehen, wäre eine wissenschaftssoziologisch interessante Aufgabenstellung.
Die zeitliche Koinzidenz zwischen thematischen und theoretischen Innovationstendenzen in der Disziplin fällt auf. Wir konnten die Frage, ob hinter dieser zeitlichen Koinzidenz eine kausale Beziehung zwischen thematischer und theoretischer Veränderung steht, wegen zu geringer Fallzahlen nicht weiter überprüfen. Die starke Zustimmung zum Statement „Hinwendung zur gegenwärtigen theoretischen Richtung war Ergebnis meiner damaligen Zuwendung zu neuen Themenfeldern" (vgl. Tabelle 6) deutet eine solche Beziehung an. Welchen theoretischen Ansätzen bzw. Themenfeldern wendete man sich in diesen Zeiträumen zu, von welchen ab? Die Umorientierungsphase 1958–1962 besitzt in unserem Material keine einheitlichen theoretischen Züge; sie sind durch eine besonders häufige Zuwendung zur Politischen Philosophie und Ideengeschichte gekennzeichnet,[17] die auch in der *Mohr*schen Studie deutlich zutage tritt (*Mohr* 1980, 210). 1967–1972 sind Jahre starken Zulaufes zur Kritischen Theorie[18]. Zeitlich parallel verläuft die Zuwendung zu Themen der Internationalen Politik (gehäuft 1967–1971), der Zeitgeschichte (gehäuft 1968–1972) und der Politischen Ökonomie (gehäuft 1966–1970); auch die Politische Philosophie erhält nach einem vorübergehenden Einbruch zwischen 1967 und 1975 noch

einmal Zulauf. Die Umorientierungsphase von 1975 bis 1980 ist durch die starke Abwendung von der Kritischen Theorie wie auch von marxistischen Ansätzen charakterisiert. Zeitgleich sinkt auch die Attraktivität der Systemtheorie und des Funktionalismus, der Basis, die den Dialog zwischen „bürgerlicher und dialektischer Wissenschaft Ende der 60er Jahre gewährleistet hatte"[19] (*v. Beyme* 1984, 9). Statt ihnen erhält nun die „Policy-Analysis", genannt als theoretischer Ansatz, starken Zulauf. Auch mit Historischen Ansätzen freunden sich zwischen 1975 bis 1979 viele Befragte an.[20] Die 70er Jahre sind durch den Aufstieg des Themenfeldes „Regierung und Verwaltung" sowie verwandter „Policy"-naher Themen gekennzeichnet; die Hinwendung setzt bereits 1970 ein und hält bis 1984 an.[21] Ab 1975 bis in die 80er Jahre hinein wird für viele die Arbeit auf dem Gebiet der „Politischen Kultur" interessant.[22] Frühere Hinwendungstendenzen zur Internationalen Politik setzen sich in abgeschwächter Form bis etwa 1979 fort, um dann deutlich nachzulassen. Das zwischenzeitlich etwas belebte Interesse an Themen der Politischen Philosophie geht nach 1975 endgültig zurück. Auch zu Themen der Zeitgeschichte orientiert sich nach 1975 fast niemand mehr um[23], das gleiche gilt für Themen der Politischen Ökonomie und der Parteienforschung ab 1980[24]. Hingegen beginnen sich besonders viele Befragte ab 1980 der Komparatistik zuzuwenden[25].

Diese Periodisierungen betreffen, das darf nicht vergessen werden, den Beginn von Umorientierungen. Bis sie vollzogen sind, und bis sie ihren Niederschlag in konkreter Forschungsarbeit finden können, vergeht Zeit, im Falle theoretischer Umorientierungen bei der Masse der Befragten zwischen zwei und vier Jahre, im Falle des Wechsels zu neuen Forschungsfeldern etwas mehr: Drei bis fünf Jahre. Hinzu kommen noch veröffentlichungstechnische Verzögerungen. Bis begonnene Umorientierungen abgeschlossen und in Publikationen nach außen sichtbar geworden sind, dürften also zwischen drei und sechs Jahre vergehen. Die Hinwendung zur Kritischen Theorie beispielsweise, die zwischen 1967 und 1972 besonders häufig war, müßte erst in den 70er Jahren zu einem Boom entsprechend ausgerichteter Veröffentlichungen geführt haben, die Abwendung von ihr ab 1975 zum Rückgang entsprechender Publikationen in den 80er Jahren.

Die Besonderheiten der bundesdeutschen Entwicklung treten im Vergleich mit der amerikanischen hervor. Die erste ist das Fehlen einer theoretischen Innovationsphase Anfang der 50er Jahre, die in den USA durch die behavioralistischen Pioniere geprägt war (*Falter* 1982, 187). Auch die in den USA zwischen 1955 und 1965 folgenden Jahre der behavioralistischen Durchführung besitzen in der Bundesrepublik keine Entsprechung (die Umorientierungshäufungen Ende der 50er bis Anfang der 60er gingen nicht eindeutig in behavioralistische Richtung).[26]

Dieses Fehlen einer dominanten und lang anhaltenden behavioralistischen Grundströmung in der Bundesrepublik ist bei der Beurteilung späterer Entwicklungsunterschiede zu beachten. Zeitgleich, ab 1967, beginnen sich Politikwissenschaftler beider Länder verstärkt der Kritischen Theorie zuzuwenden. Die starke zeitliche Koinzidenz läßt den Schluß zu, daß hier kein Theorieimport stattfand, der sich in typischen Zeitverzögerungen hätte bemerkbar machen müssen, sondern daß die zeitgleichen Entwicklungen durch gemeinsame wissenschaftsexterne Rahmenbedingungen induziert waren, in diesem Fall wohl durch die Studentenbewegung (vgl. weiter unten). Was die theoretische Entwicklungsphase zwischen 1967 und 1972 in beiden Ländern unterscheidet, ist das Spektrum der theoretischen Umorientierung. In den USA war neben dem Aufstieg der Kritischen

Tabelle 6: „Wenn Sie an die Zeit zurückdenken, in der Sie sich der theoretischen Richtung zugewandt haben, mit der Sie sich gegenwärtig am stärksten identifizieren: Wie sehr treffen diese Gründe bei Ihnen zu?"

Rang	Bundesrepublik (1985) Die Hinwendung zur gegenwärtigen theoretischen Richtung ...	trifft sehr stark zu in rel. %	USA (1983)	to a very great extent in rel. %
1	versprach empirisch fruchtbarer zu sein	23	I expected this approach to be capable of integrating other less comprehensive approaches	54
2	eröffnete für mich interdisziplinäre Forschungsmöglichkeiten	21	I expected to interprete certain empirical data on the basis of this approach	46
3	war Ergebnis meiner damaligen Zuwendung zu neuen Themenfeldern	15	This approach was expecially compatible with my metatheoretical orientations	37
4	versprach die Integration anderer theoretischer Ansätze	13	This approach was compatible with certain methods which I considered to be most productive	34
	wurde durch politische oder soziale Probleme der damaligen Zeit nahegelegt	13	This approach appeared to be relevant with respects to political and social problems of time	29
	wurde durch meine damaligen metatheoretischen Überlegungen angeregt	13	This approach opened possibilities of engaging in interdisciplinary research to me	27
5	entsprach meinen damaligen politischen Überzeugungen	11	This approach suggested itself to me as a result of work in new areas	24
6	wurde durch Methoden gefördert, die ich damals für besonders fruchtbar hielt	9	My use of this approach resulted from discussions with colleagues at my university	19
7	verdanke ich einem ehemaligen Lehrer, Doktorvater	7	I felt my personal convictions, poolitical or otherwise, to be expressed by this approach	17
	verdanke ich Anregungen aus meiner außeruniversitären Tätigkeit als Politologe	7	This approach suggested itself to me as a result of my professional activities outside the university	12
8	wurde durch ausländische Politologen angeregt	5	The use of this approach was encouraged by experiences of my private life	12
	wurde durch Kollegen an meiner damaligen Institution angeregt	5	Others I	10
9	wurde vom damaligen Trend in der Disziplin angeregt	2	Others II	4
10	wurde durch Veröffentlichungsmöglichkeiten angeregt	1		
11	hing mit der damaligen Beantragung von Forschungsmitteln zusammen	1		
	Sonstige Gründe I	12		
	Sonstige Gründe II	3		

Falter/Honolka/Ludz (1987). Vergleichbare Fragestellung

Theorie die antibehavioralistisch motivierte Hinwendung zu anderen theoretischen Ansätzen wie Hermeneutik und Entscheidungstheorie kennzeichnend (*Falter, Honolka, Ludz* 1976). Diese Richtungen erhielten in der Bundesrepublik der damaligen Zeit keinen Zulauf.[27] Deutsche Politikwissenschaftler standen in den 70er Jahren wohl nicht so stark unter antibehavioralistischen Profilierungszwängen, was – ceteris paribus – auch dazu beigetragen haben könnte, daß sie sich bereits zwischen 1975 und 1980 stärker von der Kritischen Theorie abwenden konnten, während ihre amerikanischen Kollegen noch bis 1980 zu ihr umorientierten (*Falter, Honolka, Ludz* 1976). Nach 1980 scheint in beiden Ländern eine neue Entwicklungsphase einzusetzen. Die deutsche ist durch theoretische Immobilität und zunehmendes philosophisches Desinteresse gekennzeichnet; in den USA scheint sich eine Rückkehr zur Politischen Philosophie anzubahnen (*Vollrath* 1986). Alle diese unterschiedlichen Veränderungstendenzen und Umorientierungswellen haben aber letztlich nicht verhindert, daß heute das theoretische Identifikationsprofil in beiden Ländern in den wesentlichen Zügen gleich ist (vgl. Tabelle 1). Über die nationalen Entwicklungstraditionen hinweg scheinen also übernationale Vereinheitlichungstendenzen am Werk gewesen zu sein, deren Untersuchung das Material unserer Studie nicht zuläßt.

3.4 Gründe theoretischer Umorientierungen

Die Studie beabsichtigt nicht, eine so komplexe wissenschaftssoziologische Frage wie die nach den Ursachen von Entwicklungen der Politischen Wissenschaft zu beantworten. Sie kann nur erste Anhaltspunkte über die persönlichen Gründe vorlegen, die dazu geführt haben, daß es zu theoretischen Umorientierungen in der wissenschaftlichen Vita der Befragten kam. Dazu wurde der Befragte gebeten, sich in die Zeit zurückzuversetzen, in der er sich der theoretischen Orientierung zuwandte, mit der er sich heute am stärksten identifiziert. Mit den zur Beurteilung vorgegebenen Statements waren die wichtigsten in Frage kommenden Gründe abgedeckt, wie die trotz expliziter Aufforderung klein gebliebene Zahl der unter „Sonstige" hinzugefügten Angaben zeigt.[28]
Mit Abstand an erster Stelle der zugestimmten Gründe steht die empirische Fruchtbarkeit des neuen Ansatzes sowie seine interdisziplinären Vorteile (vgl. Tabelle 6). Theoretische Umorientierung als Folge vorangegangenen Themenwechsels ist der am dritthäufigsten zugestimmte Grund. An vierter Stelle, gleichauf mit der Integrationskraft des neuen Ansatzes und mit metatheoretischen Überlegungen, rangieren wissenschaftsexterne Gründe: Politische und soziale Motive. Dabei ist die persönlich parteinehmende Komponente deutlich ausgeprägt, wie die relativ starke Zustimmung zum explizit normativ formulierten Statement „entsprach meinen damaligen politischen Überzeugungen" zeigt; auf die eigene politische Praxis wird unter „sonstige Gründe" am häufigsten Bezug genommen. Einflüsse aus dem in- oder ausländischen Kollegenkreis werden nur von Minderheiten angegeben, was unsere Annahme eines weitgehend „privatisierten" Produktionsbetriebs in den Politikwissenschaften bestätigt. Noch geringer erscheint der Einfluß außeruniversitärer Beratungstätigkeiten oder karriereorientierter Motive (wobei die direkte Frage nach Mittelvergabe und Veröffentlichungschancen möglicherweise nicht sehr valide Antworten erbrachte). Diese Gründe beziehen sich auf alle im Untersuchungszeitraum vollzogenen Umorientierungen. Sie scheinen jedoch – ohne daß wir das wegen

der kleinen Fallzahlen genauer überprüfen können – je nach Entwicklungsperiode unterschiedliches Gewicht zu besitzen. Die Umorientierer der Jahre 1967 bis 1972 stimmen z. B. politischen Motiven deutlich häufiger zu. Fragt man die 11%, die gegenwärtig bei sich theoretische Umorientierungstendenzen verspüren, dann kommt der Hinwendung zu neuen Themenfeldern der Forschung eine gegenüber früher wichtigere Bedeutung zu.[29] Im großen Ganzen geben amerikanische Politikwissenschaftler die gleichen Gründe für theoretische Umorientierungen an (vgl. Tabelle 6). Auch hier stehen zunächst wissenschaftsinterne Gründe an erster Stelle. Bemerkenswert ist dabei allerdings die überragende Spitzenstellung der erwarteten Integrationskraft des neuen Ansatzes und der stärkere Einfluß metatheoretischer Überlegungen. Denken die Politischen Theoretiker in den USA „teutonischer"? Ist ihre theoretische Landschaft so desolat, daß integrative Bemühungen größeren Stellenwert haben? Oder äußert sich hierin das behavioralistische Credo der Notwendigkeit umfassender und interdisziplinärer Theoriebildung? Bemerkenswert ist die deutlich geringere Zustimmung amerikanischer Politikwissenschaftler zum Statement „. . . neuer Ansatz war . . . Resultat meiner Arbeit auf neuen Gebieten."[30] Andere Befunde der amerikanischen Umfrage weisen in ähnliche Richtung: Auf die Frage nach den Folgen ihrer theoretischen Umorientierung stimmen die meisten dem Statement „Ich wendete den Ansatz auf konkrete Phänomene an" zu. Auch die Analyse theoretisch relevanter Artikel in Fachzeitschriften der USA zwischen 1950 und 1980 zeigt, daß die Beschäftigung mit sich verbreitenden neuen Ansätzen zunächst in abstrakten thematischen Bezügen stattfand und erst danach, nach einer Verzögerung von zwei bis drei Jahren, unter konkreteren Bezügen (*Falter, Honolka, Ludz* 1986). Vielleicht existieren in den USA also andere Verlaufsformen theoretischer Innovationen als in der Bundesrepublik, wo es offenbar stärker der bereits vollzogene Wechsel zu neuen Themenfeldern ist, der theoretische Umorientierungen nach sich zieht. Dieser Vermutung wäre allerdings differenzierter nach Entwicklungsperioden und theoretischen Orientierungen nachzusuchen, was anhand unseres Materials nicht möglich war.

Auch unter amerikanischen Politikwissenschaftlern spielen politische Motive bei theoretischen Neuorientierungen eine deutliche Rolle. Die vergleichsweise schwächere Zustimmung zum Statement . . . „Ansatz brachte meine persönlichen – politischen oder andere – Überzeugungen zum Ausdruck" deutet die amerikanische Note dieses politischen Engagements an. Es handelt sich um ein politisches Engagement sozialtechnischer Prägung. Wie häufig übersehen wird, trat der Behavioralismus von Anfang an mit politisch-anwendungsbezogenen Ansprüchen auf: Eine bessere Theorie sollte zu besserer Politik, zu besserer Politikberatung beitragen (*Falter* 1982, 110 f.). Entsprechende Motive lassen sich bei amerikanischen Politikwissenschaftlern, die sich behavioralistischen Positionen zuwandten, bis in die 70er Jahre hinein nachweisen (*Falter, Honolka, Ludz* 1987). Nicht das Unpolitische am Behavioralismus, sondern das Scheitern der von ihm beratenen Politik, das angesichts der Vietnamverstrickung, der Rassenunruhen, des Städtezerfalls Mitte der 70er Jahre unübersehbar geworden war, verhalf einer neuen Form politischen Engagements in der Politikwissenschaft zum Aufschwung. Die im „Caucus for a New Political Science" zusammengeschlossenen Politikwissenschaftler einte die Unzufriedenheit mit der Politikberatung und der programmatisch verkündeten Wertfreiheit des behavioralistischen Establishments (*Falter* 1982, 53 ff.). Obwohl sie keineswegs überwiegend aus „Dialektikern" bestand – der Protest der Endsechziger wurde wesentlich auch von historisch, hermeneutisch und entscheidungstheoretisch ausgerichteten Theoretikern getragen (*Falter, Honolka, Ludz* 1987) –, näherten sie sich mit diesem Verständnis der politischen Rolle der Politikwissenschaft an, die, wie die damals bereits entfaltete Werturteilsdebatte zeigte, in der Bundesrepublik in marxistischen und kritischen Traditionen schon länger beheimatet war.

Die Zahlen in Tabelle 6 repräsentieren aggregierte Befunde. Die Rangfolge der häufigsten Gründe theoretischer Umorientierungen verschiebt sich von Grund auf, wenn man die Antworten jener 36% der bundesdeutschen Befragten betrachtet, die sich überwiegend einer einzigen theoretischen Position zuordnen können. Bei den „Dialektikern" rangieren an erster Stelle (nach Stärke der Zustimmung) politische und soziale Motive sowie die persönliche politische Überzeugung. Erst danach, mit deutlichem Abstand, werden im engeren Sinne wissenschaftsinterne Gründe genannt, wobei metatheoretische Überlegungen vorrangig sind. Umgekehrt bei den überwiegend empirisch-analytisch Ausgerichteten: Sie stimmen mit Abstand am häufigsten wissenschaftsinternen Gründen zu. Vor allem empirische Fruchtbarkeit und methodische Überlegungen des neuen Ansatzes haben sie zur Umorientierung veranlaßt, danach dessen Integrationskraft sowie interdisziplinäre und metatheoretische Überlegungen. Politische Gründe rangieren unter allen vorgegebenen Gründen ganz hinten, noch hinter dem Einfluß von Kollegen an der eigenen Institution oder aus dem Ausland (letztere spielen bei empirisch-analytisch Orientierten übrigens eine vergleichsweise größere Rolle). Auch korrelationsanalytisch bestätigt sich der Zusammenhang zwischen den beiden theoretischen Orientierungen und den angegebenen Gründen der theoretischen Umorientierung. Der Stärke und Richtung nach ähnliche Zusammenhänge wie bei den „Dialektikern" zeigen sich übrigens auch bei den phänomenologisch Orientierten.

Darf man nun aus diesen Befunden auf unterschiedliche Beeinflussungsmuster in der Disziplin schließen, auf einen „politischen" und einen „unpolitischen" Entwicklungstypus? Wenn ja, müßten wir unter diesem Aspekt von einer zerrissenen Disziplin sprechen. Vor allzu schnellen Schlußfolgerungen muß hier gewarnt werden. Aussagen darüber, wie wissenschaftlicher Fortschritt gewährleistet wird, und welche Rolle dabei politisch-praktische Parteinahme, Wertfreiheit, Empirie und Generalisierungsniveau spielen, gehören ja zu den Prämissen der theoretischen Grundorientierungen, durch die sich theoretische Grundpositionen programmatisch voneinander unterscheiden. Von der Programmatik kann die eigene Forschungspraxis nicht, oder nur unter Inkaufnahme persönlicher Dissonanzen, ausgenommen werden. Ein Trend zur Interpretation der eigenen früheren theoretischen Entwicklung im Lichte der gegenwärtigen programmatischen Annahmen muß daher in Rechnung gestellt werden. Dialektiker werden bei sich oft retrospektiv politische Gründe wahrnehmen, die damals nicht im Spiel waren; empirisch-analytisch Orientierte werden beteiligte eigene politische Affinitäten verdrängen. Wir betreten hier ideologisch und psychologisch zu kompliziertes Terrain, als daß man sich allein auf standardisierte Umfragen verlassen könnte. Biografisch und qualitativ vorgehende Untersuchungen könnten hier weiterführen. Im Forschungsalltag des einzelnen, in seiner wissenschaftlichen Lebenswelt müßte nachgespürt werden, wie wissenschaftsexterne und -interne Gründe zusammenwirken und persönliche Umorientierungen anstoßen.

Resümee

Die vielzitierte Desintegration des Faches nimmt unter unseren untersuchten Aspekten keine aufsehenerregenden Ausmaße an: Vertreter der wichtigsten theoretischen Orientierungen sind ziemlich ausgeglichen auf allen Themenfeldern vertreten; das gilt besonders für die häufig der Einseitigkeit geziehenen Kritischen Theoretiker. Der Konsens in der Disziplin über die wichtigsten Fachvertreter ist sehr hoch, deutlich höher als unter amerikanischen Politikwissenschaftlern; die Reputationsvoten verraten keine stark ausgeprägte theoretische Lagermentalität.

Im Vergleich USA – Bundesrepublik zeigen sich bis in die 60er Jahre hinein keine synchronen theoretischen Entwicklungen (in der Bundesrepublik fehlen behavioralistische Pionier- und Durchführungsphasen). Danach aber kommt es zu zeitgleichen theoretischen Innovationsphasen 1967–1972 und 1980–1985, die jedoch typische nationale Besonderheiten aufweisen. Dieser Befund – die auffällige Zeitgleichheit des Beginns bei unterschiedlichem inhaltlichen Verlauf – spricht nicht für einen Theorieimport aus den USA. Trotz unterschiedlicher nationaler theoretischer Entwicklungen in der Vergangenheit ist es heute zu einer weitgehenden Angleichung der theoretischen Identifikationen der Politikwissenschaftler beider Länder gekommen. Das alles läßt auf das vereinheitlichende Wirken übernationaler Einflußfaktoren theoretischer Entwicklungen schließen. Ihre Untersuchung wäre ein fruchtbares Thema vergleichender wissenschaftssoziologischer Studien.

Ein hohes Maß an Übereinstimmung besteht bei den Gründen, die Politikwissenschaftler in der Bundesrepublik und in den USA für ihre theoretischen Umorientierungen angeben; Unterschiede liegen in der Verbreitung politisch-parteinehmender Anwendungsmotive. Gegenstand weiterer Untersuchungen sollte der in der vorliegenden Studie nicht weiter überprüfbare Befund sein, demzufolge unter Politikwissenschaftlern der Bundesrepublik der Wechsel zu neuen Themenfeldern der Forschung eine besondere Rolle bei theoretischen Umorientierungen spielt. Auffällig sind die Unterschiede, wenn man die Angaben überwiegend dialektisch und überwiegend empirisch-analytisch Orientierter vergleicht. Während erstere vorrangig politische Motive nennen, rangieren diese bei letzteren ganz hinten. Ideologische und kognitive Probleme bei der direkten Erfragung zurückliegender theoretischer Umorientierungen lassen es ratsam erscheinen, dem Zusammenwirken wissenschaftsinterner und -externer Gründe biografisch-lebensweltlich nachzuspüren.

Die Vorbehalte gegenüber „*ranking*"-Studien amerikanischen Vorbilds sind unter Politikwissenschaftlern der Bundesrepublik groß. Die vorliegende Studie hofft, nicht nur die methodischen Probleme von Reputationsumfragen gezeigt zu haben, sondern auch eine Diskussion über ihr professionspolitisches Für und Wider anzuregen.

Anmerkungen

Der Autor dankt der Deutschen Forschungsgemeinschaft für eine finanzielle Unterstützung im Rahmen der Kleinförderung.

1 *Somit/Tanenhaus'* Umfrage aus dem Jahre 1963 unter Mitgliedern der APSA hatte eine Rücklaufquote von 53%, *Roettgers* Fragebogen über die Reputation von Fachvertretern an den gleichen Adressatenkreis im Jahre 1975 ebenfalls 53%; *Giles/Wrights* Befragung über die Reputation von Fachzeitschriften (1975) erreichte 50%.

2 Die Studie wurde aus Mitteln der Kleinforschungsförderung der DFG finanziert.

3 Diese Studie beruht auf methodisch weiter gefächerten Materialien (Artikelanalyse, biographische Daten, Befragung). Sie wird Ende 1986 beim Westdeutschen Verlag erscheinen. Bei Vergleichen ist zu beachten, daß die schriftliche Befragung (n=76) sich nur an die theoretisch potentiell einflußreichsten (gemessen an der Zahl ihrer theoretisch relevanten Publikationen) Politikwissenschaftler der USA richtete. Der wissenschaftliche Nachwuchs ist in ihr also – anders als in der vorliegenden Befragung – unterrepräsentiert.

4 Die Masse der 24 unter „Sonstige" hinzugefügten theoretischen Ansätze besteht aus unterschiedlichen wissenschaftstheoretisch-philosophischen Grundrichtungen: Neorealismus, Kritischer Pragmatismus, Essentialismus, Kritischer Rationalismus, Philosophischer Rationalismus. Eine zweite große Gruppe von Befragten verstand unter theoretischer Ansatz eine Bereichstheorie (z. B. „Nations"-Theorie, Komparatistik, Abschreckungstheorie, Politische Soziologie). Zur „Bio-Politics"- und Evolutionstheorie bekannten sich drei der Befragten.

5 An erster Stelle genannte Vertreter wurden mit fünf Punkten bedacht, an zweiter Stelle genannte mit vier Punkten usw.; an fünfter Stelle genannte Vertreter mit einem Punkt. Die auf diese Weise errechnete Rangliste ist sehr stabil gegenüber Veränderungen des Bepunktungsgewichts. Selbst wenn man jedem genannten Vertreter unabhängig vom Rang der Nennung einen ganzen Punkt verleiht, ändert sich z. B. in Tabelle 2 erst an siebter Stelle der Rangfolge etwas (Fetscher schiebt sich von Platz 12 auf Platz 7).

6 Schließt man von Respondenten, die Kritisches zu den Reputationsfragen äußerten, auf die Nicht-Respondenten, dann scheinen kritische Haltungen besonders häufig unter denen zu finden zu sein, die historischen Ansätzen verpflichtet sind. Befragte mit Arbeitsschwerpunkten auf dem Gebiet der empirischen Feldforschung und der Politischen Kultur standen unseren Reputationsfragen überdurchschnittlich, solche mit Arbeitsschwerpunkten auf den Gebieten Wahlforschung und Internationale Politik unterdurchschnittlich kritisch gegenüber.

7 Aus den Mitgliederlisten des DVPW und der DGP errechnet sich ein Verhältnis von 41% Professoren zu 59% Habilitierten, Doktoren und Diplomierten/Magistrierten; unser Rücklauf enthält 53% Professoren.

8 Die gegenwärtigen Forschungsfelder sind in Böhrets Studie mit Hilfe von Vorgaben ermittelt worden, die nachträglich durch Zusammenfassungen an die Kategorien der DVPW-Sektionen adaptiert wurden (*Böhret* 1984, S. 9). In unserer Studie wurde in offener Fragestellung nach dem gegenwärtig wichtigsten Themenfeld gefragt. Ordnet man hier auch die Nennungen gemäß dem Böhretschen Schema den entsprechenden DVPW-Sektionen zu, dann ergibt sich folgendes Bild:

DVPW-Sektionen	Böhret (1984) n=254	Honolka (1985) n=200 in rel %
Internationale Politik	20	27
Politische Theorie und Ideengeschichte	18	20
Politische Soziologie	19	16
Regierungssysteme und vgl. Politikwissenschaft	15	11
Staatslehre und politische Verwaltung	12	11
Politische Ökonomie	6	5

9 Die Korrelationskoeffizienten übersteigen nur einmal den Wert von 0,5 (Zusammenhang von „Policy"-Orientierung und Forschung auf dem Gebiet „Regierung/Verwaltung"). Die korrelierten Variablen sind ordinalskaliert.

10 Korrelationskoeffizienten nach Spearman unter 0,2.

11 Korrelationskoeffizienten nach Spearman zwischen 0,3 und 0,5.

12 Roettger (1978, 9) ebenfalls in offener Frageweise. Vergleichserschwerend kommt hier allerdings ins Spiel, daß nach den wichtigsten Vertretern in einem größeren Zeitraum, zwischen 1970 und 1977, gefragt wurde.

13 Die Antwortausfälle bei der Frage nach der allgemeinen Reputation liegen bei 39%. Das könnte zwei Gründe gehabt haben: Schwierigkeiten der Befragten, angesichts der Unübersichtlichkeit des Faches Rangeinschätzungen vorzunehmen; oder eine generelle Abneigung Reputationsfragen gegenüber. In Nachfolgeuntersuchungen sollte durch entsprechende Nachfragen kontrolliert werden, wodurch Antwortausfälle zustande kamen.

14 Zu den „Dialektisch Orientierten" zählten wir alle Befragten, die sich „sehr stark" oder „stark" der Kritischen Theorie oder dem Marxismus zugehörig fühlen.

15 „Empirisch-analytisch Orientierte" umfassen alle Befragten, die sich „sehr stark" oder „stark" der Analytischen Wissenschaftstheorie, dem Behavioralismus oder dem Operationalismus (vgl. Tabelle 1) zugehörig fühlen.

16 Pretests und die Erfahrungen der ähnlich vorgehenden amerikanischen Vergleichsstudie hatten ergeben, daß die direkte Frage nach vergangenen theoretischen Umorientierungen nicht an Erinnerungslücken scheitert. Mit theoretischen Umorientierungen verbinden sich für die meisten Autoren eigene Werke, in denen diese ihren Niederschlag gefunden haben. Aus Anonymitätserwägungen hatten wir auf eine kontrollierende Nachfrage nach entsprechenden Werken, wie etwa in der amerikanischen Umfrage, verzichtet. Wenn die Fallzahlen in Tabelle 5 um so kleiner werden, je weiter wir in die 60er und 50er Jahre zurückgehen, dann liegt das weniger an einer schwächer werdenden Erinnerung, als vielmehr an der Altersstruktur des Samples. Die Zahl der Politikwissenschaftler, die damals bereits forschten, wird kleiner.

17 Von den im Untersuchungszeitraum berichteten 20 Zuwendungen zur Politischen Philosophie fielen 7 in die Jahre von 1958 und 1963. Sie repräsentieren den stärksten Zulauf zu Themenfeldern dieser zurückliegenden, und wegen der Altersstruktur des Samples daher nennungsärmere Zeit.

18 In 10 der insgesamt 23 theoretischen Umorientierungen, die zwischen 1967 und 1972 begannen, wendeten sich die Befragten der Kritischen Theorie zu. Die übrigen Umorientierungen verteilen sich auf unterschiedliche theoretische Richtungen.

19 Von den 12 Zuwendungen, die insgesamt zur Systemtheorie bzw. zum Funktionalismus hin berichtet wurden, fallen sechs in die Zeit von 1966–1973; Abwendungen davon setzen erst ab 1972 ein.

20 Um die wichtigsten Gruppen vom Umorientierern zahlenmäßig zu charakterisieren: Von 39 theoretischen Umorientierungen, die zwischen 1975 und 1980 begannen, wendeten sich 15 von der Kritischen Theorie ab, 7 von der marxistischen Theorie und 8 von Systemtheorie/Funktionalismus. 11 wendeten sich der „Policy-Analysis" zu, 7 Historischen Ansätzen.

21 Von 53 insgesamt berichteten Zuwendungen zum Forschungsgebiet „Regierung und Verwaltung" bzw. verwandten „Policy"-Themen fielen 50 in die Jahre zwischen 1970 und 1985.

22 Von insgesamt 15 berichteten Zuwendungen zum Forschungsgebiet „Politische Kultur" fielen 12 in die Zeit zwischen 1975 und 1982.

23 Nur eine Zuwendung von insgesamt 15 Zuwendungen nach 1975.

24 Keine Zuwendungen nach 1980.

25 Von insgesamt 12 Zuwendungen 8 seit 1980.

26 Diese Aussagen gelten vorbehaltlich möglicher Unschärfen infolge der Altersstruktur des Samples, die entstehen, je weiter man zeitlich zurückgeht.

27 Kein Befragter berichtete eine solche Umorientierung für diesen Zeitraum.

28 Insgesamt 10 Nennungen, darunter 3 Nennungen, die auf die eigene politische Praxis verwiesen, 3 Nennungen über Erklärungsdefizite der früheren Theorie und 2 Nennungen, in denen eigene außerwissenschaftliche Lebenserfahrungen als Grund angegeben wurden.

29 Bei offener Frageweise bezogen sich 9 (Mehrfach-)Nennungen auf neue Themenfelder, 6 auf die empirische Fruchtbarkeit des neuen Ansatzes, 6 auf seine Integrationskraft, 5 auf interdisziplinäre Vorteile; 4 nennen politische Motive, unter ihnen 2 die eigene politische Praxis.

30 Dieser Unterschied tritt noch stärker hervor, wenn man nur die Antworten von Professoren vergleicht, die unterschiedliche Samplezusammensetzung (fehlender wissenschaftlicher Nachwuchs in der amerikanischen Studie) also ausgleicht.

Literaturverzeichnis

Arndt, Hans-Joachim, 1978: Die Besiegten von 1945. Versuch einer Politologie für Deutsche samt Würdigung der Politikwissenschaft in der Bundesrepublik Deutschland, Berlin/München.

v. Beyme, Klaus, 1984: Neuere Entwicklungstendenzen von Theorien der Politik, in: Aus Politik und Zeitgeschichte Nr. 38 v. 22. 9. 1984. 3–13.

Böhret, Carl, Zum Stand und zur Orientierung der Politikwissenschaft in der Bundesrepublik Deutschland, Bericht für das 1. Wissenschaftliche Symposium der Deutschen Vereinigung für Politische Wissenschaft, in Hannover, November 1984.

Falter, Jürgen W., 1982: Der „Positivismusstreit" in der amerikanischen Politikwissenschaft. Entstehung, Ablauf und Resultate der sogenannten Behavioralismus-Kontroverse in den Vereinigten Staaten 1945–1975, Opladen.

Falter, Jürgen W./Honolka, Harro/Ludz, Ursula, 1987: Die Entwicklung der Politischen Theorie in den Vereinigten Staaten 1950–1980. Eine empirische Analyse. Opladen (im Manuskript abgeschl.).

Faul, Erwin, 1979: Politikwissenschaft im westlichen Deutschland, in: PVS 20. 71–103.

Finifter, Ada W. (Hrsg.), 1983: Political Science: The State of the Discipline, Washington.

Hättich, Manfred, 1980: Zur Lage der Politikwissenschaft oder auf der Suche nach Wirklichkeit, in: PVS 2.

Lynn, Naomi B., Self-Portrait: Profile of Political Scientists, in: Finifter A. W. (Hrsg.) (1983), S. 95–123.

Massing, Otwin, Politikwissenschaft in Perspektive, Entwicklungspfade und Karrierechancen, in: PVS 1980, 1, S. 187–197.

Matz, Ulrich, 1985: Bemerkungen zur Lage der deutschen Politikwissenschaft, in: ZfP 32. 1–7.

Mohr, Arno, Zur Situation und zur Entwicklung der politikwissenschaftlichen Lehre in der Bundesrepublik Deutschland (1950–1979/80), in: PVS 1980, 1, S. 205–211.

Mols, Michael, Pluralität oder Desintegration? Zum gegenwärtigen Stand der westdeutschen Politikwissenschaaft, in: Politische Studien, 1979, 244, S. 297–304.

Parenti, Michael, The State of the Discipline: One Interpretation of Everyone's Favorite Controversy, in: PS 1983, Spring, S. 189–196.

Ricci, David M., 1984: The Tragedy of Political Science. Politics, Scholarship and Democracy. New Haven, Yale UP.

Roettger, W. B., „Strata and Stability: Reputations of American Political Scientists". PS 1978, 11, 6–12.

Robey, J. S., „Reputations vs. Citations: Who are the Top Scholars in Political Science?" PS 1982, 15, 199–200.

Schwan, Alexander, In der Zerreißprobe. Zur Lage der deutschen Politologie, in: DIE ZEIT vom 3. 7. 1970.

Veen, H. J., Einführung: Politikwissenschaft zwischen Selbstliquidation und politischer Integration, in: *Bracher, K. D.*, u. a. (Hrsg.), Entwicklungslinien der Politikwissenschaft in der Bundesrepublik, Melle 1982.

Vollrath, Ernst, Philosophische Politik. Die Neuorientierung der Politischen Wissenschaften in den Vereinigten Staaten, in: FAZ vom 5. 2. 1986.

Welch, S., and Hibbing, J. R., „What Do the New Ratings of Political Science Departments Measure?" PS 1983, 16, 532–540.

Die Durchsetzung der Politikwissenschaft an deutschen Hochschulen und die Entwicklung der Deutschen Vereinigung für Politische Wissenschaft

Arno Mohr

I. Die Institutionalisierung der Politikwissenschaft an den Hochschulen

1. Motive und Träger des Entstehungsprozesses

Die Entstehung der Politikwissenschaft in den westlichen Besatzungszonen und dann später in der Bundesrepublik war zweifelsohne außerwissenschaftlich – politisch und pädagogisch – motiviert.[1] Auf den ersten Blick erscheint dieser Umstand als nicht besonders außergewöhnlich: Es gibt etliche Beispiele aus der Geschichte der Wissenschaft, die das Interesse einflußreicher politischer, wirtschaftlicher oder anderer gesellschaftlicher Gruppen an der Herausbildung neuer und möglicherweise vielversprechender Disziplinen belegen. Doch wohl selten ist eine Wissenschaft auf eine so nachhaltige Weise gefordert worden wie die Politikwissenschaft im westlichen Deutschland nach 1945. Sie ist das Produkt einer politischen und intellektuellen Konstellation, die infolge der unermeßlichen Not, die nationalsozialistische Herrschaft und Weltkrieg gebracht hatten, durch Desillusionierung, Desorientiertheit und Lethargie weitester Kreise der Bevölkerung charakterisiert war. Dieses so entstandene Vakuum mußte durch ein völlig anders geartetes Wertesystem aufgefüllt werden, das den Grundstein für ein humanes Leben und geistige Freiheit abgeben sollte. Die einzige Alternative zu der menschenverachtenden Diktatur des nationalsozialistischen Regimes war wie selbstverständlich die „Demokratie" als Idee und als Prinzip des organisatorischen Aufbaus des politischen Gemeinwesens. Entwickelte sich dieser Prozeß relativ unproblematisch, so konnten die westlichen Siegermächte in erzieherischer und geistiger Hinsicht nicht auf einen Akt der Selbstreinigung der Deutschen hoffen. Hier mußten Vorkehrungen insbesondere institutioneller Art getroffen werden, um die Erziehung der Deutschen zu den Werten der Demokratie auf eine neue Grundlage zu stellen; die überkommenen Formen auf allen Ebenen des Bildungswesens schienen dazu völlig ungeeignet.

Im Hochschulbereich war der organisatorische Ausbau der Sozialwissenschaften im allgemeinen sowie die Schaffung einer speziellen *political science,* wie sie bereits seit Jahrzehnten in den USA, Großbritannien oder Frankreich bestand, wesentliche Bestandteile dieser Erziehungs- und Bildungsreform. Die Einführung gerade der Politikwissenschaft in die Universitäten wurde um so dringender erachtet, als sich das Fächerkonglomerat der traditionellen „politischen Wissenschaften" in hohem Maße kompromittiert hatte. Dies galt insbesondere für das Staatsrecht und die Geschichtswissenschaft, weniger für Soziologie, Philosophie oder Nationalökonomie. Dem Staatsrecht blieb in der Weimarer Republik weitgehend die Einsicht versagt, die verfassungsmäßigen Institutionen und Verfahrensmodi im Sinne demokratischer Normen zu beurteilen und sich für ihre Erhaltung einzusetzen. Der dominierende legalistische Ansatz mündete in einen fatalen Wertrelativismus, der allenfalls noch eine diffuse „normative Kraft des Faktischen" gelten ließ. Die Vertreter der Geschichtswissenschaft wiederum waren nicht in der Lage, ihr erstarrtes Denken in den Kategorien eines starken Nationalstaates preiszugeben, auf dessen Stabilisierung und ideelle Überhöhung sich ihr politisches und wissenschaftliches Engagement richtete. Sowohl das Staatsrecht als auch die Geschichtswissenschaft waren in ihrem Kern konservativ und standen der Demokratie fremd gegenüber. Schon von daher ließen die Träger des Gründungsprozesses keinen Zweifel an der Notwendigkeit der Errichtung des neuen Faches aufkommen.

Insgesamt lassen sich drei Gruppen unterscheiden, die ein lebhaftes Interesse an der Politikwissenschaft bekundeten:

(1) Die amerikanische Militärregierung verstand die Einrichtung einer selbständigen *political science* als Bestandteil ihrer *Reeducation*-Politik; ihr Fehlen wurde als echter Mangel empfunden. Die Amerikaner versuchten nicht, ihre Vorstellungen autoritativ durchzusetzen – wie die Sowjets in ihrer Besatzungszone – sie wählten den Weg der indirekten Einflußnahme und der Überredung, z. B., indem sie finanzielle und andere materielle Zuwendungen in Aussicht stellten.

(2) Die Freiräume, die so entstanden, nutzten deutsche Politiker – überwiegend Sozialdemokraten[2] – zur konkreten Ausgestaltung ihrer Anschauungen. Ohne das Engagement von Persönlichkeiten wie *Erwin Stein* in Hessen, *Otto Suhr* in Berlin oder *Adolf Grimme* in Niedersachsen[3], Forschung und Lehre einer „Wissenschaft von der Politik" institutionell abzusichern und schrittweise weiterzuentwickeln, wäre die amerikanische Initiative zweifelsohne ins Leere gelaufen. Die wiederholt zu hörende Behauptung, die Politikwissenschaft sei ein aus den USA importiertes modisches Erzeugnis, ist schon allein aus diesen – und auch aus anderen Gründen – so nicht haltbar.

(3) Das Bindeglied zwischen den Amerikanern und den Deutschen stellten einige wenige Emigranten dar, die mit den deutschen Verhältnissen bestens vertraut waren und den amerikanischen Besatzungsbehörden auf vielfältige Weise als Berater zur Seite standen.

2. Die Aufbauphase

Die ersten Impulse zur Errichtung des neuen Faches gingen nicht von den Universitäten, sondern von den um 1947/49 gegründeten *Hochschulen für Politik* aus, von denen die Berliner „Deutsche Hochschule für Politik" (DHfP) die nachhaltigste Wirkung auf die Gesamtentwicklung der Politikwissenschaft ausüben sollte. Diese Hochschule versuchte, an die Tradition der 1920 geschaffenen Vorgängerin gleichen Namens anzuknüpfen.[4] Sie war, was das politische Profil ihrer Gründer und zum Teil das Lehrpersonal betraf, sozialdemokratisch geprägt. Die Errichtung einer Parteihochschule ist jedoch nie erwogen worden. Die DHfP sollte zunächst als eine Art Weiterbildungsanstalt für Interessierte aus Politik, Verwaltung, Verbänden oder Schulbereich fungieren. Dieses ursprünglich beabsichtigte Konzept wurde jedoch rasch zugunsten einer umfassenden Verwissenschaftlichung aufgegeben. Dieser Prozeß vollzog sich in drei Schritten: Der Schaffung von Promotionsmöglichkeiten für das Fach „Wissenschaft von der Politik", niedergelegt in

einem Vertrag der DHfP mit der Freien Universität Berlin (FU) im Jahre 1952, folgte
1956 die Aufwertung des Diploms. Den Abschluß bildete die Eingliederung der Hochschule als interfakultatives Institut in die FU (Otto-Suhr-Institut, 1959).

Im Gegensatz zur DHfP hatte die 1947 gegründete „Hochschule für Arbeit, Politik und
Wirtschaft" in Wilhelmshaven mit beträchtlichen Schwierigkeiten zu kämpfen. Ihr
Schicksal war es, zwischen den beiden Aufgabenstellungen, weiterbildende Funktionen
insbesondere für Arbeiterkinder auszuüben und gleichzeitig wissenschaftlichen Ansprüchen zu genügen, zerrieben wurde. Die Eingliederung der Hochschule in die Universität
Göttingen im Jahre 1961 war der Endpunkt einer unerquicklichen Entwicklung, an der
der äußere Druck konservativer Kräfte aus dem politischen und Hochschulbereich sowie
unübersehbare interne Konflikte um die Zielsetzung der Hochschule gleichen Anteil
hatten. Die 1949 gegründete „Hochschule für politische Wissenschaften e. V." (später
„Hochschule für Politik") befand sich eher an der Peripherie der Gesamtentwicklung des
Faches; ein Schwerpunkt ihrer Tätigkeit war die Erwachsenenbildung.

Um für eine weite akademische Verbreitung der wissenschaftlichen Politikanalyse sorgen
zu können, waren die Anstöße, die vor allem von der Berliner DHfP ausgegangen waren,
einfach zu schwach. Es wurde schnell erkannt, daß die Domestizierung einer eigenständigen Politikwissenschaft ohne die Unterstützung der Universitäten nicht zu schaffen war.
So sollten verschiedene *Konferenzen* um 1949/50 dazu dienen, Vertreter der Universitäten,
aber auch aus dem Verwaltungs- und Justizbereich mit dem Plan der institutionellen
Ausbildung einer Politikwissenschaft sui generis vertraut zu machen. Gerade am Verlauf
dieser Konferenzen zeigt sich das Zusammenspiel der verschiedenen Träger des Etablie-
rungsvorganges. Die beiden Konferenzen in Waldleiningen 1949 und Königstein 1950
fanden auf Initiative des hessischen Kultus- und z. T. auch des Justizministeriums statt;
finanziell wurden sie von der amerikanischen Militärregierung unterstützt, und deutsche
Emigranten wie *Karl Loewenstein* setzten ihre ganzen Überredungskünste ein, um das
Erfordernis des neuen Faches zu rechtfertigen. Eine dritte bedeutende Konferenz fand im
März 1950 in Berlin statt, die zu einem entscheidenden Durchbruch in bezug auf das
konzeptionelle Gesamtbild einer „Wissenschaft von der Politik" führte. Sprach man noch
in Waldleiningen von „politischen Wissenschaften", über deren Funktionsweise und
Integrationsmöglichkeiten höchst diffuse Vorstellungen vorherrschten, so ging man
bereits in Berlin und dann später in Königstein nunmehr von einer speziellen „Wissenschaft von der Politik" aus. Gerade in Königstein wurde auf eine konsequente hochschul-
politische Durchsetzung des Faches gedrängt.

Dies war in der Tat ein recht unkonventioneller Weg, einer Wissenschaft zu einem
Stammplatz an den *Universitäten* zu verhelfen. Sie waren alles andere als begeistert, als ihre
Vertreter auf der ersten Konferenz in Waldleiningen mit diesen Plänen konfrontiert
wurden. Sie erblickten darin eine Art „coup d'état", den Universitäten sozusagen auf dem
Verordnungswege eine wissenschaftliche Disziplin zu oktroyieren, von der man sich noch
kein klares Bild zu machen wußte. Doch alle Proteste insbesondere der „Westdeutschen
Rektorenkonferenz" (WRK) nützten nichts, die weitere Entwicklung ging über ihre
reservierte Einstellung hinweg. Erst im Jahre 1954 gab sie ihren Widerstand auf.

3. Die Entwicklung an den Hochschulen bis um 1960

Bei den zunächst offen artikulierten Vorbehalten der Universitäten gegenüber dem neuen Fach nimmt es nicht wunder, wenn seine Einführung in den Hochschulbereich schleppend voranging. Ebenso ließ die unterschiedlich ausgeprägte Bereitschaft der politischen Seite im dezentralisierend-föderativen System der bundesdeutschen Bildungspolitik ein gleichmäßiges Tempo der organisatorischen Verankerung der Politikwissenschaft an den Universitäten nicht zu. Bis um 1960 bestanden insgesamt 24 ordentliche und außerordentliche Professuren; davon kamen allerdings 10 auf die FU Berlin, blieben also für das übrige Bundesgebiet ganze 14; lediglich in Heidelberg bestanden zwei Lehrstühle.[5] Der erste Lehrstuhl für Politik wurde nicht in der amerikanischen, sondern in der britischen Zone, an der Universität Köln, geschaffen (um 1946/47). Durch den Verzicht des berufenen ehemaligen Reichskanzlers *Brüning* blieb der Lehrstuhl aber bis Ende der 50er Jahre vakant. Einen spektakulären Schritt unternahm im Mai 1948 das hessische SPD/CDU-Kabinett, als es beschloß, in Frankfurt, Marburg und an der TH Darmstadt jeweils einen Lehrstuhl für Politik zu schaffen. In der Folgezeit wurden weitere Lehrstühle eingerichtet in Tübingen, Kiel, Hamburg, Freiburg, Heidelberg, Bonn, Erlangen, München, an der TH Aachen und an der TH Stuttgart; in Göttingen war der Lehrstuhl verknüpft mit Allgemeiner Staatslehre. Sicherlich wirkten sich dabei auch die Diskussionen auf den oben erwähnten Konferenzen aus, obwohl sich das im einzelnen nicht feststellen läßt. Fest steht jedoch, daß spätestens seit der Inkorporierung der DHfP in die FU der Endpunkt der außeruniversitären Institutionalisierung der Politikwissenschaft erreicht und ihr weiterer Ausbau zu einer Sache der Universitäten geworden war.

Bedingt durch die noch unklare theoretisch-methodische Grundlegung blieb der organisatorische Status der Politikwissenschaft an den Universitäten häufig nicht unumstritten. Der Aufbau einer eigenen Fakultät, wie er z. B. in Berlin ins Auge gefaßt wurde, konnte nicht in die Praxis umgesetzt werden. Nach dem Bericht einer WRK-Kommission von 1950 sollten die Lehrstuhlinhaber einer der bestehenden juristischen, philosophischen oder wirtschafts- und sozialwissenschaftlichen Fakultäten angehören. Dadurch sollte auf das Verständnis von „Politik" und „politischer Wissenschaft", das jeweils maßgebend war, geschlossen werden. Die Praxis der Lehrstuhlerrichtung zeigt, daß die Politikwissenschaft überwiegend der jeweils bestehenden Philosophischen und Rechts- und Staatswissenschaftlichen Fakultät zugewiesen wurde. In Berlin z. B. war das Fach auf drei Fakultäten verteilt: Philosophische Fakultät (5 Lehrstühle), Wirtschafts- und Sozialwissenschaftliche Fakultät (4) und Juristische Fakultät (1).

Ihrer Herkunft nach bildeten die ersten Vertreter des Faches in der BRD eine äußerst heterogene *scientific community*. Sie kamen überwiegend aus den klassischen, mit der Politik in Berührung stehenden Disziplinen wie Recht, Geschichte, Ökonomie oder Soziologie, wobei die beiden zuerst genannten Wissenschaften dominierten. Der offensichtliche Mangel an wissenschaftlich qualifiziertem Personal veranlaßte etliche Universitäten, Gastprofessoren, insbesondere aus dem angelsächsischen Ausland, semesterweise einzuladen. Die DHfP in Berlin sah sich gezwungen, eine größere Zahl von Vertretern des öffentlichen Lebens als Dozenten zu verpflichten, um Lücken im Lehrangebot zu schließen.

4. Die weitere Entwicklung bis in die 80er Jahre

Im Jahre 1961 schlug *M. Rainer Lepsius* in einer Denkschrift für die „Deutsche Forschungsgemeinschaft" vor, als Mindestvertretung an jeder Universität drei planmäßige Professuren für Politikwissenschaft (je eine für Politische Theorie, Regierungslehre und Internationale Politik) zu errichten. Dadurch sollte die vorhandene Konzentrierung der Kräfte auf einige wenige Hochschulen aufgebrochen und eine breitere Repräsentanz der Disziplin im gesamten Bundesgebiet angestrebt werden. Ein Blick auf die Statistik zeigt, daß in absoluten Zahlen die Professorenstellen zwischen 1960 und 1985 stetig angestiegen sind:[6]

Tabelle 1: Entwicklung der Professorenstellen 1960–1985

Jahr	Anzahl abs.	Steigerung in %
1960	24	
1965	51	112,5
1970	63	23,5
1975	133	111,1
1980	201	51,1
1985	278	38,8

Diese Bilanz ist durchaus erfreulich; doch sollte bei der Bewertung berücksichtigt werden, daß die Vermehrung der Stellen insbesondere zwischen 1965 und 1975 auf das Konto der Neugründungen von Universitäten und Gesamthochschulen (zwischen 1970 und 1975 insgesamt 13) geht; etwa ein Viertel aller Lehrstühle für 1975 müssen den Neugründungen zugerechnet werden. Konnten die Lepsius'schen Empfehlungen nicht in die Tat umgesetzt werden, so blieb auch die Anregung des Wissenschaftsrates aus dem Jahre 1962, neu zu errichtende Hochschulen mit ca. 3 Lehrstühlen für Politikwissenschaft auszustatten, weitgehend ungehört.[7] Heute besitzt zwar fast jede Hochschule ihren „Hauspolitologen"; doch das ändert gleichwohl nichts an der weiteren ungleichmäßigen Versorgung mit politikwissenschaftlichem Lehrpersonal. So stehen großen und ausdifferenzierten Departments wie Berlin oder München eine Reihe kleinerer Forschungs- und Lehreinheiten gegenüber, in denen der Gesamtstoff der Politikwissenschaft nur unvollkommen repräsentiert wird. Die Folge ist eine unausgewogene Ausbildung der Studenten bzw. des wissenschaftlichen Nachwuchses.

Die Einbeziehung der Politikwissenschaft in die Lehrerbildung und der sich daraus ergebende enorme Anstieg der Politik-Studenten erklären zu einem großen Teil die Zunahme des Lehrpersonals und den allgemeinen Aufschwung, den die Politikwissenschaft genommen hatte.

Für viele Bildungspolitiker und Pädagogen war es wie ein Alarmzeichen, als sich Ende der 50er Jahre insbesondere Jugendliche zu antisemitischen Aktionen hatten hinreißen lassen – Entgleisungen, die auf ein offenkundiges Versagen der politischen Bildungsarbeit an den Schulen hindeuteten. Als entscheidenden Mangel betrachtete man das Fehlen von hierfür wissenschaftlich ausgebildeten Lehrern. Das bis dahin eindeutig bevorzugte *Unterrichts-*

prinzip, wonach die Behandlung politischer Themen jedem Fachlehrer überlassen blieb, mußte durch das *Fachprinzip,* die Einrichtung eines separaten Faches für den politischen Unterricht, zumindest kompensiert werden. Nach den erwähnten Vorkommnissen kamen die Verantwortlichen darin überein, diesem Mißstand im Zuge der Neuordnung der gymnasialen Oberstufe abzuhelfen. Die Saarbrücker Rahmenrichtlinien der Kultusministerkonferenz (KMK) aus dem Jahre 1960 bestimmten, für die politische Bildung das Fach „Gemeinschaftskunde" verbindlich einzuführen, das Geschichte, Geographie und Sozialkunde umfassen sollte. Den Verfassern der Richtlinien kam es dabei nicht auf den Anteil der einzelnen Fächer an der Stundenzahl an, vielmehr ging es um „übergreifende geistige Gehalte".[8] Damit war eine Art Konkurrenzsituation zwischen den drei Schulfächern und ihrer universitären Äquivalente hergestellt, was zunächst zu Lasten der Sozialkunde ging, da es eine solche Wissenschaft an den Universitäten nicht gab. So mußte zunächst geklärt werden, welche akademische Disziplin für die Ausbildung der angehenden Sozialkundelehrer eigentlich zuständig sein sollte. Es konnte wohl kein Zweifel bestehen, daß hier die Politikwissenschaft in erster Linie gefordert war, obwohl Soziologie und Nationalökonomie zum Teil ihre Monopolstellung anfochten. Dies hat bis auf den heutigen Tag jedoch nichts an der Vorherrschaft der Politikwissenschaft in diesem Bereich geändert. Jeden Anschlag auf den Stellenwert der Sozialkunde im Schulunterricht werten die Vertreter des Faches als ernste Bedrohung für den Gesamtzustand der Disziplin Politikwissenschaft.

Die Einrichtung einer Fakultas für Sozialkunde und die allgemeine Anerkennung der Politikwissenschaft als akademisches Ausbildungsfach für Sozialkundelehrer zeigte eine stimulierende Wirkung auf das Verhalten der Studierenden bei der Wahl ihrer Studienfächer. Die Zahl der Politik-Studenten stieg seit den 60er Jahren stärker als in anderen Fächern an:[9]

Tabelle 2: Anstieg der Studenten im Fach Politik im Vergleich zur Studentenstatistik insgesamt 1960–1984/85

Jahr	Studierende insg.	Zuwachs in %	Studierende in Politik	Zuwachs in %
1960/61	189 368	–	316	–
1965/66	241 516	27,5	1 496	373,4
1970	348 076	44,1	3 354	124,2
1975	541 198	55,5	8 079	140,9
1980	729 089	34,7	8 364	3,5
1984/85	999 017	37,0	13 483	61,2

Politikwissenschaft wurde zumeist in einer Zwei- oder Dreifächerkombination als Haupt- oder Nebenfach studiert. Den Zusammenhang zwischen Lehrerausbildungsfach und dem Anstieg der Politik-Studenten mag das folgende Beispiel aus Berlin illustrieren: Als hier die Einführung der Fakultas für Sozialkunde zum Sommersemester 1969 verfügt wurde, rechnete die Leitung des OSI mit einer sprunghaften Zunahme von Politologie-Studenten, wobei auf vergleichbare Erfahrungen aus anderen Bundesländern verwiesen wurde. Das OSI hielt es daraufhin für unumgänglich, in einem Memorandum elf neue Planstellen anzufordern.[10]

Die laut Tabelle im Schnitt stärksten Zuwachsraten sind für den Zeitraum 1966–1975 zu verzeichnen. Dies hat auch gesellschaftspolitische Hintergründe: Die Sozialwissenschaften im allgemeinen übten auf diejenigen Studenten eine große Attraktivität aus, die in ihnen ein Mittel sahen, in „emanzipatorischer Absicht" Front gegen die restaurativen Tendenzen des „CDU-Staates" zu machen. In den Augen ihrer konservativen Gegner schien die Politikwissenschaft zu einem Modefach für subversive Kräfte zu degenerieren, ein akademisches Übungsfeld für potentielle Systemveränderer.[11] Der in der zweiten Hälfte der 70er Jahre einsetzende Rückgang der Zahlen ist zu einem erheblichen Maße auf die prekäre Arbeitsmarktlage sowohl für Lehramtsanwärter als auch für Politologen mit Promotions-, Diplom- oder Magisterabschluß zurückzuführen.

5. Institute und Seminare

Um die einzelnen Lehrstühle sind im Laufe der Zeit Institute und Seminare entstanden, die unerläßlich sowohl für die Bewältigung der Forschungsaufgaben als auch der Aufrechterhaltung eines geordneten Lehrbetriebs waren. Bezeichnenderweise war das erste und auch auf lange Sicht bedeutendste spezifisch politikwissenschaftliche Forschungsinstitut, das Berliner „Institut für politische Wissenschaft e. V.", eine außeruniversitäre Einrichtung. Das Institut wurde 1950 auf Anregung der Amerikaner gegründet, gemeinsam getragen von der DHfP und der FU Berlin. Die Schwerpunkte der Institutsarbeit lagen auf der Totalitarismusforschung (Nationalsozialismus und DDR), der Parteien- und Verbandsforschung sowie auf der spezifischen Problematik der Berlinfrage. Methodisch orientierte sich die Tätigkeit der Institutsmitarbeiter an einer strukturalistisch verstandenen Zeitgeschichtsschreibung sowie an den Techniken der empirischen Sozialforschung. Im Jahre 1958 wurde das Institut in die FU eingegliedert und Rektorat und Senat der Universität als interfakultativer Forschungseinrichtung direkt unterstellt.

In der Entwicklung hinkten die Instituts- bzw. Seminargründungen hinter der Einrichtung von Lehrstühlen zurück. So gab es zwar im Jahre 1960 an 18 Hochschulen mindestens einen Lehrstuhl für Politikwissenschaft, jedoch lediglich 13 Institute bzw. Seminare. Weitere bedeutende Forschungszentren, die das Bild der Disziplin bis in die 60er Jahre hinein entscheidend geprägt haben, befanden sich in Heidelberg, wo die Forschungsgruppe um *Dolf Sternberger* sich mit Problemen des Parlamentarismus, der Fraktionen und des Wahlsystems beschäftigten; in Köln, wo unter der Anleitung von *Ferdinand A. Hermens* primär die Wahlforschung ausgebaut wurde; in Freiburg, wo *Arnold Bergstraesser* die alte deutsche Tradition der kultursoziologischen Forschung wiederbelebte; in Marburg, wo unter *Wolfgang Abendroth* die Erforschung des Nationalsozialismus vorangetrieben wurde.

Außer an den Gesamthochschulen in Nordrhein-Westfalen und an einigen Universitätsneugründungen gibt es wohl heute überall da, wo Lehrstühle bestehen, Institute bzw. Seminare für Politikwissenschaft. Erfreulich ist an dieser Entwicklung vor allem, daß zusehends versucht worden ist, den deplorablen Zustand auf dem Gebiet der Erforschung der außereuropäischen Regionen sowie der Internationalen Politik, wie er lange Zeit vorhanden war, zu verbessern. Auf diesem Feld haben sich einige Institute besonders hervorgetan: das Lateinamerika-Institut der FU Berlin, das Südasien-Institut an der

Universität Heidelberg, das John-F.-Kennedy-Institut für Nordamerikastudien an der FU Berlin, die Osteuropa-Institute in Berlin und Tübingen. Die sich auf die Regionalforschung konzentrierenden Institute sind keine politikwissenschaftlichen Forschungseinrichtungen im spezifischen Sinne, sondern interdisziplinär ausgerichtet.

Fehlgeschlagen sind mehrere Versuche, ein Max-Plack-Institut für Politikwissenschaft aufzubauen. Bereits in den 50er Jahren wurde ein solcher Plan erwogen, der sich allerdings nicht realisieren ließ. Mitte der 60er Jahre unternahm *Carl J. Friedrich* in dieser Angelegenheit einen erneuten Vorstoß. Er war der Meinung, daß die Gesamtentwicklung der Disziplin dermaßen günstig verlaufen sei, daß die Gründung eines Max-Planck-Instituts für Politikwissenschaft gewagt werden könnte. Der Verwaltungsrat der Max-Planck-Gesellschaft hat sich jedoch 1971 gegen eine solche Errichtung ausgesprochen.[12]

Ebenso nicht in die Tat umsetzen ließ sich das Vorhaben, beim Wissenschaftsrat Sonder-Forschungsbereiche für Politikwissenschaft in Berlin, Frankfurt und Heidelberg anzumelden. Die Deutsche Forschungsgemeinschaft war Ende der 60er Jahre zu der Überzeugung gelangt, daß eine wissenschaftliche Disziplin nicht als solche Inhalt eines Sonderforschungsbereichs sein könne; auf eine weitere Spezifizierung der Arbeitsbereiche hatte man sich jedoch nicht einigen können.[13]

II. Die Entwicklung der Deutschen Vereinigung für Politische Wissenschaft (DVPW)

1. Gründung

Die Gründung der DVPW oder – wie es damals noch hieß – ,,Vereinigung für die Wissenschaft von der Politik" war eines der wichtigsten Ergebnisse der Konferenz von Königstein 1950. Der hessische Kultusminister *Stein* teilte in seiner Eröffnungsansprache mit, daß von interessierter Seite der lebhafte Wunsch bestehe, ,,eine engere Gemeinschaft der an den politischen Wissenschaften Interessierten zu schaffen, persönliche Verbindungen unter ihnen zu fördern, einen regen Gedanken- und Erfahrungsaustausch zwischen den Vertretern der politischen Wissenschaften herzustellen und die planmäßige Unterrichtung über diese Methoden und Aufgaben der Wissenschaft und der Politik zu fördern".[14] *Stein* rief die Versammelten dazu auf, die Gründung einer solchen Organisation alsbald zu betreiben. Eine Entschließung am Ende der Konferenz unterstrich nochmals u. a. die Notwendigkeit einer wissenschaftlichen Gemeinschaft.

Das Vorbild war die von der UNESCO initiierte Gründung der *International Political Science Association* in Paris im Jahre 1949. In der Bundesrepublik unternahm *Abendroth*, damals noch Professor in Wilhelmshaven, den ersten Vorstoß. Er nahm Kontakt mit *Otto Suhr* in Berlin auf, der die nötigen Schritte in die Wege leiten sollte. Zusätzlich wurden *Alfred Weber, Eugen Kogon, Hermann Brill, Ludwig Bergstraesser, Michael Freund* sowie die Berliner Vertreter des Faches in die Überlegungen miteinbezogen. Der Sinn einer derartigen Gründung wurde zwar hin und wieder in Frage gestellt, denn die Zeit sei noch nicht reif dafür; die Mehrheit der Interessierten bestand jedoch auf der Konstituierung. Ein Ausschuß wurde gebildet, der unter der geschäftsführenden Leitung von *Suhr* den Entwurf für eine Satzung ausarbeiten sollte. Das Anerbieten der amerikanischen *High Commission*, die deutsche Forschung auf dem Gebiet der politischen Wissenschaften mit nicht unbedeutenden Geldbeträgen zu fördern, trug wesentlich zur Beschleunigung des Gründungsverfahrens bei, da dem oben erwähnten Ausschuß eine Art Treuhänderschaft bei der Verteilung der amerikanischen Gelder zugefallen war und nun rasch gehandelt werden mußte.

Die Gründerversammlung fand am 10. 2. 1951 in Königstein statt. Als Ziel der Vereinigung wurde bestimmt, „Forschung und Lehre der Wissenschaft von der Politik zu fördern, auch durch Erfahrungs- und Meinungsaustausch mit dem Ausland".[15] Die Vereinigung wollte weder parteipolitische noch Standesinteressen verfolgen. Eine gewisse Breitenwirkung versprach man sich von verschiedenen Maßnahmen: Werbung unter Hochschullehrern, Veranstaltungen wissenschaftlicher Tagungen, Herausgabe einer repräsentativen Fachzeitschrift. Nach der überwiegenden Meinung der Anwesenden sollte als Vorsitzender ein Wissenschaftler amtieren, dessen Reputation unbestritten sei und der die Vertreter der für die Wissenschaft von der Politik maßgebenden Disziplinen anzusprechen verstünde. Schließlich fiel die Wahl auf den Heidelberger Nationalökonomen und Kultursoziologen *Alexander Rüstow*. Als weitere Vorstandsmitglieder wurden gewählt: *Abendroth, E. W. Meyer, Suhr,* Kultusminister *Stein,* der Erlanger Nationalökonom *Georg Weippert* und *Adolf Grabowsky*. Der Beirat, der dem Vorstand in wissenschaftlichen Fragen zur Seite stehen sollte, setzte sich zusammen aus: *Ludwig Bergstraesser,* dem Freiburger Agrarwissenschaftler *von Dietze, Eschenburg, Eugen Fischer-Baling, Michael Freund,* dem Historiker *Franz Schnabel, Brill,* dem Juristen *Martin Drath,* dem Philosophen *Theodor Litt, Sternberger* und *Franz Fendt*.

2. Mitgliederentwicklung

Die Mitgliederfrage war von Anfang an ein umstrittenes Thema. Bei allen Unterschieden in den Anschauungen war man sich darin einig, nur solche Personen aufzunehmen, die die neue Wissenschaft würdig vertreten könnten; dabei wurde eine Höchstzahl von 100 Mitgliedern festgelegt, die nicht überschritten werden sollte, insbesondere aus Gründen der inneren Geschlossenheit. Diese Beschränkung bezog sich in erster Linie auf die Pädagogen. *Suhr* sah das Ansehen des noch in den Anfängen steckenden Faches gefährdet, falls nun „tausend Lehrer der Staatsbürger- oder Gegenwartskunde" um ihre Aufnahme in die Vereinigung ersuchen würden. Allerdings wurde eine entsprechende Klausel in die Satzung nicht aufgenommen; dort hieß es: „Mitglied kann werden, wer lehrend, forschend, publizistisch oder sonst im öffentlichen Leben für die Wissenschaft von der Politik wirkt".[16]

Im Mai 1952 umfaßte die Vereinigung 128 Mitglieder. Auf der Mitgliederversammlung ein Jahr später scheiterte ein Antrag, den Mitgliederbestand durch Aufnahme speziell jüngerer Vertreter des Faches zu erweitern. Jedoch bereits im Jahre 1954 gingen die Führungsgremien zu einer liberaleren Aufnahmepolitik über, so daß nun auch Promovierte Mitglied werden konnten. Die Mitgliederzahlen stiegen zunäcbt in nicht allzu schnellem Tempo: Die DVPW zählte 1961 175, 1970 328 Mitglieder. Auch in den 70er und 80er Jahren wich die DVPW nicht von ihrer recht lockeren Aufnahmepolitik ab, nachdem verschiedene Zweifelsfälle zu Kritik Anlaß gegeben hatten. Einerseits suchte man durch eine solche Praxis die manifesten finanziellen Engpässe zu überwinden; andererseits sollte der wissenschaftliche Charakter der Vereinigung nicht verwässert werden. Im Jahre 1969 wurde eine Kommission eingesetzt, deren Aufgabe darin bestand, angemessene Kriterien für die Aufnahme neuer Mitglieder zu entwickeln. Die in der Satzung aufgeführten Bestimmungen „lehrend" und „forschend" wurden nun so interpretiert, daß nicht mehr unbedingt die Promotion für eine Aufnahme in die DVPW erforderlich sein mußte. Die Folge war ein rasanter Anstieg der Mitgliederzahl: zwischen 1970 und 1975 um 108% (von 328 auf 682). Der Anteil der Nichtwissenschaftler nahm in der DVPW kontinuierlich ab – auch eine Folge des zunehmenden Professionalisierungsprozesses der Politikwissenschaft. Zwischen 1975 und 1985 stagnierte die Mitgliederbewegung; die DVPW hat heute 828 eingeschriebene Mitglieder.[17]

3. Die wissenschaftlichen Tagungen

Die erste große wissenschaftliche Tagung der DVPW fand am 2. 5. 1952 in Berlin statt, also schon ein Jahr nach der Konstituierung. Auf ihr sollten die gegen die Politikwissenschaft aufgekommenen Zweifel ausgeräumt werden, wozu auch der damalige Bundespräsident *Heuss* einen Beitrag leistete. Die Konferenz stand ganz im Zeichen der Klärung des wissenschaftlichen Selbstverständnisses des Faches. Bis einschließlich der 1961er Tagung in Bad Eilsen standen die Hauptforschungsgebiete der Politikwissenschaft im Mittelpunkt der verschiedenen Sitzungen. Einen herausragenden Platz nahm dabei die Parlaments- und Parteienforschung ein (Berlin 1952, Bad Orb 1953, Hamburg 1954, Bad Eilsen 1961). Spezifisch theoretische Probleme wurden erst 1958 in Tutzing diskutiert, obwohl der Ruf nach vertiefter theoretischer Durchdringung der verschiedenen Untersuchungen bereits früher erklungen war. Völlig an den Rand gedrängt waren Themen aus dem Bereich der Außen- bzw. internationalen Politik, von ganz wenigen Ausnahmen (Schlangenbad 1956) abgesehen.

Eine gewisse Strukturierung in der Themenauswahl ist auf der Tagung 1963 in Heidelberg zu erkennen: Zum erstenmal wurden die Hauptarbeitsgebiete der Politikwissenschaft zumindest formell sichtbar voneinander getrennt. Sowohl die verfassungspolitische, ideengeschichtliche als auch die weltpolitische Dimension wurden nun gleichrangig berücksichtigt. Die Differenzierung der Hauptgebiete des Faches in Theorie, Innenpolitik und Internationale Politik für die künftige Kongreßplanung wurde am 30. 4. 1964 vom Vorstand förmlich beschlossen. De facto war den jeweiligen Vorsitzenden der drei entsprechend gebildeten Arbeitskreise die Kongreßplanung in personeller und inhaltlicher Hinsicht zugefallen. In den Sektionen selbst sollte zunächst die Bearbeitung theoretischer Probleme im Vordergrund stehen.[18] Der Versuch des Vorstandes, die Unterteilung in Sektionen in der Satzung festzulegen, scheiterte 1967 am Widerstand insbesondere jüngerer Fachvertreter.[19]

Seit der Berliner Tagung von 1969 hielten sich die Kongreßplaner nicht mehr strikt an die wenige Jahre zuvor eingeführte Dreiteilung. Die einzelnen Tagungen in der Folgezeit wurden nun unter ein bestimmtes Zentralthema gestellt, zu dem Arbeitsgruppen in unbestimmter Zahl gebildet wurden. Auf große Mißbilligung sowohl außerhalb als auch innerhalb der DVPW stieß der Hamburger Kongreß von 1973, der unter dem Motto „Politik und Ökonomie – autonome Handlungsmöglichkeiten des politischen Systems" gestanden hatte. Die Kritiker sahen hier die Vorherrschaft einer marxistisch bzw. system-kritischen Politikwissenschaft als erwiesen an. Demonstrativ erklärte der frühere Vorsit-zende der DVPW *Dolf Sternberger* seinen Austritt. Die Führungsgremien der DVPW wiesen den Vorwurf, einer einseitigen Programmplanung Vorschub geleistet zu haben, aufs entschiedenste zurück; sie wiesen darauf hin, daß Vertreter aller theoretischen Strö-mungen innerhalb der Disziplin zur Mitgestaltung aufgerufen worden seien.[20] Weniger stürmisch ging es zwei Jahre später auf dem Kongreß in Duisburg zu, wenn auch die Wahl des Generalthemas „Legitimationsprobleme politischer Systeme" und seine Behandlung in den Arbeitsgruppen angesichts der Vorfälle in Hamburg nicht unproblematisch war. Der Vorstand zeigte jedoch seine Befriedigung über „eine neue Dialogfähigkeit innerhalb des Faches".[21] In den Jahren danach hat sich die DVPW betont sachbezogenen Themen zugewandt. Nicht mehr die theoretische und ideologiekritische Erörterung dominierte, sondern das Bestreben des Faches, sein Leistungsvermögen angesichts der gewachsenen gesellschaftlichen Probleme zu präsentieren, um womöglich verlorengegangenes Terrain wieder zurückzuerobern.[22]

4. Das Fachorgan

Die „Zeitschrift für Politik" (ZfP), 1907 von *Richard Schmidt* und *Adolf Grabowsky* ge-gründet, war die erste Fachzeitschrift, die im Auftrag der DVPW zu erscheinen begann (1954). Herausgeber waren *Grabowsky, Suhr* und *Rüstow*. Mit der Zeitschrift wurde intendiert, die Politikwissenschaft in Deutschland zu fördern und den Anschluß an die Entwicklung im Ausland zu sichern. Das Schwergewicht sollte auf den Bereichen der Innenpolitik und der politischen Theorie liegen. Schwierigkeiten mit dem Verlag und innerhalb der Redaktion zwangen die DVPW, die ZfP als repräsentatives Organ der Politikwissenschaft in der Bundesrepublik nicht mehr weiterzuführen; auch mehrte sich die Kritik an der inhaltlichen Qualität der Beiträge. Ende der 50er Jahre war es dann soweit: Die DVPW fand im Westdeutschen Verlag ein Haus, das sich vornehmlich den Sozialwissenschaften widmete. Da die ZfP nicht in den neuen Verlag übernommen werden konnte, wie ursprünglich vorgesehen, entschloß man sich zur Gründung einer neuen Zeitschrift, der „Politischen Vierteljahresschrift", die 1960/61 in ihrem ersten Jahrgang erschien. Herausgeber waren *Karl-Dietrich Bracher, Gert von Eynern, Otto-Hein-rich von der Gablentz, Gerhard Leibholz* und *Dolf Sternberger;* zum Redakteur wurde der Alfred-Weber-Schüler *Erwin Faul* (Heidelberg, heute Trier) bestellt. Nach einem von diesem erarbeiteten Redaktionskonzept sollten in der PVS die politische Theorie bzw. Ideengeschichte mit 30%, der Bereich der politischen Willensbildung bzw. Exekutive mit 50% und der Bereich der Außenpolitik mit 20% vertreten sein.

Bis 1973 führte *Faul* die Redaktionsgeschäfte allein. Danach ging die Gesamtverantwor-tung für die redaktionelle Planung auf einen Redaktionsrat über, wobei *Faul* weiterhin Chefredakteur blieb. In einem Beitrag in der PVS glaubte *Faul* ausreichend Anlaß zu haben, eine fortschreitende Ideologisierung in den einzelnen Beiträgen konstatieren und sich gegen wissenschaftlich nicht begründete Ausschließlichkeitsansprüche zur Wehr setzen zu müssen.[23] *Faul* legte im Jahre 1979 sein Amt nieder, einige organisatorische Maßnahmen des Vorstandes, die nicht im Sinne *Fauls* ausgefallen waren, stärkten seinen

Entschluß. In einem Abschiedsbrief an die Leser der PVS beklagte er neben der qualitativen Verschlechterung der eingesandten Beiträge die Verengung des Forschungsinteresses auf wenige ausgesuchte Bereiche sowie „eine fast epidemische Präferenz" für „zirkelartiges ‚Theoretisieren'".[24] Seit 1979 wird die PVS von einer alle zwei Jahre rotierenden mehrköpfigen Redaktion geleitet; die Rezensionen erscheinen gesondert in der „PVS-Literatur" zweimal im Jahr.

5. Der Lehrbereich

Nachdem in den 50er Jahren zunächst Versuche gescheitert waren, der Politikwissenschaft einen gleichberechtigten Platz im Rahmen der Ausbildung für Beamte der höheren Verwaltung zu verschaffen, verlegte sich seitdem die Verbandsarbeit der DVPW in dieser Hinsicht nahezu ausschließlich auf die Wahrung des Interesses des Faches im Rahmen des Sozialkunde-Unterrichts. Die unbestimmten Feststellungen in den Saarbrücker Rahmenrichtlinien und die ungeklärte Situation, welche Wissenschaft für die Ausbildung der Sozialkundelehrer zuständig sein sollte, zwangen die DVPW zur Kooperation mit verwandten Fächern. Dies geschah vor allem mit den Soziologen, institutionalisiert in einer „Vereinigten Kommission" der beiden Wissenschaftlervereinigungen (1963). Die erarbeiteten Vorschläge waren ein Kompromiß; keiner der beiden Disziplinen wollte man die Führungsrolle in der Ausbildung der Sozialkundelehrer übertragen. Entscheidend für das Übergewicht einer der beiden Fächer waren die Verhältnisse im jeweiligen Bundesland. In den weiteren Diskussionen wurden weder konkrete Entscheidungen getroffen, noch wurde Einigkeit über eine gemeinsame Ausbildung der Lehrer erzielt. Als eine 1967 gebildete gemeinsame Kommission von KMK und WRK einzelne Fachausschüsse errichtete, war die Soziologie, nicht aber die Politikwissenschaft vertreten.

In Anbetracht der sich verstärkenden Tendenzen, die Politikwissenschaft in der Lehrerausbildung zurückzusetzen oder gar zu ignorieren, sah sich die DVPW genötigt, einen neuen Anlauf zu nehmen, um die Interessen des Faches zu verteidigen. Die Vorschläge der erwähnten „Vereinigten Kommission" wurden als unzureichend charakterisiert; Vorstand und Beirat beschlossen die Bildung einer neuen Kommission, die zum erstenmal einer größeren Öffentlichkeit in Form einer Arbeitsgruppe „Vermittlungsprobleme der Politikwissenschaft" auf dem Hamburger Kongreß 1973 in Erscheinung getreten ist.[25] Man mußte einräumen, daß der Bereich der Vermittlung politikwissenschaftlichen Wissens arg vernachlässigt sei.[26] Allerdings hielt die DVPW die Verabschiedung eines Curriculum für nicht opportun, und auf die Funktion einer bloßen Sammel- und Informationsstelle wollte sie sich nicht beschränken.[27]

Erneut aufgerüttelt wurde die DVPW im Jahre 1977, als die WRK „Thesen zur Weiterentwicklung der reformierten Oberstufe" vorlegte und darin die Gemeinschaftskunde nicht mehr zu den Pflichtfächern gerechnet wurde. Die Politologen konnten die Ausklammerung des gesellschaftswissenschaftlichen Aufgabenfeldes bzw. dessen Kompensation durch den Geschichtsunterricht unter keinen Umständen akzeptieren, ohne das Fach insgesamt großen Gefahren auszusetzen. Der Protest der DVPW – aber auch anderer davon betroffener Wissenschaftsverbände – verfehlte seine Wirkung nicht. Die WRK beschloß, neben der Geschichte weiterhin ein sozialwissenschaftliches Fach in den Pflichtbereich aufzunehmen.[28]

Um in Zukunft gegen derartige Überraschungen gewappnet zu seine, initiierte die
Vereinigung eine breit gefächerte Regionalisierung ihrer Bemühungen auf dem Gebiete
des politischen Unterrichts.[29] Im Geschäftsbericht des Vorstandes für die Amtsperiode
1979/81 heißt es dazu: „Regionale Zusammenkünfte erweisen sich als die einzige Möglichkeit, die Vereinigung von innen heraus lebendig zu machen oder zu erhalten."[30] Als
Koordinierungsstelle wurde 1980 ein „Ständiger Ausschuß für Lehre und Studienform"
(SALS) eingerichtet, der bereits 1982 „Empfehlungen" für einen Diplomstudiengang,
einen Magisterstudiengang und ein politikwissenschaftliches Nebenfachstudium vorlegte.[31] Die „Empfehlungen" enthielten die für die Disziplin typischen Fachinhalte. Eine
„zentralistische Vereinheitlichung" der akademischen Lehre war nicht beabsichtigt, aber
man bemühte sich um die Festschreibung gewisser Minimalforderungen.[32] Wie wichtig
der DVPW die Frage der Lehrerausbildung ist, verdeutlicht die Gründung einer Sektion
„Politische Wissenschaft und Politische Bildung" im Jahre 1984. Ob der Versuch gelingt,
in den gewünschten Dialog mit den Historikern einzutreten, bleibt abzuwarten.[33]

6. Politikwissenschaft und Öffentlichkeit

Die Politikwissenschaft war bis zum 1967/68 als Universitätsfach kaum in das Bewußtsein
einer breiteren Öffentlichkeit getreten. Wohl waren einige ihrer Repräsentanten einem
größeren Kreis von politisch Interessierten durchaus bekannt, doch nicht als Politologen,
sondern als Akteure in der politischen Arena oder als vielgelesene Publizisten. Das galt
etwa für *Carlo Schmid, Eschenburg, Sternberger, Kogon, Abendroth* und einige andere. Die
öffentliche Einstellung gegenüber dem Fach änderte sich schlagartig mit dem Beginn der
Studentenbewegung. Die Politikwissenschaft oder Politologie, wie oft abschätzig gesagt
wurde, wurde als Steigbügelhalter der „Systemveränderung" angeschwärzt.
Die DVPW hatte in jenen Jahren alle Hände voll zu tun, um die gegen das Fach erhobenen
Vorwürfe zu entkräften. So zog *Eugen Kogon* als damaliger Vorsitzender 1968 eine klare
Trennungslinie zwischen einer seriösen und mit guten Ergebnissen aufwartenden Disziplin Politikwissenschaft und den „Revoluzzern und Krawallmachern" mit ihrem „schein-
soziologische(n) Kauderwelsch".[34] Jüngere Fachvertreter sahen sich zu Beginn der 70er
Jahre mehr und mehr außerstande, der von *Kogon* ausgegebenen Maxime zu folgen. Viele
waren der Ansicht, daß es nunmehr zweckmäßiger sei, in die Offensive zu gehen, auf die
hochschulpolitischen und gesamtgesellschaftlichen Mißstände aufmerksam zu machen
und sich nicht in dem akademischen Elfenbeinturm zu verstecken. Das zeigte sich offenkundig auf dem Hamburger Kongreß 1973, für konservative Wissenschaftler und Publizisten der Kulminationspunkt der Überlagerung des Faches durch den Neomarxismus.
Dieser Kongreß ist in die Geschichte der Disziplin als „Kongreß der Resolutionen"
eingegangen. Viel Staub hatte eine Resolution gegen den Sturz der sozialistischen Regierung Allende in Chile aufgewirbelt. Die Vereinigung hat aus Fehlern gelernt und später
die Verabschiedung politischer Resolutionen unterlassen.[35] Die DVPW hat sich bis 1977
mit hochschulpolitischen Problemen beschäftigt und ihre Meinung zum Ausdruck zu
bringen versucht, wenn auch eher zurückhaltend, so z. B. zum Problem der Verfassungs-
bzw. Staatstreue von Hochschullehrern.[36] Danach beschränkte die DVPW ihre Tätigkeit
ausschließlich auf die Wahrnehmung rein wissenschaftlicher Belange: „Nur so funktio-

niert ihre Willensbildung; nur dafür erscheinen Vorstand und Beirat als ,kompetent'."[37] Man will nun dafür sorgen, die Rahmenbedingungen für die Disziplin zu verbessern. Als Aufgabe ergab sich so „ein Gemisch von Öffentlichkeitsarbeit und wissenschaftlichen Veranstaltungen aller Art".[38] Es wurde eingesehen, daß die Kriterien der Bewertung der Politikwissenschaft durch die Öffentlichkeit „in hohem Maße" durch Forschungsleistungen und nicht durch den politischen Standort gewonnen werden.[39]

7. Die Sezession

Zur Überraschung vieler Fachvertreter kam es im Jahre 1983 zur Gründung einer „Deutschen Gesellschaft für Politikwissenschaft" (DGfP), überraschend deswegen, weil dieser Vorgang völlig unzeitgemäß erscheint. Wäre es in Hamburg 1973 zur Spaltung gekommen, so wäre ein einleuchtendes Motiv schnell gefunden worden und die Spaltung wäre für viele durchaus verständlich gewesen. Aber 1983 lag kein zwingender Grund vor. In DVPW-Kreisen sprach man denn auch von einer unglücklichen Verkettung von Mißverständnissen.[40]

Anlaß der Gründung der DGfP war der Rücktritt des seinerzeitigen Vorsitzenden der DVPW, *Manfred Hättich,* von seinem Amt und sein Verlassen der Vereinigung; weitere prominente Mitglieder der DVPW folgten ihm; gelegentlich gibt es jedoch auch Doppelmitgliedschaften. Die neue Gesellschaft wurde umgehend konstituiert, vor allem auch, um von der DFG als vorschlagsberechtigte Organisation für die Gutachtertätigkeit anerkannt zu werden. Ihrem Selbstverständnis nach begriff sich die DGfP nicht als Produkt eines Spaltungsprozesses, sondern als ein Konkurrenzunternehmen, das der Wissenschaft als ganzer dienen wolle.[41] Mitglied kann nur werden, wer wissenschaftlich hochqualifiziert ist. *Hättich* sah in der Mitgliederstruktur der DVPW deren eigentliche Misere, da Qualität nicht mit Quantität aufzuwiegen sei. Nach außen hin versuchten die Gründer den Eindruck zu zerstreuen, die DGfP sei „rechtslastig" und verfolge einseitige politische Interessen. Ob ihr da auf Dauer gelingt, wird sich erweisen.

Anmerkungen

1 Falls nichts anderes angegeben wird, beziehen sich die Angaben und Argumente auf meine Arbeit „Politikwissenschaft als Alternative – Stationen einer Disziplin auf dem Wege zu ihrer Selbständigkeit in der Bundesrepublik Deutschland 1945–1965", Diss. phil. Heidelberg, 1985.

2 Diese These hat insbesondere *Hans Kastendiek* vertreten. In meiner Dissertation habe ich sie zu relativieren versucht, da auch CDU-Politiker wie der hessische Kultusminister *Stein* sich für den Aufbau einer eigenständigen Politikwissenschaft eingesetzt haben. Es ist allerdings unzweifelhaft, daß speziell bei der Gründung der DHfP in Berlin oder der Wilhelmshavener Hochschule Sozialdemokraten eine führende Rolle spielten. Die Thesen *Kastendieks* finden sich in seiner Arbeit „Die Entwicklung der westdeutschen Politikwissenschaft", Frankfurt, Campus, 1977, 156 ff., sowie in seiner jüngsten Problemskizze „Political Development and Political Science in (West-)Germany", Paper presented to the Joint Symposium of the Finnish Political Science Association and the International Political Science Association on »Development and Institutionalization of Political Science at Espoo/Helsinki, Oct. 2–6, 1985, 16 ff.

3 *Erwin Stein,* geb. 1903, war von 1947–1951 Kultusminister in Hessen, ab Nov. 1949 auch Justizminister. Er war einer der Mitbegründer der hessischen CDU und maßgeblich an der Ausarbeitung der hessischen Verfassung beteiligt. – *Otto Suhr,* 1894–1957, war nach 1945 einer der führenden SPD-Politiker Berlins; im Okt. 1946 wurde er zum Vorsitzenden der Stadtverordnetenversammlung gewählt. – *Adolf Grimme,* 1889–1963, war Kultusminister des Landes Hannover bzw. von Niedersachsen 1946–48, einer der führenden sozialdemokratischen Bildungspolitiker der Nachkriegszeit.

4 Vgl. dazu *Kastendiek,* 1977, 117 ff.

5 Dazu *M. Rainer Lepsius,* 1961: Denkschrift zur Lage der Soziologie und der Politischen Wissenschaft. Im Auftrag der Deutschen Forschungsgemeinschaft. Wiesbaden 91.

6 Die Zahlen für 1965: Die Lehrstühle an den wissenschaftlichen Hochschulen in der Bundesrepublik, hrsg. vom Hochschullehrerverband, 1965; für 1970: ebd., 1970; für 1975, 1980 und 1985: eigene Auszählung der Personal- und Vorlesungsverzeichnisse. – Nicht berücksichtigt wurden die Pädagogischen sowie die Fachhochschulen.

7 Anregungen des Wissenschaftsrates zur Gestaltung neuer Hochschulen, in: Dokumente zur Gründung neuer Hochschulen. Anregungen des Wissenschaftsrates, Empfehlungen und Denkschriften auf Veranlassungen von Ländern in der Bundesrepublik Deutschland in den Jahren 1960–1966, hrsg. von *Rolf Neuhaus,* 1968, Wiesbaden 23.

8 Beschluß der Ständigen Konferenz des Kultusministers der Länder in der Bundesrepublik Deutschland über die Rahmenvereinbarung zur Ordnung auf der Oberstufe der Gymnasien vom 29. September 1960.

9 Die Zahlen für 1960/61 bzw. 1965/66: Statistisches Bundesamt Wiesbaden: Bevölkerung und Kultur, Reihe 10: Bildungswesen, V: Hochschulen, 1960/61, 1965/66; die Zahlen für 1970; ebd., SS 1970; die Zahlen für 1975, 1980 und 1984/85: Statistisches Bundesamt: Bildung und Kultur. Reihe 4.1: Studenten an Hochschulen (Fachserie 11).

10 Archiv OSI: Memorandum des Otto-Suhr-Instituts nach Einführung der Fakultas für Sozialkunde (Politologie) durch den Senator für Schulwesen v. 20. Juli 1967.

11 Vgl. dazu die Ausführungen bei *Kastendiek* 1977, 305 ff., und bei *Hans-Joachim Arndt* 1978. Die Besiegten von 1945. Versuch einer Politologie für Deutsche samt Würdigung der Politikwissenschaft in der Bundesrepublik Deutschland. Berlin 297 ff., 361 ff.

12 Archiv DVPW: Schreiben des Präsidenten der Max-Planck-Gesellschaft an *Friedrich* v. 19. 3. 1971.

13 Archiv DVPW: Schreiben des Wissenschaftsrates an den Vorsitzenden der Vereinigung *Eugen Kogon* v. 12. 3. 1969.

14 Über Lehre und Forschung der Wissenschaft von der Politik. Gesamtprotokoll der Konferenz von Königstein im Taunus vom 15. und 16. Juli 1950. Hessisches Ministerium für Erziehung und Volksbildung. Wiesbaden, 1950, 10.

15 Satzung der „Vereinigung für die Wissenschaft von der Politik" (§ 1, 1), in: Gesamtprotokoll der Konferenz von Königstein, 174.

16 Satzung (§ 3, 1).

17 Vgl. dazu im einzelnen: DVPW: Prot. d. Sitz v. Vorstand u. Beirat v. 4. 10. 1967, S. 1; Prot. d. Mitgliederversammlung v. 7. 10. 1969, S. 5; Anlage I zum Prot. d. Sitz. v. 10. 7. 1971 „Kriterien für die Aufnahme von Mitgliedern in die Deutsche Vereinigung für Politische Wissenschaft" (August 1971).

18 DVPW: Prot. d. Mitgliederversammlung v. 9. 6. 1965, 1.

19 DVPW: vorläufiges Prot. d. Mitgliederversammlung v. 5. 10. 1967.

20 DVPW: Rundbrief Nr. 58, Dez. 1973, 1.

21 DVPW: Rundbrief Nr. 71 Dez. 1977. 1.

22 Vgl. die Rundbriefe Nr. 67, Nov. 1976, 1; Nr. 81, April 1981, S. 2; Nr. 92 (Frühjahr 1985), 3.

23 *Erwin Faul* 1973: An die Leser der Politischen Vierteljahresschrift, in: PVS, 617.

24 *Erwin Faul:* An die Leser der Politischen Vierteljahresschrift, in: PVS? 1979, 3 ff.

25 Vgl. DVPW: Prot. d. Sitz, v. Vorstand u. Beirat v. 20. 2. 1968, 3.

26 Rundbrief Nr. 58, Dez. 1973, 15.

27 Rundbrief Nr. 59, April/Mai 1974, 14.

28 Rundbrief Nr. 69, Juli 1977, 3 ff.; zu den „Thesen" vgl.: Westdeutsche Rektorenkonferenz: Plenarunterlage, betr.: Thesen zur Weiterentwicklung der reformierten Oberstufe (21. 6. 1977) (Archiv DVPW).
29 Rundbrief Nr. 70, Sept. 1977, 10; Rundbrief Nr. 77, Sept. 1979, 9.
30 Rundbrief Nr. 82, Aug. 1981, 7.
31 Rundbrief Nr. 80, Nov. 1980, 2.
32 DVPW: Empfehlungen für den Diplomstudiengang Politikwissenschaft und den Magisterstudiengang Politikwissenschaft sowie das politikwissenschaftliche Nebenfachstudium, März 1982.
33 Rundbrief Nr. 90, April 1984, 3 f., 18.
34 *Eugen Kogon:* Gefährliche Politologen?, in: Industriekurier v. 16. 11. 1968.
35 Vgl. die Süddeutsche Zeitung v. 9. 10. 1973; Rundbrief Nr. 64, Dez. 1975, 35.
36 Vgl. Rundbrief Nr. 68, März 1977, S. 15 ff.; Rundbrief Nr. 70, Sept. 1977, 8.
37 Rundbrief Nr. 77, Sept. 1979, 10.
38 Rundbrief Nr. 82, Aug. 1981, 7.
39 Rundbrief Nr. 93, Herbst 1985, 5.
40 Rundbrief Nr. 89, Nov. 1983, 3.
41 Vgl. dazu die Ausführungen von *Ulrich Matz* 1985: Bemerkungen zur Lage der deutschen Politikwissenschaft, Zeitschrift für Politik, 7.

Politikwissenschaftler auf dem Arbeitsmarkt

Peter Grottian

I. Vor einer Amerikanisierung des Arbeitsmarkts?

Es liegt nicht viel Originalität in der weit verbreiteten wissenschaftlichen, politischen und öffentlichen Einschätzung, daß eine erhebliche Reduzierung der Arbeitslosigkeit unwahrscheinlich ist: Beschäftigungspolitische Strategien erzielen praktisch keine Wirkung, sind innerhalb der vorhandenen politischen Konstellationen nicht durchsetzbar oder erfordern eine zeitlich so weitgespannte Perspektive, daß mit vorzeigbaren Ergebnissen – wenn überhaupt – erst in mehreren Jahren zu rechnen ist.

Eine solche Einschätzung läßt sich durch eine Reihe von Bedingungs- und Einflußkonstellationen näher begründen:

- Die technologische Entwicklung und die mit ihr verbundenen Produktivitätssteigerungen werden zu einer weiteren Freisetzung noch beschäftigter Arbeitnehmer führen.
- Ein „angemessenes Wirtschaftswachstum" von 2–3% schafft in dieser Situation keine Abhilfe, da nach dieser Logik erst Branchen und dann erst Menschen saniert werden.
- Die Krise der Staatsfinanzen wird zu einem leichten Abbau im Öffentlichen Dienst führen, und das Ausweitungspotential über Teilzeitarbeit wird sich in engen Grenzen halten.
- Die demographische Entwicklung wird keine Entlastung des Arbeitsmarkts bringen, vielmehr wird es im Bereich der Hochschul- und Fachhochschulabsolventen durch verzögerte Studienaufnahme bis in die späten 90er Jahre zu einer anhaltenden Expansion kommen.
- Die tarifpolitischen Auseinandersetzungen um Arbeitszeitverkürzung und Arbeitszeitflexibilisierung lassen nur geringe beschäftigungspolitische Effekte erwarten. Die etablierten Großorganisationen, nämlich die privatwirtschaftlichen bzw. öffentlichen Arbeitgeber und Gewerkschaften, sind in ihren vorhandenen Macht- und Interessenstrukturen fast ausschließlich darauf zentriert, die Interessen der Beschäftigten nach Reallohnsicherung zu befrieden und den traditionellen Produktions- und Erwerbsprozeß mit allen Mitteln zu verteidigen.

  Etwas spitz formuliert: Sie wollen eigentlich nur in der Rhetorik neue Arbeitsplätze, nicht aber in der Realität. In der Tarifrunde für den öffentlichen Dienst ist es in Wahrheit nie um einen einzigen neuen Arbeitsplatz gegangen. Das Band zwischen Erwerbstätigen und Erwerbslosen ist längst gerissen.
- Der individuelle Aufstand zur Reduzierung der Arbeitslosigkeit hat interessanterweise und trotz aller Prognosen über potentiellen Wertewandel in unserer Gesellschaft noch nicht stattgefunden. Vor allen Dingen verteidigen Männer ihre volle Erwerbstätigkeit mit fast unerschüttertem Unentbehrlichkeitswahn.

Für die Arbeitsmarkt- und Beschäftigungslage von Universitäts- und Fachhochschulabsolventen in den 80er Jahren wird von zentraler Bedeutung sein, daß der Staatssektor als dominantes Einmündungsfeld an Bedeutung verlieren wird. Es spricht vieles dafür, daß die Verbleibsquote von Hochschulabsolventen im öffentlichen Dienst von nahezu 70% in den 60er und frühen 70er Jahren drastisch sinken und sich bei einem Ersatzbedarf von 15% einpendeln wird, wenn nicht die Mitverantwortung des Staatssektors bei der Bewältigung der anstehenden Beschäftigungsprobleme deutlich gemacht werden kann. Die Prognosen über Eingliederungsprobleme von Absolventen tertiärer Bildungsgänge sehen in der verstärkten Aufnahme durch die Wirtschaft, in einer deutlichen Expansion des Dienstleistungssektors sowie einem Bedeutungsgewinn der freien Berufe einen Ausweg. Betont wird dabei das sehr unterschiedliche Niveau der Akademisierung: Vor allem in der privaten Wirtschaft und im Sektor der privaten Dienstleistungen werden hier große Akademisierungsspielräume vermutet. Bezogen auf die Beschäftigungsmöglichkeiten im öffentlichen Dienst wird darauf aufmerksam gemacht, daß die Akademikerquote im Bildungssektor zwar 47,7% betrage, im sonstigen Staatssektor mit 6,4% jedoch deutlich unter der des Sektors der privaten Dienstleistungen (11,6%) und der der freien Berufe (75–80%) liege. Nach *Hegelheimer* „dürfte die Entwicklung in den 80er und 90er Jahren dazu führen, daß eine tendenzielle Entzerrung der bislang noch deutlich unterschiedlichen Intensität in der Ausstattung der großen Bereiche von Wirtschaft und Gesellschaft mit Hochschulabsolventen eintritt. Der langfristige Strukturwandel der künftigen Akademikerbeschäftigung dürfte für das Verhältnis von Hochschul- und Beschäftigungssystem in der Bundesrepublik weitreichende Folgen haben, da die bislang immer noch bestehende Orientierung des deutschen Hochschulsystems auf denStaatssektor einem grundlegenden Wandlungsprozeß unterliegen wird. Die Änderung der künftigen strukturellen Rahmenbedingungen für die Einsatzmöglichkeiten von Akademikern verlangt nicht nur von den Hochschulabsolventen selbst, sondern auch vom Hochschul- und Beschäftigungssystem ein hohes Maß an Anpassungsfähigkeit und Umstellungsbereitschaft" (*Hegelheimer* 1984, 85).
Ich habe zwar einige Zweifel, ob sich der Entzerrungsprozeß so vollziehen wird, aber aufgrund des sich andeutenden generellen Strukturumbruchs scheint es notwendig, die „Formen und Entwicklungschancen unkonventioneller Beschäftigungsinitiativen" (*Hegner/Schlegelmilch* 1983) stärker zu berücksichtigen.
Wenn also der Strukturwandel der Akademikerbeschäftigung von *Hegelheimer* auch nur einigermaßen zutreffend beschrieben ist, dann bedeutet das tendenziell eine Amerikanisierung des Arbeitsmarkts auch für die Politikwissenschaftler. Bei fast geschlossenen Türen des öffentlichen und halb-öffentlichen Dienstes wäre einerseits eine massive Ausweitung des Grauzonen-Arbeitsmarkts und das Anwachsen privater Dienstleistungen unausweichlich. Was aber wissen wir vom bisherigen Verbleib der Hochschulabsolventen im Fach Politikwissenschaft, und wie steht dieser Befund zur skizzierten Entwicklung?

II. Die Verbleibsstudien

1. Wir wissen wenig . . .

Wir wissen für die Bundesrepublik wenig über den Verbleib von Politologinnen und Politologen. Empirisches Material ist streng genommen nur für Berlin vorhanden. Trotz aller Besonderheiten des Studienortes Berlin legen wir die dort ermittelten Befunde zugrunde, weil in Berlin nach wie vor mehr Abschlüsse (Diplom) zu verzeichnen sind als an allen sonstigen Hochschulen (Marburg, Hamburg etc.) zusammen.

Dieser Beitrag greift auf eine umfangreiche im Wintersemester 1980/81 durchgeführte schriftliche Befragung der Diplom-Politologen zurück, die im Zeitraum zwischen dem WS 1974/75 und dem WS 1979/80 an der Freien Universität Berlin (FUB) ihr Examen gemacht haben. Referiert werden Ergebnisse zum beruflichen Verbleib der Politologie-Absolventen, soweit sie zur konkreten Berufsfeldforschung, zur Diskussion über die Berufsrealität von Politologen und damit zur Perspektiveinschätzung politologischer Studiengänge heute beitragen können. Die Aufmerksamkeit richtet sich deutlicher als in vergleichbaren Studien auf das bisher systematisch kaum untersuchte Phänomen des sog. Grauen Arbeitsmarktes. Die Gesamtzahl des Absolventen betrug 564, von 441 konnten wir die Adressen ermitteln, 266 Fragebogen erhielten wir zurück (Rücklaufquote 57,2%).

Ausgehend von den reproduzierten Urteils- und Vorurteilsmustern bieten sich aus der traditionellen arbeitsmarkt- und bildungspolitischen Diskussion zwei Antwort-Varianten für einen möglichen empirischen Befund an: Die pessimistische Möglichkeit unterstellt, daß die große Mehrheit der Absolventen sich keine sozialwissenschaftlichen Beschäftigungsfelder mehr erschließen kann, deshalb ihre sozialwissenschaftlichen Qualifikationen überhaupt nicht oder nur noch marginal einzubringen vermag und von daher ihr Studium im Zusammenhang mit der derzeitigen Arbeits- und Lebenssituation negativ bewertet. Eine solche Variante müßte mittelfristig die Sinnhaftigkeit einer politikwissenschaftlichen Ausbildung in Frage stellen.

Die optimistische Möglichkeit unterstellt, daß sich die große Mehrheit der Absolventen nach wie vor sozialwissenschaftliche Beschäftigungsfelder erschließen kann, ihre Qualifikation einbringt und das Studium und die derzeitige Lebens- und Arbeitssituation relativ positiv bewertet. Eine solche Variante würde die politikwissenschaftliche Ausbildung – von einzelnen kleineren Korrekturen abgesehen – fortschreiben.

Daneben ist allerdings eine dritte Möglichkeit – jenseits der bisherigen – denkbar, die unterstellt, daß zwar eine erstaunlich hohe Zahl von Absolventen sozialwissenschaftliche Betätigungsfelder erschließen kann, daß real heute aber gleichzeitig eine Spaltung in *good jobs* und *bad jobs* erfolgt ist. Sie geht davon aus, daß trotzdem in relativ hohem Maße die Anwendung sozialwissenschaftlicher Qualifikation möglich wäre und die derzeitige berufliche Situation tolerabel sei, sofern sich die politikwissenschaftliche Ausbildung mehr auf einen neuen gesellschaftlichen Bedarf hin orientiert habe, der sich hinter dem Grauzonen-Arbeitsmarkt verbirgt. Die bisherigen Ausbildungsqualifikationen müßten dabei nicht aufgegeben werden.

2. Traditionelle, „graue" und „alternative" Berufsfelder

Konfrontiert mit den die öffentlichen Debatten heute prägenden Vorurteilsmustern („nutzloses Studium", „werden ohnehin arbeitslos", „produziert nur unzufriedene junge Menschen, die sich über die Wahl ihres Studienfaches im nachhinein Vorwürfe machen"), ist der empirische Befund unserer Untersuchung in mehrfacher Hinsicht überraschend: Immerhin sind 58,7% der befragten Absolventen in der Lage, die im Politologie-Studium erworbenen Qualifikationen beruflich zu nutzen, sei es in qualifikations- und statusadäquaten Beschäftigungspositionen (47%), in qualifikationsadäquaten, wenn auch statusinadäquaten Beschäftigungsbereichen (5,3%) oder bei Honorartätigkeiten (6,4%). Hinzu kommt die Nutzungsmöglichkeit bei studienfachnaher Weiterbildung (9%) oder in

Tabelle 1: Verbleibsgruppen

	n	%	Befristung/Voll-Teilzeit/ andere Differenzierung	weibl. %	männl. %
Gruppe A Sozialwissenschaft- unbefristet *A1*	43	16,2	davon 41 Voll- und 2 Teilzeit		
lich Beschäftigte Befristung					
auf akademischem 2–5 Jahre *A2*	57	21,4	davon 41 Voll- und 24 Teilzeit		
Positionsniveau, Befristung					
ausbildungsadäquat bis 2 Jahre *A3*	25	9,4	davon 8 ABM	23,2	76,8
eingesetzt	125	47,0			
Gruppe B Sozialwissenschaftlich Beschäftigte ausbildungsadäquat eingesetzt, die durch ihre Tätigkeit allein nicht ihre Reproduktion sichern können	17	6,4	Honorartätigkeiten	17,6	82,4
Gruppe C Sozialwissenschaftlich Beschäftigte im weiteren Sinne (Diplom keine Einstellungsvoraussetzung), aus- bildungsadäquat eingesetzt, nicht auf akademischen Positionsniveau	14	5,3	35,7 Vollzeit unbefristet 7,1 Teilzeit befristet 35,7 Honorartätigkeiten	14,3	78,6
Gruppe D Nicht-Sozialwissenschaftlich Beschäftigte auf akademischem Positionsniveau	12	4,5		16,7	83,3
Gruppe E Nicht Beschäftigte, in Weiter- qualifikation, Zweitstudium, Promotion	48	18,0	35,7% Promotion (Dar. o. Stip.) 18,8% Promotion (andere Finanz.) 37,5% Zweitstudium 8.3% Weiterbildung	29,2	68,8
Gruppe F Nicht ausbildungsadäquat Beschäftigte, nicht auf akademischem Positionsniveau	37	13,9	35,1% Gelegenheitsarbeiten 29,7% Vollzeit unbefristet	27,0	73,0
Gruppe G Erwerbslose (völlig ohne Tätigkeit)	13	4,9	Arbeitslose ohne weitere Finanzierung/Privatfinanzierung/ nichts/ ...		
Gesamt	266	100,0		23,7	75,6

Berufspositionen, bei denen das Politologie-Studium eine fraglos sinnvolle Ergänzung darstellt (5%). Dieses auf den ersten Blick positive Ergebnis erfährt allerdings dadurch eine starke Relativierung, daß ca. 20% von ihnen eine so labile Arbeits- und Lebensperspektive haben, daß sie von Monat zu Monat die Gefahr sehen, mit ihren beruflichen Vorstellungen radikal brechen zu müssen (Kündigung, Kurzfristigkeit der Verträge etc.).

Überraschend ist, daß die „faktische" Arbeitslosigkeit unserer Absolventen erheblich geringer ist als erwartet (4,9% Erwerbslose). Die Lebens- und Arbeitszusammenhänge verweisen darauf, daß die über die öffentliche Statistik zu Buche schlagende Arbeitslosigkeit noch lange nicht Erwerbslosigkeit, Untätigkeit bzw. Nicht-Beschäftigung bedeutet. Unsere Studie bestätigt vielmehr die seit längerem vermutete Existenz eines Grauzonen-Arbeitsmarktes für Politologen, der ganz unterschiedliche Kombinationen von teiladäquater Beschäftigung/Jobben, Werkvertrag/Arbeitslosigkeit, Honorarvertrag und Arbeit im alternativen Projekt u. a. m. produziert, d. h. aber auch: in unterschiedlichen Formen qualitativer und/oder quantitativer Unterbeschäftigung mündet. Der Umfang dieses

Tabelle 2: Berliner Politologen der Verbleibsgruppe A (Sozialwiss. Beschäftigte) nach Beschäftigungsbereichen (%-Angaben beziehen sich auf die Anzahl der Fälle in Gruppe A)

Beschäftigungsbereich	A insges.		A1		A2		A3	
	n	%	n	%	n	%	n	%
Hochschule	44	35,2	2	4,7	36	63,2	6	24,0
Forschungsinstitute	12	9,6	3	7,0	5	8,8	4	16,0
Sonstiges	1	0,8	1	2,3	–	–	–	–
Gebietskörperschaften/ öff. Verwaltung	24	19,2	11	26,6	6	10,5	4	16,0
supranationale Organisationen (EG, UNO)	3	2,4	1	2,3	–	–	2	8,0
Sonstiges	1	0,8	1	2,3	–	–	–	–
Privatwirtschaft	5	4,0	4	9,3	1	1,8	–	–
Verbände	2	1,6	1	2,3	–	–	1	4,0
Parteien	6	4,8	3	7,0	3	5,3	–	–
Gewerkschaften	3	2,4	3	7,0	–	–	–	–
halbstaatliche Organisationen (Wohlfahrtsverb., Stiftungen etc.)	6	4,8	4	9,3	1	1,8	1	4,0
Kirchen	2	1,6	1	2,3	1	1,8	–	–
Medien	9	7,2	4	9,3	2	3,5	3	12,0
Alternative/selbstverw. Projekte	6	4,8	4	9,3	–	–	2	8,0
Keine Angaben	5	4,0	–	–	2	3,5	3	12,5
	n=125		n=43		n=57		n=25	

A1: unbefristet Beschäftigte
A2: Befristung der Beschäftigung auf 2 bis 5 Jahre
A3: Befristung der Beschäftigung bis 2 Jahre

Grauen Markts im weiteren Sinne erstreckt sich bereits auf 28,3% der gesamten Beschäftigungsverhältnisse unserer Politologie-Absolventen.

Auffallend ist, daß von unseren Absolventen zumindest bis Ende der siebziger Jahre die traditionellen beschäftigungspolitischen Möglichkeiten im öffentlichen und halböffentlichen Sektor (Hochschule, Forschung, Wohlfahrtsorganisationen etc.) trotz der angespannten Finanzlage wider Erwarten gut genutzt werden konnten, während auf der anderen Seite von den Studenten als gleichfalls wichtig erachtete Berufsperspektiven (u. a. Tätigkeiten in den Gewerkschaften, in den Medien) kaum Verwirklichungschancen hatten. Auch der Selbsthilfe- und Alternativsektor im engeren Sinne spielt noch eine beschäftigungspolitisch marginale Rolle.

Erstaunlich ist schließlich der relativ hohe Grad an Zufriedenheit unserer Absolventen mit ihrer beruflichen Situation und ihrer früheren Studienentscheidung, dies auch im Vergleich mit anderen Hochschulen. Diejenigen, die ihre Qualifikation in irgendeiner Form einbringen konnten und deren Einkommenssituation einen gewissen Lebens- und Gestaltungsspielraum zuließ, beurteilen ihre Arbeits- und Lebenssituation wie ihre Studienwahl relativ positiv, auch wenn dem Studium in der Rückschau durchaus eine Reihe nicht zu übersehender Defizite (u. a. mangelnde Berufsvorbereitung, fehlende Praxiskontakte) bescheinigt werden.

Gleichwohl ist die finanzielle Situation unerträglich und weit entfernt von einem immer wieder unterstellten „Anspruchsdenken". Es wird nämlich eine Einkommensverteilung sichtbar, bei der die Erreichung des traditionellen „akademischen Einkommensniveaus" fast zur Ausnahme wird. Rund 30% der befragten Diplom-Politologen müssen mit einem Netto-Einkommen von bis zu 1000 DM auskommen; weitere 14% liegen zwischen 1000 und 1500 DM und nochmals 20% zwischen 1500 und 2000 DM. Zwei Drittel der Absolventen liegen demnach unter einem Nettoverdienst von 2000 DM.

III. Neue Lebensbalance von Erwerbsarbeit – Familie – Eigenarbeit?

Entgegen manchen – zum Teil auch unseren eigenen – Erwartungen scheinen sich nach unserer Befragung also die Berufsfelder für Politologen zumindest als flexibel in dem Sinne erwiesen zu haben, daß der traditionelle Arbeitsmarkt überraschend hoch ausgeschöpft worden ist und zusätzlich neue Formen sozialwissenschaftlicher Arbeit entstanden sind. Allerdings deuten unsere Befunde – insbesondere die Daten seit 1978/79 – unmißverständlich auch darauf hin, daß sich die beruflichen Perspektiven radikal verschlechtern. Das gilt u. a. für den Sektor der sozialwissenschaftlichen Forschung und insbesondere der Lehre, in dem die Mittelverknappung vor allem die wissenschaftliche Nachwuchsförderung massiv getroffen hat. Das gilt für den öffentlichen, halböffentlichen und kirchlichen Sektor, in dem der Stellenstop seit 1979/80 zunehmend Beschäftigungsverhältnisse auf Zeit in die Arbeitslosigkeit abdrängt. Das gilt schließlich auch für alle teilweise oder völlig über sozialstaatliche Mittel aus der Hintertür finanzierten Beschäftigungsverhältnisse, u. a. in Projekten und Arbeitszusammenhängen im Selbsthilfe- und Alternativsektor.

Der empirische Befund reizt zur Prognose. Bei aller Vorsicht sind folgende Entwicklungslinien sehr plausibel: Es spricht alles dafür, daß die traditionellen sozialwissenschaftlichen Beschäftigungsfelder (Hochschule, Forschung, Verwaltung) in Zukunft und ohne mas-

sive tarifpolitische und beschäftigungspolitische Kurskorrektur zu einem beschäftigungspolitischen Engpaß werden. Ein faktischer Einstellungsstop im öffentlichen Dienst, eine
Reduzierung der Forschungs- und Hochschulausgaben werden gerade für die jüngeren
Absolventen verheerende Folgen haben, weil zunächst die „Stellen auf Zeit" der Einspa-
rung zum Opfer fallen. Damit ist demnächst insgesamt vermutlich mehr als eine Halbie-
rung der beschäftigungspolitischen Möglichkeiten in den traditionellen Beschäftigungs-
feldern zu erwarten. Auf der anderen Seite spricht der empirische Befund unserer Studie
für die Prognose, daß Politologen auch in Zukunft nicht zu einem „Heer von Arbeitslosen" gehören werden, sondern die vielfältigen Möglichkeiten des Grauzonen-Arbeitsmarktes zu erweitern versuchen. Vieles spricht dafür, daß diese Absolventen *einen Teil*
ihrer Beschäftigung mit ihrer sozialwissenschaftlichen Qualifikation verbinden können
und von daher eine politikwissenschaftliche Ausbildung nach wie vor gerechtfertigt
werden kann. Der Grauzonen-Arbeitsmarkt belegt die These, daß ein gesellschaftlicher
Bedarf an sozialwissenschaftlicher Qualifikation durchaus nach wie vor unterstellt werden
kann. Leere öffentliche Kassen – so ließe sich überspitzt formulieren – sind ein schlechterer
Indikator für den Bedarf als der Grauzonen-Arbeitsmarkt. Die Hochschule ist in ihrer
politikwissenschaftlichen Ausbildungsfunktion auf die massive Ausweitung des Grauzonen-Arbeitsmarktes nicht vorbereitet. Sie bildet immer noch so aus, als ob sich die beschäftigungspolitische Situation seit 1973/74 und insbesondere seit 1979/80 nicht verändert hat. Die Ausbildung ist darauf ausgerichtet, daß die jungen Absolventen demnächst
eine Stelle in einem Forschungsprojekt erhalten, zum Wirtschaftsreferendariat zugelassen
werden könnten oder eine freie Mitarbeiterstelle bei einer Rundfunkanstalt bekommen. In
dem Maße, in dem die Hochschule aber ausschließlich an den traditionellen Ausbildungs-
standards festhält und die spezifischen Berufsbedingungen des Grauzonen-Arbeitsmarktes
nicht systematisch in die Ausbildung einbezieht, ist der Bruchpunkt absehbar, wo die
Mehrzahl der politikwissenschaftlichen Studentinnen und Studenten die Ausbildungspra-
xis verweigern wird oder nur noch ein ganz formales Studium betreibt. Die notwendige
Diskussion über den Zusammenhang eines Wandels des gesellschaftlichen Bedarfs und
damit verbundener möglicher neuer Berufsperspektiven und Beschäftigungsformen
wurde bisher nicht geführt.
Es gibt gute Gründe anzunehmen, daß die Hochschulen – genauer die politikwissenschaftlichen Fachbereiche – diese Entwicklung nicht genügend antizipieren. Das wissenschaftliche Personal ist zu sehr an die Reputationslogik der Institution Hochschule gebunden, als
daß auf mittlere Frist Verunsicherungen durch eine solche notwendig offen zu führende
Diskussion auf sich genommen würden. So spricht jedenfalls im Hinblick auf die Politolo-
gieausbildung einiges dafür, daß der wechselseitige Demotivierungsprozeß von Studenten und Dozenten anhält und vor allem die Studenten angesichts der zu erwartenden
Berufsperspektiven immer weniger gewillt sein werden, die sozialwissenschaftliche
Ausbildung mit ihrer persönlichen, beruflichen und politischen Perspektive zu verbinden.
Da auf absehbare Zeit aber angebots-, nachfrage- oder arbeitsumverteilungsorientierte
beschäftigungspolitische Strategien angesichts der vorhandenen Macht- und Interessens-
strukturen kaum Erfolge oder Realisierungschancen haben werden, demnach also die
Spaltung des Arbeitsmarktes und des Sozialstaates gleichermaßen produziert wird, besteht
nur die Chance der massiven Propagierung einer *neuen Lebensbalance von traditioneller
Erwerbsarbeit, Familienarbeit und Eigenarbeit.* Studentinnen und Studenten wollen sich

ohnehin nicht mehr positiv vorstellen, in einer 60-Stunden-Woche nur auf die traditionelle Erwerbsarbeit zentriert zu sein, die geschlechterspezifische Arbeitsteilung aufrechtzuerhalten und wenig Zeit für ein soziales und politisches Engagement zu haben. So gesehen nehmen Studentinnen und Studenten in ihrer Wertigkeitsvorstellung – gewollt oder erzwungen – das vorweg, um was es in Zukunft gehen sollte: Die Vollerwerbstätigkeit – vor allem der Männer! – in den verschiedensten Formen zu reduzieren, damit diejenigen, die sich von den Beschäftigten in ihrer Qualifikation oft nur durch den Geburtenjahrgang unterscheiden, entlang ihrer Qualifikationen arbeiten können, aber gleichzeitig so reduziert, daß die geschlechterspezifische Arbeitsteilung mehr und mehr aufgehoben wird und damit qualitativ eine andere Arbeits- und Lebensbalance entstehen kann.

IV. Bescheidene Ansatzpunkte: Forschung, ABM, Selbsthilfe- und Alternativsektor

Politikwissenschaftler neigen dazu, gesellschaftliche Strukturen so gründlich zu analysieren, daß die Restriktionen kaum noch irgendwelche Handlungsperspektiven zulassen. Jenseits von allen denkbaren, aber nicht sehr realistischen beschäftigungspolitischen Strategien durch gesellschaftliche Großorganisationen lassen sich sehr pragmatisch drei bescheidene Ansatzpunkte erkennen, die für Politikwissenschaftler ausweitungsfähig sind.

1. Forschung

Trotz aller Stellenkürzungen im Mittelbau-Bereich läßt sich erkennen, daß engagierte Hochschullehrer unserer Disziplin dazu übergegangen sind, durch eine intelligente Drittmittel-Akquisition über Universitäten und private Forschungsinstitute neue Arbeitsplätze zu schaffen. Nach einer sicherlich nicht vollständigen wissenschaftlichen Mitarbeiterliste der Universitäten Berlin, Konstanz, Hamburg, Hannover, Duisburg, Frankfurt, Marburg und München (jeweils Fachbereiche Politikwissenschaft) und „angehängter" privater Forschungsinstitute sind allein für diesen Ausschnitt 214 Beschäftigungspositionen auszumachen. Das ist angesichts unserer eher bescheidenen Absolventenzahlen ein nicht zu unterschätzendes Potential, das von vielen Kolleginnen und Kollegen für durchaus ausbaufähig gehalten wird. Ein lohnendes Forschungsprojekt mit guten Leuten erscheint trotz aller Sparmaßnahmen finanzierbar.

2. Selbsthilfe- und Alternativsektor

Die quantitative Ausdehnung der Selbsthilfe- und Alternativprojekte ist angesichts der beschäftigungspolitischen Perspektiven fast vorprogrammiert – als erzwungene, aber auch als bewußte persönliche, berufliche und politische Alternative." Ausgangspunkt der für Bildung und Beschäftigung relevanten Initiativen bilden die Beschäftigungskrise des letzten Jahrzehnts und darüber hinaus eine „Sinnkrise oder Bedeutungskrise gegenüber Arbeit und Beruf" (*Kaiser* 1983, 1). Beim Berufsverbleib in derartigen unkonventionellen Beschäftigungsformen handelt es sich also einerseits um erzwungene Arbeitsmarktausweichstrategien, andererseits manifestiert sich hierin eine Kritik an perspektivloser, sinnentleerter und gesundheitsraubender traditioneller beruflicher Arbeit. Dies gilt ebenfalls für die Hochschulabsolventen, für die die Mehrarbeit in Selbsthilfe- und Alternativprojekten oftmals Flucht vor oder Ersatz für die psychosozialen Kosten der entfremdeten Arbeits- und Kommunikationsrealität in der modernen fachwissenschaftlichen Forschungs- und Lernwirklichkeit und ihren beruflichen Vermarktungen ist. Es geht bei dieser Frage also nicht um die nach einem generellen Bedeutungsverlust von Arbeit und Beruf, sondern darum, ,,ob die Frage nach dem Stellenwert der Berufsrollenmuster unabhängig von der Art, dem Qualifikationsniveau und den Dispositions- und Handlungsspielräumen der Beschäftigung zu erörtern ist. Das impliziert aber etwas ganz anderes als einen Verfall von Arbeitsmoral, der vielfach beklagt wird" (*Grühn* 1984, 108). Selbst wenn im Rahmen von Expansion und Penetration nicht-staatliche Beschäftigungsbereiche zunehmend an Bedeutung für Hoch- und Fachhochschulabsolventen erlangen und die Beschäftigungskrise partiell auffangen würden, bliebe diese motivationale Auffangfunktion des Selbsthilfe- und Alternativsektors erhalten, ja sie könnte sogar an Gewicht gewinnen; ,,denn der internationale Vergleich zeigt, daß in Ländern mit bereits vollzogener, starker Bildungsexpansion ein hoher Anteil der Hochschulabsolventen in Dienstleistungsberufen auf einen mittleren Qualifikationsniveau als Verkäufer, als Büroangestellte und sogar als Arbeiter beschäftigt ist..." (*Hegelheimer* 1984, 83). Den angesprochenen Entwicklungen, neue sinnvolle Beschäftigungsformen zu initiieren, korrespondieren dabei staatliche Überlegungen und erste Experimentierprogramme, den Selbsthilfesektor unter neuen sozialstaatlichen Vorstellungen (,,kleine soziale Netze", ,,neue Subsidiarität"-Vorstellungen, die nicht zuletzt auch den neuen sozialen Bewegungen entspringen, oftmals jedoch nur den Sozialstaatsabbau und massive Einsparungen kaschieren) zu aktivieren.

Wir gehen von einer besonderen qualitativen Bedeutung der Hochschulabsolventen für die Entstehung und die Überlebensfähigkeit derartiger Projekte und Vorhaben aus. Diese Annahme stützt sich auf die Tatsache, daß erstaunlich viele Hochschulabsolventen in ,,leitenden Funktionen" tätig sind, und daß nach den bisherigen Erfahrungen über die Qualifikationsintensität in der Mehrzahl derartiger Projekte keine Zweifel bestehen: So heißt es allgemein, daß die Tätigkeiten im informellen Sektor generell ,,wenig reglementiert und daher meist arbeits- und qualifikationsintensiv" seien, und daß sich für die einzelnen ,,hieraus neue Anforderungen an ihre individuellen Kompetenzen und Verkehrsformen" (*Heinze/Olk* 1982, 15, 26) ergäben.

Dabei zeigt sich eine besondere Verschränkung von Qualifikation und Sozialisation, da innovatorisches, regel- und strukturveränderndes Handeln im Zentrum der Tätigkeiten alternativer Projekte steht. Dies kann für gesellschaftliche Innovations- und Transformationsprozesse grundlegende Bedeutung gewinnen.

Zur Zeit arbeiten in der Bundesrepublik mehr als 100000 zumeist jüngere Leute in 14000 Selbsthilfe-, Frauen- und Alternativprojekten. Das Verhältnis von selbstverwalteten Betrieben zu sozialen Dienstleistungsprojekten beträgt eins zu vier. In 4000 selbstverwalteten Betrieben sind in den letzten Jahren 24000 sehr bescheiden bezahlte Arbeitsplätze entstanden, während bei den 10000 sozialen Dienstleistungsprojekten von 80000 Mitarbeitern höchstens 15 bis 20% dort ihren Lebensunterhalt verdienen. Die selbstverwalteten Betriebe sind im verarbeitenden Gewerbe (Industrie/Handwerk), im Handel, Verkehr, in

Dienstleistungen und im Gastgewerbe angesiedelt. Die sozialen Projekte beziehen sich überwiegend auf die Bereiche Gesundheit, Jungendliche/Kinder, Drogen/Süchte und Frauen. Die Selbsthilfe- und Alternativszene ist deutlich auf die Großstädte konzentriert, und es zeigt sich ein „Nord-Süd-Gefälle alternativen Eigenarbeitens" (*Kreutz/Fröhlich/Maly* 1984, 272).

Diese ca. 40000 Arbeitsplätze mögen angesichts der Arbeitsmarktprobleme zunächst unbedeutend erscheinen. Bezieht man sie jedoch – da in ihnen überwiegend Personen unter 30 Jahren mitwirken – auf die jugendlichen Arbeitslosen, so leisten sie „durchaus einen nennenswerten Beitrag zur Milderung der Folgeprobleme von Massenarbeitslosigkeit" (*Hegner/Schlegelmilch* 1983, 32).

Bezieht man diese Ergebnisse auf den Personenkreis „Hochschulabsolventen", so wird die arbeitsmarktpolitische Bedeutung derartiger Projekte und Vorhaben noch deutlicher: Je nach Projekttyp sind 20 bis 40% der Mitarbeiter solcher Initiativen Akademiker und Studenten. Von den 40000 Arbeitsplätzen wären dann 10000–15000 – je nach Zahl der Studenten – von Akademikern besetzt – Bei einer Zahl von 70000 arbeitslosen Hochschulabsolventen eine beträchtliche Größe.

In einem weiteren Schritt könnte man noch darauf verweisen, daß die von der Arbeitsmarktkrise überproportional betroffenen Geistes- und Sozialwissenschaftler, Sozialarbeiter und Lehrer hier einen nicht unbedeutenden Ersatz- oder Ausweich-Arbeitsmarkt vorfinden bzw. sich diesen geschaffen haben. So gehören etwa zwei Drittel der Akademiker in den Projekten diesen Fachrichtungen an: 29000 arbeitslose Lehrer, Soziologen, Politologen, Psychologen und Hochschulabsolventen in sozialpflegerischen Berufen (September 1983) hätte man dann den etwa 10000 Absolventen dieser Fachrichtungen, die in Alternativ- und Selbsthilfeprojekten tätig sind, gegenüberzustellen. So sagen auch *Kreutz* u. a., die insgesamt die Arbeitsmarktentlastungseffekte zurückhaltend einschätzen, daß „für den Teilarbeitsmarkt dieser Personengruppe (. . .) die alternative Szene tatsächlich eine Entlastungsfunktion (hat)" (*Kreutz/Fröhlich/Maly* 1984, 272).

Allein für Hamburg und Berlin lassen sich – auch hier sicherlich unvollständig – in Selbsthilfe-, Frauen- und Alternativprojekten sowie deren Vernetzungsorganisationen etwa 50 Teilzeit- bzw. Vollzeitbeschäftigungspositionen ausmachen.

3. ABM

Die Aufstockung von Arbeitsbeschaffungsmaßnahmen (ABM) auf jetzt ca. 90000 in der Bundesrepublik hat die kurzfristigen Beschäftigungschancen auch für Politikwissenschaftler leicht verbessert, zumal die Beschäftigungsvoraussetzungen gelockert worden sind. Es liegt jetzt sehr an den Hochschullehrern und Absolventen, ob sie eine sinnvolle Beschäftigung innerhalb oder außerhalb der Hochschule einigermaßen intelligent begründen können („Zusätzlichkeitskriterium"), um zumindest eine kurzfristige Beschäftigungsperspektive zu entwickeln. Soweit ich sehe, wird dieses Instrument bisher viel zu wenig genutzt.

Trotz dieser bescheidenen Strategien: Eine Änderung kann nur erwartet werden, wenn die beschäftigten Politologen auch selbst sehr bewußt ihre Vollerwerbsbiographien reduzieren, um einerseits neue Arbeitsplätze zu schaffen und andererseits zum Vorreiter

einer neuen Arbeits- und Lebensbalance von Erwerbs-, Haus-, Erziehungs- und sozio-
kultureller Arbeit werden.

Eine Änderung der Situation steht zum zweiten nur zu erwarten, wenn es analog zur
Ökologie-, Frauen- und Friedensbewegung zu einem partiellen Bündnis von Arbeitslosen, von Teilen der Gewerkschaften, Grünen, SPD und Beschäftigten kommt, die mit
massiven Regelverletzungen auf mittlere Sicht eine neue Arbeitumverteilung durchsetzen.

Das bewußte Schüren der Angst vor dem politischen Faktor der Arbeitslosen scheint mir
vorerst die einzige Möglichkeit, daß die Etablierten lernen und eine Neuaufteilung der
Arbeit erfolgt.

Dieses mit Studenten und Absolventen der Politikwissenschaft wissenschaftlich und
praktisch zu verfolgen, wird vermutlich wichtiger sein als die Nieschensuche nach Arbeitsplätzen oder eine Scheindebatte um irgendwelche Studienreformen.

Literaturverzeichnis

Ebbighausen, R./Grottian, P./Grühn, D./Jakli, Z./Ost, R./Osterholz, U./Preißer, R./Sämann, U.,
    1983: Berliner Politologen auf dem Arbeitsmarkt – Suche nach einer neuen Identität?, in: Politi-
    sche Vierteljahreszeitschrift 1/83.
Freerk, C., 1979: Tätigkeitsorientierte Ausbildung von Politologen, Diss. FU Berlin.
Grottian, P./Grühn, D./Kück, M., 1984: Hochschulabsolventen im Selbsthilfe- und Alternativsek-
    tor, in: Symposion des Instituts für Arbeitsmarkt- und Berufsforschung zur Verbleibsforschung,
    Berlin (Manuskript).
Grühn, D., 1984: Sozialwissenschaftler in der Grauzone des Arbeitsmarktes, Bielefeld.
Hartung, D./Nuthmann, R./Winterhager, W. D., 1979: Politologen im Beruf. Zur Aufnahme und
    Durchsetzung neuer Qualifikationen im Beschäftigungssystem, Stuttgart.
Hegelheimer, A., 1984: Strukturwandel der Akademikerbeschäftigung, Bielefeld.
Hegner, F./Schlegelmilch, C., 1983: Formen und Entwicklungschancen unkonventioneller Beschäfti-
    gungsinitiativen, WZB-Discussion Papers IIV/LMP 83–190, Berlin.
Heinze, R. G./Olk, T.: Selbsthilfe, Eigenarbeit, Schattenwirtschaft, in: *Benseler, R./Heinze, R. G.,
    Klönne, A.* (Hrsg.), 1982: Zukunft der Arbeit, Hamburg 13–29.
Kaiser, M., 1983: Quantitative and Qualitative Aspects of ,,Alternative Employment'', in the
    Federal Republic of Germany: Empirical Results and Policy Implications, Nürnberg (Manu-
    skript).
Kaiser, M./Nuthmann, R./Stegmann (Hrsg.), 1985: Berufliche Verbleibforschung in der Diskussion
    Bd. 3, Nürnberg.
*Kreutz, H./Fröhlich, G./Maly, D., 1984: Alternative Projekte – Realistische Alternativen zur Arbeits-
    losigkeit, in: MittAB 2/267–273.*
Rentrop, G., 1978: Berufspraxis Politologen I: Besser Generalist oder Spezialist, in: Uni 11 und
    Arbeitsmarkt Politologen II: Politologe ist noch kein ,Beruf', in: Uni 12.

Die Politische Wissenschaft auf dem Prüfstand der Deutschen Forschungsgemeinschaft

Ilse Hartmann, Friedhelm Neidhardt

‚Streit um Pfründe?' – mit dieser Frage reagierte Ulrich von Alemann 1983 in einem Artikel auf die Spaltung des Politologenverbandes[1]. Die neu gegründete „Deutsche Gesellschaft für Politikwissenschaft" hatte sich beeilt, von der Deutschen Forschungsgemeinschaft als eine Berufsvereinigung anerkannt zu werden und damit das Recht zu erhalten, aus den Reihen ihrer eigenen Mitglieder Kandidaten zur Wahl als Fachgutachter zu nominieren. Die Frage, ob hiermit eine „Schlüsselposition im wissenschaftlichen Geschäft erobert" werden sollte, soll an dieser Stelle nicht zur Debatte stehen. Wir benutzen den Vorgang, um danach zu fragen, wie sich das Fach Politische Wissenschaft aus der Perspektive der DFG darstellt und ob sich dabei auch die Konflikte dieses Fachs in irgendeiner Weise bemerkbar machen.

I. Die Rolle der Deutschen Forschungsgemeinschaft und ihrer Gutachter

Die Deutsche Forschungsgemeinschaft nimmt, wenn man sich auf die Finanzierungsbelange der Hochschulforschung konzentriert, in der Tat eine herausragende Stellung ein. So kamen nach Berechnungen des Wissenschaftsrats im Jahre 1982 von den insgesamt 1,57 Milliarden DM, die die Hochschulen als sogenannte Drittmittel erhalten hatten, 51,6% von der DFG[2]. Aufschlußreich wird die Bedeutung der DFG auch durch einige Daten aus der Allensbacher Forschungsenquete belegt, die auf eine im WS 1976/77 für Hochschullehrer repräsentative Untersuchung (N=3010) zurückgeht. Auf die Frage

„Viele Forscher sind gar nicht darauf angewiesen, Mittel bei der DFG zu beantragen, weil sie auf andere Weise genug Mittel für ihre Forschungsarbeit bekommen. Trifft das für Sie auch zu, oder brauchen Sie die DFG?"

antworteten 69,7% aller Hochschullehrer, daß sie die DFG brauchen, darunter 63,6% der befragten Hochschullehrer Sozialwissenschaftlicher Fakultäten und Fachbereiche. Den Stellenwert, den die DFG für die Förderung der Grundlagenforschung auch der Politikwissenschaft hat, läßt sich bei der Beantwortung der Frage: „Haben Sie schon Anträge bei der DFG gestellt?" ablesen. Obwohl das Forschungsengagement der befragten Politikwissenschaftler mittels einer Quasi-Skala als unterdurchschnittlich eingestuft wird, hatten bis zum Befragungszeitpunkt schon 51% der Hochschullehrer (N=47) bei der DFG Mittel für Forschungsvorhaben beantragt[3].

Die verbindliche Entscheidung über die „Bewilligung oder Ablehnung von Forschungsbeihilfen" fällt in der Deutschen Forschungsgemeinschaft im Hauptausschuß, einem Gremium, das sich aus wissenschaftlichen Mitgliedern, Vertretern aus Bund und Ländern sowie des Stifterverbands zusammensetzt. Im sogenannten Normalverfahren beruht diese Entscheidung in der Regel auf dem Votum mehrerer Gutachter[4]. Sie beurteilen die wissenschaftliche Bonität und votieren für oder gegen die Förderung von Forschungsanträgen. Da dieses Votum die Mittelvergabe in starkem Maße bestimmt, kommt den Gutachtern die zwar nicht formell entscheidende, wohl aber eine zentrale Rolle in der Förderung ihrer Wissenschaftsdisziplin zu. Deshalb wird die Frage nach Auswahl, Integrität und Leistung der Gutachter bedeutungsvoll.

Unbehagen am Gutachtersystem ist durch deren Stellung selbst bedingt. So steht die DFG, obgleich als „Selbstverwaltungsorganisation der Wissenschaft" (_Zierold_ 1968, 528) konzipiert, im Schnittpunkt zwischen Wissenschaft und wissenschaftspolitischen Instanzen und muß die Ansprüche mehrerer Seiten balancieren. Sie bekommt von außen, nämlich vom Staat, Geld und muß sich dafür wissenschaftspolitisch ständig rechtfertigen. Da das Geld knapp ist, kann sie nach innen nicht nur fördern, sondern muß auch ablehnen, also frustrieren. In diesem Rahmen haben die Gutachter als Repräsentanten und ‚gatekeeper' ihrer Wissenschaftsdisziplinen eine für das Wissenschaftssystem prekäre Position inne. Ihre Argumente werden zu Voten, und deren Folgen bestimmen die materiellen Arbeitsbedingungen ihrer Kollegen und die Entwicklungschancen der Fragestellungen, Methoden und Theorien, auf die sich deren Arbeit bezieht.

Das Unbehagen an Gutachtern wird sich, so unsere Annahmen, in den Fachgebieten verschärfen, in denen das Maß an Konsensus über Fragestellungen, Theorien, Methoden und Techniken relativ gering ist, d. h. in den wissenschaftlichen Disziplinen, in denen die scientific community mehr oder weniger weit vom Zustand einer Paradigmengemeinschaft entfernt ist. Hier werden die Gutachter wegen der ihnen in ihrer Funktion als Gutachter zukommenden Allokationsbefugnisse eher dem Mißtrauen ausgesetzt sein, die eigene „Schule" im Fach zu Lasten konkurrierender „Fraktionen" zu begünstigen.

Veranschlagt man für die Sozialwissenschaften und im speziellen für die Politische Wissenschaft in diesem Sinne einen geringen Grad an Paradigmengemeinschaft[5], so bestätigen die von Allensbach erhobenen Daten unsere These in ihrer Tendenz (vgl. Tabelle 1). Unter den Hochschullehrern sozialwissenschaftlicher Fakultäten (Politische Wissenschaft/ Publizistik sind hier mit 46 Befragten enthalten) sind skeptische und kritische Meinungen zur Forschungsförderung durch die DFG etwas häufiger vorhanden als in der Hochschullehrerschaft allgemein.

Derlei Äußerungen verweisen auf – von Fach zu Fach variierende – kritische Bedingungen des Gutachtersystems, innerhalb derer die Rolle der Gutachter, ihr institutioneller Status und ihre Leistung eine genauere Untersuchung verdienen. Sind sie neutral? Welche Kriterien ziehen sie zur Begutachtung heran und welche sind für ihre Urteilsfindung relevant? In welchem Maße sind gutachterliche Stellungnahmen konsensual und ihre Voten für die letztendliche Entscheidung des Hauptausschusses ausschlaggebend? Welche Fächerunterschiede lassen sich im Hinblick auf alle diese Fragen feststellen? Was läßt sich über die Fächer aus der Perspektive der DFG lernen? Welches Bild ergibt sich für die Politikwissenschaft?

Tabelle 1: Meinungen zur Forschungsförderung durch die DFG bei Hochschullehrern 1976/1977

| | Zustimmung der Professoren in % | | | | | | | |
| | Sozialwissenschaften (N=286) | | | | Insgesamt (N=3010) | | | |
Statements	voll u. ganz	teils/ teils	nicht	k. A.	voll u. ganz	teils/ teils	nicht	k. A.
Das Genehmigungsverfahren ist zu schwerfällig, braucht zuviel Zeit	32	34	16	19	25	37	24	14
Junge Forscher haben es besonders schwer, Mittel für Ihre Projekte bewilligt zu bekommen	24	36	22	18	18	34	31	17
Die Forscher mit großem Namen bekommen alle Projekte – auch weniger gute – bewilligt	22	37	19	22	17	37	25	21
Oft werden Anträge von Konkurrenten begutachtet, die nicht neutral sind	22	39	16	23	18	37	25	20

Quelle: Allensbacher Forschungsenquete, Bd. III, Tab. 365 f.

Hierauf sollen im folgenden einige Antworten ermittelt werden, die sich aus Ergebnissen eines Projekts des Kölner Forschungsinstituts für Soziologie ableiten lassen. In diesem Projekt wurden für die Jahre 1974–1979 Projektanträge (Sachbeihilfeanträge innerhalb des sogenannten Normalverfahrens der Deutschen Forschungsgemeinschaft) aus den Fächern Politische Wissenschaft, Elektrotechnik, Psychologie und Wirtschaftstheorie sowie die sich darauf beziehenden Gutachten inhaltsanalytisch untersucht und darüber hinaus u. a. Experteninterviews mit Fachgutachtern, Fachreferenten und Mitgliedern des Hauptausschusses geführt[6].

Da in den Politischen Wissenschaften alle Fachgutachter sowie 82% aller Antragsteller und Sondergutachter ausdrücklich ihre Zustimmung zur Einsicht in die Akten und Gutachten gegeben hatten, war der Ausfall für den untersuchten Zeitraum relativ gering. Das für dieses Fach letztendlich analysierte Material von 59 Anträgen/Akten und 167 dazu erstellten Gutachten kann nach unseren Berechnungen als unverzerrt gelten.

II. Kriterien der Projektbewertung

Um die Masse der Gutachteraussagen sinnvoll sortieren zu können, haben wir ein Klassifikationsschema entwickelt, mit dem inhaltliche Dimensionen gutachterlicher Stellungnahmen vollständig erfaßt wurden. Wir protokollierten u. a. Stellungnahmen zur Qualifikation und Reputation des Antragstellers sowie Äußerungen über Qualität projektspezifischer Vorarbeiten, über die praktische und wissenschaftliche Relevanz des Forschungsprojekts, über die Qualität seiner theoretischen und methodischen Anlage, über Fragen der Machbarkeit und der Forschungsplanung sowie über die Kalkulation der Kosten. Zusätzlich haben wir diese Stellungnahmen einer 7-stufigen Skala zugeordnet, mit der

Positivität bzw. Negativität der gutachterlichen Urteile auf den jeweils zur Sprache gebrachten Beurteilungsdimensionen gemessen wurden, und im Anschluß an die Inhaltsanalyse das im Argumentationsverlauf für das Votum als ausschlaggebend erscheinende Kriterium vermerkt[7].

Tabelle 2: Inhaltliche Beurteilungsdimensionen in den Gutachten der Politischen Wissenschaft und anderer Fächer

| | *Vorkommen in %* | | | |
| | Politische Wissenschaft | | andere | |
Beurteilungsdimension	Neu- und Fortsetzungsantrage	Neuanträge	Neu- und Fortsetzungsantrage	Neuanträge
Reputation d. Antragstellers	38,0	52,0	28,0	43,0
Vorarbeiten zum Projekt	40,0	28,6	43,2	36,8
Wissenschaftliche Relevanz	53,0	62,2	34,6	44,0
Praktische Relevanz	9,8	15,3	30,0	39,6
Theoriequalität	44,4	54,1	32,4	49,0
Methodenqualität	23,5	30,6	28,7	41,5
Machbarkeit des Projekts	21,6	26,5	32,2	31,1
Forschungsplanung	35,3	25,5	36,1	38,7
Kosten	26,0	27,6	48,0	54,7
Insges. (N)	(153)	(98)	(509)	(212)

Sieht man sich zunächst die quantitativen Befunde über das Vorkommen von Beurteilungsdimensionen an (vgl. Tabelle 2), so fällt für die Gutachten der Politischen Wissenschaft auf, daß Argumente über die wissenschaftliche Relevanz von Forschungsvorhaben, über die theoretische Qualität des Antrags und über die Reputation bzw. Qualifikation des jeweiligen Antragstellers am häufigsten vorkommen. Das außerordentlich starke Gewicht dieser Kriterien fällt auch im Vergleich mit den Argumentationsinhalten der anderen untersuchten Fächer auf. Aus diesem Vergleich ergibt sich überdies, daß die relativ geringe Bedeutung methodischer und organisatorischer Aspekte der Forschung (Methodenqualität, Fragen der Machbarkeit und der Forschungsplanung) eine Besonderheit der Politischen Wissenschaft darstellt. Daß dies auch für die Kriterien Kosten und praktische Relevanz zutrifft, sollte in unserem Zusammenhang nicht überinterpretiert werden. Die beachtliche Bedeutung für praktische Relevanz ergibt sich bei den „anderen Fächern" in starkem Maße aus dem außerordentlich hohen Gewicht, das diese Dimension in der Elektrotechnik besitzt. Die geringe Berücksichtigung von Kostenfragen in der Politischen Wissenschaft dürfte sich nicht zuletzt daraus ergeben, daß das Antragvolumen in diesem Fach mit durchschnittlich DM 120000 bei einer Antragszeit von 18 Monaten relativ niedrig liegt, sich im DFG-Kontext während des untersuchten Zeitraums deshalb als wenig problematisch darstellt. Als aufschlußreiche Merkwürdigkeit des Fachs bleibt also vor allem die überdurchschnittliche Bedeutung von wissenschaftlichen Relevanz- und persönlichen Reputationsfragen sowie die unterdurchschnittliche Bedeutung von methodischen und organisatorischen Aspekten der Forschung.

Es erscheint uns als naheliegend, diese Konstellation als ein Indiz für den relativ geringen wissenschaftlichen „Reifegrad" der Politischen Wissenschaft zu deuten. Gut entwickelte Disziplinen, die sich im Kuhnschen Sinne als Paradigmengemeinschaften verstehen lassen, besitzen einen relativ hohen Konsens im Hinblick auf zentrale Fragestellungen, elementare Begriffe und etablierte Theorien. Es geht bei ihrer Forschung weniger um Konstituierungs- als um Ausbauprobleme. Entsprechend steht bei konkreten Projekten vor allem zur Diskussion, ob ihre methodische, technische und organisatorische Anlage den allgemein akzeptierten Erkenntniszielen auch entspricht. Unter diesen Bedingungen trivialisiert sich die Kritik auf eher handwerkliche Fragen (und eher wohl auch auf Kostenprobleme und – siehe „praktische Relevanz" – auf Anwendungsfragen). Mangelt es dagegen an Einverständnissen über die Grundlagen des Faches – und das scheint nun für die Politische Wissenschaft stärker als für die anderen von uns untersuchten Fächer zu gelten –, dann geraten anstelle pragmatisch entscheidbarer Bewährungsfragen fundamentale Entdeckungsprobleme in den Mittelpunkt der fachwissenschaftlichen Kommunikation. Es geht dann weniger um Richtigkeits- als um Wichtigkeitsfragen („wissenschaftliche Relevanz"). Da für deren Entscheidung häufig keine zuverlässig objektivierbaren Kriterien zur Verfügung stehen, ist es auch nicht überraschend, daß in relativ starkem Maße ein Rekurs auf Personen stattfindet („Reputation", „Qualifikation"). Auch wo allgemeine Standards knapp sind, läßt sich doch sagen, ob jemand „gut" oder doch zumindest „ausgewiesen" ist.

III. Kritik und Konsens

Drückt sich in den „typischen" Argumenten politikwissenschaftlicher Gutachten ein relativ geringer Konsolidierungsgrad des Faches aus, so ist dann auch zu erwarten, daß sich dieser Zustand in den Gutachten mit dem häufigen Vorkommen von Kritik an den jeweiligen Anträgen bemerkbar macht. Starker Dissensus im Fach müßte sich in einer besonders kritischen Attitüde seiner Gutachter ausweisen. Dies läßt sich nun in der Tat beobachten. Wenn Gutachter der Politischen Wissenschaft die wissenschaftliche Substanz der Anträge erörtern und sich über die Qualität des theoretischen Ansatzes und der veranschlagten Methode äußern, dann bringen sie überwiegend, d. h. in 70% bzw. 71% ihrer Stellungnahmen, Zweifel und Beanstandungen zur Sprache. Diese Haltung kommt auch bei Äußerungen zur Reputation bzw. Qualifikation der Antragsteller zum Ausdruck, also an einer Stelle, an der Kollegialitätsprinzipien besondere Zurückhaltung auferlegen. In immerhin 24% der Anmerkungen zur Person sind Ambivalenzen und Monita enthalten, während dergleichen in nur 11% der Gutachten anderer von uns untersuchter Fächer vorkommt.

Faßt man über Einzelheiten hinweg die Bewertungen aller insgesamt 14 inhaltsanalytischen Beurteilungsdimensionen zusammen (vgl. Tabelle 3), so bestätigt sich dieses Bild. Ausschließlich positiv beurteilte Anträge kommen in der Politischen Wissenschaft deutlich seltener vor als in den anderen untersuchten Fächern; negativ getönte Beurteilungen sind entsprechend häufiger vertreten.

Tabelle 3: Antragsbeurteilung von Gutachtern der Politischen Wissenschaft und anderer Fächer

| Fach | Antragsbeurteilung in % | | | | | |
	nur positiv	überw. positiv	gleich	überw. negativ	nur negativ	(N)
Politische Wissenschaft	28,3	10,5	30,3	11,2	19,7	153
andere Fächer	42,9	11,9	21,4	8,1	15,7	509

Es liegt nun die Annahme nahe, daß sich der in Tab. 3 zum Ausdruck kommende relativ starke Dissensus zwischen Gutachtern und Antragstellern der Politischen Wissenschaft, insofern er auf allgemeine Zustände dieses Fachs verweist, auch in einer überdurchschnittlichen Dissensusrate zwischen den Gutachtern selber bemerkbar macht. Wenn die kognitive Infrastruktur des Fachs vergleichsweise wenig konsolidiert ist, müßte sich dieser Umstand auch in Differenzen der Gutachter ausweisen.

Um diese These zu überprüfen, haben wir Votenkonsens als die jeweilige Übereinstimmung der verschiedenen – durchschnittlich drei – Gutachtervoten zu einem Antrag ermittelt. Die Voten wurden in diesem Zusammenhang als Entscheidung über die Förderungswürdigkeit des Antrags interpretiert, die in dreierlei Ausprägung vorkommen kann: als Bewilligung des Vorhabens, als Teilbewilligung mit finanzieller (und evtl. zeitlicher) Einschränkung und als Ablehnung. Als Konsensus galt dann die Wahl der gleichen Entscheidungsvariante. Entgegen unserer Annahme fanden wir in der Politischen Wissenschaft einen ähnlich hohen Gutachterkonsens wie in den anderen Fächern. In 85% aller Anträge – im Vergleich zu 86% der anderen Fächer – stimmten die Gutachter dieser Disziplin in ihren Entscheidungen über die Förderungswürdigkeit überein. Unsere Hypothese konnte in diesem Falle also nicht bestätigt werden.

Wir haben allerdings Anlaß zu der Annahme, daß uns in diesem Fall eine valide Messung nicht gelungen ist, da eine unseren inhaltlichen Annahmen fremde Variable interveniert, die wir angesichts unserer Fallzahlen statistisch nicht isolieren und kontrollieren konnten. Eine saubere Hypothesenprüfung steht also noch aus.

Der Störfaktor ergibt sich im vorliegenden Zusammenhang aus Sonderbedingungen der Gutachterzusammensetzung, die aus Verfahrensgründen konsensuserzeugend sind. Entscheidend sind die Konsequenzen, die sich aus dem Sachverhalt ergeben, daß in der Politischen Wissenschaft während des untersuchten Zeitraums entgegen den allgemeinen Mustern der DFG[8] in einem außerordentlichen Ausmaß sogenannte Sondergutachter eingespannt sind, also nicht (nur) die von der Profession gewählten Fachgutachter. Wir fanden, daß von den 167 erstellten Gutachten im Bereich der Politischen Wissenschaft fast die Hälfte, nämlich 48%, von solchen Sondergutachtern stammte – weit mehr als in den anderen nichtnaturwissenschaftlichen Fächern, die wir untersuchten (in der Wirtschaftstheorie waren 29%, in der Psychologie 16% der Gutachten von Sondergutachtern erstellt).

Die Gründe für diesen Umstand sollen an dieser Stelle weniger interessieren. Sie dürften vor allem in der Heterogenität der Forschungsrichtungen liegen, die in der Politischen Wissenschaft zusammengefaßt sind. Dieser Sachverhalt macht es wahrscheinlicher als in anderen Disziplinen, daß die spezielle Kompetenz der gewählten Fachgutachter von

Anträgen überfordert wird, so daß der Wunsch entsteht, Spezialisten, eben Sondergutachter, heranzuziehen. Wie auch immer – wichtig sind für unseren Zusammenhang die Konsequenzen. Wir nehmen an, daß Auswahl und Einsatz von Sondergutachtern den Votenkonsens in der beteiligten Gutachtergruppe erhöhen. Dies aus zwei Gründen: (a) In der Regel wird die Wahl eines Sondergutachters durch einen Fachgutachter angeregt, zumindest mit ihm abgesprochen. Auf diese Weise ist dafür gesorgt, daß der Sondergutachter ihm „paßt", von ihm anerkannt wird, vielleicht auch ausdrücklich „auf seiner Linie" liegt. (b) Sondergutachten werden einem Antrag bei dessen Umlauf beigegeben, sind also – anders als die Fachgutachten – in jedem Falle dem Fachgutachter bekannt, der anschließend votiert. Dies dürfte die Wahrscheinlichkeit von Übereinstimmungen zusätzlich erhöhen. Da in unserem Sample 66% aller ersten Gutachten der Politischen Wissenschaft Sondergutachten sind, während dies nur in 43% der anderen nichtnaturwissenschaftlichen Fächer der Fall ist, wird ein überdurchschnittlicher Anteil von Übereinstimmungen in diesem Fach auf gegenseitige Beeinflussungen zurückzuführen sein. Die aufweisbare Konsensusrate läßt sich deshalb nicht als ein valider Indikator für die Allgemeinheit von Standards und Interessen in diesem Fach deuten. Umgekehrt: Gelänge die Ausschaltung des Störfaktors, so würde der Konsensus zwischen den Gutachtern der Politischen Wissenschaft wahrscheinlich auf ein unterdurchschnittliches Niveau sinken.

IV. Dissensustoleranzen

Gutachter erfüllen ihre Aufgabe nicht schon mit einer kritischen Kommentierung vorliegender Projektannoncen, sie müssen sich am Ende für oder gegen eine Förderung von Anträgen entscheiden. Ihre Einschätzung eines Antrags muß in ein Votum über Finanzierung übersetzt werden. Damit kommen zwei unterscheidbare Kontexte ins Spiel. Neben einer akademischen Diskursebene steht ein sozialer bzw. sozioökonomischer Verteilungskontext. Die Frage ist, wie beide in tatsächlichen Entscheidungsprozessen zusammenhängen.

Anzunehmen ist, daß beide Kontexte hoch miteinander korrelieren, daß sich also Zustimmung in Förderungsempfehlung und Kritik in Ablehnung ausdrückt. Unser Material zeigt allerdings, daß sich dieser Zusammenhang nicht umstandslos ereignet und daß der Übersetzungsvorgang nicht einfach den Gesetzen der Logik folgt. Dies wird im Falle der Politischen Wissenschaft schon daran erkennbar, daß mit dem kritischen Habitus ihrer Gutachter (vgl. Tabelle 3) nicht die Tendenz einhergeht, in Förderungsbelangen übermäßig streng zu sein. Auffällig und auch merkwürdig ist, daß ihre Verteilung von Bewilligungs- und Ablehnungsentscheidungen exakt der der anderen Fächer entspricht: In 58% der Fälle empfehlen sie eine Bewilligung von Anträgen, in 20% eine Ablehnung. Der Rest der Voten verteilt sich auf Teilbewilligungen (11%) und „ohne Votum" (11%).

Wir sind den Inkonsistenzen, die sich in diesem Ergebnis ausdrücken, systematischer nachgegangen und haben für die einzelnen Fälle den Zusammenhang von Antragsbeurteilung und Förderungsvotum bestimmt; Tab. 4 gibt darüber Auskunft. Dabei zeigt sich, daß in der Politischen Wissenschaft 9,6% der Gutachten zu Entscheidungen kommen, die als inkonsistent erscheinen – mehr als in anderen Fächern, für die die Abweichungsrate nur 7,6% betrug. Als „inkonsistent" klassifizieren wir dabei Entscheidungen, die trotz ausschließlich positiver Beurteilung des Antrags nur für eine Teilbewilligung (bzw. Ablehnung) oder trotz überwiegend bzw. ausschließlich negativer Bewertung für eine Voll- bzw. Teilbewilligung votierten. Weniger überraschend, aber dennoch bemerkenswert ist, daß die Abweichungen vor allem zugunsten der Antragsteller ausfallen (in der Politischen Wissenschaft wiederum häufiger als in den anderen untersuchten Fächern). Nimmt man die 42 Gutachten, in denen ein Antrag überwiegend oder ausschließlich negativ kommentiert wurde, dann kam es in 26% der Fälle zu Inkonsistenzen, nämlich zum Vorschlag, das kritisierte Projekt ganz oder teilweise zu fördern. Im umgekehrten Fall, bei primär positiver Bewertung, lag die Inkonsistenzrate mit 5,6% wesentlich niedriger. Der Bias geht also zugunsten der Antragsteller.

Tabelle 4: Zusammenhang zwischen Antragsbeurteilung und Gutachtervotum bei Gutachtern der Politischen Wissenschaft*

| Votum | *Antragsbeurteilung in %* | | | | | Insgesamt | |
	nur positiv	überwieg. positiv	gleich	überwieg. negativ	nur negativ	N	%
Bewilligung	95,3	93,3	69,4	35,7	14,3	89	65,4
Bewilligung mit Einschränkung	4,7	6,7	22,2	21,4	7,1	16	11,8
Ablehnung	–	–	8,3	42,9	78,6	31	22,8
Insg. (N)	(43)	(15)	(36)	(14)	(28)	(136)*	

* ohne die Gutachten, die keinen Entscheidungsvorschlag enthielten.

Diese Tendenz läßt sich grundsätzlich für alle untersuchten Fächer feststellen. An anderer Stelle (Neidhardt 1986) ist darauf mit einem Rekurs auf das Kollegialitätskonzept ausführlicher Bezug genommen. Die strukturelle Basis für die in dem Gutachtenmaterial auffallende Gutachterkonzilianz liegt in der gemeinsamen Mitgliedschaft von Gutachtern und Antragstellern in Wissenschaftsdisziplinen, für die ein Minimum an kollektiven Interessen konstitutiv ist und in denen Mitglieder durch organisatorische und persönliche Netzwerke mehr oder weniger verbunden sind. Besonderes Augenmerk verdient an dieser Stelle aber der Umstand, daß in der Politischen Wissenschaft die konziliante Attitüde der Gutachter sogar etwas überdurchschnittlich oft aufkommt. Müßten nicht die bisher betonten Sachverhalte relativ starker Heterogenitäten und eines relativ geringen fachlichen Entwicklungsstandes Gegenteiliges nahelegen?
Die Erklärung des Befundes läßt sich mit dem Hinweis versuchen, daß die paradigmatische Schwäche einer Disziplin auch der Kritik ihre Sicherheit nimmt. Man mag selber von den Projekten anderer wenig halten und mangels zuverlässiger Kriterien dennoch meinen, sie sollten es in ihrem Sinne mal versuchen. Anomie erzeugt in überhöhtem Maße nicht nur Dissens, sondern auch Dissensustoleranzen, wenn nicht aus anderen Gründen soziale und wissenschaftspolitische Konflikte im Fach eskalieren. Letzteres scheint nun in der Politischen Wissenschaft trotz vollzogener Fraktionierung nicht dermaßen stark eingetreten zu sein, daß die DFG in die Auseinandersetzungen über Finanzierungsfragen einbezogen würde. Aus der Sicht der DFG stellt sich die Politische Wissenschaft eher als (etwas) anomisch denn als besonders konfliktreich dar[9]. Die Konzilianz der Gutachter ist eine Art Verlegenheit.

Es läßt sich zeigen, daß die DFG auf diesen Umstand durchaus reagiert – und zwar mit Gegensteuerungen. Die Möglichkeit dazu bietet der Sachverhalt, daß nicht die Gutachter, sondern der sogenannte Hauptausschuß der DFG über die Mittelverteilung verbindlich entscheidet. Vergleicht man nun die Entscheidungen des Hauptausschusses mit den Entscheidungsvorschlägen der Gutachter, so kommt man zu einem zunächst überraschenden Ergebnis, wenn man davon ausgeht, daß nach den Prinzipien der DFG (vgl. DFG-Vordruck 1.22, 1973) die Entscheidungen des Hauptausschusses „in der Regel allein auf dem schriftlichen Votum der Gutachter" beruhen. In 36% der auf die Politischen Wissenschaft bezogenen Entscheidungen des Hauptausschusses (vgl. Tabelle 5) kommt es zu Voten, die von den Gutachtervorschlägen abweichen – und zwar mit der Tendenz zu Restriktionen. Bei den 72 Gutachten, die nach dem Willen der Gutachter ohne Abstriche gefördert werden sollten, gab es lediglich in 51,4% der Fälle volle Zustimmung, während die Ablehnungsvorschläge der Gutachter fast ausschließlich übernommen wurden. Der Bias der Gutachter wurde auf diese Weise in der Institution selber wieder konterkariert.

Tabelle 5: Zusammenhang zwischen Gutachtervoten und Hauptausschußentscheidung für Anträge der Politischen Wissenschaft★

Hauptausschußvotum	Gutachtervoten in %				
	Bewilligung	Bewilligung mit Einschränkung	Ablehnung	Insgesamt N	%
Bewilligung	51,4	–	–	37	37
Bewilligung mit Einschränkung	47,2	100,0	5,3	44	44
Ablehnung	1,4	–	94,7	19	19
Insges. (N)	(72)	(9)	(19)	(100)	

★ Bei der folgenden Tabelle wurden diejenigen Antragsfälle herausgenommen, bei denen der Antragsteller während des Begutachtungsgangs eine mehr oder minder substantielle Veränderung im Antrag vorgenommen hat, d. h. der Hauptausschuß im Prinzip über einen anderen Antrag zu befinden hat.

Wieder ist anzumerken, daß der Sachverhalt grundsätzlich auch für die anderen Fächer gilt. Der Hauptausschuß ist eine kritische Kontrollinstanz, mit größerer Distanz zu den Antragstellern und stärkerer Orientierung an den knappen Mitteln. Auffällig ist wiederum nur, daß die Politische Wissenschaft in höherem Maße betroffen ist. Die Differenzrate zwischen den einzelnen Gutachtervoten und der Hauptausschußentscheidung ist in diesem Fach mit 36% überdurchschnittlich hoch; im Durchschnitt der anderen Fächer lag sie bei 21%.

Geht man den Interventionsbedingungen, die sich in den Hauptausschußentscheidungen ausdrücken, im einzelnen nach, so erweist sich im vorliegenden Fall als entscheidend, daß der für die Politische Wissenschaft zuständige Fachreferent der DFG, der für die Aufbereitung der Gutachtervoten für den Hauptausschuß zuständig war, außergewöhnlich aktiv war und in 31% der Antragsfälle Veränderungen, überwiegend Mittelkürzungen vorschlug. Sicher ist dieser unter Selbstverwaltungsgesichtspunkten prekäre Vorgang eine Reaktion auf die Konzilianz der Gutachter und speziell bedingt auch dadurch, daß die

Gutachter der Politischen Wissenschaft Kostenfragen außerordentlich selten überhaupt nur angesprochen haben (vgl. dazu die Daten der Tabelle 2). Insofern sind diese Interventionen durch Gutachterverhalten bedingte Gegensteuerungen. Sie bewirken auch nicht, daß die Politische Wissenschaft in der DFG im Vergleich mit vergleichbaren Fächern schlecht abschneidet. Geht man im Hinblick darauf von den beantragten Summen aus, die die Antragsteller in ihren Vorlagen einforderten, und berechnet man die Küzungen in den Einzelfällen zwischen 0% (Vollbewilligung) und 100% (Ablehnung), so ergibt sich folgendes Bild: Die Gutachter der Politischen Wissenschaft schlugen im Durchschnitt 21,3%, die der Psychologie und Wirtschaftstheorie 37% Kürzungen vor; der Hauptausschuß entschied 43,2% Kürzungen für die Anträge der Politischen Wissenschaft und 45,5% für Psychologie und Wirtschaftstheorie[10]. Am Ende gleichen sich die Eingriffe, die auf den verschiedenen Ebenen des Entscheidungsprozesses laufen, also aus. Man könnte auch sagen: Die Konzilianz der Gutachter hat sich für das Fach nicht gelohnt, aber sie hat ihm auch nicht geschadet; der Apparat hat für Paritäten gesorgt – dies alles nicht ganz im Sinne der Regeln, aber doch nicht ohne Vernunft.

Anmerkungen

1 Vgl. *Ulrich von Alemann,* in: Die Zeit, Nr. 47, 18. 11. 83.
2 Dazu ausführlich: Geschäftsstelle des Wissenschaftsrats (Hrsg.), Eckdaten zur Lage der Hochschulen Stand 1984, Manuskript 1985; Tabelle 15, 31.
3 Vgl. *E. Noelle-Neumann,* 1978, 15.
4 Vgl. DFG-Tätigkeitsberichte.
5 Diese Annahme wird unterstützt von Ergebnissen einer Expertenumfrage, die die Mannheimer Forschungsgruppe „Hochschulkapazität" Mitte der siebziger Jahre durchführte. Bei der Einschätzung von „Standardisierungs-" und „Kodifikationsgraden" rangierte die Politologie unter 11 beispielhaft ausgesuchten Disziplinen an letzter Stelle (zit. bei *Portele* 1985, 65 f.). Amerikanische Daten berichten *Beyer/Stevens* 1975, 360.
6 Wir danken der DFG für die erfahrene Kooperation bei der Durchführung der Studie sowie für finanzielle Förderung des Projekts.
7 Diese Arbeiten wurden nach gemeinsam entwickelten Operationalisierungsregeln und nach einschlägigen Codierungskontrollen von *Gisbert Binder,* M. A., durchgeführt.
8 Zu den Bearbeitungsverfahren eines Sachbeihilfeantrags im Normalverfahren heißt es in den DFG-Tätigkeitsberichten:
„Grundsätzlich nehmen zunächst zwei gewählte Gutachter unabhängig voneinander Stellung zum Antrag; der Vorsitzende des jeweiligen Ausschusses gibt ein abschließendes Votum ab. Wo es notwendig erscheint, werden zusätzlich Sondergutachter (. . .) befragt" (vgl. DFG-Tätigkeitsbericht 1976, 141).
9 Für diese These (freilich auch für die Relativität ihrer Geltung) spricht ein anderer unserer Befunde. Wir haben eingeschätzt und festgehalten, mit welcher Entschiedenheit in den Gutachten das abschließende Votum (Bewilligung – Teilbewilligung – Ablehnung) formuliert war. Im Falle der Politischen Wissenschaft fanden wir in 20% der Fälle – genau doppelt so häufig wie im Durchschnitt der anderen Fächer –, daß Gutachter Unsicherheiten und Einschränkungen hinsichtlich ihrer eigenen Empfehlung zum Ausdruck brachten.
10 Die Elektrotechnik stellt in diesem Zusammenhang einen unvergleichbaren Sonderfall dar, der an anderer Stelle behandelt werden wird.

Literaturverzeichnis

von Alemann, Ulrich, 1983: ,Streit um Pfründe', in: Die Zeit, Nr. 47, 18. Nov.

Beyer, Janice M./Stevens, John M., 1975: Unterschiede zwischen einzelnen Wissenschaften im Hinblick auf Forschungsaktivität und Produktivität, in: Sonderband 10 der Kölner Zeitschrift für Soziologie und Sozialpsychologie, Wissenschaftssoziologie, 349–374.

Neidhardt, Friedhelm, 1980: Die Deutsche Forschungsgemeinschaft als Einrichtung der Wissenschaftsförderung – Projektentwurf. Forschungsbericht 5.1 des Forschungsinstituts für Soziologie der Universität zu Köln.

Neidhardt, Friedhelm, 1983: Die DFG-Gutachter: Instanz im Förderungssystem. Beilage in „forschung", Mitteilungen der Deutschen Forschungsgemeinschaft, H. 1.

Neidhardt, Friedhelm, 1986: Kollegialität und Kontrolle – am Beispiel der Gutachter der Deutschen Forschungsgemeinschaft (DFG), in: KZfSS, 1.

Noelle-Neumann, Elisabeth, 1978: Beabsichtigte und unbeabsichtigte Einflüsse in der Forschungsförderung. Ergebnisse der Allensbacher Umfrage unter Wissenschaftlern, in: Wirtschaft und Wissenschaft, H. 4., 6–16.

Portele, Gerhard, 1985: Entfremdung bei Wissenschaftlern. Frankfurt/M.

Zierold, Kurt, 1968: Forschungsförderung in drei Epochen DFG. Geschichte. Arbeitsweise. Kommentar. Wiesbaden.

Politikwissenschaft und Politikberatung

Christine Landfried

> *Tasso:*   Erfreut die Wissenschaft, erfreut die Kunst
>   Sich seines Schutzes auch?
> *Antonio:* Er ehrt die Wissenschaft, sofern sie nutzt,
>   Den Staat regieren, Völker kennen lehrt;
>   Er schätzt die Kunst, sofern sie ziert, sein Rom
>   Verherrlicht, den Palast und Tempel
>   Zu Wunderwerken dieser Erde macht.
>   Was gelten soll, muß wirken und muß dienen.
>
> *Goethe,* Torquato Tasso

Der Zusammenhang von Wissenschaft und Macht stellt sich für das Verhältnis von Politikwissenschaft und Politik in besonderem Maße. Auch wenn dies evident scheint, so hat Michael Greven auf der Tagung der Deutschen Vereinigung für Politische Wissenschaft in Hannover 1984 die Politologen zu Recht an diese Grundfrage ihrer Disziplin erinnert. Die Probleme von Macht, Herrschaft und Legitimität, so kritisierte *Greven,* spielten in der Politikwissenschaft kaum noch eine Rolle. Er betonte den Einfluß der sozialliberalen Reformpolitik auf die Hinwendung der Politologen zur *Policy Science.* „Daß in die Konstruktion des Faches bis hin zu seinem jeweiligen theoretischen Kern politische Perspektiven im weiteren Sinne eingehen, ... wird wohl von uns allen den Erstsemestern bereits in der ‚Einführung in die Politikwissenschaft‘ erzählt; es stimmt ja auch. Wir sollten es deshalb auch dann nicht vergessen, wenn wir die Entwicklung unseres Faches in der jüngsten Geschichte zu begreifen suchen" (*Greven* 1984, 2).

Das Verhältnis von politischer Macht und Wissenschaft werden wir im 3. Teil dieses Aufsatzes unter dem Aspekt betrachten, inwieweit Politikberatung auch Kritik an der Politik beinhalten kann. Kritik im Sinne einer „Beurteilung des Verhaltens ... anderer in bezug auf bestimmte Normen. (...) Kritik setzt die Anerkennung eines möglichen Dissenses über die Interpretation einer allgemeinen Verhaltenserwartung voraus; sie impliziert die prinzipielle Anerkennung einer *Verhaltensalternative*" (*Lepsius* 1964, 83). Es wird zu prüfen sein, ob für wissenschaftliche Berater die „Deutungsmöglichkeiten" (ebd., S. 92) eines politischen Problems so sehr von den staatlichen Auftraggebern vorbestimmt sind, daß Politikberatung grundsätzlich zur „Konspiration mit den Herrschenden" wird. Auf die These, Wissenschaftler und Technokraten konspirierten mit den Herrschenden, so *Niklas Luhmann,* „könnte man zunächst die Antwort geben, die *Keynes* im Hinblick auf Bankiers gegeben haben soll: „If they only would conspire!" Oder noch besser: „If they only *could* conspire!" (*Luhmann* 1977, 17). Mit diesem Zitat von *Keynes* möchte *Luhmann* auf eine Frage hinführen, die am Anfang jeder Auseinandersetzung mit den angewandten Sozialwissenschaften stehen muß, nämlich die Frage nach der Wahrheit sozialwissenschaftlicher Erkenntnisse und dem „Nutzen" der Sozialwissenschaften für die Praxis.

I. Vom „Nutzen" der Politikwissenschaft für die Politik

Was nützt schon Politikberatung, wenn politikwissenschaftliche Analysen zu „falschen" und also für die Praxis unbrauchbaren Ergebnissen kommen? Die vernünftigere Frage wäre – darauf hat schon *Georg Henrik von Wright* in der Debatte um die Objektivität der Geschichtswissenschaft hingewiesen –, ob die Politikwissenschaft in der Lage ist, zu einem besseren Verständnis politischer Prozesse beizutragen (*v. Wright* 1974, 132). Gerade wenn man nicht der technokratischen Illusion erliegt, daß die Gesellschaft eine durch Wissenschaft und Technik regelbare Maschine sei, wird man von der Politikberatung keine „Rezepte" für *die* richtige Politik erwarten. Es kann nur darum gehen, durch wissenschaftliche Untersuchungen Politik von der Formulierung eines Programms bis zur praktischen Durchführung rationaler zu gestalten, also z. B. alternative Lösungswege zu entwickeln oder die Folgen eines Gesetzes aufzuzeigen (*Jann* 1985, 95). Die Entscheidung wird dann für den Politiker nicht einfacher, sondern schwieriger sein, weil zusätzliche Gesichtspunkte zu berücksichtigen sind. Gleichwohl wird die Entscheidung bewußter gefällt. Und so kann auch die „aufklärende Tätigkeit der Sozialwissenschaften zum Konflikt mit den gesellschaftlichen Akteuren führen, soweit Politiker und Verwaltungsbeamte nicht daran interessiert sind, ihre eigene Sichtweise des Problems korrigieren zu lassen (*Offe* 1977, 322). Aus dieser Möglichkeit zu folgern, daß der Verzicht auf Politikberatung die erfolgreichste Art der Beratung sei, und daß es statt dessen darauf ankomme, den Politikern qua Politikforschung ihre Realitätsverleugnung vorzuführen – dieser Rat *Claus Offes* scheint jedoch voreilig zu sein. Kritische Möglichkeiten werden auf diese Weise verschenkt und die Wissenschaft letztlich doch wieder auf den Elfenbeinturm verwiesen (*v. Beyme* 1984, 7). Woher will man im vorhinein wissen, daß Praktiker nicht daran interessiert sind, eine falsche Deutung der Realität zu korrigieren?

Begründet *Claus Offe* sein Plädoyer für einen Verzicht auf Politikberatung gerade mit der aufklärerischen Funktion der Sozialwissenschaften, die im Wege der Beratung verlorengehen könne, spricht *Friedrich Tenbruck* den Sozialwissenschaften eine aufklärerische Funktion überhaupt ab. Die Sozialwissenschaften könnten keinen Beitrag zur Bewältigung der sozialen Folgen des technischen Fortschritts leisten. Nach Meinung *Tenbrucks* werde übersehen, daß die Soziologie selbst eine geschichtliche Macht sei, die viele gesellschaftliche Probleme überhaupt erst schaffe. Die Sozialwissenschaften produzierten eine künstliche Wirklichkeit und redeten den Menschen ein, was ihre angeblichen Bedürfnisse seien. Wenn dann die Politik nicht in der Lage sei, diese Bedürfnisse zu erfüllen, werde wiederum die Soziologie auf den Plan gerufen, um bei der Lösung künstlich erzeugter, unlösbarer Aufgaben zu helfen. „Nach sozialwissenschaftlichen Theorien hat man ein Netz professioneller Sozialarbeit gezogen, . . . in dem nun Ratlosigkeit herrscht. (. . .) Jeder weiß, daß die Theorien und Befunde heute fraglich sind. Doch Krisengerede und Katzenjammer münden wiederum in die Forderung nach mehr Sozialwissenschaften. Kann das . . . irgendwo anders enden als bei einer Gesellschaft, die sozialwissenschaftlich völlig durchgeregelt und humanwissenschaftlich völlig betreut werden muß, weil der Mensch als Person, der selbst sein Leben zu führen gedenkt, abgeschafft worden ist?" (*Tenbruck* 1984, 246). Bei dieser Argumentation wird eine Erfahrung moderne Gesellschaften quasi weltanschaulich überhöht. Die Tatsache, daß politische Problemlösungen, die auf sozialwissenschaftlichen Untersuchungen beruhen, wiederum negative Nebenfol-

gen erzeugen können, bedeutet nicht, daß die Sozialwissenschaften aus grundsätzlichen
Erwägungen heraus nicht in der Lage seien, über die gesellschaftliche Realität aufzuklären
und stets nur künstliche Probleme erzeugten. Die Nebenfolgen des wissenschaftlich-
technischen Fortschritts sind nicht auf die Sozialwissenschaften zurückzuführen und auch
nicht von diesen „produziert", sondern existieren real. Es ist zwar richtig, daß Krisen,
Katastrophen und gesellschaftliche Fehlentwicklungen nicht mehr allein mit den „Mäch-
ten der Natur" begründet werden können. Als mögliche Fehlerquelle kommen in modernen Gesellschaften die Wissenschaften selbst in Betracht. „Die Wissenschaften werden
jetzt beim Gang in die Praxis mit ihrer eigenen objektivierten Vergangenheit und Gegenwart konfrontiert: mit sich selbst als Produkt und Produzent der Wirklichkeit und der
Probleme, die sie zu analysieren und zu bewältigen haben" (*Beck* 1982, 9). Die Wissenschaften *können* die Ursache für soziale und politische Probleme sein – die Wissenschaften
müssen jedoch nicht wie in Tenbrucks Generalangriff auf die Sozialwissenschaften grundsätzlich die Ursache für Probleme sein. Die Sozialwissenschaften bleiben auch eine
„Quelle für Problemlösungen" (*Beck* 1982, 9). Bei aller Kritik am wissenschaftlich-
technischen Fortschritt, bei aller notwendigen Entmystifizierung der Wissenschaften
wäre es ein neuer Mythos, auf das aufklärerische Potential der Sozialwissenschaften zu
verzichten. Die Folgeprobleme der Modernisierung bedürfen zu ihrer Lösung wiederum
wissenschaftlicher Theorien und Analysen. Auch Bürgerinitiativen sind auf Spezialkennt-
nisse angewiesen und lassen „Gegenexpertisen" ausarbeiten. Die Bedeutung der Wissenschaften für die verwissenschaftlichte Politik in modernen Gesellschaften hat einen realen
Kern und ist nicht auf Ideologie zu reduzieren. „So ergibt sich eine Perspektive, in der die
Entwicklung des gesellschaftlichen Systems durch die Logik des wissenschaftlich-techni-
schen Fortschritts bestimmt zu sein scheint" (*Habermas* 1968, 81). Ist diese Perspektive
wirklich nur Schein? Der Hinweis auf die Rolle von Wissenschaft und Technik ist nicht
nur propagandistischer Natur. Eine öffentliche Auseinandersetzung mit vermeintlichen,
aber auch vorhandenen Sachzwängen ist geboten, damit die Technokratie-These gerade
nicht zur „Hintergrundideologie" für die Masse der Bevölkerung wird (*Habermas* 1968,
81).

Befürchtet *Jürgen Habermas*, daß die Vorstellung von der Übermacht der Technik zu einer
„Hintergrundideologie" werde, so hält *Régis Debray* elf Jahre später die Übermacht des
Irrationalen für eine wahrscheinliche Entwicklung. „Je komplexer die Technologie, um
so einfacher die Ideologie: daher um so mächtiger. (...) Die Stufen des Anstiegs des
Irrationalen (Sekten, Magier, Gurus . . .) laufen parallel zu dem Anstieg der angewandten
Wissenschaft, dessen kompensatorischer Effekt sie damit wären. Je mehr die objektive
Welt „rationalisiert", um so mehr investiert das Individuum in das Irrationale" (*Debray*
1979, 273/274).

Beide Thesen widersprechen sich nicht: die Vorstellung, daß Wissenschaft und Technik
die Entwicklung der Gesellschaft bestimmten, kann den Aufstieg des Irrationalen in der
Bevölkerung begünstigen. Wer den Eindruck hat, den technischen Fortschritt nicht mehr
nachvollziehen zu können, gerät in Gefahr, zu resignieren und irrationalen Kräften zu
vertrauen.

Nicht nur die Bürger sind zunehmend überfordert, die wissenschaftlich-technische
Entwicklung und ihre Folgen für die Gesellschaft zu beurteilen. Auch die Abgeordneten
in den Parlamenten stehen immer häufiger vor dem Problem, politische Entscheidungen

fällen zu müssen, für die ihnen das notwendige Sachwissen fehlt. Aus diesem Grund setzte der Ausschuß für Forschung und Technologie des Deutschen Bundestages 1985 eine Enquête-Kommission „Einschätzung und Bewertung von Technikfolgen" ein. In der Begründung für die Einsetzung der Kommission heißt es: „Die Abhängigkeit aller politischen Entscheidungen von den technischen Entwicklungen verändert sich sowohl qualitativ als auch quantitativ. Die Sachzwangautomatik führt dazu, daß immer weniger Experten auf einzelnen Technik- und Politikfeldern die Entwicklung des Gemeinwesens dominieren. Demgegenüber fehlt es ... bislang an einer Institution, die dem Deutschen Bundestag in seinen vielfältig auf die Technikentwicklung Einfluß nehmenden (z. B. durch Mittelbereitstellung) und technikabhängigen (z. B. Volkszählung) Entscheidungen unabhängig informierend und beratend zur Seite steht ... Einerseits nehmen Wissenschaft und Technik Einfluß auf die Politik; andererseits werden viele wissenschaftliche und technische Entwicklungen durch politische Entscheidungen geregelt, gefördert oder auch eingeschränkt. Beide Aspekte führen zu der Forderung, daß mehr Informationen aus der Wissenschaft und Technik in den politischen Bereich einfließen, soweit sie als Grundlagen zur Vorbereitung von Entscheidungen dienen können" (BT-Drucksache 10/2937, S. 4).

Die Abgeordneten sehen also durchaus die Gefahr, daß der wissenschaftlich-technische Fortschritt zum Sachzwang für politische Entscheidungen werden kann. Die Politiker wollen – zumindest dem Selbstverständnis nach – verhindern, daß der technologische Wandel nur noch eine Angelegenheit weniger Experten wird, und eine öffentliche Diskussion über die Richtung dieses Wandels nicht mehr stattfindet.

Allen theoretischen Vorbehalten zum Trotz findet Politikberatung statt, fragen die Politiker wissenschaftlichen Sachverstand nach, schreiben Wissenschaftler Gutachten. Welche Rolle spielen dabei die Politikwissenschaftler? Eine empirische Untersuchung ist angebracht, um nicht nur auf der theoretischen Ebene die unterschiedlichen Positionen zu diskutieren. Wohl lassen sich umfassende Thesen nicht durch einzelne Beispiele aus der Praxis widerlegen. Doch müssen theoretische Positionen zur Funktion der angewandten Sozialwissenschaften sich auch an empirischen Fakten messen lassen. Zumal extreme Positionen – wie etwa die Ablehnung jeder Politikberatung aus systematischen Gründen – im Vergleich mit den USA eine Art deutscher Sonderweg zu sein scheinen.

Die deutsche Neigung zu „Theorielastigkeit" (vgl. den Beitrag von *Klaus von Beyme* in diesem Band) könnte dann auch ein Grund dafür sein, daß Politikwissenschaftler gar nicht so sehr an „Anwendung" interessiert sind, wie umgekehrt die Nachfrage seitens der Praxis durch ein Übermaß an Theorie nicht gesteigert wird. Die geringe Fluktuation zwischen politischer Praxis und Politikwissenschaft, ein weiterer Gegensatz zu den USA, könnte ebenfalls eine Ursache für die Beschäftigung der Politologen mit praxisfernen Themen sein.

Ein Praktiker aus dem Innenministerium: „Ebenso ist zu bedauern, daß der in den USA so erfolgreich praktizierte Austausch zwischen Praxis und Politikwissenschaft aus vielfältigen Gründen, nicht zuletzt aus der Starrheit des Beamtenrechts und des hochschulrechtlichen Berufungsverfahrens ... vor fast unlösbaren Aufgaben steht. Ich verkenne keineswegs, daß diese ungünstigen Ausgangsvoraussetzungen zu einer Informationsverengung führen. Für Arbeiten im Bereich von Regierung und Verwaltung braucht man mehr und andere Informationen als die offen zugänglichen. Ich sehe immer wieder, daß wissenschaftliche Beiträge oft nur auf Tageszeitungsquellen abgestützt sind. ... Die so entstandenen Arbeiten sind zu undifferenziert, als daß sie für die Praxis interessant sind." (*Lepper* 1978, 220).

II. *Politikwissenschaft und Politikberatung – eine empirische Untersuchung*

1. Politikwissenschaftler als Berater

Nach einer Umfrage vom Frühjahr 1986 unter den Mitgliedern der Deutschen Vereinigung für Politische Wissenschaft und der Deutschen Gesellschaft für Politikwissenschaft haben von 203 Politologen, die den Fragebogen ausgefüllt haben, 156 Politologen angegeben, schon einmal politische Gremien oder Organisationen beraten zu haben (Tabelle 1). *Fritz Scharpf, Thomas Ellwein, Karl Kaiser, Carl Böhret, Renate Mayntz, Werner Kaltefleiter* und *Theodor Eschenburg* gelten unter Fachkollegen als die wichtigsten Politikberater (Tabelle 2).

Tabelle 1: „Haben Sie schon einmal politische Gremien oder Organisationen beraten?"

Nein	47
Ja	156
davon:	
häufig	53
regelmäßig	49
selten	54

Tabelle 2: „Wer zählt gegenwärtig zu den wichtigsten Vertretern der Politikwissenschaft, wenn man ihre Bedeutung in der Politikberatung betrachtet?"

		Punkte
1	Scharpf	81
2	Ellwein	78
3	Kaiser	31
4	Böhret	27
5	Mayntz	25
6	Kaltefleiter	19
7	Eschenburg	12

Bepunktung: Erstrangig eingestufte 5 Punkte, zweitrangig eingestuftte 4 Punkte ... fünftrangig eingestufte 1 Punkt.

Diejenigen Politologen, die nach der Selbsteinschätzung der Fachkollegen für die Politikberatung das größte Gewicht haben, sind auch in der Praxis am häufigsten als Sachverständige in Hearings und Kommissionen vertreten. In den *Kommissionen,* die die *Bundesregierung* eingesetzt hat, arbeiteten vor allem zur Zeit der Großen Koalition und der sozialliberalen Koalition Politologen mit: *Thomas Ellwein* und *Theodor Eschenburg* in der Kommission zur Wahlrechtsreform. *Fritz Scharpf, Renate Mayntz, Frieder Naschold, Heribert*

Schatz, Carl Böhret und *Hans-Ulrich Derlien* waren Politikberater für die „Projektgruppe Regierungs- und Verwaltungsreform." In der vom Bundespräsidenten *Karl Carstens* 1982 eingesetzten Sachverständigen-Kommission zur Parteienfinanzierung war der Politologe *Heino Kaack* vertreten.

Folgende Politologen schrieben Gutachten für die „Kommission für wirtschaftlichen und sozialen Wandel": *Heribert Schatz* (Politische Planung im Regierungssystem der Bundesrepublik Deutschland), *Fritz Scharpf* (Politische Durchsetzbarkeit innerer Reformen), *Harald Eichner* (Perspektiven der Sozialpolitik), *Günther Schmid* (Steuerungssysteme des Arbeitsmarktes), *Thomas Ellwein, Ekkehard Lippert* und *Ralf Zoll* (Politische Beteiligung in der Bundesrepublik Deutschland), *Klaus-Peter Fehlau* (Bürgerinformation im politischen Willensbildungsprozeß), *Ulrich Albrecht, Claus Koch, Wolf-Dieter Narr* (Der Staat und die Steuerung der Wissenschaft), *Heinz Laufer* (Freizeitpolitik von Bund, Ländern und Gemeinden), *Frank Grube, Gerhard Richter* und *Uwe Thaysen* (Politische Planung in Parteien und Parlamentsfraktionen).

Seit der 6. Wahlperiode kann auch der *Bundestag Enquête-Kommissionen* einsetzen (§ 74 a GGO). Durchforstet man die Sachverständigenlisten aller vom Bundestag eingesetzten Kommissionen von der 6. bis zur 10. Wahlperiode, so tauchen nur zwei Politologen auf: *Fritz Scharpf* in der Enquête-Kommission zur Verfassungsreform und *Johano Strasser* in der Enquête-Kommission „Jugendprotest im demokratischen Staat". Selbst in einer Kommission, die dem Thema nach ohne sozialwissenschaftlichen Sachverstand kaum auskommen kann, in der Kommission „Neue Informations- und Kommunikationstechniken", waren ausschließlich Juristen vertreten. Anträge auf Hinzuziehung sozialwissenschaftlicher Sachverständiger wurden abgelehnt. *Wolfgang Hoffmann-Riem,* ein Mitglied dieser Kommission schreibt dazu: „Es ist nicht auszuschließen, daß befürchtet wurde, der nicht voll kontrollierbare Zugriff auf das ‚Aufklärungspotential von Wissenschaft könnte die Balance der Handhabbarkeit' gefährden" (*Hoffmann-Riem* 1986, 28).

Wie ein Blick in die Mitgliederlisten der Enquête-Kommissionen zeigt, gelten noch immer *Interessenvertreter* als Sachverständige – ein Befund, den Edgar Salin für die Weimarer Republik einmal als „deutschen Nachkriegsmißbrauch" charakterisierte (*Salin,* 1930, 147). Mitglieder der oben erwähnten Kommission für „Neue Informations- und Kommunikationstechniken" waren z. B.: 2 Juristen (*Denninger, Hoffmann-Riem*), Vertreter aus den Bereichen Presse (*Ratzke, Ricker*), Rundfunk (*v. Sell*), kommunale Kulturpolitik (*Hoffmann*) und ein Interessenvertreter der elektrotechnischen Industrie (*Gissel*).

Eine systematische Durchsicht der Mitgliederlisten aller *Sachverständigenanhörungen* in den Ausschüssen des Deutschen Bundestages steht noch aus. Nach einem ersten Eindruck dürfte sich das Bild, das durch die Kommissionen gezeichnet wird, bei den Anhörungen nicht wesentlich verändern. Selbst 1983 in der Anhörung von Sachverständigen zum Entwurf eines Gesetzes über die Neuregelung der Parteienfinanzierung – ureigenstes Thema der Politikwissenschaft – fehlte ein Politologe. Bei Anhörungen zu Fragen des Umweltschutzes oder zum Waldsterben nehmen keine Politologen teil.

Bei den ausführlichen Anhörungen im Innenausschuß im Herbst 1983 zur Frage „Waldsterben und Luftverunreinigungen" ist die Liste der Verbände, Organisationen und Sachverständigen drei Seiten lang. Die Anhörung der Interessenvertreter stand dabei eindeutig im Vordergrund. Unter den wenigen Wissenschaftlern war kein Sozialwissenschaftler. Bei einer öffentlichen Anhörung 1985 im Bundesrat zur Ergänzung des Grundgesetzes um eine Vorschrift über den Umweltschutz – ein Thema, zu dem Politikwissenschaftler durchaus etwas zu sagen haben – kamen nur Juristen zu Wort (*J. Isensee, P. Lerche, A. v. Mutius, D. Rauschning, H.-H. Rupp, H.-P. Schneider* und *R. Steiger*). Geht es um eine neues Beschäftigungsförderungsgesetz, ein Gebiet, auf dem Soziologen und Politologen viel gearbeitet haben, lädt der Ausschuß für Arbeit und Sozialordnung im März 1985 folgende Sachverständige: *Kehrmann* (DGB), *Falkenberg* (DAG), *Wisskirchen* (Bundesverband der Deutschen Arbeitgeberverbände) und die Juristen *Friauf, Löwisch, Mückenberger, Schanze* und *Wolf*. Nur *Mückenberger* hat politikwissenschaftlich gearbeitet.

Soweit einige Beispiele, die zeigen, daß Politologen als Sachverständige auch in Gebieten nicht sonderlich gefragt sind, die in ihr Fach fallen. Bei Experten für Politikberatung denken Parlamentarier zunächst an *Interessenvertreter* und dann an „anerkannte Professionen . . ., d. h. Ingenieure, Naturwissenschaftler, Ärzte, z. T. auch Ökonomen" (*Jann*, 1985, 82). Und natürlich an Juristen. Werden Politologen doch einmal als Sachverständige gefragt, wie 1985 bei der Anhörung zum Gesetzentwurf eines neues Abgeordnetengesetzes, dann beginnt der Politologe *Oberreuter* einen Beitrag mit dem Satz: „Politologen können zu allem etwas sagen, nur meistens nicht so kompetent wie Juristen"(!) (Protokoll der Anhörung im Ausschuß für Wahlprüfung, Immunität und Geschäftsordnung vom 24. 10. 1985, S. 123. Sachverständige waren: *F. Schäfer, H.-P. Schneider, G. Püttner, Th. Ellwein, F. Oberreuther, H. H. v. Arnim*).

2. Politikfelder der Beratung

Nach der oben erwähnten Umfrage unter Politikwissenschaftlern ergibt sich folgende Rangfolge der Politikbereiche, in denen Politologen als Berater tätig waren:

Tabelle 3

		Nennungen: (Mehrfachnennungen)
1	Bildungspolitik	20mal
2	Entwicklungspolitik	16mal
3	Internationale Politik	16mal
4	Außenpolitik BRD	14mal
5	Kommunalpolitik	13mal
6	Parteipolitik	13mal
7	Verwaltung	12mal
8	Forschungs- und Technologiepolitik	12mal
9	Wahlforschung	9mal
10	Europa	9mal
11	Sicherheitspolitik	9mal
12	Außenpolitik anderer Staaten	8mal
13	Arbeitsmarktpolitik	7mal
14	Städtebaupolitik	7mal
15	Umweltpolitik	7mal

Der erste Platz für die Bildungspolitik erklärt sich durch die Bildungsexpansion Ende der 60er Jahre, die auf unterschiedlichsten Ebenen Beratungsmöglichkeiten für Sozialwissenschaftler schuf. Der 1966 ins Leben gerufene Bildungsrat hat eine Reihe von Gutachten in Auftrag gegeben. Zu den Gründungsmitgliedern des Bildungsrates gehörten u. a. der Politologe *Hans Maier* und die Soziologen *Ralf Dahrendorf* und *Renate Mayntz* (*Becker* 1977, S. 99). In der Zeit der Planungseuphorie während der Großen und der sozialliberalen Koalition häuften sich politikwissenschaftliche Studien zur Verwaltung, zur Forschungs- und Technologiepolitik, zur Arbeitsmarkt- und Umweltpolitik. Erklärungsbedürftig bleibt die häufige Nennung von Entwicklungspolitik, von internationaler Politik und Außenpolitik, gelten doch Außenpolitik und internationale Politik noch immer als „Arcana Imperii" (*v. Beyme* 1984, 5). Politikberatung in diesen Bereichen findet eher auf einer informellen Ebene statt, *Karl Kaiser* als Berater des ehemaligen Bundeskanzlers Helmut Schmidt und *Werner Weidenfeld* als Berater von Helmut Kohl. Die Politologen *Dieter Senghaas* und *Uwe Nerlich* sind als Sachverständige zur SDI-Problematik im Bundestagsausschuß für Verteidigung gehört worden (Sachverständigenanhörung im Dezember 1985). Der nach 1977 eingerichtete Arbeitskreis für „Dritte-Welt-Politik" beim Auswärtigen Amt mit 35–40 Mitgliedern und einem Etat von 13 000 DM für 1984 ist eines der wenigen Gremien, bei denen man Politologen als Berater für Entwicklungspolitik vermuten kann. Der Politologe *Oberndörfer* ist Mitglied in dem für Entwicklungspolitik wichtigen wissenschaftlichen Beirat im Bundesministerium für wirtschaftliche Zusammenarbeit. Die genannten Beispiele können freilich das Ergebnis der Umfrage zu Entwicklungs-, Außen- und internationaler Politik nicht hinreichend erklären. (Für die Daten zum Arbeitskreis „Dritte-Welt-Politik" vgl. die Übersicht über Beiräte und ähnliche Beratungsgremien, 1984 vom Bundesrechnungshof zusammengestellt.)

3. Kanäle der Beratung

Neben den institutionalisierten Formen einer regelmäßigen Politikberatung durch wissenschaftliche Beiräte in den Ministerien oder durch Forschungsinstitute wie das Wissenschaftszentrum in Berlin gibt es Kommissionen und Anhörungen, in denen Sachverständige ad hoc zu einem speziellen Gegenstand ihre Kenntnisse vermitteln. Die zahlreichen Beiräte – auf Bundesebene wurden 1977 358 gezählt, 1984 kam der Rechnungshof in einer nicht ganz vergleichbaren Aufstellung sogar auf 528 – sind nicht alle für die Politikberatung von Bedeutung. Es wurde bisher nicht untersucht, in welchen Beiräten Politikwissenschaftler mitarbeiten. Auch für die Beiräte ist die starke Präsenz von Vertretern der Interessengruppen charakeristisch. Von den 854 Beratern in den Gremien des Forschungs- und Technologieministeriums kamen 1974 27% der Berater aus der Industrie, weniger als 1% von den Gewerkschaften, 46% aus den Hochschulen, 16% aus der Großforschung und 5% aus der Verwaltung (*Schmitz* et al., 1976, 141).
Der Einfluß der wissenschaftlichen Beiräte auf die Politikformulierung des jeweiligen Ministeriums verläuft *indirekt* über den „Filter" eines kleinen Kreises höherer politischer Beamter. Die Beiräte sind nach Einschätzung von *Renate Mayntz* eine Art wissenschaftlicher Dienst für jene Beamte, die aus den wissenschaftlichen Informationen und der Darstellung der Interessentenstandpunkte die Konklusionen für die Politikberatung des

Ministers ziehen. ,,These advisory bodies are mostly composed of *interest representatives* as well as *independent scientists*. They may provide some scientific information, but their main purpose is to articulate the demands and wishes of special groups and to supply situational information relevant to the development of policy proposals. There is, then, a plethora of advisory bodies and scientific consultants, but by and large they do not address the head of the ministry directly. (. . .) This lower level organizational location expresses the function attributed to these bodies: they are not intended to give political advice, but stand in a service relationship to senior civil servants" (*Mayntz* 1984, 8).

Das 1969 gegründete *Wissenschaftszentrum in Berlin* ist in der Bundesrepublik eine der wichtigsten außeruniversitären Einrichtungen für sozialwissenschaftliche Forschung und Politikberatung. Der Politologe *Fritz Scharpf* war Direktor eines der Institute des Zentrums, des Internationalen Instituts für Management und Verwaltung. Die Mitarbeiter des Instituts haben insbesondere auf dem Gebiet der Arbeitsmarktpolitik geforscht und Vorschläge für die praktische Politik formuliert. So haben beispielsweise *Fritz Scharpf* und *Ronald Schettkatt* konkrete Vorschläge zur Verkürzung der Wochenarbeitszeit mit detaillierten Modellrechnungen entwickelt. Das Institut hat 1982 eine Tagung zu den ,,institutionellen Bedingungen der Arbeitsmarkt- und Beschäftigungspolitik" mit Teilnehmern aus Wissenschaft und Praxis veranstaltet. Es nahmen u. a. die Politologen *Claus Offe, Fritz Scharpf, Günther Schmid, Wolfgang Streeck, Fritz Vilmar* und *Helmut Wollmann* teil sowie Praktiker aus dem Bundestag, den Ministerien, dem Bundeskanzleramt, der Bundesanstalt für Arbeit, den Parteien, dem DGB-Bundesvorstand und dem Deutschen Institut für Wirtschaftsforschung. Die politikberatende Tätigkeit des Instituts ist jedoch auf Kritik gestoßen, und der Senator für Wissenschaft und Forschung des Landes Berlin, *Wilhelm Kewenig,* hat 1983 eine Sachverständigenkommission mit dem Auftrag eingesetzt, Vorschläge zur künftigen Entwicklung des Wissenschaftszentrums auszuarbeiten. Die Kommission (*Nevil Johnson, Norbert Kloten, Hermann Lübbe, Franz Weinert* und *Wolfgang Zapf*) hat die Reduzierung der aktuellen Politikberatung mit folgender Begründung empfohlen: ,,Die Sozialwissenschaften in der Bundesrepublik müssen in mehrere Richtungen hin ausgebaut werden: Grundlagenforschung, angewandte Forschung, Politikberatung, Infrastruktur (Daten und Methoden). Die Erfahrung zeigt, daß diese Richtungen nicht sinnvoll innerhalb einer einzigen Institution verfolgt werden können. In der gegenwärtigen Situation . . . sollte das widersprüchliche Programm der ,,anwendungsorientierten sozialwissenschaftlichen Grundlagenforschung" nicht weiter verfolgt werden. (. . .) Die Kommission erkennt ausdrücklich an, daß es einen zunehmenden sozialwissenschaftlichen Beratungsbedarf bei Ministerien, Behörden, öffentlichen Einrichtungen und auch bei privaten Nachfragern gibt: . . . Es lassen sich aber Formen finden, die die Expertise des WZB für solche Aufgaben nutzbar machen, ohne seine Arbeit durch dauernde Auftragsarbeiten zu stören . . . Über Kooperationsbeziehungen der verschiedensten Art läßt sich die grundlagenorientierte Forschung des WZB – außerhalb des Instituts – in produktiver Weise für die Politikberatung nutzbar machen" (Empfehlungen der WZB-Beratungskommission, 1984, 14, 23).

Enquête-Kommissionen der Bundesregierung und des Bundestages sowie die Sachverständigenanhörungen in den Ausschüssen des Bundestages als weitere Kanäle der Politikberatung sind Politikwissenschaftlern nur selten zugänglich, wie wir unter Punkt 1. dargestellt haben.

Private Beratungsfirmen sind in der Bundesrepublik bisher eher ein Betätigungsfeld für den ökonomischen Sachverstand. Wir haben keine außenpolitischen Berater vom Einfluß eines *Henry Kissinger* und auch keine „Kissinger consulting firm" (Time, 17. 2. 1986). Blieben noch informelle Gremien und persönliche Kontakte zwischen Wissenschaftlern und Politikern als „Kanäle" der Politikberatung zu erwähnen, die in den USA eine nicht zu unterschätzende Rolle spielen. Für die Regierungsspitze in der Bundesrepublik – Kanzler, Minister und das Kabinett als Gruppe – sind Beratungsgremien außerhalb der Ministerien und des Bundeskanzleramtes nicht von Bedeutung. „In the German Federal Republic there are hardly any advisory staffs outside of the regular ministerial bureaucracy which serve the top executive directly. (. . .) An institution like the French ministerial cabinet is unknown in the German ministries, nor do we find here that large and ill-defined circle of personal advisers typical of their American counterparts" (*Mayntz*, 1984, 5). Dies bedeutet jedoch nicht, daß informelle Beratungsgremien und persönliche Kontakte für die Politikberatung der Parteien, der parlamentarischen Einrichtungen und der Verwaltung auf mittlerer Ebene und für einzelne Politikfelder nicht auch in der Bundesrepublik wichtige „Kanäle" der Beratung sind.

4. Adressaten der Beratung

Politologen beraten nach der Umfrage am häufigsten Parteien. Parlamentarische Einrichtungen und Regierungen auf Bundes-, Landes- oder kommunaler Ebene folgen etwa gleichrangig als Adressaten. Dies ist kein Gegenbeweis für die Erfahrung, daß Politikberatung in der Regel stärker auf die Exekutive bezogen ist (*v. Beyme* 1984, 9), sondern eher ein Indiz dafür, daß *Politikwissenschaftler* bei der Beratung der Regierungen eine geringere Rolle spielen als Juristen oder Naturwissenschaftler (vgl. Tabelle 4).

Tabelle 4: „Wer war der Adressat Ihrer Beratungstätigkeit?"
(Mehrfachnennungen)

Parteien	86
Parlamentarische Einrichtungen	83
Bundestag	35
Landtage	23
Gemeinde/Stadträte	25
Regierungen auf Bundes-, Landes- oder kommunaler Ebene	80
Verwaltung	56
Verbände	53
Sonstige	28

(Bei „Sonstige" wurden u. a. genannt: internationale Organisationen, Europaparlament, Bürgerinitiativen, Banken, Medien, Kirche.)

Für die Nachfrage nach politikwissenschaftlichem Sachverstand wie auch für den Effekt dieser Beratung spielt es eine entscheidende Rolle, welche Ausbildung die Adressaten selbst haben und ob sie die Politikwissenschaft positiv oder negativ beurteilen. Eine international vergleichende Elitenstudie, durchgeführt im Zeitraum vom 1970 bis 1974 in den USA, Großbritannien, Bundesrepublik Deutschland, Italien, Schweden, den Niederlanden und Frankreich zeigt, daß der Anteil an Juristen in Verwaltung und Parlament in der Bundesrepublik noch sehr viel höher liegt als in den anderen Ländern. 66% der Eliten in der Verwaltung und 33% der Parlamentarier sind nach dieser Studie in der Bundesrepublik Juristen, während es im Durchschnitt der untersuchten Länder nur 36% Juristen in der Verwaltung und 32% Juristen in den Parlamenten sind (*Aberbach, Putnam, Rockman* 1981, 52). Auch nach *Grottians* Analyse zum Planungsbewußtsein in der Bonner Ministerialbürokratie überwiegt bei den Planern Jura als Studienfach. Nach Bildung der Großen Koalition haben die Juristen ihren Anteil sogar noch steigern können. So waren 54,9% der Planer (Abteilungsleiter, Unterabteilungsleiter, Referatsleiter, Hilfsreferenten) Juristen, 21,5% Volkswirte, aber nur 8,6% der Planer waren in ,,anderen Studienfächern" ausgebildet (*Grottian*, 1974, 79).

Beraten läßt sich ein Verwaltungsbeamter oder ein Parlamentarier natürlich am liebsten von ,,seinesgleichen" – die Präferenz für juristischen Sachverstand ist daher in der Verwaltung stärker ausgeprägt als im Parlament. Bei einer Umfrage unter Verwaltungsbeamten nach der Verläßlichkeit von Ergebnissen verschiedener wissenschaftlicher Disziplinen, rangiert die Politikwissenschaft an letzter Stelle (*Bruder* 1980, 63). Selbst sozialwissenschaftlich ausgebildete Beamte verlieren ihre aufgeschlossene Haltung gegenüber den Sozialwissenschaften, wenn sie länger als 3 Jahre in der Ministerialorganisation tätig sind (*Bruder* 1980, 89).

Eine mit *Wolfgang Bruders* Studie vergleichbare Untersuchung zur Einschätzung und Nutzung der Sozialwissenschaften und speziell der Politikwissenschaft durch Parlamentarier gibt es bislang nicht.

5. Funktionen und Erfolg der Beratung

Es lassen sich vier Funktionen der Politikberatung unterscheiden: Problemerkennung, Interessen- und Konfliktschlichtung, Überwachung von Maßnahmen und Kontrolle innerhalb der Institution und schließlich die Legitimation bereits getroffener Entscheidungen (*v. Beyme* 1984, 8).

Auf die Frage, welche Funktionen ihre Politikberatung aus der Sicht ihrer Auftraggeber haben sollte, antworteten die Politikwissenschaftler (Mehrfachnennungen):

122mal	Problemerkennung
98mal	konkrete Ausgestaltung von Maßnahmen, Entscheidungen, Plänen usw.
32mal	Unterstützung bereits getroffener Entscheidungen
31mal	Beratung als Gegengewicht gegen Forderungen von Interessengruppen
21mal	Auftraggeber hatte keine genauen Vorstellungen
18mal	Kontrollfunktion innerhalb der Institution
14mal	Zeitgewinn.

Faßt man die Antworten entsprechend der vier Funktionen zusammen, so ergibt sich folgende Rangliste in der quantitativen Bedeutung der Funktionen der Politikberatung bei 156 Politikwissenschaftlern: 1. Problemerkennung; 2. Überwachung von Maßnahmen und Kontrolle innerhalb der Institution (98mal+18mal genannt); 3. Interessen- und Konfliktschlichtung (31mal+14mal Zeitgewinn) und 4. Legitimation (32mal).

Problemerkennung als die für den Wissenschaftler akzeptabelste Form der Beratung kommt nach der Selbsteinschätzung der Politologen auch in der Praxis am häufigsten vor. Der Einfluß dieser Art von Politikberatung auf die Politik bleibt jedoch meist gering – man denke an die zahlreichen Gutachten der „Kommission für wirtschaftlichen und sozialen Wandel". Die „Projektgruppe Regierungs- und Verwaltungsreform" hatte nur begrenzten Erfolg. Die Vorschläge der Projektgruppe zur Reorganisation wurden vor allem auf Ressortebene verwirklicht, z. B. 1973 bei der Reform des BML mit einer programmorientierten Abteilungsgliederung, einem neuen Planungsverfahren und neuen Planungseinheiten. Die Projektgruppe war da am erfolgreichsten, wo Strukturreformen in der Ministerialbürokratie schon angelegt waren oder „die Ressorts aufgrund sichtbarer Funktionsprobleme reformbereit waren . . ." (*Derlien* 1978, 83).

In den USA kam eine Untersuchung von 99 Kommissionen unter 5 Präsidenten zu dem Ergebnis, daß die Vorschläge der Kommissionen meist in Initiativen eingingen und als wichtiger Beitrag für die Politik gewertet werden können (*Wolanin* 1975, 193). Auch in der Bundesrepublik gibt es Beispiele für erfolgreiche Enquête-Kommissionen. Der „Bericht zur Neuordnung der Parteienfinanzierung", den die vom Bundespräsidenten berufene Sachverständigenkommission verfaßte, hat das Gesetz zur Neuregelung der Parteienfinanzierung wesentlich beeinflußt. Im Vorblatt zum Gesetzentwurf heißt es: „Der Gesetzentwurf setzt das Ergebnis der Kommission weitgehend um." Auch das schließlich im Dezember 1983 vom Bundestag verabschiedete Gesetz, gegen das nur die Partei DIE GRÜNEN stimmte, war im wesentlichen eine Verwirklichung der Vorschläge der Sachverständigen.

Die *Überwachungs- und Kontrollfunktion* der Politikberatung ermöglicht ein kritisches Wechselverhältnis zwischen Wissenschaftlern und Politikern im Sinne des pragmatistischen Modells von *Jürgen Habermas.* „Anstelle einer strikten Trennung zwischen den Funktionen des Sachverständigen und des Politikers tritt im pragmatistischen Modell gerade ein kritisches Wechselverhältnis, das eine ideologisch gestützte Ausübung von Herrschaft nicht etwa nur einer unzuverlässigen Legitimationsbasis entkleidet, sondern im ganzen der wissenschaftlich angeleiteten Diskussion zugänglich macht und dadurch substantiell verändert" (*Habermas,* 1968, 126) *Carl Böhret* und *Werner Hugger* beschreiben am Praxistest eines Entwurfs zu einem neuen Jugendhilfegesetz von 1974 eine Zusammenarbeit zwischen Wissenschaft und Praxis, die in ihrer Sicht dem pragmatistischen Modell nahekommt. Das BMJFG wollte einen Referentenentwurf zur Jugendhilfe auf seine wahrscheinliche Wirksamkeit testen lassen. Die geplanten Reformen, u. a. die Früherkennung gefährdeter Jugendlicher, eine qualifizierte Nachsorge durch die Jugendämter, Mitwirkungsrechte der Jugendlichen und ihrer Eltern, sollten auf ihre Verwaltungspraktikabilität geprüft werden. Beteiligt waren an dem Test das BMJFG, die kommunalen Spitzenverbände, die Jugendämter und ein Team aus Politologen, Soziologen und Verwaltungswissenschaftlern der Hochschule für Verwaltungswissenschaft Speyer. *Böhret* und *Hugger* sehen einen Haupterfolg der Politikberatung darin, daß sich die anfängliche Skepsis der Jugendämter gegen den Referentenentwurf im Laufe der Testdurchführung zu einer mehrheitlichen Zustimmung gewandelt hat (*Böhret, Hugger* 1978, 209). Inwieweit die Ergebnisse des Tests die Neufassung des Entwurfs beeinflußt haben, lassen die Wissenschaftler offen: „Nur in einer direkten Befragung des verantwortlichen Referenten wäre letztlich zu erfahren, welchen Einzelempfehlungen aus dem Abschlußbericht entsprochen wurde" (*Böhret, Hugger* 1978, 208).

An dritter Stelle der Funktionen von Politikberatung steht nach unserer Umfrage „Beratung als Gegengewicht von Interessengruppen". Schaut man in die Mitgliederlisten der Enquête-Kommissionen, der Sachverständigenanhörungen und der wissenschaftlichen Beiräte, wird die Bedeutung der *Interessenvermittlungs- und Konfliktschlichtungsfunktion* von Politikberatung bestätigt. Auch die wenigen empirischen Analysen von Beratungsprozessen betonen diesen Aspekt der Politikberatung. *Wolfang Hoffmann-Riem* und *Barbara Mettler-Meibom* kommen für den Beratungsprozeß der Enquête-Kommission „Neue Informations- und Kommunikationstechniken" zu dem Ergebnis, daß die Wissenschaft als Gegengewicht gegen die Interessenten den Kürzeren zieht. Auch wenn in dieser Enquête-Kommission keine Sozialwissenschaftler, sondern Rechtswissenschaftler mitarbeiteten, so ist sie ein Lehrstück für die Durchsetzungsfähigkeit der Interessenvertreter gegen die Vertreter der Wissenschaft (*Mettler-Meibom* 1985, 292). Die nachgeordnete Rolle der Wissenschaft wird mit einer Homogenität der Interessen von Industrie und Forschungsministerium begründet: „Die Akteure im politisch-administrativen System, die eine Steuerungsfunktion gegenüber technologischen Innovationen übernehmen sollen, d. h. in erster Linie das BMFT, sind von der gleichen ökonomisch-technischen Rationalität geleitet wie ihre Partner in der Industrie" (*Mettler-Meibom* 1985, 290). So gibt es auch bei uns Tendenzen zu einer technokratischen Weltanschauung und Wachstumsphilosophie, wie sie für die Paritätische Kommission in Österreich beschrieben wurde (*Marin* 1982, 301 ff.).

Die Suche nach Konsens und Konfliktschlichtung kann in Beratungsgremien dazu führen, bestimmte Themen nicht zu behandeln. Das aufklärerische Potential der Wissenschaft wird durch solche Frage- und Themen„verbote" zunichte gemacht. Hoffmann-Riem hält es darüber hinaus für naiv zu hoffen, Wissenschaftlicher Sachverstand könne Konflikte schlichten. „Da die meisten Konflikte eher auf unterschiedliche Interessen als auf unterschiedliche kognitive Möglichkeiten verweisen dürften, wäre auch die Hoffnung verfehlt, Sachverstand oder gar Wissenschaft könnten die Konflikte auflösen" (Hoffmann-Riem, 1986, 54).

Wahrheitsfindung als Zielbestimmung der Wissenschaft geht verloren, wenn wissenschaftliche Expertise der nachträglichen *Legitimation* bereits gefallener Entscheidungen dient. Das „Wissenschaftliche Gutachten über die Förderungstätigkeit der Deutschen Gesellschaft für Friedens- und Konfliktforschung" eines Politologen hatte die Aufgabe, den Austritt Bayerns und anderer CDU-Länder aus der Gesellschaft für Friedens- und Konfliktforschung zu begründen (*Arndt* 1981). In der Tat: „So unverhüllt machtpolitisch geht es im Feld der wissenschaftlichen Informationsbeschaffung nur selten zu" (*v. Beyme* 1984, 12). Doch auch die häufige Nennung der Legitimation als Funktion der Politikberatung in der Umfrage gibt zu denken.

III. Kritik und Politikberatung

Politologen spielen bisher bei der Beratung von Politikern keine entscheidende Rolle – so ließe sich das Ergebnis der Untersuchung auf einen kurzen Nenner bringen. „Sachverständige" sind in erster Linie Interessenvertreter, und den wissenschaftlichen Sachverstand repräsentieren Juristen, Naturwissenschaftler und Ökonomen. Doch gilt es zu beachten, daß die praktische Relevanz der Politikwissenschaft in einem *„längerfristigen Prozeß* der Aufklärung" besteht, „in der Bereitstellung von Konzepten und Denkschemata, mit denen die Realität geordnet wird" (*Jann* 1985, 99/100). Empirische Untersuchungen sollten daher gerade diese langfristigen Wirkungen einbeziehen und verstärkt die Verwissenschaftlichung der politischen und administrativen Elite selbst zum Thema machen. Wenn Politologen im Parlament, den Parteien, den Verbänden oder im Bundeskanzleramt arbeiten, beeinflußt auch auf diese Weise die Wissenschaft die Politik, und die Nachfrage und Nutzung sozialwissenschaftlichen Wissens durch Praktiker verändert sich.

Zugleich müßte die Bedeutung politikwissenschaftlicher Beratung stärker nach den einzelnen *Phasen des Politikprozesses* differenziert werden. Die Möglichkeiten der Politologen, durch Problemerkennung in der Phase der Programmformulierung an der Politik mitzuwirken stehen der „Nichtbeteiligung der Wissenschaft bei der Implementierung von Reformen" (*Mayntz* 1978, 45) gegenüber.

Insbesondere aber sind *inhaltliche Analysen zu einzelnen Beratungsprozessen* notwendig. Erst auf der Basis solcher Analysen ließe sich unsere Ausgangsfrage nach dem Verhältnis von politischer Macht und Wissenschaft beantworten. Soweit es inhaltliche Untersuchungen gibt, legen die Ergebnisse die Vermutung nahe, daß Wissenschaftler im Beratungsprozeß der Macht von Interessenvertretern und Bürokratie unterliegen. Auch wenn nach der Umfrage unter Politikwissenschaftlern die Beratung aus der Sicht der Auftraggeber am häufigsten die Funktion der Problemerkennung haben sollte, so stellt sich die Frage, ob die Beratung diese Funktion in der Praxis behält. Die Erfahrungen, die der Jurist *Hoffmann-Riem* mit der Arbeit in der Enquête-Kommission für „Neue Informations- und Kommunikationstechniken" schildert, sind für die Chancen einer kritischen Politikberatung wenig ermutigend. Kritik im Sinne der Anerkennung einer *„Verhaltensalternative"* (*Lepsius* 1964, 83) war in der Kommission nicht möglich. „Die Vielfalt und Divergenz der (...) personell vertretenen Positionen war kleiner als in den politischen Parteien des Bundestages oder gar in der bundesdeutschen Gesellschaft insgesamt. So waren (...) die Vertreter einer ökologisch orientierten Wachstumsskepsis nicht vertreten. (...) Eine Gelegenheit, die gesellschaftspolitischen Prioritäten anders zu setzen und den Möglichkeitskatalog der Politik zu verändern, hat es daher von vornherein nicht gegeben" (*Hoffmann-Riem,* 1986, 13). Auch in der Kommission zur Parteienfinanzierung fehlten grundsätzliche Gegenmeinungen zu einer steuerrechtlichen Gleichstellung der Parteien mit gemeinnützigen Organisationen. Das von *Renn* entwickelte „sozial-integrative" Modell der Politikberatung (*Renn* 1985, 127) müßte in diesen Fällen schon daran scheitern, daß die „volle Bandbreite des vorhandenen Dissenses" (*Renn* 1985, 130) nicht repräsentiert und auch nicht erwünscht war.

Die mangelnde Beteiligung der *Öffentlichkeit* an Beratungsprozessen ist eine weitere Erfahrung, die einer kritischen Funktion der Politikberatung im Wege steht. Eine öffentliche Diskussion z. B. technologiepolitischer Entwicklungen kann nicht darin bestehen, daß

Politiker nachträglich versuchen, längst gefallene Entscheidungen durch bloße Öffentlichkeitsarbeit populär zu machen. „Als mündig könnte sich eine verwissenschaftlichte Gesellschaft nur in dem Maße konstituieren, in dem Wissenschaft und Technik durch die Köpfe der Menschen hindurch mit der Lebenspraxis vermittelt würden" (*Habermas* 1968, 144).

Ob sich die Chancen für Kritik durch Politikberatung in *Krisensituationen* verbessern oder verschlechtern, ist offen. Wohl gibt es Anzeichen dafür, daß Politiker in Krisenzeiten verstärkt sozialwissenschaftliche Informationen nachfragen (*Rich* 1981, 132). Es ist jedoch ungeklärt, inwieweit das Betätigungsfeld für Beratungswissenschaften in Krisen „ergiebiger" wird (*Offe* 1977, 325), will man unter „ergiebiger" nicht die reine Vermehrung eines kurzatmigen Krisenmanagements mit Hilfe der Wissenschaften verstehen. Die Erfahrung der Wirtschaftskrise von 1930 zeigt, daß wissenschaftliche Analysen von Außenseitern und Gegenexpertisen in der schwierigen politischen Situation von 1930 ohne Einfluß auf die politischen Akteure blieben (*Landfried* 1976, 172). Gerade in Krisen scheinen Politiker an traditionellen Denk- und Verhaltensweisen festzuhalten. Da es aber ein Kriterium für kritische Politikberatung ist, daß für die wissenschaftlichen Berater die *„Deutungsmöglichkeiten"* (*Lepsius* 1964, 92) eines politischen Problems nicht von den staatlichen Auftraggebern vorgegeben sind, könnten Krisen eine Kritik der Wissenschaftler qua Beratung gerade verhindern.

Literaturverzeichnis

Aberbach, Joel, Putnam, Robert, Rockman, Bert, 1981: Bureaucrats & Politicians in Western Democracies. Cambridge, Harvard University Press.
Badura, Bernhard, (Hrsg.), 1976: Seminar: Angewandte Sozialforschung. Frankfurt, Suhrkamp Taschenbuch Wissenschaft.
Beck, Ulrich (Hrsg.), 1982: Soziologie und Praxis, Göttingen, Verlag Otto Schwartz.
Becker, Hellmut, 1977: Beitrag und Einfluß der Bildungsforschung auf die Bildungsarbeit, in: Wissenschaftszentrum Berlin (Hrsg.), in: Interaktion von Wissenschaft und Politik, Frankfurt, Campus.
Beyme, Klaus von, 1984: Politische Kybernetik? Politik und wissenschaftliche Information der Politiker in modernen Industriegesellschaften, in: Journal für Sozialforschung, Heft 1, S. 3–16.
Böhret, Carl, (Hrsg.), 1978: Verwaltungsreformen und Politische Wissenschaft. Baden-Baden, Nomos.
Bruder, Wolfgang, 1980: Sozialwissenschaften und Politikberatung. Opladen, Westdeutscher Verlag.
Debray, Régis, 1981: „Voltaire verhaftet man nicht!" Die Intellektuellen und die Macht in Frankreich. Köln, Edition Maschke.
Greven, Michael, 1985: Macht, Herrschaft und Legitimität. Eine Erinnerung der Politologen an die Grundfragen ihrer Disziplin (Manuskript).
Grottian, Peter, 1974: Strukturprobleme staatlicher Planung. Hamburg, Hoffmann & Campe.
Habermas, Jürgen, 1968: Technik und Wissenschaft als Ideologie. Frankfurt, Edition Suhrkamp.
Hoffmann-Riem, Wolfgang, 1986: Sachverstand: Verwendungstauglich? Eine Fallanalyse zur Politikberatung im Rahmen der Enquête-Kommission „Neue Informations- und Kommunikationstechniken." Erscheint im Jahrbuch für Rechtssoziologie und Rechtstheorie.
Jann, Werner, 1985: Policy-Forschung als angewandte Sozialforschung. in: *Helmut Klages* (Hrsg.): Arbeitsperspektiven angewandter Sozialwissenschaft. Opladen, Westdeutscher Verlag, S. 64–112.

Klages, Helmut, (Hrsg.), 1985: Arbeitsperspektiven angewandter Sozialforschung. Opladen, Westdeutscher Verlag.

Landfried, Christine, 1976: Wissenschaft und Politik in der Krise um 1930 in Deutschland, in: *Badura, Bernhard* (Hrsg.): Seminar: Angewandte Sozialforschung. Frankfurt, Suhrkamp Taschenbuch Wissenschaft, S. 151–183.

Lepper, Manfred, 1978: Die Rolle der Politikwissenschaft bei Verwaltungsreformen – aus der Sicht der Praxis, in: *Böhret, Carl* (Hrsg.): Verwaltungsreformen und Politische Wissenschaft. Baden-Baden, Nomos, S. 217–223.

Lepsius, M. Rainer, 1964: Kritik als Beruf. Zur Soziologie der Intellektuellen, in: KZfSS, S. 75–91.

Luhmann, Niklas, 1977: Theoretische und praktische Probleme der anwendungsbezogenen Sozialwissenschaften, in: Wissenschaftszentrum Berlin (Hrsg.): Interaktion von Wissenschaft und Politik. Frankfurt, Campus, S. 16–40.

Marin, Bernd, 1982: Die Paritätische Kommission. Aufgeklärter Technokorporatismus in Österreich. Wien, Internationale Publikationen Gesellschaft.

Mayntz, Renate, 1984: Policy Advice and Decision-Taking at the Top of government – The German Case (Manuskript).

Dies., 1978: Zur Nichtbeteiligung der Wissenschaft bei der Implementierung von Reformen, in: *Böhret, Carl* (Hrsg.): Verwaltungsreformen und Politische Wissenschaft. Baden-Baden, Nomos, S. 45–53.

Mettler-Meibom, Barbara, 1985: Bedeutung der Sozialwissenschaften bei der Einführung von Großtechnologien am Beispiel der Breitbandtechnologie, in: *Klages, Helmut* (Hrsg.): Arbeitsperspektiven angewandter Sozialwissenschaft. Opladen, Westdeutscher Verlag, S. 267–301.

Offe, Claus, 1977: Die kritische Funktion der Sozialwissenschaften, in: Wissenschaftszentrum Berlin (Hrsg.): Interaktion von Wissenschaft und Politik. Frankfurt, Campus, S. 321–331.

Renn, Ortwin, 1985: Wissenschaftliche Politikberatung im Spannungsfeld von Wertwandel und Legitimationskrise, in: *Klages, Helmut* (Hrsg.): Arbeitsperspektiven angewandter Sozialwissenschaft. Opladen, Westdeutscher Verlag, S. 112–115.

Rich, Robert, 1981: Social Science Information and Public Policy Making. San Francisco, Washington, London, Jossey-Bass Publishers.

Salin, Edgar, 1930: Die deutschen Tribute. Zwölf Reden, Berlin, Hobbing.

Scharpf, Fritz, et al. (Hrsg.): 1982, Aktive Arbeitsmarktpolitik. Frankfurt, Campus.

Schmitz, Karl, et al., 1976: Der Staat und die Steuerung der Wissenschaft. Göttingen, Verlag Otto Schwartz.

Schuppert, Gunnar F., 1981: Die Erfüllung öffentlicher Aufgaben durch verselbständigte Verwaltungseinheiten. Göttingen, Verlag Otto Schwartz.

Tenbruck, Friedrich, 1984: Die unbewältigten Sozialwissenschaften oder Die Abschaffung des Menschen. Graz, Wien, Köln, Styria.

Wolanin, Thomas, 1975: Presidential Advisory Commissions. Wisconsin, University of Wisconsin Press.

Wissenschaftszentrum Berlin (Hrsg.), 1977: Interaktion von Wissenschaft und Politik. Berlin, Campus.

Wright, Georg Henrik v., 1974: Erklären und Verstehen. Frankfurt, Fischer Athenäum.

II. „The State of the Discipline"

Trendreports aus den Forschungsgebieten

Politische Theorie.
Entwicklung und gegenwärtiges Erscheinungsbild

Jürgen W. Falter und *Gerhard Göhler*
unter Mitarbeit von *Achim von Malotki* und *Jürgen Winkler*

1. Definitions- und Zuordnungsprobleme

Ein Überblick über die Politische Theorie kann, wie prinzipiell jeder Überblick, mehr intuitiv-qualifizierend oder mehr neutral quantifizierend sein. Im ersten Fall wird man besondere Leistungen herausheben (*v. Beyme* 1984 b), im zweiten Fall eher die Breite dokumentieren, in beiden Fällen aber auch zu Trendanalysen gelangen. Wir gehen hier quantifizierend vor und charakterisieren die Politische Theorie in Deutschland vermittels einer Inhaltsanalyse deutschsprachiger Fachzeitschriften, um Entwicklungen, Schwerpunkte und Schwerpunktverlagerungen aufzuzeigen. Die Inhaltsanalyse soll nicht einen besonders exklusiven Objektivitätsanspruch demonstrieren; sie erscheint uns vielmehr als der angemessenste Zugang, um mit der Politischen Theorie einen Bereich zu erfassen, der sich außerordentlich diffus darstellt und in hohem Maße durch Kontroverspositionen geprägt ist.
„Politische Theorie" ist zwar eine anscheinend festgefügte Disziplin im Fach Politikwissenschaft, aber es ist nicht leicht zu sagen, worum es sich dabei genauer handelt. Wie läßt sich in der Politikwissenschaft eine Spezialdisziplin „Politische Theorie" herausheben, wenn es die Politikwissenschaft doch allemal mit Theorien zu tun hat? Das ist der Anspruch spätestens seit *Popper,* dem sich auch die Sozialwissenschaften – zumindest verbaliter – nicht mehr zu entziehen wagen. Wenn es „theoretischer" wird in der wissenschaftlichen Theoriebildung, mag diese wohl in „Politische Theorie" übergehen, aber dies ist ebensowenig geklärt wie manch andere Probleme mit der Politischen Theorie: so die seit dem „Positivismusstreit" erhobene Forderung, man solle statt Politischer Theorie vielmehr Gesellschaftstheorie betreiben[1], oder die bohrende Frage, welchen Sinn es heutzutage noch mache, sich mit politischer Ideengeschichte zu befassen[2]. So scheint ein Überblick über Politische Theorie in besonderem Maße der Gefahr zu unterliegen, Schwerpunkte einseitig zu setzen und Wichtiges auszulassen, nur weil es der eigenen Intention von Politischer Theorie nicht entspricht. Das neueste amerikanische Vorbild, den „state of the art" zu bestimmen (*Finifter* 1983), zeigt nicht zuletzt auch die Schwierigkeit, zu einem angemessenen Verständnis von Politischer Theorie zu gelangen[3]. Ein quantifizierender Überblick bietet da einige Vorteile. Zwar setzt auch die Auswahl der Auswertungskategorien ein bestimmtes Vorverständnis von Politischer Theorie voraus, zwingt aber gleichzeitig dazu, dieses möglichst breit anzulegen, um zu erfassen, was alles von anderen Autoren als „Politische Theorie" angeboten wird, wenn es dem Eigenverständnis des Inhaltsanalytikers nach nicht dazugehören sollte. Die Kategorien erlauben es überdies dem Leser, aus den Daten seine eigenen Schlüsse zu ziehen.

In vielen Fällen ist die Zuordnung unproblematisch. Niemand wird ernsthaft in Abrede stellen, daß große Kontroversen der 70er Jahre wie Legitimationsdebatte, Staatsdiskussion oder die demokratietheoretischen Auseinandersetzungen zur Politischen Theorie gehören. In anderen Fällen wird es schwieriger. Handelt es sich bei allgemeineren sozialwissenschaftlichen Themen wie etwa dem „Positivismusstreit" in den 60er Jahren oder der Habermas-Luhmann-Debatte Anfang der 70er Jahre, wenn sie auch von Vertretern der Politikwissenschaft aufgenommen wurden, bereits um *Politische* Theorie? Und umgekehrt: Handelt es sich bei Theorien des Wählerverhaltens oder bei der (Neo-)Korporatismus-Diskussion bereits um Politische *Theorie?* Die erste Frage läßt sich pragmatisch lösen. Da im Gegensatz zur amerikanischen die deutsche Politikwissenschaft trotz ihrer interdisziplinären Aspekte (negativer ausgedrückt: trotz der meist von außen kommenden theoretischen Impulse) die politikrelevanten Diskussionen vornehmlich im eigenen Fach, zumindest durch die eigenen Fachvertreter führt – ein Themenschwerpunkt „Politikbegriffe" in den *Neuen Heften für Philosophie* (*Bubner* u. a. 1982) ist eher die Ausnahme –, bedarf es hier keiner Unterscheidung in „interdisziplinäre" und „disziplinäre" Politische Theorie[4]. Man kann davon ausgehen, daß diese Themen, wenn in politikwissenschaftlichen Fachzeitschriften (oder Reihen[5]) behandelt, zur Politischen Theorie gehören. Die zweite Frage wirft schwierigere Probleme auf.

Um anzugeben, welche Arbeiten für eine Zuordnung zur Politischen Theorie die entsprechende theoretische Relevanz besitzen, kommt man um eine Definition von Politischer Theorie nicht herum, wie vorläufig und weitgefaßt auch immer sie sein mag. Einschlägige Darstellungen, die hier eigentlich Klarheit verschaffen müßten, tun sich da freilich schwer. Von deutschsprachigen Lexika zur Politikwissenschaft enthält nur *Nohlen/Schultze* 1985 ein eigenes Stichwort „Politische Theorie", gibt aber keine Definition oder Aufgabenbeschreibung; eine solche findet sich lediglich bei *Fraenkel/Bracher* 1964, zwar ohne eigenes Stichwort, aber immerhin wenigstens ganz am Ende des Stichworts „Politikwissenschaft"[6]. Politische Theorie soll den Studenten in die Geschichte der politischen Ideen einführen, um ihn mit den großen politischen Ordnungskonzeptionen vertraut zu machen; sie soll zudem durch theoretische Generalisierungen und die Frage nach dem Bezug der politischen Ordnung zum Daseinssinn des Menschen die einzelnen Spezialdisziplinen der Politikwissenschaft miteinander verklammern – eine Aufgabenstellung, die von der Freiburger Schule und dem normativ-ontologischen Theoriebegriff her geläufig ist (*Bergstraesser* 1957/58; *Voegelin* 1959; *Schwan* 1962). Noch erstaunlicher: Die wichtigsten – und besten – deutschsprachigen Einführungen in die Politikwissenschaft befassen sich zwar in der Regel auch mit Politischer Theorie und erörtern, was unter wissenschaftlichen Theorien auf verschiedenen Abstraktionsstufen zu verstehen sei, definieren oder umschreiben aber „Politische Theorie" selbst nicht, auch wenn sie sie sogar im Titel tragen[7]. Über die Gründe dieser Abstinenz mag spekuliert werden, ausgenommen bei *v. Beyme* (1984); seine Abstinenz gründet auf einer Theorie-Konzeption, die sich hier nicht einfach beiseite schieben läßt. Einerseits soll seine Einführung in die politische Theorie keinen kompletten deskriptiven Überblick über die materiellen Bereiche der Politik geben (1972, 11; 1984, 9). Es geht also um Politische Theorie. Andererseits ist diese Einteilung fragwürdig: „Regierungslehre und Internationale Beziehungen sind durch den Gegenstand gekennzeichnet, während die politische Theorie eher nach dem Abstraktionsgrad der Bemühungen von den Forschungsobjekten abgehoben gedacht wird, obwohl weder

Regierungslehre noch Internationale Beziehungen sinnvoll ohne Politische Theorie betrieben werden können" (1972, 20). Dies ergibt ein Kontinuum zunehmend abstrakterer Theoriebildung für materielle Bereiche (die „politischen Theorien"), denen dann politische Ideengeschichte und Metatheorie, eventuell noch die „general theory" als Restbestand der ehemaligen Politischen Theorie gegenüberstehen. Die Überlegungen *v. Beymes* sind für sich gesehen plausibel, für unsere Zwecke aber erschweren sie die Ortung von „Politischer Theorie".

Wie es scheint, gibt es für Politische Theorie einen Konsensbereich, ein ungelöstes Problem und daraus folgend ein Dilemma. *Göhler* hat, in Gegenüberstellung von „Politischer Theorie" als einer spezifischen Fragestellung in der Politikwissenschaft, und „politischen Theorien" als Zielsetzung und Instrument der Untersuchung politischer Phänomene insgesamt, die Politische Theorie in ihrer Funktion der Grundlegung der politikwissenschaftlichen Theorienbildung zu bestimmen versucht. Als spezifische Fragestellung innerhalb der Politikwissenschaft sieht er Politische Theorie, freilich überlappend und nicht scharf abgegrenzt, durch „erhöhte Abstraktionsleistung" und durch den „expliziten und systematischen Einbezug von normativen Elementen" gekennzeichnet (*Göhler* 1978, 12). So befaßt sich Politische Theorie mit Grundlagen empirischer Theorienbildung unter konzeptionellem Aspekt (etwa in der Erstellung eines kategorialen Rahmens), mit Zielvorstellungen und Ordnungskonzepten des sozialen Handelns (etwa Demokratietheorie unter ideengeschichtlichem und normativem Aspekt) und mit der Metatheorie der Politikwissenschaft (Wissenschaftstheorie in ihrem unterschiedlichen Verständnis) (13 f.).

Diese Kennzeichnung und Aufgabenbeschreibung dürfte zunächst einmal einen Konsensbereich im Verständnis von Politischer Theorie enthalten. Es wird im allgemeinen nicht bestritten, daß beginnend bei einem bestimmten *theoretischen Abstraktionsgrad* jene Fragestellungen zur Politischen Theorie gehören, die von der empirischen Forschung „abgehoben" sind: allgemeine Verständigungsversuche über den Gegenstand unserer Wissenschaft und seine konstitutiven Charakteristika als „Theorie der Politik" oder als Diskussion über den Begriff des Politischen; Metatheorie der Politikwissenschaft, im engeren analytischen Verständnis als Logik und Methodologie zur Formulierung wissenschaftlicher Standards und Diskussion wissenschaftlicher Vorgehensweisen, im weiteren Sinn als Wissenschaftsforschung zur Bestimmung der für die Politikwissenschaft relevanten internen und externen Faktoren, im weitesten Sinne schließlich als dialektischer Verbund von Wissenschaftstheorie und Gesellschaftstheorie. Die meisten Politologen in Deutschland dürften überdies akzeptieren, daß Fragestellungen mit *normativem* Schwerpunkt der Politischen Theorie zugehören; dies ist die Dimension der politischen Philosophie und, untrennbar mit ihr verbunden, Ideengeschichte. Letztere erschöpft sich sicherlich nicht in der Erörterung normativer Fragen, sondern leistet einen erheblichen Beitrag auch zur Erklärung gegenwärtiger Ordnungsphänomene; auf jeden Fall ist sie wohl für die meisten Politikwissenschaftler so selbstverständlich „Politische Theorie", daß eher die Gefahr besteht, Politische Theorie nurmehr ideengeschichtlich (und philosophisch) wahrzunehmen, wie das lange Zeit herrschende Praxis in der der politischen deutschen Politikwissenschaft war. Aus dieser Warte erscheint die Zuordnung von systematischer Theoriebildung zur Politischen Theorie, wie sie von behavioralistisch bzw. empirisch-analytisch orientierten Politikwissenschaftlern gern vorgenommen wird, als nicht unproblematisch.

Wenn wir unter systematischen Theorien die über Einzelbeschreibung hinausgehenden, mehr oder weniger verallgemeinernden Aussagen oder Aussagenkomplexe zur Erklärung der politisch-sozialen Wirklichkeit verstehen – z. B. Macht- oder Elitetheorien, aber auch Theorien gesellschaftlicher Systeme oder politische Kybernetik –, so ist in der Tat schwer festzulegen, *wo* ihre Zuordnung zur Politischen Theorie beginnen soll. Kriterium könnte nur ein bestimmter erreichter Abstraktionsgrad sein: Einzelne Theorien über politische Phänomene würden dann beispielsweise zum systematischen Bestand von Politischer Theorie gehören, wenn sie Generalisierungen mit Erklärungskraft für weitere, noch unbearbeitete Phänomene oder Problemstellungen erbringen – etwa im Sinne der „progressiven Problemverschiebung" in den Forschungsprogrammen bei Lakatos (*Lakatos* 1974, 281 f.). Ein zusätzliches Kriterium könnte der systematische Verbund von einzelnen Theorien zu einem umfassenderen theoretischen Gebilde sein.

Aber was sich in der Theoretischen Physik so elegant ausnimmt, taugt nicht unbedingt auch für die Praxis der Politikwissenschaft. Wenn wir es hier, wie immer wieder behauptet wird, bestenfalls mit „Theorien mittlerer Reichweite" zu tun haben, wird es müßig, darüber zu diskutieren, wann die „Reichweite" schon der Politischen Theorie genügt und wann nicht (vom systematischen Verbund einmal ganz zu schweigen). So wird die Zuordnung zur Politischen Theorie zu einer letztlich beliebigen Frage der subjektiven Einschätzung, und das Ergebnis ist, wenn man auf innere Konsequenz Wert legt, aus entgegengesetzten Perspektiven gleichermaßen für die Politische Theorie recht negativ. Wer für die Politikwissenschaft grundsätzlich die Theoriebildung in einem strengen, an naturwissenschaftliche Muster angelehnten Verständnis für konstitutiv hält, hat es im Idealfall im empirischen Bereich immer mit Theorien zu tun und braucht nicht anzugeben, wo dabei die Politische Theorie beginnt. Wer dieses Theorieverständnis für eine Humanwissenschaft für überzogen hält (in schärfster Ausprägung etwa *Voegelin*), wird die empirische Forschung nicht als Theoriebildung ansehen und darum auch keine der Politischen Theorie angehörigen systematischen empirischen Theorien mit entsprechendem Allgemeinheitsanspruch auffinden. Das ungelöste Problem der Zuordnung systematischer Theorien mag auf die Nutzlosigkeit solcher systematisierenden Überlegungen hindeuten – für einen Überblick über Politische Theorie resultiert daraus aber vor allem ein Dilemma.

Entweder rechnet man, in Ermangelung eines brauchbaren Abgrenzungskriteriums, alle Theoriebildung in der Politikwissenschaft, d. h. alle über bloße Beschreibung hinausgehenden empirischen Erklärungen und normativen Begründungen, der Politischen Theorie zu; Politische Theorie wäre dann mit theoretisch orientierter Politikwissenschaft im weitesten Sinne identisch und stünde für den Großteil der Politikforschung. Da sich dann letztlich nicht mehr angeben ließe, was überhaupt *nicht* zur Politischen Theorie gehört, ist dieses Verständnis viel zu weit und nur dem Vorwurf des disziplinären Imperialismus ausgesetzt. Oder man rechnet zur Politischen Theorie nur diejenigen Fragestellungen und Gebiete, deren Zugehörigkeit zur Politischen Theorie aus traditioneller, vorbehavioralistischer Sicht niemand in Zweifel zieht. Politische Theorie wäre dann beschränkt auf Ideengeschichte mit politischer Philosophie, Metatheorie und bestenfalls noch „general theory", Theorie der Politik, sofern sie nichts mit Empirie zu tun hat. Dieses Verständnis von Politischer Theorie ist sicherlich zu eng; sie wäre von der Politikwissenschaft im negativen Sinne „abgehoben", weil nicht mehr über Empirie mit ihr verklammert. Das kann zum Purismus ausarten. Auch für Ideengeschichte läßt sich nochmals unterscheiden zwischen einem Teil, der nur der historischen Fundierung systematischer Theoriebildung dient, also letztlich nur dieser angehört, und der echten „Theoriengeschichte", die historische Politikkonzepte aus ihren sozialhistorischen Kontext- und Konstitutionsbedingungen rekonstruiert (*Bermbach* 1984a, 25; *v. Beyme* 1984, 12) – dann bleibt von der Politischen Theorie außer der reinen Lehre nicht mehr viel übrig.

Es ist nicht ersichtlich, wie sich dieses Dilemma theoretisch lösen ließe. Ganz anders sind die Erfordernisse für eine Analyse dessen, was in der Politischen Theorie alles gemacht wurde. Auch mit dem Manko, den Gegenstand der Untersuchung selbst nicht befriedigend rekonstruieren zu können, hat die Inhaltsanalyse sich an das zu halten, was alles als Politische Theorie verstanden wurde oder so verstanden werden kann. Die Inhaltsanalyse muß also neben „general theory", Ideengeschichte, politischer Philosophie und Metatheorie aus dem großen Bereich der systematischen Theoriebildung auch jene Arbeiten einbeziehen, die sich selbst, und sei es nur durch den Zusatz „Theorie", als theorierelevant verstehen. Daß dies alles dann Politische Theorie *sei,* wird nicht behauptet; wohl aber lassen sich in diesem gegebenen Rahmen Schwerpunkte aufzeigen und Entwicklungen nachvollziehen, wobei wir die empirische Auswertung so gestalten wollen, daß Anhänger einer anderen Theoriekonzeption in der Lage sind, jeweils die Theoriesegmente herauszuschneiden, auf die es ihnen besonders ankommt.

2. Systematik

Der Inhaltsanalyse liegt deshalb folgende Systematik zugrunde (verdeutlicht an einigen Beispielen):

1. Metatheorie (inkl. Wissenschaftstheorie und Methodenlehre)

Sie umfaßt alle Arbeiten, deren Gegenstand die Politikwissenschaft selbst und die Art, wie sie zu betreiben sei, ist. Das ist zunächst die *Politikwissenschaft als Disziplin* in ihrer historischen und wissenschaftssystematischen Dimension; die Geschichte der deutschen Politikwissenschaft wird vor allem seit *Kastendiek* 1977 und *Arndt* 1978 recht lebhaft diskutiert. Wissenschaftssystematisch stand zu Anbeginn der Charakter des Fachs im Vordergrund, da Politikwissenschaft sich gegenüber den etablierten Fächern ausweisen mußte; innerhalb der Politikwissenschaft ging der Streit vor allem um Stellenwert und Verständnis der Politischen Soziologie, wie er prototypisch zwischen Stammer und Fraenkel ausgetragen wurde (*Stammer* 1965; *Stammer/Weingart* 1972; *Fraenkel* 1963; *Ebbighausen* 1981). Das ist zweitens die *Wissenschaftstheorie der Politikwissenschaft.* Die Ansichten darüber, was man darunter zu verstehen habe, gehen so weit auseinander, daß die Inhaltsanalyse hier keine Festlegung treffen darf. Es wird lediglich zwischen einer auf Logik und Methodologie ausgerichteten, eher „formalen" Wissenschaftstheorie nach analytischem Verständnis und jener Auffassung von wissenschaftstheoretischer Reflexion unterschieden, die angeregt durch den „Positivismusstreit" nach den Voraussetzungen von Wissenschaft auch inhaltlich, vornehmlich in der Gesellschaft fragt und diese substantiell in die wissenschaftliche Reflexion mit einbezieht. Zur Metatheorie gehören schließlich unserer Auffassung nach drittens auch die Erörterungen über *Ansätze* und *Methoden* in der Politikwissenschaft.

2. Systematische Theorie (inkl. der sog. Bereichstheorien)

Ein von vielen postuliertes Hauptziel der systematischen Theorie in der Politikwissenschaft ist die Entwicklung einer Theorie *der* Politik. Dies scheint derzeit aber, wenn es überhaupt mehr als ein Lippenbekenntnis darstellt, eher ein Fernziel zu sein, trotz der „Theorie der Politik" von *Buchheim* (1981), deren Schwierigkeit offenbar die Rezeption erschwert hat, und einiger weiterer Ansätze[8]. Wenn auch ein Trend zur „grand theory" (*Skinner* 1985) gegenwärtig unverkennbar ist, so geht es hier doch vornehmlich um eine Klärung des *Begriffs des Politischen*, und das ist in der Tat Voraussetzung für jede Theorie der Politik. Unterhalb dieses Gesamtzugriffs empfiehlt es sich, auch im Bereich systematischer Theorien analog zur Wissenschaftstheorie eine Aufteilung in mehr formale und mehr inhaltliche Theorien vorzunehmen. Systemtheorie, Kybernetik oder Spieltheorie, die auch an der Politikwissenschaft nicht spurenlos vorbeigegangen sind, sind zunächst Strukturtheorien, formale Modelle, die von sich aus nichts über die politischen Inhalte aussagen, auf die sie angewendet werden; erst eine kritische, auch ideologiekritische Reflexion hat versucht, in ihnen versteckte gesellschaftliche Voraussetzungen und Implikationen, insbesondere einen konservativen Bias auszumachen (*Greven* 1974; dagegen *Sens* 1979) – eine Diskussion, die inzwischen ausgelaufen zu sein scheint. Auf der anderen Seite stehen vornehmlich inhaltliche Erklärungsmuster von Dimensionen der Politik wie etwa Macht- oder Entscheidungstheorien, die zwar auch mehr oder weniger formalisiert sein mögen, vor allem jedoch zu gegenstandsbezogenen, „substantiellen" Aussagen führen sollen. Neuerdings scheinen die der Ökonomie entstammenden Social oder Public Choice-Theorien, die vom Eigeninteresse rationaler Individuen ausgehen und dieses politiktheoretisch umzusetzen versuchen, eine neue Mittelposition zwischen beiden Seiten aufzubauen. Es bleiben die vielfältigen *Bereichstheorien*[9] wie Demokratietheorie, Staatstheorie, Pluralismustheorie, Theorie des Wählerverhaltens usw., die mit sehr unterschiedlichem Abstraktionsniveau und Einschlag von normativen Elementen arbeiten[10].

3. Politische Philosophie und Ideengeschichte

Für die Politikwissenschaft steht hier sicherlich der normative Aspekt im Vordergrund: vorfindliche oder noch zu entwickelnde Ordnungsentwürfe, die systematische philosophische Legitimation oder auch Kritik bestehender politischer Ordnungen, Prämissen und Zielvorstellungen für das menschliche Handeln. Aber auch die Erklärungsleistung der politischen Ideengeschichte sollte nicht unterschätzt werden. Zum einen sind bestehende Ordnungen nicht zuletzt auch geronnene theoretische Ordnungsentwürfe, aufgebaut auf ganz bestimmten Legitimationsmustern (vgl. das „Menschenbild des Grundgesetzes"); zum andern ist in der wissenschaftlichen Behandlung politischer Phänomene die Trennung in theoretische Erklärung und philosophische Reflexion ein Entwicklungsschub des 19. Jahrhunderts, der auch heute noch nicht unumstritten ist. Es gibt keinen Grund, politischen Ideen aus der Vergangenheit a priori jede wissenschaftliche Erklärungsleistung abzusprechen, wie dies manchmal während der Behavioralismuskontroverse in der amerikanischen Politikwissenschaft von empiristischer Seite aus geschehen ist (*Falter* 1982). Für die Inhaltsanalyse sind politische Ideengeschichte und die Ideengeschichte sozialer Bewegungen (Liberalismus, Sozialismus, Konservatismus), oft auch etwas mißverständlich „Ideologien" genannt, zusammengenommen; hinzu kommt der davon nicht immer leicht abzugrenzende *Kontext politischer Ideen in der Sozial- und Kulturgeschichte mit der daraus sich ergebenden Ideologiekritik.* Zu überprüfen ist vor allem die These, ob das Ausmaß der Beschäftigung mit politischer Ideengeschichte für die deutsche Politikwissenschaft bisher beträchtlich überschätzt worden ist (Bermbach 1984).

3. Theoriebegriff

In einer Inhaltsanalyse der Politischen Theorie dürfen die tendenziell quer zur vorstehenden Systematik liegenden grundlegenden *Theoriebegriffe* der Politikwissenschaft nicht fehlen. Theoriebegriffe (oder ihre vielen Synonyme: theoretische Ansätze, theoretische Grundorientierungen, Theorien, Wissenschaftstheorien, wissenschaftstheoretische Grundpositionen, Metatheorien, metatheoretische Schulen usw.) sind das gängigste metatheoretische Einteilungsschema in der Politikwissenschaft und – wie immer man das auch bewerten mag – eine der wenigen eigenständigen metatheoretischen Ausprägungen der Politikwissenschaft. Sie sollen das jeweils grundlegende forschungsleitende Verständnis von Politikwissenschaft anzeigen, einen Rahmen oder auch bereits eine Konzeption für das Betreiben von Politikwissenschaft vorgeben – und dies in programmatischen Formulierungen, die in den Lehrbüchern mit geringen Variationen immer wieder auftauchen[11]. Seit *Narr* 1969 ist vor allem die Trias des normativ-ontologischen, des empirisch-analytischen und des dialektisch-kritischen Theoriebegriffs geläufig (die Terminologie variiert ebenfalls). Trotz einer gewissen Verwandtschaft mit den drei bekannten Erkenntnisinteressen bei Habermas – technisch, praktisch und emanzipatorisch (*Günther* 1985, 10 f., 63 ff.) – sind die Theoriebegriffe anderen Ursprungs. Der Politikwissenschaftler *Fijalkowski* unterscheidet 1961, freilich noch für die Soziologie, zwischen „theorielosem Empirismus", „phänomenologisch-intuitiv aufgebauter Theorie", „erkenntnislogischer" und „dialektischer Auffassung" – die beiden letzten Theoriebegriffe sind in die spätere Trias eingegangen. Bereits 1962 liefert *Oberndörfer* das noch fehlende Element. In der Programmschrift für die Freiburger Schule handelt er über die „deskriptiv-analytische Wissenschaft von der Politik", die „systematische Wissenschaft von den Gesetzen des Politisch-Sozialen" und die „praktische Wissenschaft von der Politik", letztere als die eigene Position (die er damals noch in einer gewissen Verwandtschaft zum dialektischen Theoriebegriff sieht, 1962, 22). Unter Eliminierung des deskriptiv-theorielosen Typs und des phänomenologischen, der sich für die Aufgliederung nicht hat durchsetzen können[12], ist die Trias somit bereits Anfang der 60er Jahre vorgezeichnet.

Die Schwierigkeiten und Unzulänglichkeiten einer solchen Einteilung konnten nicht verborgen bleiben (*Faul* 1979; *Göhler* 1982; *Matz* 1985). Es wäre vermessen, die Politikwissenschaft vermittels der drei Theoriebegriffe flächendeckend wie eine Landkarte einzuteilen – da gibt es Zwischenpositionen, vielfältige, oft geradezu erstaunliche Überschneidungen (etwa im Wert- oder im Praxisverständnis des dialektischen und des normativ-ontologischen Theoriebegriffs) und innerhalb der Theoriebegriffe mehr Vielfalt als gemeinsamen Kern. Nur wenige Politikwissenschaftler würden sich eindeutig und exklusiv einem der Theoriebegriffe zuordnen lassen, denn wer könnte schon akzeptieren, er betreibe nicht empirisch, nicht kritisch oder nicht normorientiert seine Wissenschaft? Andere Unterteilungen theoretischer Ansätze in den Sozialwissenschaften mögen treffsicherer sein, etwa die der Diskussion um Theorienvergleich in der Soziologie zugrunde gelegte Aufgliederung in einen symbolisch-interaktionistischen oder interpretativen, einen verhaltenstheoretischen, einen funktionalistisch-systemtheoretischen und einen konflikttheoretischen oder historisch-materialistischen Ansatz (*Wippler* 1978; vgl. schon *Käsler* 1973). Angesichts solcher Probleme erscheint es eher erstaunlich, welche Beharrungskraft die Trias von Theoriebegriffen für die Politikwissenschaft bewiesen hat. Sie wird nach wie vor als metatheoretisches Einteilungsschema herangezogen (*Falter* 1985), und das ist der eigentlich erklärungsbedürftige Sachverhalt. Es gibt einige Argumente, die auch zum gegenwärtigen Zeitpunkt noch für die Verwendung der Trias sprechen (solange sie nur einer ersten Orientierungshilfe dient):

– Die Charakterisierungen durch die Theoriebegriffe sind sehr global, aber dabei nicht abwegig. Der normativ-ontologische Theoriebegriff charakterisiert zunächst einmal nur ein Wissenschaftsverständnis, welches normative Fragen dezidiert mit einschließt, von Wesensmerkmalen des Menschen, der Gesellschaft und der politischen Herrschaft als Grundgegebenheiten ausgeht und Sein und Sollen über das Telos des sich gesellschaftlich verwirklichenden Menschen miteinander zu verbinden sucht (*Bergstraesser* 1957/58; *Oberdörfer* 1962a; *Schwan* 1962). Der empirisch-analytische Theoriebegriff verleiht keinen Exklusivanspruch auf Empirie, sondern verweist auf ein theoriegeleitetes, an Erklärung und Prognose orientiertes Verständnis von Empirie, wie es etwa der amerikanische Behavioralismus oder der Kritische Rationalismus vertritt (*Falter* 1982; *Günther* 1984). Der dialektische Theoriebegriff ist mit einem gesellschaftskritischen und materialistischen Anspruch angetreten, der nicht zuletzt in den Versuchen sichtbar bleibt, auch weiterhin an die Kritische Theorie und für die Politikwissenschaft insbesondere an einen kritisch-marxistisch verstandenen *Franz Neumann* oder *Otto Kirchheimer* anzuknüpfen[13].

– Der Paradigmenbegriff von *Kuhn* bietet keinen Ersatz, mag seine Verwendung auch in der Politikwissenschaft geradezu inflatorische Formen angenommen haben. Unspezifisch verwendet, meint er nichts weiter als einen beliebigen Ansatz; würde man ihn dagegen korrekt im Sinne von *Kuhn* gebrauchen, so ist zunächst zweifelhaft, ob er sich überhaupt außerhalb der Naturwissenschaften anwenden läßt (*Falter* 1980); zumindest müßte er sowohl ein bestimmtes Wissenschaftsverständnis wie auch die dieses Wissenschaftsverständnis vertretenden Personen, die entsprechende „scientific community", benennen (*Eckberg/Hill* 1979; *Göhler* 1982) – was für die Politikwissenschaft bisher so gut wie gar nicht erforscht ist.

– Die Theoriebegriffe verarbeiten, entkleidet man sie einmal ihrer Schematismen, jeweils philosophische Traditionslinien, die für das Politikverständnis durchaus leitend sein können. So findet sich im normativ-ontologischen Theoriebegriff eine von der klassisch-antiken Philosophie begründete Wirklichkeitssicht; im empirisch-analytischen Theoriebegriff wirkt der angelsächsische Empirismus, der kontinentale Neukantianismus und der amerikanische Pragmatismus fort; der dialektische Theoriebegriff entwickelt ein Totalitätsverständnis von Wissenschaft und Gesellschaft in der Tradition von Hegel und Marx. Einzelne Wissenschaftler oder Wissenschaftlergruppen haben diese philosophischen Traditionslinien explizit und programmatisch aufgenommen; sie geben damit Leitlinien für ein Wissenschaftsverständnis, an denen sich weitere Politikwissenschaftler zumindest teilweise (und eben auch mit Überschneidungen, Kombinationen und Weiterbildungen) orientierten. Das dürfte der „rationale Kern" der Theoriebegriffe sein. Wenn die Auszählung zeigt, daß in der Politischen Theorie die Theoriebegriffe tatsächlich in beträchtlichem Maße repräsentiert sind, so sollte man es diesem „rationalen Kern" zugute halten.

4. Weitere Vorentscheidungen der Inhaltsanalyse

Neben diesen inhaltlich-definitorischen Festlegungen waren einige weitere, stärker formal und methodisch ausgerichtete Vorentscheidungen zu treffen, bevor die Inhaltsanalyse in Angriff genommen werden konnte. All diese Vorklärungen erfolgten zwar jeweils mit guten Gründen, hätten aber im Einzelfall durchaus auch anders ausfallen können. Selbstverständlich bleiben davon die Ergebnisse unserer Analyse nicht unberührt. Die Gründe zu benennen heißt, die Entscheidungsvorgänge, die jeder derartigen Analyse notwendigerweise zugrunde liegen, durchschaubar und damit kritisierbar zu machen, ohne daß wir im einzelnen jeden Schritt jeweils erschöpfend begründen könnten.
Eine erste wichtige Vorentscheidung stellt sicherlich die Beschränkung der Analyse auf Zeitschriftenaufsätze dar. Wünschbar wäre es gewesen, auch Bücher, insbesondere Sammelbände zur Politischen Theorie, und kürzere Einzelrezensionen in die Untersuchung einzubeziehen, wie dies in einem wesentlich breiter angelegten, mehrjährigen Forschungsobjekt eines der Verfasser über die Entwicklung der Politischen Theorie in den Vereinigten Staaten erfolgt ist (*Falter* u. a. 1987). Dies erwies sich jedoch aus finanziellen, personellen und zeitlichen Gründen als undurchführbar.
Eine zweite Vorentscheidung betraf die Art und Zahl der auszuwertenden Zeitschriften. Die strikte Beschränkung auf politikwissenschaftliche Zeitschriften im engeren Sinne, nämlich auf die Zeitschrift für Politik, die Politische Vierteljahresschrift samt Sonderheften, die Zeitschrift für Parlamentsfragen, den Leviathan (wiederum einschließlich Sonderheften) und die Neue Politische Literatur erfolgte aus ähnlichen pragmatischen Gründen wie die erstgenannte Vorentscheidung. Denkbar, ja wünschbar wäre eine Einbeziehung der angrenzenden staatswissenschaftlichen, soziologischen, philosophischen und ökonomischen Zeitschriftenliteratur gewesen. Neben arbeitstechnischen Gründen stand bei dieser Entscheidung die Überlegung Pate, daß die eindeutig politikwissenschaftlichen Zeitschriften wohl tatsächlich am ehesten das repräsentieren, was von der Profession in ihrer Gesamtheit zur Kenntnis genommen wird und (eventuell) in die politikwissenschaftliche Diskussion eingeht.
Als Erhebungseinheit wurde der Zeitschriftenaufsatz bzw. der aufsatzmäßige Diskussionsbeitrag, der längere, unter systematischen Gesichtspunkten erfolgende Literaturbericht – bzw. – im Falle der Zeitschrift für Parlamentsfragen – auch die sogenannte Kurzanalyse gewählt, sofern sie Aufsatzform aufwies. Jede Einheit wurde nur einmal gezählt;

Doppel- oder Mehrfachnennungen waren ausgeschlossen. Dabei erwies sich die ursprünglich intendierte reine Titelanalyse als nicht ausreichend aussagekräftig, so daß die Kodierer in vielen Fällen Aufsätze anlesen bzw. intensiver durchsehen mußten, was den Arbeitsaufwand beträchtlich steigerte.

Insgesamt wurden knapp 2500 Zeitschriftenbeiträge von zwei politikwissenschaftlich ausgebildeten Kodierern unabhängig voneinander nach den Kriterien unseres Kategorienschemas klassifiziert. Aufsätze, die sich nicht klassifizieren ließen, wurden als nicht-theoretisch im Sinne unserer oben skizzierten Definition behandelt. Die (nicht sehr häufig und überdies auch gehäuft nur bei einigen wenigen Kategorien auftretenden) Unstimmigkeiten zwischen den beiden Kodierern wurden nach teilweise ausführlicher Einzelfalldiskussion bereinigt. Bei diesem Verfahren stand die Hoffnung Pate, daß keine systematischen Verzerrungen zugunsten oder zuungunsten einer bestimmten Theorierichtung bzw. wissenschaftstheoretischen Position entstanden und sich die unvermeidlichen Fehlklassifizierungen zumindest tendenziell gegenseitig wieder aufheben. Einige Validierungsindizien bei der Auswertung unseres Materials bestärken uns in dieser Hoffnung.

Gewisse Klassifizierungsschwierigkeiten ergaben sich bei der Frage, welche Beiträge in die Kategorie der Bereichstheorien einzuordnen seien. Wir entschieden uns dafür, daß lediglich Artikel mit explizitem theoretischen Bezug, also beispielsweise eine wahlsoziologische Analyse, die sich der Frage des Transfers eines bestimmten theoretischen Konstruktes wie etwa der Parteiidentifikation oder eine der Anwendung einer speziellen Bereichstheorie wie der der Politischen Kultur gewidmete Untersuchung als theoretisch im Sinne unserer obigen Definition aufzufassen seien. Dagegen wurden empirische Analysen, die sich *auch* – aber eben nicht schwerpunktmäßig – theoretischer Konzepte zur Erklärung ihrer Untersuchungsgegenstände bedienten, nicht als „theoretisch" eingestuft.

Die Auswertung des recht reichhaltigen empirischen Materials (immerhin erwiesen sich fast 1000 Artikel als „theoretisch" im Sinne unseres Kategorienschemas) kann hier aus Platzgründen nur sehr selektiv erfolgen. Beispielsweise verzichten wir vollständig auf eine Verwendung der ebenfalls erhobenen Autorendatei oder auf weiterreichende, mehrdimensionale Kreuzklassifizierungen unseres Datenmaterials. Beides ist einer späteren, umfangreicheren Publikation vorbehalten, die unsere beiden Mitarbeiter im Herbst dieses Jahres in Angriff nehmen wollen.

5. Trends in der Beschäftigung mit „Theorie"

Von den ausgewerteten 2496 Zeitschriftenbeiträgen erwiesen sich in jeder der hier untersuchten Fünfjahresperioden zwischen einem Drittel und 40 Prozent als „theoretisch" in dem weiten Sinne unseres Kategorienschemas. Ein eindeutiger Trend über die Zeit hinweg ist bei einer Zusammenfassung unserer Erhebungspunkte nur schwer auszumachen; allerdings steigt der Anteil der theoretisch orientierten Aufsätze über die Zeit ganz leicht an, wie man unschwer aus Tafel 1 erkennen kann. Daß sich hinter dieser anteilsmäßigen Beinahe-Konstanz eine erhebliche quantitative Zunahme von Theorieartikeln verbirgt, zeigen die Absolutzahlen: Zwischen 1980 und 1984 wurden dreimal mehr Theoriebeiträge in den von uns analysierten Zeitschriften veröffentlicht als zwischen 1954 und 1959. Gleichzeitig verdreifachte sich jedoch auch die Gesamtzahl aller Zeitschriftenbeiträge (bei nunmehr 5 statt 2 Zeitschriften), so daß sich dieses Größenwachstum anteilsmäßig kaum niederschlug.

Tafel 1 informiert außerdem über die Entwicklung der drei großen Theoriebereiche während des Untersuchungszeitraums: Als erstes sticht die gegenläufige Entwicklung von Politischer Philosophie/Ideengeschichte und Systematischer Theorie ins Auge. Während erstere anteilsmäßig zu Beginn der 70er Jahre auf ein Drittel ihrer ursprünglichen Bedeutung absank, um dann wieder etwas an Boden zu gewinnen, gelang es letzterer, ihren Anteil von (1970–74) 29 auf über 60 Prozent zu steigern. Trotz eines Rückgangs in den 80er Jahren fiel während der letzten von uns untersuchten Halbdekade noch immer mehr als die Hälfte aller als theoretisch eingestuften Aufsätze unter die Rubrik „Systematische Theorie". Der Anteil der metatheoretischen Beiträge hingegen erreichte Ende der sechziger Jahre seinen Höhepunkt, um dann wieder etwas an relativer Bedeutung zu verlieren.

Tafel 2 beschäftigt sich mit der Entwicklung der wissenschaftstheoretischen Grundpositionen innerhalb der deutschen Politikwissenschaft. Da wir im Gegensatz zu den richtungsmäßig im allgemeinen klar identifizierbaren Rezensionen des Leviathan die Literaturberichte der Neuen Politischen Literatur nicht nach ihrer wissenschaftstheoretischen Position klassifiziert haben, enthält die Grafik nicht die theorieorientierten Beiträge der Neuen Politischen Literatur. Diese Beschränkung gilt analog auch für alle weiteren Aufgliederungen unseres Datenmaterials nach der wissenschaftstheoretischen Richtung. Aus Tafel 2 wird deutlich, daß sich innerhalb der theoretisch orientierten Aufsätze klare Verschiebungen zwischen den drei wissenschaftstheoretischen Positionen ergeben. So geht der Anteil der keinem speziellen Ansatz zugerechneten Zeitschriftenbeiträge nahezu kontinuierlich von 38 auf 22 Prozent zurück; die Zurechnung von Zeitschriftenbeiträgen zu einer bestimmten wissenschaftstheoretischen Position scheint mithin der Tendenz nach einfacher zu werden.

Kennzeichnend für die Entwicklung seit Ende der fünfziger Jahre ist der erhebliche Bedeutungsrückgang der vormals „führenden" normativ-ontologischen Schule. Diese erreicht ihren Tiefstpunkt Anfang der siebziger Jahre und gewinnt danach wieder leicht an Boden, liegt aber anteilsmäßig Anfang der achtziger Jahre noch immer bei weniger als einem Drittel ihrer ursprünglichen relativen Stärke. Mit dem (quantitativen) Tiefststand der ontologisch-normativen Richtung fällt der relative Höchststand der empirischanalytisch orientierten Theoriepublikationen zusammen, die bereits Anfang der sechziger Jahre Terrain zu erobern begannen. Nicht zufällig dürfte ihr Aufstieg mit der Gründung der PVS zusammenfallen, wie Tafel 3 nahelegt.

Die siebziger Jahre sind dann vom geradezu stürmischen Aufstieg der dialektisch-kritischen Theorierichtung geprägt, auf deren Konto am Ende der siebziger Jahre über 40 Prozent aller theoretisch orientierten Aufsatzveröffentlichungen in der deutschen Politikwissenschaft geht. Anfang der achtziger Jahre verliert diese Richtung dann unseren Auszählungen zufolge wieder etwas an Bedeutung. Wiederum nicht ganz zufällig gehen Aufstieg der dialektisch-kritischen Schule und die Gründung des Leviathan Hand in Hand, wie ebenfalls aus Tafel 3 ersichtlich wird.

In der ersten Hälfte der achtziger Jahre ist der politikwissenschaftliche Zeitschriftenmarkt folglich von einem leichten Übergewicht der dialektisch-kritischen vor der empirischanalytischen Richtung gekennzeichnet, während die einstmals das Gesicht der (damals noch kleinen) Disziplin prägende normativ-ontologische Richtung trotz kleinerer Geländegewinne klar abgeschlagen noch hinter der Gruppe der wissenschaftstheoretisch nicht klar identifizierbaren Analysen auf dem letzten Platz rangiert.

Daß derartige Konjunkturen nicht unabhängig von den verfügbaren Publikationsorganen sind, sondern in einer engen Wechselwirkung mit diesen stehen, ist offensichtlich. Wie Tafel 3 belegt, bieten die untersuchten Zeitschriften zum einen unterschiedlich stark theoretischen Analysen Raum, zum anderen sind sie teilweise richtungsmäßig sehr eindeutig festgelegt. Unserer Auswertung zufolge sind die Zeitschrift für Politik, die Politische Vierteljahresschrift und der Leviathan in etwa gleich stark theoretisch orientiert, während die Neue Politische Literatur und vor allem die Zeitschrift für Parlamentsfragen dies naturgemäß sehr viel weniger sind. Die Sonderhefte von PVS und Leviathan unterscheiden sich interessanterweise weder im Theorieanteil noch in der wissenschaftstheoretischen Ausrichtung nennenswert von ihren Trägerzeitschriften.

Es dürfte ferner wohl kaum überraschen, daß das Schwergewicht der Zeitschrift für Politik auf Beiträgen normativ-ontologischer Provenienz liegt, daß die Zeitschrift für Parlamentsfragen und die Politische Vierteljahresschrift − wie gesagt inklusive der Sonderhefte − ein relatives Übergewicht empirisch-analytisch orientierter Theoriebeiträge aufweisen und daß der Leviathan ganz eindeutig der dialektisch-kritischen Richtung zuzuordnen ist. Während allerdings sowohl in der Zeitschrift für Politik als auch in der Politischen Vierteljahresschrift und der Zeitschrift für Parlamentsfragen auch Platz für andere Ansätze und richtungsmäßig nur schwer klassifizierbare Beiträge ist, räumt der Leviathan nach unserer Zählung nahezu ausschließlich dialektisch-kritischen Analysen Raum ein. Es mag dahingestellt bleiben, ob letzteres durch Selbstselektion der Artikelanbieter oder durch bestimmte Auswahlprinzipien der Redaktion zustande kommt.

Die hier aus Platzgründen tabellarisch nicht weiter ausgeführte dreidimensionale Aufgliederung von Zeitschrift, wissenschaftstheoretischer Richtung und Zeit ergibt keine eindeutigen Trends. Allerdings steigt bei der Zeitschrift für Politik der Anteil empirisch-analytisch orientierter Theoriebeiträge von 6 Prozent in den fünfziger über 14 Prozent in den sechziger und siebziger auf 17 Prozent in den achtziger Jahren an, nimmt innerhalb der PVS die normativ-ontologische ebenso wie die in den siebziger Jahren stärker dominierende empirisch-analytische Richtung etwas ab, steigt der Anteil der richtungsmäßig nicht klassifizierten Beiträge von 18 Prozent in den siebziger auf 29 Prozent in den achtziger Jahren, während sich weder innerhalb des Leviathan noch innerhalb der Zeitschrift für Parlamentsfragen derart bedeutsame Verschiebungen ergeben. Es erübrigt sich daher u. E., der Theoriedynamik auf der Ebene der Zeitschriften intensiver nachzugehen. Wir werden unser Hauptaugenmerk im folgenden auf die Entwicklung der verschiedenen Theoriebereiche über die Zeit und auf wissenschaftstheoretische Schwerpunktsetzungen innerhalb dieser Theoriebereiche richten.

6. Weitergehende Differenzierungen in der Theorieentwicklung

Während die normativ-ontologische Richtung sich im Bereich der Politischen Philosophie und Ideengeschichte konzentriert, befassen sich die empirisch-analytischen und kritisch-dialektischen Analysen mehrheitlich mit der Theorieanwendung. Unterschwerpunkte der empirisch-analytischen Richtung liegen im Bereich der Allgemeinen systematischen Theorie und der Methodendiskussion (vgl. Tafel 4).

Anders herum prozentuiert wird aus Tafel 5 deutlich, daß die Beschäftigung mit der Disziplin in der Mehrzahl der Fälle ohne spezifische wissenschaftstheoretische Ausrichtung erfolgte, während metatheoretische Fragestellungen vor allem aus dialektisch-kritischer Perspektive, methodologische und theoretisch-systematische Probleme dagegen vor allem aus empirisch-analytischer Sicht und Fragen der Politischen Philosophie und Ideengeschichte am häufigsten aus normativ-ontologischer Warte bearbeitet wurden.

Die weitere interne Aufgliederung der drei großen Theoriebereiche zeigt, daß innerhalb der Metatheorie die Beschäftigung mit der Disziplin in den siebziger Jahren einen Tiefpunkt hatte, aber in den achtziger Jahren nahezu wieder die relative Bedeutung erlangte, die sie in den fünfziger und sechziger Jahren besessen hatte. Dagegen blieb die Beschäftigung mit methodologischen Fragestellungen mehr oder minder konstant (vgl. Tabelle 1). Die Allgemeine systematische Theorie wies ihren Höhepunkt in den siebziger Jahren auf, während die diversen Bereichstheorien sich gegenüber den fünfziger Jahren mehr als verdoppelten und heute fast die Hälfte aller von uns als theoretisch klassifizierten Beiträge ausmachen. Im Bereich „Politische Philosophie und Ideengeschichte" schließlich sind sowohl die Ideengeschichte als auch die Sozial- und Kulturgeschichte politischer Ideen, in der Tabelle verkürzt unter „Ideologiekritik" subsumiert, während des Berichtszeitraums stark zurückgegangen, während das Interesse an der systematischen politischen Philosophie nach einem Tiefpunkt in den sechziger und siebziger Jahren wieder im Ansteigen begriffen zu sein scheint, wie Tabelle 1 zeigt.

Eine nochmalige Aufgliederung dieser Zusammenhänge über die Zeit erbringt keine nennenswerten zusätzlichen Informationen mehr, auch werden die Fallzahlen nun in einigen Fällen schon sehr niedrig, so daß wir auch hier auf eine gesonderte Darstellung dieser Ergebnisse verzichten.

Sowohl der prozentuale Anstieg als auch die mittlerweile erlangte quantitative Bedeutung der Systematischen Theorie legen es nahe, einen näheren Blick auf die interne Struktur und Entwicklung dieses Bereichs zu werfen. Tabelle 2 liefert einen Überblick über die zeitliche Entwicklung, Tabelle 3 informiert über die methodologische Struktur dieses Theoriebereichs. Es erweist sich, daß im Bereich der Allgemeinen systematischen Theorie der Höhepunkt sowohl der Beschäftigung mit system- als auch mit substanztheoretischen Fragestellungen in den siebziger Jahren lag. Dagegen waren die theoretischen Bemühungen um den Begriff des Politischen in den ersten beiden Dekaden deutlich stärker als in den beiden darauffolgenden Perioden.

Auch die Gruppe der sogenannten Bereichstheorien zeigt höchst unterschiedliche interne Entwicklungsverläufe: Praktisch konstant blieb die Beschäftigung mit demokratie- und parteitheoretischen sowie pluralismus- und verbändetheoretischen Fragestellungen und – wenn man einmal von dem Höhepunkt in den fünfziger Jahren absieht – mit Problemen von Staatsverfassungen und Unterentwicklung. Dagegen nahm die Beschäftigung – immer unter theoretischen Vorzeichen – mit Wahlverhalten, Faschismusproblemen, sozialpsychologischen Fragestellungen und vor allem dem Komplex „Arbeit und Soziales" stark zu. Letztere sind vor allem eine Domäne dialektisch-kritisch orientierter Untersuchungen, wie Tabelle 3 belegt, während die Wahlverhaltensstudien fast ausschließlich und, dies mag schon mehr überraschen, die Internationalen Beziehungen zu fast zwei Dritteln unter empirisch-analytischem Vorzeichen betrieben wurden.

Ins Auge sticht ferner, auf wie wenigen Bereichen überhaupt angewandte normativ-ontologische Theoriebildung betrieben wird. Nur rund die Hälfte aller Subgruppen von Tabelle 3 sind durch diese Richtung besetzt. Hierbei liegt im Bereich der Allgemeinen systematischen Theoriebildung ein eindeutiger Schwerpunkt auf der Beschäftigung mit dem Begriff des Politischen, während innerhalb der Politischen Philosophie sowohl die Ideengeschichte und die Kultur- und Sozialgeschichte politischer Ideen als auch die systematische politische Philosophie vom normativ-ontologischen Ansatz dominiert sind. Dagegen haben weder die dialektisch-kritische noch die empirisch-analytische Richtung hierzu in quantitativ nennenswerter Weise beizutragen, was insofern verwunderlich erscheinen mag, als international gesehen die analytische Philosophie – erinnert sei an Autoren wie *Hare* oder *Rawls* – in den vergangenen einneinhalb Jahrzehnten beträchtlich an Boden gewinnen konnte (vgl. *Falter* u. a. 1987). In der deutschen Politikwissenschaft scheint ein Großteil der auf diesem Gebiete ja stattfindenden theoretischen Diskussion – ähnliches gilt für die Rational-Choice-Theorien in der Nachfolge von *Downs* und *Buchanan* – außerhalb der „Mainstream-Zeitschriften" ausgetragen zu werden. Zu fragen ist, ob hier nicht ein weiterer Provinzialisierungsschub stattfindet, durch den die deutsche Politikwissenschaft wieder einmal eine intellektuell höchst bedeutsame, international in vollem Gange befindliche Diskussion verpaßt oder erst dann kritisch-rezeptiv aufgreift, wenn sie anderswo schon wieder im Abklingen oder gar beendet ist.

7. Fazit

Ein allgemeines Fazit aus diesen differenzierten, ja keineswegs einheitlichen Ergebnissen zu ziehen fällt schwer. Doch scheinen sich folgende generellen Trends bis Mitte der achtziger Jahre abzuzeichnen: Im Vergleich zu den fünfziger und sechziger Jahren sind die achtziger Jahre durch größeren Pluralismus der Ansätze und eine breitere Palette der theoretischen Themenbereiche gekennzeichnet. Eine Dominanz einer Richtung, wie sie in den fünfziger Jahren tendenziell bestanden hatte, zeichnet sich nicht ab; ganz im Gegenteil scheinen die normativ-ontologische wie auch die empirisch-analytische Schule innerhalb der deutschen Politikwissenschaft gegenüber der zweiten Hälfte der siebziger Jahre wieder an Boden gewonnen zu haben. Was die großen Theoriebereiche angeht, ist der Untersuchungszeitraum durch den eminenten Rückgang des einstmals wichtigsten Bereiches, der Politischen Philosophie und Ideengeschichte, gekennzeichnet. Ähnlich wie in den Vereinigten Staaten ist er allerdings nicht durch die Beschäftigung mit Allgemeiner systematischer Theorie, sondern durch eine ganze Palette von Bereichstheorien verdrängt worden, die heute zusammengenommen den mit Abstand größten Einzelbereich der politischen Theoriebildung innerhalb der deutschen Politikwissenschaft repräsentieren. Auch hier ist die Entwicklung recht ähnlich verlaufen wie in den Vereinigten Staaten, wo während des gleichen Zeitraums Ideengeschichte, klassische politische Philosophie und – nach einer kurzen Blüte in den sechziger und frühen siebziger Jahren – auch die Allgemeine systematische Theoriebildung à la *Easton, Parsons* oder *Deutsch* zugunsten bereichsspezifischer Theorienanwendung an Boden verlor (*Falter* u. a. 1987). Im Gegensatz zur amerikanischen Theorieentwicklung allerdings ist dieser Bereich der angewandten Theorie hierzulande, wie wir gesehen haben, keineswegs ein ausschließliches Produkt behavioralistisch (oder, wie wir es in etwas breiterer Perspektive genannt haben, empirisch-analytisch) orientierter Forschungstätigkeit, sondern auch in erheblichem Maße die Domäne dialektisch-kritisch ausgerichteter Beschäftigung, wobei jedoch beide Positionen ihre jeweiligen Erbhöfe ziemlich unverrückbar besetzt zu halten scheinen.

Die Zeit der großen Polarisierung zwischen den einzelnen Theorietraditionen scheint vorüber zu sein. Heute ist die Politische Theorie eher in eine Phase normaler Wissenschaft getreten, in der man sich um die (allerdings weitgehend isoliert voneinander betriebene) Lösung wissenschaftlicher Rätsel bemüht, um einmal die Begrifflichkeit von *Kuhns* Theorie wissenschaftlicher Revolutionen zu bemühen, ohne sogleich daraus die Konsequenz ziehen zu wollen, daß sich damit sozialwissenschaftliche Entwicklungsvorgänge adäquat beschreiben oder gar erklären ließen. Der Streit scheint nicht mehr zu sein, was denn nun die wahren Rätsel sind; auch finden derzeit – auch dies unterscheidet die achtziger von den siebziger Jahren – kaum noch Auseinandersetzungen zwischen den wissenschaftstheoretischen Positionen darüber statt, wie diese Rätsel zu lösen sind. Vielmehr wird innerhalb der verschiedenen Schulen versucht, mit Hilfe (natürlich unterschiedlicher) theoretischer Konzepte politikwissenschaftliche Einzelprobleme zu lösen. Der Konsens ist dabei jedoch bestenfalls schuleninterner Natur. Insofern ist es der deutschen Politikwissenschaft auch in den achtziger Jahren keinesfalls gelungen, ihre vorparadigmatische Phase zu überwinden. Reifer ist sie als Wissenschaft – wenn überhaupt – bestenfalls dadurch geworden, daß man sich wieder stärker den eigentlichen politikwissenschaftlichen Forschungsgegenständen zuwendet und sich weniger als früher darüber den Kopf zerbricht, was denn Politikwissenschaft überhaupt sei und wie sie betrieben werden müsse.

Anmerkungen

1 Am deutlichsten in der „kritischen Politikwissenschaft", *Tudyka* 1973: Paradigma der Politikwissenschaft ist der Klassenkampf.

2 Zur Diskussion über die politische Ideengeschichte: *v. Beyme* 1969; *Euchner* 1969; Diskussionsbeiträge in PVS 22 (1981); *Bermbach* 1984.

3 *Gunnell* gibt einen breit angelegten Überblick über „Political Theory: The Evolution of A Subfield", indem er aus dem Selbstverständnis der Involvierten heraus darlegt, was sie wollen und was sie tun – ohne aber vorab genauer festzulegen, wonach er eigentlich fragt. Man erfährt dadurch viel Wissenswertes über Kontroversen auf den verschiedensten theoretischen und metatheoretischen Ebenen und für die 70er Jahre und die Gegenwart schließlich, daß man von einem „Kern" von Politischer Theorie nicht sprechen könne (*Gunnell* 1983, 34, 36). Damit es etwas konkreter wird, gibt es einen zweiten Bericht von Riker; er entwickelt die Politische Theorie nun nach eigenem Verständnis und definiert sie sehr wohl: als Suche nach dem Gleichgewicht von Präferenzen, die er dann allein expliziert (*Riker* 1983, 47 ff.).

4 *Gunnell* (1983, 3 u. passim) unterscheidet zu diesem Zweck zwischen „PT" (Politische Theorie disziplinär) und „pt" (Politische Theorie interdisziplinär); dies erscheint für deutsche Verhältnisse nicht erforderlich.

5 Plädoyer in eigener Sache: Die „Reduktion der Dialektik durch Marx" (*Göhler* 1980) ist durchaus als eine Arbeit aus der Politikwissenschaft verstanden.

6 *Fraenkel/Bracher* 1964, 270, Autor: *Hans Maier. Görlitz* 1972 hat kein eigenes Stichwort; der Autor *H.-J. Blank* stellt im Artikel „Politologie" lediglich fest, in der Politischen Theorie sei die Ideengeschichte in den Hintergrund gerückt, dagegen seien systemtheoretische und kybernetische Modellvorstellungen aus den USA rezipiert worden. *Mickel* 1983 hat ebenfalls kein eigenes Stichwort, im Art. „Politikwissenschaft" (*Stammen*) ist Politische Theorie lediglich erwähnt.

7 Einige Beispiele: *Kress/Senghaas* 1969 und, gewissermaßen als Nachfolgeband, *Fetscher/Münkler* 1985 sind Aufsatzsammlungen; im ersteren taucht Politische Theorie noch im Obertitel auf, im letzteren terminologisch überhaupt nicht mehr. Die dezidiert gesellschaftskritisch-marxistische Position der Marburger Schule (*Abendroth/Lenk* 1968) hebt eine „Politische Theorie" nirgends ab. *Lehmbruch* 1967 hat einen eigenen Abschnitt „Politische Theorie" und behandelt dort „politische Ideengeschichte" (mit Schwerpunkt) und „politische Theorie der Gegenwart", gibt aber keine ausgearbeitete Definition. *Berg-Schlosser/Maier/Stammen* 1974 befassen sich vorab in einem ausführlichen „systematischen Teil" mit metatheoretischen Fragestellungen zur Politikwissenschaft und fassen dann unter den „Teilgebieten von Politikwissenschaft" nicht Politische Theorie, sondern nur „Politische Philosophie" als normative Dimension von Politikwissenschaft. *v. Alemann/Forndran* 1974 geben im ersten Teil zwar eine ausgiebige und differenzierte Erörterung der Theorieproblematik für die Politikwissenschaft, aber keine Festlegung oder Umschreibung von Politischer Theorie. *Narr* 1969 will, abgesehen von einem kurzen Exkurs in die Ideengeschichte, „neuere theoretisch-sozialwissenschaftliche Ansätze vornehmlich amerikanischer Provenienz" (9) kritisch diskutieren und benötigt dazu keine Definition von Politischer Theorie. Das gleiche gilt für *Gabriel* 1978, der „einige für die neuere Diskussion typische Beiträge zur politischen Theoriebildung" darstellen will (Vorw.). *Böhret* u. a. 1979 fragen zwar zum Schluß: „Was ist Politische Theorie?", handeln dann aber nur über das, was „eine politische Theorie" ausmacht (453). *Görlitz* 1980 geht es um die politikwissenschaftliche Rekonstruktion der politischen Alltagswelt und systematisch um die Unterscheidung zwischen „politischen" und „politikwissenschaftlichen" Theorien (70 ff.).

8 Genannt seien *Willms* 1977 sowie *Bußhoff* 1975, 1978 und 1984. Die „Theorie der Politik" von *Schlangen* 1974 ist dagegen eine „Einführung in Geschichte und Grundprobleme der Politikwissenschaft".

9 *Böhret* hat in einer kürzlich vorgenommenen Befragung der Politikwissenschaftler zum Stand und zur Orientierung der Politikwissenschaft eine etwas andere Einteilung zugrunde gelegt, die wir so nicht übernehmen, weil wir sie aus wissenschaftstheoretischen und -systematischen Gesichtspunkten für verbesserungsbedürftig halten. *Böhret* trennt „Politikwissenschaft als Disziplin" von der Metatheorie und nimmt diese mit „systematischer, allgemeiner Theorie" zusammen. Hierzu rechnet er die „generellen oder formalen Bereichstheorien" (politische Systemtheorie, Demokratietheorie), von denen er wiederum die „materiellen politischen Theorien" abtrennt und der Ideengeschichte zuschlägt (*Böhret* 1985, 225, 249, 283 f.).

10 Die Auflistung folgt den vorgefundenen Häufigkeiten ohne ausgearbeiteten systematischen Anspruch, wie ihn etwa *v. Beyme* 1972/1984 mit der Aufteilung in integrations- und konfliktorientierte „Grundbegriffe" entwickelt. In dieser sehr komplexen Materie mit ihren vielfältigen Überschneidungen droht leicht die Gefahr, daß eine klare Systematik sich im einzelnen nicht einlösen läßt.

11 Als Beispiele sowie einschlägige Aufsätze seien genannt: *v. Alemann/Forndran* 1974, 43–65; *Berg-Schlosser/Maier/Stammen* 1974; 43–86; *v. Beyme* 1984, 19–72; *Böhret* u. a. 1979, 455–476; *Falter* 1985; *Fijalkowski* 1961; *Görlitz* 1972a, 25–58; *Kevenhörster* 1974; *Lenk* 1975, 49–88; *Narr* 1969, 41–88; *Naschold* 1970, 36–40, 57–68; *Oberndörfer* 1962a; *Schlangen* 1974, 46–71; *Schmitz* 1971; *Wilbert* 1978, 33–94.

12 Die phänomenologische Variante hat nur *Görlitz* 1972a aufgenommen.

13 Zum sozialwissenschaftlichen Potential der Kritischen Theorie: *Bonß/Honneth* 1982; *Bonß* 1983. Zur *Neumann*- und *Kirchheimer*-Interpretation (in dieser Hinsicht freilich nicht voll überzeugend): *Söllner* 1982; *Perels* 1984; *Erd* 1985.

Literaturverzeichnis

Abendroth, Wolfgang/Lenk, Kurt (Hrsg.), 1968: Einführung in die politische Wissenschaft, München.
Alemann, Ulrich v./Forndran, Erhard, 1974: Methodik der Politikwissenschaft, Stuttgart.
Arndt, Hans-Joachim, 1978: Die Besiegten von 1945. Versuch einer Politologie für Deutsche samt Würdigung der Politikwissenschaft in der Bundesrepublik Deutschland, Berlin, München.

Berg-Schlosser, Dirk/Maier, Herbert/Stammen, Theo, 1974: Einführung in die Politikwissenschaft, München.

Bergstraesser, Arnold, 1957/58: Die Stellung der Politik unter den Wissenschaften, in ders.: Politik in Wissenschaft und Bildung, Freiburg 1961. 17–31.

Bermbach, Udo (Hrsg.), 1984: Politische Theoriengeschichte. Sonderheft 15 der PVS, Opladen.

Bermbach, Udo, 1984a: Über die Vernachlässigung der Theoriengeschichte als Teil der Politischen Wissenschaft, in: Bermbach 1984, 9–31.

Beyme, Klaus von, 1969: Politische Ideengeschichte. Probleme eines interdisziplinären Forschungsbereiches, Tübingen.

Beyme, Klaus von, 1972/1984: Die politischen Theorien der Gegenwart, München 1972, 5. Aufl. 1984.

Beyme, Klaus von, 1984a: Theoriengeschichte in der amerikanischen Politikwissenschaft, in: Bermbach 1984, 181–193.

Beyme, Klaus von, 1984b: Neuere Entwicklungstendenzen von Theorien der Politik, in: Aus Politik und Zeitgeschichte Nr. 38 v. 22. 9. 84, 3–13.

Böhret, Carl/Jann, Werner/Junkers, Marie Therese/Kronenwett, Eva, 1979: Innenpolitik und politische Theorie, Opladen.

Böhret, Carl, 1985: Zum Stand und zur Orientierung der Politikwissenschaft in der Bundesrepublik Deutschland, in: Hartwich 1985, 216–330.

Bonß, Wolfgang, 1983: Kritische Theorie als empirische Wissenschaft. Zur Methodologie „postkonventioneller Sozialforschung", in: Soziale Welt 34, 57–89.

Bonß, Wolfgang/Honneth, Axel (Hrsg.), 1982: Sozialforschung als Kritik. Zum sozialwissenschaftlichen Potential der Kritischen Theorie, Frankfurt.

Bubner, Rüdiger/Cramer, Wolfgang/Wiehl, Reiner (Hrsg.), 1982: Politikbegriffe. Neue Hefte für Philosophie 21, Göttingen.

Buchheim, Hans, 1981: Theorie der Politik, München, Wien.

Bußhoff, Heinrich, 1975: Systemtheorie als Theorie der Politik, Pullach.

Bußhoff, Heinrich, 1978: Methodologie der Politikwissenschaft, Stuttgart.

Bußhoff, Heinrich, 1984: Politikwissenschaftliche Theoriebildung, Köln, Wien.

Ebbighausen, Rolf, 1981: Politische Soziologie. Zur Geschichte und Ortsbestimmung, Opladen.

Eckberg, Douglas/Hill, Lester, 1979: The Paradigm Concept and Sociology: A Critical Review, in: American Political Science Review 44, 925–937.

Erd, Rainer (Hrsg.), 1985: Reform und Resignation. Gespräche über Franz L. Neumann, Frankfurt.

Euchner, Walter, 1973: Demokratietheoretische Aspekte der politischen Ideengeschichte, in: ders.: Egoismus und Gemeinwohl. Frankfurt, 9–46.

Falter, Jürgen W., 1980: Die Behavioralismus-Kontroverse in der amerikanischen Politikwissenschaft. Ein Beispiel für die Übertragung von Thomas Kuhns Theorie wissenschaftlicher Revolutionen auf sozialwissenschaftliche Erklärungsvorgänge, in: *Topitsch, Ernst* (Hrsg.): Logik der Sozialwissenschaften, 10. Aufl. Königstein, 423–448.

Falter, Jürgen W., 1982: Der „Positivismusstreit" in der amerikanischen Politikwissenschaft. Entstehung, Ablauf und Resultate der sogen. Behavioralismus-Kontroverse in den Vereinigten Staaten 1945–1975, Opladen.

Falter, Jürgen W., 1985: Der wissenschaftliche und der philosophische Umgang mit Politik II. Funkkolleg Politik, Studienbegleitbrief 1, Weinheim, Basel, 73–96.

Falter, Jürgen W./Honolka, Harro/Ludz, Ursula, 1987: Die Entwicklung der Politischen Theorie in den Vereinigten Staaten 1950–1980. Eine empirische Analyse, Opladen (im Manuskript abgeschl.).

Faul, Erwin, 1979: Politikwissenschaft im westlichen Deutschland, in PVS 20. 71–103.

Fetscher, Iring/Münkler, Herfried (Hrsg.), 1985: Politikwissenschaft. Begriffe – Analysen – Theorien, Reinbek.

Fijalkowski, Jürgen, 1961: Über einige Theoriebegriffe in der deutschen Soziologie der Gegenwart, in: KZfSS 13, 88–109.

Finifter, Ada W. (Hrsg.), 1983: Political Science: The State of the Discipline, Washington.

Fraenkel, Ernst, 1963: Die Wissenschaft von der Politik und die Gesellschaft, in: *Schneider, Heinrich* (Hrsg.): Aufgabe und Selbstverständnis der politischen Wissenschaft, Darmstadt 1967, 228–247.

Fraenkel, Ernst/Bracher, Karl Dietrich (Hrsg.), 1964: Staat und Politik, Frankfurt.

Gabriel, Oscar W. (Hrsg.), 1978: Grundkurs Politische Theorie, Köln, Wien.

Göhler, Gerhard, 1978: Politische Theorie und Begründungsanalyse, in ders. (Hrsg.): Politische Theorie. Begründungszusammenhänge in der Politikwissenschaft, Stuttgart, 9–21.

Göhler, Gerhard, 1980: Die Reduktion der Dialektik durch Marx, Stuttgart.

Göhler, Gerhard, 1982: Die Freiburger und Münchner Schule als Scientific Community. Occ. Paper FB PolWiss Berlin.

Görlitz, Axel, 1972 a: Politikwissenschaftliche Propädeutik, Reinbek.

Görlitz, Axel (Hrsg.), 1972 b: Handlexikon zur Politikwissenschaft, München.

Görlitz, Axel, 1980: Politikwissenschaftliche Theorien, Stuttgart.

Greven, Michael Th., 1974: Systemtheorie und Gesellschaftsanalyse. Kritik der Werte und Erkenntnismöglichkeiten in Gesellschaftsmodellen der kybernetischen Systemtheorie, Darmstadt, Neuwied.

Günther, Ullrich, 1984: Kritischer Rationalismus, Sozialdemokratie und politisches Handeln, Weinheim, Basel.

Günther, Klaus, 1985: Politisch-soziale Analyse im Schatten von Weimar, Frankfurt.

Gunnell, John G., 1983: Political Theory: The Evolution of a Sub-Field, in: *Finifter* 1983, 3–45.

Hartwich, Hans-Hermann (Hrsg.), 1985: Policy-Forschung in der Bundesrepublik Deutschland. Ihr Selbstverständnis und ihr Verhältnis zu den Grundfragen der Politikwissenschaft, Opladen.

Käsler, Dirk, 1973: Wege in die soziologische Theorie, in: *Bahrdt, Hans-Paul:* Wege in die Soziologie. 7. Aufl, München.

Kastendiek, Hans, 1977: Die Entwicklung der westdeutschen Politikwissenschaft, Frankfurt.

Kevenhörster, Paul, 1974: Essentialismus, Eschatologie und Empirismus. Wissenschaftstheoretische Probleme politikwissenschaftlicher Theoriebildung, in: ZfP 21, 287–301.

Kress, Gisela/Senghaas, Dieter (Hrsg.), 1969: Politikwissenschaft. Eine Einführung in ihre Probleme, Frankfurt.

Lakatos, Imre, 1974: Die Geschichte der Wissenschaft und ihre rationalen Rekonstruktionen, in: *Lakatos, Imre/Musgrave, Alan* (Hrsg.): Kritik und Erkenntnisfortschritt, Braunschweig, 271–311.

Lehmbruch, Gerhard, 1967: Einführung in die Politikwissenschaft, Stuttgart.

Lenk, Kurt, 1975: Politische Wissenschaft. Ein Grundriß, Stuttgart.

Matz, Ulrich, 1985: Bemerkungen zur Lage der deutschen Politikwissenschaft, in: ZfP 32, 1–7.

Mickel, Wolfgang W. (Hrsg.), 1983: Handlexikon zur Politikwissenschaft. München.

Narr, Wolf-Dieter, 1969: Theoriebegriffe und Systemtheorie, Stuttgart.

Naschold, Frieder, 1970: Politische Wissenschaft. Entstehung, Begründung und gesellschaftliche Entwicklung, Freiburg, München.

Nohlen, Dieter/Schulze, Rainer-Olaf (Hrsg.), 1985: Politikwissenschaft. Pipers Wörterbuch zur Politik, Bd. 1, München.

Oberndörfer, Dieter (Hrsg.), 1962: Wissenschaftliche Politik. Eine Einführung in Grundfragen ihrer Tradition und Theorie, Freiburg.

Oberndörfer, Dieter, 1962 a: Politik als praktische Wissenschaft, in: Oberndörfer 1962, 9–58.

Perels, Joachim (Hrsg.), 1984: Recht, Demokratie und Kapitalismus. Aktualität und Probleme der Theorie *Franz L. Neumanns*, Baden-Baden.

Riker, William H., 1983: Political Theory and the Art of Heresthetics, in: *Finifter* 1983, 47–67.

Röhrich, Wilfried (Hrsg.), 1975: Neuere politische Theorie. Systemtheoretische Modellvorstellungen, Darmstadt.

Schlangen, Walter, 1974: Theorie der Politik. Einführung in Geschichte und Grundprobleme der Politikwissenschaft, Stuttgart.

Schmitz, Matthias, 1971: Politikwissenschaft zwischen Common-sense und Scientismus, in: *Oberndörfer, Dieter* (Hrsg.): Systemtheorie, Systemanalyse und Entwicklungsländerforschung, Berlin, 11–61.

Schwan, Alexander, 1962: Die Staatsphilosophie im Verhältnis zur Politik als Wissenschaft, in: Oberndörfer 1962, 153–195.

Sens, Eberhard, 1979: System und gesellschaftliche Organisation. Aspekte des Verhältnisses von kybernetischer Systemtheorie und Gesellschaftswissenschaften. rer. pol. Diss., Berlin.

Skinner, Quentin (Hrsg.), 1985: The Return of Grand Theory in the Human Sciences, Cambridge.

Söllner, Alfons, 1982: Politische Dialektik der Aufklärung. Zum Spätwerk von *Franz Neumann* und *Otto Kirchheimer*, in: *Bonß/Honneth* 1982, 281–326.

Stammer, Otto, 1965: Politische Soziologie und Demokratieforschung, Berlin.

Stammer, Otto/Weingart, Peter, 1972: Politische Soziologie, München.

Tudyka, Kurt P., 1973: Kritische Politikwissenschaft, Stuttgart.

Voegelin, Eric, 1959: Die neue Wissenschaft der Politik, München.

Voegelin, Eric, 1966: Was ist politische Realität?, in ders.: Anamnesis, München, 283–354.

Wilbert, Jürgen, 1978: Politikbegriff und Erziehungsziele im politischen Unterricht, Weinheim, Basel.

Willms, Bernard, 1977: Selbstbehauptung und Anerkennung. Grundriß einer politischen Dialektik, Opladen.

Wippler, Reinhard, 1978: Die Ausarbeitung theoretischer Ansätze zu erklärungskräftigen Kategorien, in: *Hondrich, Karl Otto/Matthes, Joachim* (Hrsg.): Theorienvergleich in den Sozialwissenschaften, Darmstadt, Neuwied, 196–212.

Anhang

Tabelle 1: Einzelne Theoriebereiche im Zeitverlauf

Theoriebereich	1954–59	1960–69	1970–79	1980–84	n
Metatheorie					
Disziplin	14	13	6	11	89
Methodologie	3	7	6	8	60
Methoden/Ansatz	4	3	8	4	49
Systemat. Theorie					
Allgemeine Theorie	8	10	16	8	107
Bereichstheorien	21	32	46	45	374
Polit. Philosophie					
Systemat. Pol. Phil.	15	8	8	12	85
Ideengeschichte	17	15	5	6	77
Ideologiekritik	18	11	7	8	87
n	72	232	384	240	928

Spaltenprozent (Beiträge in Prozent aller theoretischen Artikel einer Periode)

Tabelle 2: Der Bereich der systematischen Theorie im Zeitverlauf

Theoriebereich	1954–59	1960–69	1970–79	1980–84	n
Allgemeine Theorie					
Begriff der Politik	4	4	1	2	22
Systemtheorie	0	4	4	1	28
Substanztheorien	4	2	11	4	57
Bereichstheorien					
Demokratietheorie	4	8	8	7	66
Staat	10	4	4	4	39
Pluralismus, Verbände	1	1	2	1	11
Wählerverhalten	1	2	2	3	21
Organisation, Verwaltung	0	2	5	3	31
Internationale Beziehungen	1	11	6	4	58
Unterentwicklung	0	1	2	1	13
Faschismus	0	1	2	3	15
Arbeit/Soziales	0	1	7	14	62
Sozialpsych., Masskom.	0	0	5	5	28
Sonstiges	3	1	4	5	30
n	72	232	384	240	

Spaltenprozent (Beiträge in Prozent aller theoretischen Artikel einer Periode)

Tabelle 3: Ausgewählte Theoriebereiche nach der wissenschaftstheoretischen Richtung

Theoriebereich	normativ-ontolog.	empirisch-analytisch	dialektisch-kritisch	unklassi-fiziert	n
Allgemeine systematische Theorie					
Begr. d. Polit.	50	10	10	30	20
Systemtheorie	0	78	11	11	27
Substanztheorie	14	38	30	18	50
Bereichstheorien					
Demokratietheorie	13	45	19	23	53
Staat	22	14	25	39	28
Pluralismus	0	38	25	38	8
Wählerverhalten	0	95	0	5	19
Organisation	4	32	25	39	28
Internationale Beziehungen	7	65	16	13	45
Unterentwicklung	0	33	67	0	9
Faschismus	0	33	50	17	6
Arbeit/Sozial.	0	14	78	8	59
Sozialpsychol.	0	17	70	13	23
Sonstiges	19	31	26	17	22
Politische Philosophie					
System. Pol. Ph.	45	0	25	30	67
Ideengeschichte	44	6	2	48	48
Ideologiekrit.	41	0	19	41	37

Zeilenprozent. Angaben ohne Neue Politische Literatur.

Tafel 1: Theorieentwicklung 1954–1984.

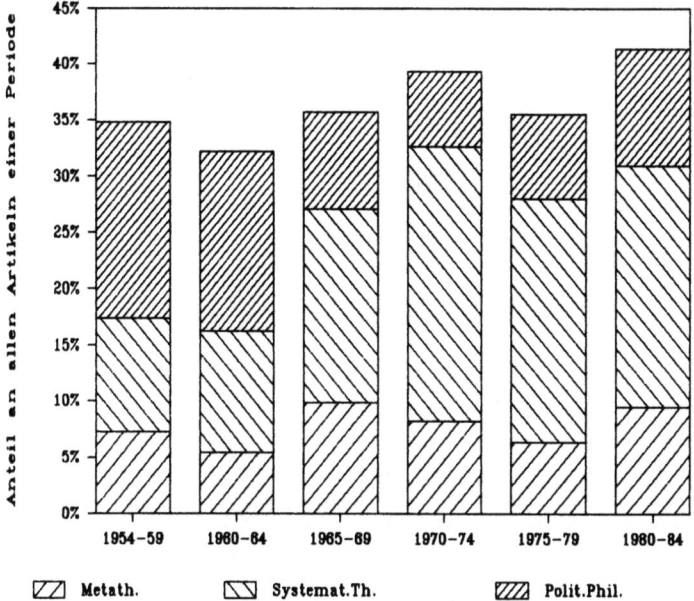

Tafel 2: Wissenschaftstheoretische Positionen

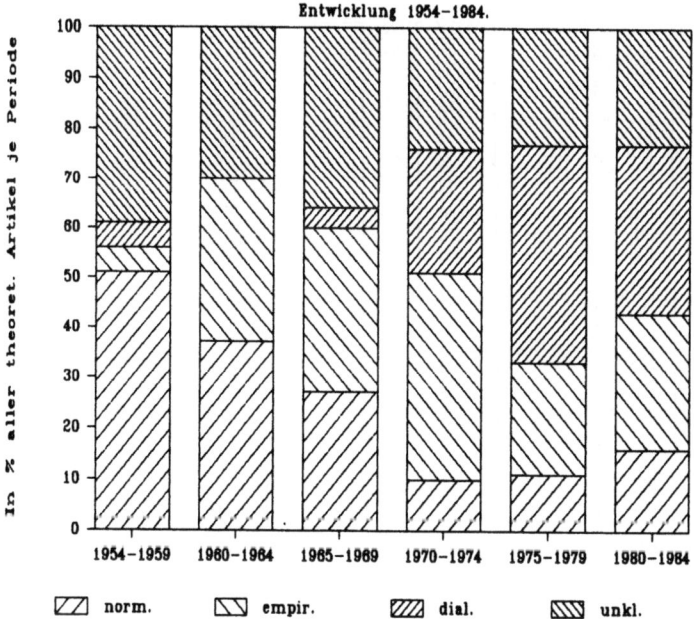

Tafel 3: Zeitschriften und Positionen

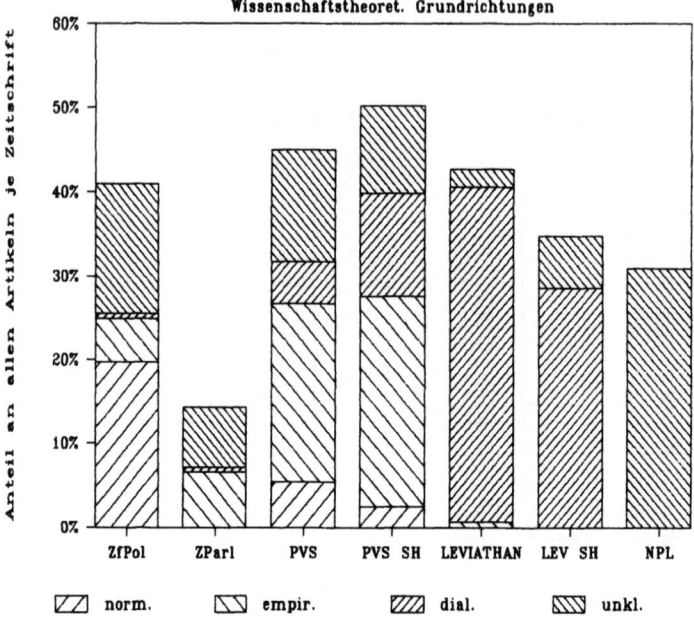

Tafel 4: Theoriebereich und -begriff

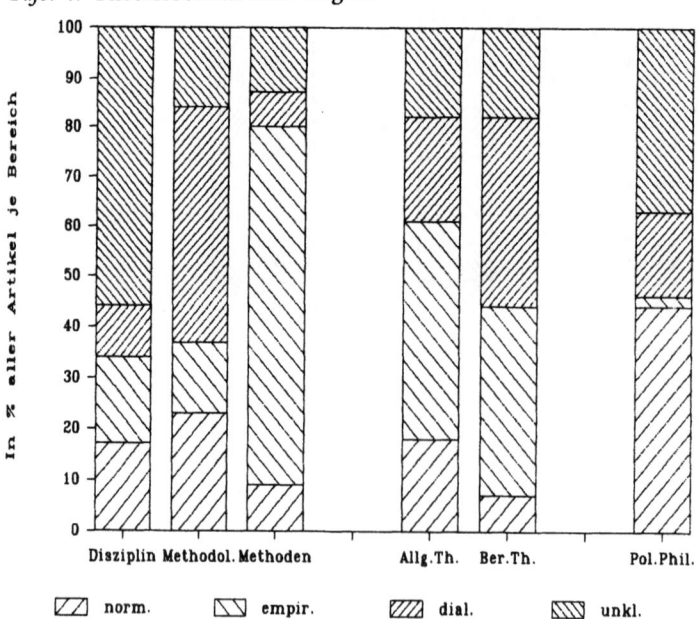

Tafel 5: Theoriebereich nach Richtung

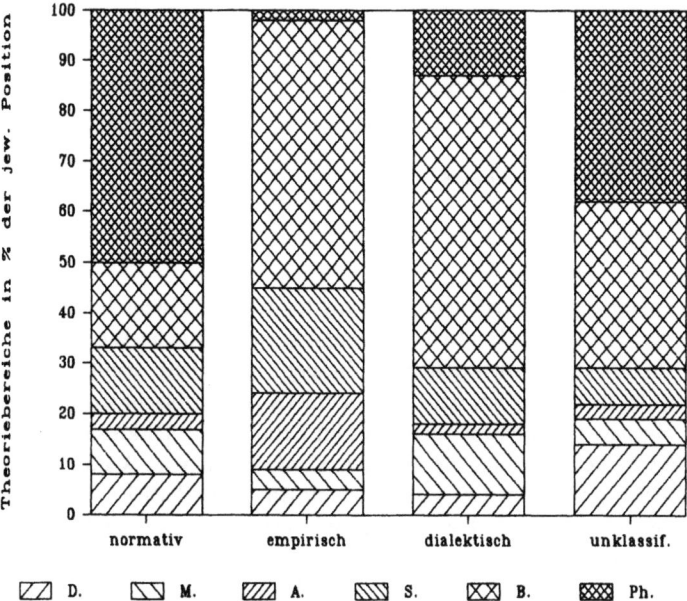

(D.=Disziplin, M.= Methodologie und Methoden, A.=Allgemeine Theorie, S.=Systematische Politische Philosophie, B.=Bereichstheorien, P.=Politische Philosophie).

Zur Entwicklung und zum Stand der politischen Theoriengeschichte

Udo Bermbach

I. Positionsbestimmung der Theoriengeschichte*

1. Entwicklungen bis 1970

Als im Mai 1952 die ein Jahr zuvor gegründete „Vereinigung für die Wissenschaft von der Politik" – der Name wurde 1959 in „Deutsche Vereinigung für Politische Wissenschaft" umgeändert[1] – in Berlin ihre erste wissenschaftliche Tagung veranstaltete, stand die Frage einer Ortsbestimmung des neuen Faches, seines Verhältnisses zu den Nachbardisziplinen ebenso wie das seiner eigenen Teilbereiche zueinander im Zentrum der Diskussionen. Die Vorbereitungsphase der Neuetablierung, die mit den Konferenzen von Waldleiningen und Königstein/Ts. 1949 begonnen hatte[2], war abgeschlossen. Erforderlich schien nunmehr die Durchsetzung im Sinne einer Fundierung auf eigenen Forschungsfeldern und vielleicht durch Ausweis einer eigenen Methodologie, die Bestimmung der inner- wie außeruniversitären Aufgaben und Funktionen, um sowohl organisatorisch eine dauerhafte Existenz abzusichern, den Ausbau des Faches projektieren zu können als auch die Akzeptanz der traditionellen Konkurrenzfächer zu erreichen. *Alfred Weber,* Soziologe und einer der Promotoren des Gründungsgedankens einer politikwissenschaftlichen Vereinigung, konnte damals in seiner Eröffnungsrede mit einer gewissen Befriedigung feststellen, die Politische Wissenschaft genieße mittlerweile „eine gewisse Art von Bürgerrecht an den Universitäten"[3]; aber er verwies zugleich mit großem Nachdruck auf den nach wie vor bestehenden, teilweise massiven Widerstand der übrigen, häufig themennahen Disziplinen, die einerseits zusätzliche Konkurrenz befürchteten, andererseits aber auch meinten, daß „in die Hochschulen politische Fragen hineingetragen würden und die Hochschule politisiert werde" – eine Meinung, die heute zwar weniger in den Universitäten und Hochschulen, bei passender Gelegenheit dafür um so vehementer von außen gegen das Fach vorgetragen wird. Sowohl *Weber* wie auch die beiden nachfolgenden Hauptreferenten *C. J. Friedrich* und *A. Rüstow* stellten Überlegungen zur historischen wie systematischen Bestimmung des Faches innerhalb der deutschen Wissenschaftstradition an. Die politische Theoriengeschichte kam dabei freilich nur am Rande und insoweit vor, als sie zum Beleg für die These herangezogen wurde, „daß die Wissenschaft von der Politik die älteste und zugleich die jüngste aller Wissenschaften von der Gesellschaft des Menschen ist" *(Friedrich).* Diese Auffassung, die von vielen „Politologen der ersten Stunde"[4] geteilt wurde, markierte prägnant den Stellenwert, den Theoriengeschichte innerhalb der Politischen Wissenschaft für die weitere Entwicklung zugewiesen bekam: sie sollte jene historische Legitimierung des neuen Faches liefern, mit deren Hilfe der universitäre Anspruch wie auch die praktisch-politischen Absichten gerechtfertigt werden

konnten, oder anders formuliert: „Der Rekurs auf Ideengeschichte hatte für die Politologie die Funktion, ihre Identität nach außen – in Unterscheidung von anderen wissenschaftlichen Disziplinen – und nach innen – als gemeinsame theoretische Grundlegung –
zu begründen"[5].

Diese Funktionszuweisung der politischen Theoriengeschichte – die auch heute noch das
Urteil einer inzwischen professionalisierten Disziplin weithin prägt – ergab sich aber auch
aus der Intention, das als ‚Integrationswissenschaft'[6] konzipierte neue Fach vom Verdacht
eines potentiellen Wissenschaftsimperialismus freizuhalten. Wenn *Rüstow* in seinem
Referat meinte, die Politische Wissenschaft müsse jene Synthese gesellschaftsrelevanter
Erkenntnisse erbringen, welche die Einzeldisziplinen aufgrund ihrer erfolgten Spezialisierung zu leisten nicht mehr im Stande seien, sie müsse die „Wissenschaft vom Gesamtzusammenhang" werden, so lag darin ein Anspruch, vor dem die bestehenden Fächer in der
Tat mit Konkurrenz- und Existenzangst reagieren mochten, auch wohl in der Weise, daß
sie der neuen Disziplin den Status einer Wissenschaft schlichtweg abzusprechen suchten,
weil – so *Jürgen von Kempski* – die Politologen gezwungen seien, bei allen Nachbarfächern
„Anleihen zu machen und ihnen ins Handwerk zu pfuschen"[7]. Die Funktionszuweisung
der Theoriengeschichte ergab sich aber auch aus der Absicht, mit dem historischen Rückgriff die normative Ausrichtung der Politischen Wissenschaft organisieren zu können, sie
als „Demokratiewissenschaft"[8] in den universitären Kontext einzuführen und ihr so auch
eine von vornherein über die Universität hinausreichende praktische Aufgabenstellung zu
sichern. Der politischen Theoriengeschichte wurde damit für die weitere Entwicklung des
Faches eine zwar wichtige, letztlich aber äußerst begrenzte Aufgabe zuteil, die überdies in
dem Maße abnehmen und an Bedeutung verlieren mußte, wie das Gesamtfach einfach
durch die Dauer seiner Existenz, durch personellen Ausbau wie durch Professionalisierung
und Absicherung in den unterschiedlichsten Ausbildungsgängen aus dem Kreise der
etablierten Wissenschaftsdisziplinen nicht mehr zu verdrängen war.

Gleichwohl behaupten sich bis in die Gegenwart hinein Vorstellungen, wonach die
Ideengeschichte vor allem auch während der Anfangsjahre die Politische Wissenschaft in
Deutschland dominiert habe und auch heute noch an der Spitze aller politikwissenschaftlicher Forschungs- und Lehrgegenstände stehe[9]. Diese Prestigeposition der Theoriengeschichte, die neuerdings erstaunlicherweise sogar noch befestigt erscheint[10], läßt sich
vielleicht mit folgenden Überlegungen erklären:

a. Die traditionelle Bezeichnung ‚Politische Philosophie und Ideengeschichte', die
zumeist auch heute noch als Bezeichnung der Teildisziplin gebräuchlich ist, erscheint
unscharf und vieldeutig. Sie umfaßt in einem weiten Sinne sowohl die Beschäftigung mit
den ‚Klassikern' des politischen Denkens als auch die Fragen systematischer Theoriebildung und Theorieanwendung, sofern es sich hier nicht um empirische Probleme, sondern
um solche der Vermittlung und Umsetzung handelt. Das mag unter forschungsstrategi-
schen wie auch den Status des Faches betreffenden Aspekten als Vorteil gesehen werden[11],
weil damit einer allzu schnellen Eingrenzung des Forschungsfeldes und so auch der denkbaren Bedeutungseinengung innerhalb des Gesamtfaches vorgebeugt werden kann. Aber
zugleich ergibt sich auch die Möglichkeit, Arbeiten, die eine historisch-philosophische
Dimension haben, der Ideengeschichte zuzurechnen. Das gilt für historisch-systematische
Untersuchungen ebenso wie für solche, die zwar gegenwartsbezogene Fragestellungen
thematisieren, diese allerdings auf einem ideengeschichtlichen Hintergrund interpretieren.

Vornehmlich für die fünfziger und sechziger Jahre gewinnt die Theoriengeschichte durch solche Zurechnungen ein scheinbar sachliches Gewicht, das über ihren realen, aber auch damals schon sehr viel eingeschränkteren Stellenwert für das Gesamtfach hinwegtäuscht. Hinzu kommt, daß ein so weites Verständnis keine präzise Abgrenzung von verwandten, zugleich auch konkurrierenden Nachbargebieten mehr erlaubt; politische Theoriengeschichte kann daher in Sozialphilosophie ebenso aufgehen wie in Geschichte oder Soziologie, in einer historisch verfahrenden Literaturwissenschaft so gut wie in Pädagogik oder Teilen von Jurisprudenz. Unter Forschungsgesichtspunkten ist diese Interdisziplinarität gewiß sinnvoll, ja einzig richtig; unter der Überlegung, den genaueren Stellenwert und Beitrag innerhalb des Faches zu bestimmen, allerdings problematisch, da die Proportionen verlorengehen können. Und dies nichtzuletzt deshalb, weil gerade während der ersten Jahre nach 1949 viele politologische Hochschullehrer aus Nachbardisziplinen kamen, teilweise mit ihren Lehrstühlen auch in nicht-politologischen Instituten verankert waren, sich selbst häufig auch nur begrenzt der neuen Disziplin zurechnen mochten[12]. Nimmt man hinzu, daß eine Reihe von wissenschaftlichen Publikationen aus fächerübergreifenden Grenzbereichen stammte, die affin zur Theoriengeschichte waren, ebenso Arbeiten aus dem Fach selbst, die ihre Analyse des politischen Systems der Bundesrepublik, die Aufarbeitung des Dritten Reiches und des Nationalsozialismus, Vergleiche von unterschiedlich politischen Systemen u. ä. m. jeweils mit ,ideengeschichtlichem Rückgriff' verbanden, um auf diese Weise auch ihre Wertungen zu rechtfertigen, so gewinnt der Teilbereich Theoriengeschichte in der Tat ,zentrales' Gewicht: ihm konnte letztlich alles zugeordnet werden, was sich nicht strikt empirisch-analytischem oder funktionalistischem Wissenschaftsverständnis fügte.

b. Wenn richtig ist, daß die deutsche Wissenschaft schon immer „stärker an Theoriebildung als an empirischer Wissenschaft interessiert[13] war, dann mußte dies auch zwangsläufig Folgen für das Ansehen der Theoriengeschichte haben. In sie war, da sich häufig vornehmlich bei den ,Gründervätern' die Politikwissenschaft mit Philosophie verband, ein Stück der deutschen geisteswissenschaftlichen Tradition eingegangen und damit auch jenes Ansehen, das die Geisteswissenschaften seit ihrer Blüte im 19. Jahrhundert in Deutschland genossen, ungeachtet ihrer sicherlich auch problematischen Traditionen und deren politischen Folgewirkungen. Der Anspruch vor allem der politischen Normativisten, Fundamentalprobleme der Politik zu thematisieren, also Grundlagenwissenschaft zu treiben und so eine „Philosophie des Gemeinwesens heute in der historischen und philosophischen Verarbeitung der klassischen Tradition der Politik"[14] zu formulieren, hatte gewiß auch die Hebung des Prestigewertes der Theoriengeschichte zur Folge, die damit an der alten, heute wohl verlorengegangenen Vorrangstellung der Philosophie auch für die Sozialwissenschaften insgesamt anknüpfen konnte.

c. Die Wiederbegründung der deutschen Politischen Wissenschaft nach 1949 war unter anderem aus dem Motiv heraus erfolgt, jene ,Demokratiewissenschaft' zu etablieren, die mit Hilfe ihres pädagogischen Auftrages die Wiederholung des Faschismus verhindern und die Einfügung der Deutschen in die westlichen politischen Traditionen befördern sollte. Folglich war eines der zentralen Probleme der Disziplin, einen Demokratiebegriff zu entwickeln, der gleichermaßen wissenschaftlich wie praktisch-politisch, also normativ wie analytisch zugleich sein konnte, und mit dessen Hilfe an westliche, wo möglich an deutsche Traditionen angeschlossen werden konnte – und dazu bedurfte es unter anderem intensiver ideengeschichtlicher Arbeit.

Vor allem im Kontext dieser Intention sind die Publikationen der ‚Gründungsväter' und ihrer ersten Schüler zu sehen. Deren Bemühungen waren weit gespannt, sie reichten von der Aufarbeitung und Auseinandersetzung mit der westlich-liberalen Politiktradition bis zum Rückgriff auf antikes Politikverständnis, das im Rahmen einer erneuerten praktischen Philosophie die gewünschten, politischen Orientierungen liefern sollte. Verwiesen sei beispielhaft auf die Arbeiten *C. J. Friedrichs,* der deutsches und amerikanisches politisches Denken immer wieder in Beziehung zueinander setzte, die Traditionen des politischen Systems der USA in die Bundesrepublik zu vermitteln suchte, aber zugleich auch die liberalen und demokratischen Denkströmungen in Deutschland mit Nachdruck (vor allem in den USA) in die Erinnerung rief[15], ähnlich wie *Ernst Fraenkel,* dessen Arbeiten zum Regierungssystem Amerikas und seiner historischen Vorbedingungen, zum westlichen Demokratieverständnis und vor allem zur Pluralismustheorie[16] die Entwicklung der westdeutschen Politikwissenschaft nachhaltig prägten. Für den Status der Theoriengeschichte innerhalb des Faches freilich war der Versuch, alte Traditionen der praktischen Philosophie wieder aufzunehmen – wie er im Bewußtsein der Fachwissenschaftler vornehmlich mit den Leistungen der ‚Freiburger' und ‚Münchner Schule', mit den Namen *Eric Voegelin* und *Arnold Bergstraesser* und deren Schüler verbunden ist – von besonderer Bedeutung. *Voegelins* These, wonach die „Wiederherstellung der Politischen Wissenschaft nicht ohne Rückgriff auf die platonisch-aristotelische episteme möglich"[17] sei, da deren Gültigkeit von Zeit und Ort unabhängig und es sich somit nicht um das „willkürliche Aufgreifen einer historisch bedingten Ansicht, sondern die theoretische *conditio sine qua non* der Politischen Wissenschaft"[18] handele, wurde zur grundlegenden Ausgangsposition einer Reihe von wissenschaftlichen Arbeiten, in denen ideengeschichtliche Argumente eine wesentlich subsidiäre Funktion innerhalb eines sozialphilosophischen Grundkonzeptes von Politik zugewiesen bekamen. Da die Freiburger und Münchner Schule nicht nur eine erstaunliche wissenschaftliche Produktivität erreichte, sondern auch an süddeutschen Universitäten beträchtliche Personalerfolge bei der Besetzung von Lehrstühlen erzielen konnte, erschien sie vielen Beobachtern für die Politikwissenschaft dominanter als sie tatsächlich war[19].

Unklarheiten darüber, was alles unter ‚Politischer Philosophie und Ideengeschichte' zu verstehen und zu subsumieren sei, hoher Prestigewert der Theoriengeschichte auf dem Hintergrund eines philosophisch geprägten „teutonischen Wissenschaftsstils"[20], und schließlich der häufige ‚ideengeschichtliche Rückgriff' in Arbeiten, die selbst keineswegs primär theoriengeschichtliche Absichten verfolgten, sind wohl die hauptsächlichen Gründe dafür, daß vor allem für die ersten Jahre der deutschen Politikwissenschaft eine „Voreingenommenheit vieler für die politische Ideengeschichte"[21] vermutet werden konnte.

Deren faktisch eher marginale Rolle für die Gesamtentwicklung der Disziplin läßt sich, in vereinfachter Weise, an folgenden Sachverhalten ablesen:

– *Die Besetzung und Ausrichtung der Lehrstühle* geschah zumeist mit dem Blick auf die politisch-praktischen Zielsetzungen des neuen Faches. Die ‚Gründungsväter' waren überwiegend, geprägt durch die Erfahrungen von Weimar und des Faschismus, durch Verfolgung und Exil, in ihrer Lehr- und Forschungstätigkeit an Problemen orientiert, die sich aus dem neuerlichen Versuch ergaben, in der Bundesrepublik eine parlamentarische Demokratie einzurichten. Wenn *Lepsius* in seiner ‚Denkschrift zur Lage der Politischen

Wissenschaft' (1961) feststellte, der Kern dieses neuen Faches bestehe in einer „Theorie des politischen Prozesses, die auf der Analyse politischer Ordnungsvorstellungen, Institutionen und Verhaltensformen in ihrer historischen Entwicklung"[22] gründe, so waren damit Aufgabenstellung und Ausrichtung des Faches exakt beschrieben. 1960 war die Politikwissenschaft an 12 der 18 deutschen Universitäten als eine selbständige Disziplin institutionalisiert[23], 1962 hatte sich die Zahl der Lehrstühle auf 27 mehr als verdoppelt[24]. Damit war das Fach an allen Universitäten und pädagogischen Hochschulen vertreten, aber es gab – abgesehen vom Otto-Suhr-Institut an der FU Berlin, das hinsichtlich seiner personellen wie sachlichen Ausstattung bis heute eine Sonderstellung einnimmt, auch aufgrund seiner Herkunft aus der Deutschen Hochschule für Politik – keinen Lehrstuhl für Ideen- oder Theoriengeschichte. Vielmehr waren sogar mehr als ein Viertel aller Lehrstühle sogenannte ‚Kombinations-Lehrstühle'[25], d. h. Lehrstühle mit Doppelbezeichnung, in denen das Fach mit einer Nachbardisziplin, vornehmlich mit Geschichte, Wirtschafts- oder Rechtswissenschaften, auch Soziologie, kaum aber Philosophie verbunden wurde. Das zeigt die Tendenz der Ausrichtung mit aller Deutlichkeit. Und sie läßt sich auch vom Lehrangebot und den Prüfungsordnungen jener Zeit ablesen: auch wenn in – zumeist Lehrerprüfungsordnungen – die ‚Theorie der Politik' oder die ‚Geschichte der politischen Ideen' häufig an erster Stelle genannt wurden, konzentrierte sich das Lehrangebot an den Hochschulen doch vorwiegend auf den Bereich der ‚Regierungslehre'. Ideengeschichte, sofern sie nicht die Funktion historisch-philosophischer Teilerklärungen für gegenwartsbezogene Analysen übernehmen konnte, blieb ebenso nachgeordnet wie etwa der Bereich der deutschen Außenpolitik und der internationalen Politik, von dem Lepsius damals notierte, daß er „praktisch überhaupt noch nicht in Angriff genommen worden sei"[26].

Die Feststellung *Arndts*, die „Politologen der ersten Stunde" hätten „so gut wie gar nicht die konkrete Entfaltung der Bundesrepublik Deutschland in ihrer konkreten Problematik zum Gegenstand ihrer Studien"[27] gemacht, bedarf einer entschiedenen Relativierung. Auch wo „viel Theorie in der Produktion der Lehrer"[28] konstatiert werden kann, war solche Theorie auf jene Entwicklungen bezogen, die mit der Bundesrepublik zusammenhingen, war also allenfalls moderne politische Theorie, aber kaum Ideen- oder Theoriengeschichte. *Lepsius* hat recht, wenn er für jene Zeit schreibt: „Der Neubeginn der Politischen Wissenschaft in Deutschland fiel mit dem Zusammenbruch der nationalsozialistischen Diktatur und der Wiedererrichtung der parlamentarischen Demokratie zusammen. Auf diese beiden Problembereiche hat sich aus naheliegenden Gründen auch die Forschung der Politischen Wissenschaft bisher bevorzugt gerichtet"[29].

– Dieses Urteil von *Lepsius* gilt im wesentlichen bis in die späten sechziger Jahre auch für die *Ausrichtung der wissenschaftlichen Publikationen*. Die Arbeiten von *Kogon, Eschenburg, Sternberger, Friedrich, von der Gablentz, Stammer, Fraenkel, von Eynern, Hermens* oder *Abendroth*, die Arbeiten ihrer Schüler wie *Bracher, Sontheimer, Wildenmann* u. a. waren vorwiegend gegenwartsbezogen im schon skizzierten Sinne: sie machten die parlamentarische Demokratie (der Bundesrepublik) und deren (historische) Voraussetzungen wie Vorbelastungen zum zentralen Aspekt ihrer Untersuchungen. Gewiß, all diese Arbeiten waren, auch in ihren historisch-empirischen Teilen, von einem zumeist explizit formulierten, normativen Interesse geleitet, das sich im Horizont westlich-demokratischer Wertvorstellungen bewegte und aus der Ideengeschichte Anregung wie Wertkriterien bezog. In *C. J. Friedrichs* ‚Verfassungsstaat der Neuzeit'[30] bildete die europäische und amerikanische Geistesgeschichte seit der klassischen Antike den Hintergrund institutioneller und komparativer Analyse, in *Eschenburgs* ‚Staat und Gesellschaft in Deutschland‘[31] wurden die tragenden, staatsrechtlichen Grundbegriffe ideengeschichtlich und historisch fundamentiert, und ähnliches gilt für eine Vielzahl der damaligen Veröffentlichungen. Daß damit freilich schon in einem engeren Sinne Beiträge zur theoriegeschichtlichen Forschung geleistet worden seien, kann schwerlich behauptet werden. Die von *Arndt* vorgenommenen Aufschlüsselungen der Fachpublikationen ergeben für die ‚Gründerväter‘ 2 ideengeschichtliche Arbeiten von insgesamt 66[32], für die Generation der ersten Schüler 11 von insgesamt 87[33]. Sieht man genauer hin, so zeigt sich, daß wichtige theoriengeschichtliche Arbeiten, die das Gesamtbild wie die Gesamtentwicklung der deutschen Nachkriegs-Politologie mitgeprägt und das Vorurteil der Dominanz der Ideengeschichte mitgeschaffen haben könnten, entweder von deutschsprachigen Autoren geschrieben wurden, die allerdings selbst nicht in der Bundesrepublik lebten – wie etwa die Arbeiten von *Hannah Arendt*[34], *Leo Strauss*[35] und *K. R. Popper*[36] – oder aber von Autoren stammten, die sich selbst nicht oder doch nicht primär der Politischen Wissenschaft zurechneten, auch wenn sie deren Fachvereinigung, der DVPW, angehörten – wie etwa *Eric Voegelin*[37] oder *Gerhard Leibholz*[38].

Nonnenmacher hat darauf hingewiesen[39], daß die Ideengeschichte innerhalb der ‚zweiten Generation‘ deutscher Politologen später intensiver betrieben worden sei, und er verweist dabei u. a. auf die Arbeiten von *Fijalkowski, Fetscher, Sontheimer, Meier, Hennis, Schwan* und *Faul*. Schon die Aufzählung zeigt, daß es sich bei den Genannten in der Mehrzahl um Mitglieder der Freiburger und Münchner Schule handelt, die allerdings – worauf noch genauer hinzuweisen sein wird – primär ideengeschichtlich gearbeitet hat. Allerdings: berufen wurden fast alle dann auf Lehrstühle, deren Spezifikation nicht in Ideengeschichte bestand, und so hat *H. P. Schwarz* recht, wenn er für eben seine, die ‚zweite‘ Generation, meint, daß sie ihre Forschungsschwerpunkte in der Parteien-, Verbands- und Institutionsforschung, in der Zeitgeschichte und der Erforschung des Nationalsozialismus finde[40].

– Für die Situation der politischen Ideengeschichte innerhalb der sich entwickelnden Politikwissenschaft war bis etwa zum Ende der sechziger Jahre die Tatsache bezeichnend, daß es keine von einem der Fachvertreter geschriebene Einführung in die Geschichte des politischen Denkens gab. 1960 notierte *H. O. von der Gablentz* am Ende seines Berichtes über die ‚Politische Forschung in Deutschland‘: „Es fehlt eine zusammenhängende Darstellung der politischen Ideen, wie sie in Amerika *Sabine* und in Frankreich *Touchard* gegeben haben"[41], und dieses Urteil findet sich noch 1968 in der von *Lehmbruch* vorgelegten ‚Einführung in die Politikwissenschaft‘[42]. Für lange Zeit blieb *Walter Theimers* umstrittenes, weil hochselektives Buch ‚Geschichte der politischen Ideen‘[43] die einzige deutschsprachige ‚Gesamtdarstellung‘, die sich allerdings mit Sabines ‚History of Political Theory‘[44] nicht ernsthaft vergleichen konnte. Die von *Möbus/von der Gablentz* edierte dreibändige Einführung[45] konnte ebensowenig wie die von *Bergstraesser/Oberndörfer* besorgten ‚Klassiker der Staatsphilosophie‘[46] die offensichtlich bestehende Lücke wirklich ausfüllen, weil es sich hier im wesentlichen um kommentierte, einführende Textauszüge von ‚Klassikern‘ handelte. Und bezeichnend ist, daß der Versuch einer großangelegten Textedition der „Klassiker der Politik" – einer Reihe, die an die in den zwanziger Jahren edierte, von *F. Meinecke* und *H. Oncken* begründete Textsammlung anschließen wollte –, die 1965 zu erscheinen begann, bereits drei Jahre später, nachdem sechs Bände vorgelegt worden waren, ihr Erscheinen wieder einstellte[47].

Erst gegen Ende der sechziger Jahre begann sich die Lage etwas zu bessern. *Meier/Denzer/ Rausch* legten ihre zweibändigen, seither sich behauptenden ,Klassiker des politischen Denkens'[48] vor, eine Auswahl, die auf einem weithin konventionalistischen Einverständnis über die großen ,Entwürfe' beruhte, von den Herausgebern mit dem Hinweis begründet, als ,Klassiker' habe zu gelten, wer mit seinem Werk zumindest einmal, und sei es nur für kurze Frist, im Mittelpunkt der politischen Ideen und Vorstellungen einer Epoche stand, wer repräsentativ für seine Gesellschaft wurde und die Kraft universeller Verbreitung sowie historischen Weiterwirkens entfaltet habe. Gleichzeitig begann, herausgegeben und erarbeitet von Schülern *Eric Voegelins*, eine ,Geschichte des politischen Denkens' zu erscheinen, die anspruchsvoll prätendierte, ,,alle wichtigen Zivilisationen und die Dokumente der jeweiligen Selbstauslegung menschlicher Existenz in Gesellschaft in die Betrachtung" (Text der Herausgeber) einbeziehen zu wollen, die allerdings nie vollständig erschien, 1974 abgebrochen wurde und inzwischen aus dem Buchangebot verschwunden ist[49]. Gleichwohl: von einem Abdriften der Ideengeschichte ins ,,antiquarische Abseits"[50], etwa im Gefolge der studentischen Aufbruchsstimmung der späten sechziger Jahre, konnte noch nicht die Rede sein; *Bernard Willms*[51], *Kurt Lenk*[52], *Peter Weber-Schäfer*[53] und *Franz Neumann*[54] legten Einführungen vor, die allmählich das zuvor bestehende Defizit zu beheben schienen.

Schießlich in diesem Zusammenhang ein letzter Hinweis: die seit 1960 erscheinende *Politische Vierteljahresschrift,* erstes fachwissenschaftliches Periodikum der DVPW, enthielt zwar von Beginn an Aufsätze zur ,Politischen Theorie und Ideengeschichte'; aber der Anteil der rein ideengeschichtlichen Abhandlungen trat auch hier hinter den Arbeiten zur modernen politischen Theorie, zu Fragen des deutschen Regierungssystems und seiner Voraussetzungen, zur vergleichenden Regierungslehre oder auch zur internationalen Politik deutlich zurück. In den Jahren bis 1970 lag er, großzügig gewichtet, bei maximal 20%, in einzelnen Jahrgängen dieser Zeit teilweise um zur Hälfte niedriger. In den Jahren nach 1970 ist er kontinuierlich zurückgegangen. Etwas besser stand die Teildisziplin in der *Zeitschrift für Politik* dar, die – in München herausgegeben – von Anfang an der Politischen Philosophie, der Theorie und auch der Ideengeschichte einen wesentlich zentraleren Stellenwert für das Gesamtfach eingeräumt hatte.

2. Neuere Entwicklungen seit 1970

Nicht zuletzt durch die Studentenbewegung veranlaßt, erfuhr die Politische Wissenschaft am Anfang der siebziger Jahre an den Hochschulen einen starken personellen Ausbau. Es wurde eine Vielzahl von Hochschullehrer-Stellen geschaffen, die das Fach an den meisten deutschen Universitäten überhaupt erst ausreichend etablierten und erlaubten, eigene Studiengänge einzurichten. Da mit der Studentenbewegung zugleich auch die Nachfrage nach ,politischer Theorie' erheblich anstieg, könnte man vermuten, die Politische Ideengeschichte habe von solcher Entwicklung entscheidend profitiert. Doch war dies nicht der Fall, vielmehr gab es eine – bis heute – anhaltende Tendenz des Rückgangs und der schwindenden Bedeutung, deren Ursachen sich wie folgt kurz zusammenfassen lassen:

a. Der in den frühen siebziger Jahren vollzogene personelle Ausbau des Faches kam in erster Linie dessen ‚hartem Kern‘, also der (vergleichenden) Regierungslehre sowie der Außenpolitik und den internationalen Beziehungen zugute. Das hatte wesentlich zwei Gründe: zum einen den, daß die institutionelle Förderung der Politischen Wissenschaft primär an den Intentionen ihrer ‚Gründungsväter‘ anzuschließen suchte, d. h. die Kultusbürokraten erhofften sich durch einen Ausbau des Faches eine Verstärkung der politischen Bildung an den Universitäten und Hochschulen, dadurch zugleich eine Pazifizierung der Studenten. Und dies um so eher, als die Politologen – im Unterschied zu Soziologen, aber auch Theologen und anderen Geisteswissenschaftlern, – „an der Entstehung der Protestbewegung keinen nennenswerten Anteil hatten"[55], sondern erst relativ spät die vornehmlich aus der Soziologie kommenden Impulse einer radikalen Gesellschaftsveränderung aufnahmen und innerwissenschaftlich verarbeiteten. An die Tradition der ‚Demokratiewissenschaft‘ noch einmal anzuschließen aber bedeutete auch, jene Teilbereiche des Faches zu stärken, die auf die aktuellen Fragen zu reagieren in der Lage waren; und eben dies vermochte die Ideengeschichte nicht in jenem unmittelbaren Sinne, in dem dies in einer bildungspolitisch hochgestimmten Situation von ihr erwartet wurde. Zum anderen kam hinzu, daß mit der einsetzenden Bildungs- und Universitätsreform das Postulat von praxisrelevanter Berufsbezogenheit der Studiengänge immer stärkeres Gewicht gewann, daß im Kontext politischer Planungseuphorie jene Politologen gefragt waren, die sich als bestenfalls kritisch aufgeklärte Sozial-Technokraten sinnfällig am Prozeß der ‚Verwissenschaftlichung‘ von Politik zu beteiligen vermochten. Innerhalb des Faches fand dies – in unmittelbarem Bezug zum sozialliberalen Planungs- und Regelungsbedarf von Politik während der ersten siebziger Jahre – seinen Ausdruck in der von der amerikanischen *policy analysis* stimulierten deutschen ‚Politikfeldforschung‘[56], die von ihren Befürwortern als eine entscheidende Stufe der Professionalisierung verstanden und propagiert wurde, die zugleich aber auch die Ideengeschichte, nicht ganz so entschieden die moderne politische Theorie in den vorwissenschaftlichen Bereich des Faches abdrängte. Trotz neuerdings beobachtbarer Nachdenklichkeit bei manchen *Policy*-Forschern ist diese Position insgesamt unangefochten; es gilt, daß die *policy analysis* der eigentlich moderne *approach* der Politikwissenschaft ist, in dem sich materiale und institutionelle Analysen miteinander verbinden lassen, mit dem praktische Wirksamkeit erzielt werden kann, kurz: der der ‚Kernbereich‘ der gegenwärtigen Politikwissenschaft ist[57]. Da vor allem die jüngeren Politologen – nicht zuletzt aus praktischen Berufserwägungen – diese Position vertreten, ist die politische Theoriengeschichte weiter marginalisiert worden.

Darüber hinaus ist an das Faktum zu erinnern, daß seit Mitte der sechziger Jahre die deutsche Politikwissenschaft mit „Theorie-Importen"[58] beschäftigt war. Zunächst wurden amerikanische Ansätze in der Bundesrepublik bekannt gemacht, etwa durch die Arbeiten von *Narr* und *Naschold*[59], später begann sich der Einfluß der ‚Frankfurter Schule‘ in den Diskussionen über eine ‚Kritische Politikwissenschaft‘[60] stärker auszuwirken. Für die Theoriengeschichte bedeutete dies den Beginn einer intensiveren Auseinandersetzung mit dem Marxismus, der bis dahin – von Ausnahmen wie den Arbeiten *Fetscher*s einmal abgesehen – weitgehend unter dem Etikett des ‚Totalitarismus‘ abgehandelt wurde. Diese Auseinandersetzung hatte zwei unterschiedliche Konsequenzen: zum einen führte sie in einigen wichtigen theoriegeschichtlichen Arbeiten – etwa denen von *Euchner, Saage, Medick* u. a. – zu sozial-historisch orientierten Analysen, zum anderen produzierte sie die später so genannten ‚Staatsableitungsdiskussionen'[61], die sich allerdings Mitte der siebziger Jahre schon in fruchtlosem Theorienstreit erschöpft hatten. Insgesamt hat sie den Vorrang der Freiburger und Münchner Schule ein wenig zurückzudrängen vermocht und die unterschiedlichen Konzepte innerhalb der politischen Ideengeschichte deutlicher markiert.

Die Tatsache, daß die deutsche Politikwissenschaft Entwicklungen vornehmlich der Soziologie, aber auch innerhalb der Philosophie erst zeitlich verzögert rezipiert hat, läßt sich auch eindrucksvoll an den Themen der wissenschaftlichen Kongresse der DVPW in jenen Jahren ablesen; es waren allesamt Themen, die einen unmittelbaren Bezug zur politischen Diskussion in der Bundesrepublik hatten, Themen, die auf eine Gesprächslage reagierten, wie sie von den Nachbardisziplinen weitgehend vorgegeben und mitgeprägt worden waren[62].

Wissenschaftsinterne Selbstprofilierung und zunehmende Professionalisierung wie gesellschaftlicher Außendruck, kompliziert noch durch richtungspolitische Differenzierungen innerhalb des Faches und seiner Angehörigen in Reaktionen auf die gesellschaftlichen Entwicklungen sorgten dafür, daß die politische Theoriengeschichte am allgemeinen institutionellen und personellen Ausbau des Faches nicht angemessen teilnahm. Dieses personelle Defizit hat sich bis heute erhalten, im Vergleich etwa zu den anderen Teilbereichen des Faches, die erheblich besser ausgestattet sind. So gibt es beispielsweise an den deutschen Hochschulen nur verschwindend wenige Stellen, die speziell für politische Ideengeschichte eingerichtet sind. Die Durchsicht der Vorlesungsverzeichnisse freilich zeigt, daß ideengeschichtliche Veranstaltungen regelmäßig an fast allen politikwissenschaftlichen Instituten angeboten werden, vor allem dort, wo das Fach über vergleichsweise gut ausgebaute Institute verfügt, wie etwa Berlin, Hamburg, Köln, Frankfurt oder München. Da aber auch an kleineren Instituten häufig Hochschullehrer unterrichten, die im Laufe ihrer wissenschaftlichen Tätigkeit zumindest zeitweilig theoriengeschichtlich orientiert gearbeitet haben, finden sich auch hier entsprechende Lehrangebote. Jedoch bleibt festzuhalten, daß Ideengeschichte häufig nur Beiprodukt einer generellen theoretischen Orientierung von Forschung und Lehre ist und daß ihre Verankerung in der Lehre noch keine Auskunft über ihre wirkliche Bedeutung, ihren Einfluß auf das Fach selbst gibt.

In seiner Umfrage zur Lage der deutschen Politikwissenschaft (1984) hat *Böhret* neuerdings festgestellt, daß die Politische Theorie und Ideengeschichte innerhalb des Faches einen immer noch hohen Prestigewert einnimmt[63], aber in der Realentwicklung eher an den Rand gedrückt worden ist. So nehmen beispielsweise die derzeit laufenden Forschungsarbeiten der Hochschullehrer für den Bereich der Theorie/Ideengeschichte nur einen Anteil von 12% aller politikwissenschaftlichen Forschungsarbeiten ein (wobei die Absicht zur Erhöhung des Anteils auf 19,5% bekundet wird), die des Nachwuchses gar nur 6% (mit der Absicht zur Senkung auf 3,2%), gemessen an Werten in der Vergangenheit, bei denen die Hochschullehrer 17,7%, der Nachwuchs 9,2% zur Gesamtproduktion des Faches beisteuerten. Eine ähnlich geringe Gewichtung ließ sich für die Fachzeitschriften ausmachen[64], wobei die traditional-konservativ ausgerichteten Periodika einen deutlich höheren Anteil ideengeschichtlicher Beiträge zu verzeichnen hatten. Die marginale Position der Theoriengeschichte läßt sich an solchen Zahlen eindrucksvoll belegen. Mangelnde Berufsaussichten für Studenten der Politikwissenschaft insgesamt, besonders aber für diejenigen, die sich theoriengeschichtlich orientieren; verheerende Aussichten auf wissenschaftliche Karriere in einer Disziplin, in der das Durchschnittsalter der Hochschullehrer bei etwa 47 Jahren liegt; Professionalisierungstendenzen, die den unmittelbaren Praxisbezug befördern, dies alles – und einiges mehr – läßt die Theoriengeschichte innerhalb des Faches schrumpfen, macht sie allenfalls für die in den Universitäten bereits fest etablierten und damit vom Berufsrisiko befreiten Hochschullehrer interessant. Unter diesem letzteren Gesichtspunkt mag die zunächst erstaunliche Tendenz erklärbar sein, daß die – im Rahmen der seit 1983 begonnenen Bestrebungen zur Reorganisation der DVPW – im Herbst 1984 in Heidelberg wiederbegründete „Sektion Politische Philosophie und Theoriengeschichte" mit ihrem seitdem verfolgten Programm der Ausarbeitung einer ‚Theorie politischer Institutionen' einen überraschend starken und kontinuierlichen Zulauf (auch aus Nachbardisziplinen) registrieren kann, der gelegentlich Beobachter urteilen läßt, „die Ideenhistoriker und Philosophen könnten eines Tages – wohl zu ihrer eigenen Überraschung – zu einem bescheiden-heimlichen Zentrum der Disziplin werden"[65].

II. Schulebildungen, Richtungen, Themenschwerpunkte

Von ‚Schulen' innerhalb der politischen Ideengeschichte kann angesichts der kurzen Zeit ihrer universitären Etablierung nur in einem sehr weiten Verständnis gesprochen werden, etwa dahingehend, daß damit ‚Forschungsprogramme'[66] – teilweise in praktischer Absicht – gemeint sind, deren Frageintentionen, methodische Grundlegung sowie Themenzentrierung es erlauben, eine Reihe von Arbeiten in einem verbindenden Zusammenhang zu sehen. In diesem Sinne haben sich innerhalb der deutschen politischen Ideengeschichte zumindest drei deutlich erkennbare ‚Schulen' herausgebildet: die Freiburger und Münchner Schule, die Frankfurter sowie die Marburger Schule.
1. Den quantitativ sicherlich stärksten Anteil an der ideengeschichtlichen Forschung können zweifellos die *Freiburger und Münchner Schule* für sich in Anspruch nehmen, die systematische Politikbegründung und Ideengeschichte miteinander zu verbinden suchten. Trotz deutlicher Differenzen in den Positionen der beiden ‚Schulhäupter' *Eric Voegelin* und *Arnold Bergstraesser* liegt die Berechtigung, von einer gemeinsamen Schule zu sprechen, in der Intention der Wiederbelebung und Wiederaufnahme der alten Tradition der *philosophia practica,* aus der sich die Aufgabe ergab, die „Philosophie des Gemeinwesens heute in der historischen und philosophischen Verarbeitung der klassischen Tradition der Politik"[67] neu zu begründen. Entsprechend dieser Überzeugung wurden Ansätze einer systematischen Begründung von Staatsphilosophie von einer Vielzahl ideengeschichtlicher Studien begleitet, die wenigstens zu Teilen geeignet erschienen, ein solches Vorhaben zu unterstützen. Einen deutlichen Akzent in dieser Richtung setzten hier die frühen Arbeiten von *Hans Maier* zum Verhältnis von katholischer Kirche und Französischer Revolution, vor allem auch die Studien zur älteren deutschen Staats- und Verwaltungslehre[68]. In der so gegebenen Thematisierung zweier Forschungsschwerpunkte, die freilich in einem inneren Zusammenhang standen, folgten Arbeiten – besonders von Schülern und Mitarbeitern *Hans Maiers* – nach, die sich ihrerseits der deutschen Tradition politischen Denkens zuwandten[69], aber auch die Französische Revolution in ihren politisch-ideolo-

gischen Auswirkungen zum Gegenstand nahmen[70]. Selbst dort, wo Probleme des Regierungssystems, genauer: des deutschen Parlamentarismus in den Vordergrund des Interesses traten, blieb die begriffsgeschichtliche Aufarbeitung parlamentstheoretischer Grundlagen im Zentrum der Aufmerksamkeit[71].

Es ist gewiß unmöglich, die zahlreichen Arbeiten, die im Umkreis der Freiburger und Münchner Schule im Laufe der Jahre entstanden sind, in einem forschungssystematischen Sinne aufeinander beziehen zu wollen. Sofern ideengeschichtliche Untersuchungen vorgelegt worden sind, haben sie eine breite thematische Streuung. Ideengeschichte wird hier in einem geisteswissenschaftlich umfassenden Sinne verstanden, die Themen reichen in die Literaturgeschichte[72] ebenso hinein wie in die Philosophie[73] und die Theologie[74], sie betreffen die deutsche Tradition[75] ebenso wie die Antike[76] oder das vorrevolutionäre China[77]. Wollte man eine Gemeinsamkeit all dieser Arbeiten suchen, so ließe sie sich – mit einigem Vorbehalt und grober Vereinfachung – in der gemeinsamen normativen Theorieorientierung finden, die ihre Bestätigung u. a. in ideengeschichtlichen Untersuchungen zu finden hoffte. Und gemeinsam ist überdies die Tatsache, daß die Themenstellungen überwiegend – entsprechend dem theoretischen Programm – um ordnungspolitische Probleme zentriert waren. Untersucht wurden primär die theoretischen Rechtfertigungsmuster von Institutionen, ausgeblendet blieben revolutionäre Ideologien und die ihnen zugrunde liegenden sozialen Bewegungen. Analysen zu radikal-demokratischen Vorstellungen und Bewegungen sucht man vergebens, sie spielen allenfalls dann eine Rolle, wenn sie als Beispiel der Bedrohung traditionaler ordnungspolitischer Vorstellungen fungieren können. Die sozialistische Arbeiterbewegung ist kein Thema, und zur marxistischen Theorie existieren keine größeren Arbeiten, es sei denn, man zählt solche, auf von der Studentenbewegung wesentlich verursachten tagespolitischen Auseinandersetzungen zielende Arbeiten[78] in diesen Kontext. Aber dann wird fraglich, ob diese Arbeiten noch der Ideengeschichte zugerechnet werden können.

Die primär philosophische Orientierung der Freiburger/Münchner Schule, ihr neoaristotelisches Forschungsprogramm haben sie in einen interdisziplinären Gesamtzusammenhang gebracht, der sie im Kontext der „Rehabilitierung der praktischen Philosophie"[79] in den siebziger Jahren zum Gravitationszentrum einer politisch konservativen Sozialphilosophie hat werden lassen[80]. Die Grenzen von Ideengeschichte und Sozialphilosophie wurden noch stärker als zuvor schon fließend, der ideengeschichtliche Zugriff geriet im Rahmen systematischer Argumentationen noch stärker zu einem subsidiären Instrument[81], das fallweise immer dann benutzt wurde, wenn der Argumentationsgang eine historische Stützung angeraten sein ließ. In gewisser Weise büßte so die Ideengeschichte ihren eigenen disziplinären Status ein; das in ihr bereitstehende Argumentationsmaterial wurde – entsprechend dem ‚Steinbruch-Prinzip' – selektiv zur Stützung einer traditional verfahrenden, politisch konservativ gerichteten Sozialphilosophie verwendet.

2. Einen methodischen, aber auch thematischen Gegenakzent setzten die Arbeiten von *Iring Fetscher,* seinen Schülern und Mitarbeitern. *Fetscher*s Interesse galt zunächst der politischen Philosophie des 19. Jahrhunderts, hier vor allem Hegel und Marx, und darüber hinaus den theoretischen Ausdifferenzierungen innerhalb der Arbeiterbewegung. Zu einer Zeit, da die marxistische Theorie in der deutschen Politikwissenschaft allenfalls noch als Rechtfertigung totalitärer Herrschaft von Interesse schien, begann *Fetscher* in vielen Studien zu Marx und marxistischen Theorietraditionen eine differenziertere Rezeption

und Diskussion einzuleiten und anzuregen, teilweise im Kontext einer internationalen Marxismus-Debatte, für die die jugoslawische ‚Praxis-Gruppe' richtungssymbolisierend stehen mag. Auf der Suche nach einer „realistische(n) Sozialphilosophie, die sowohl Erkenntnisse des Marxismus als auch der Psychoanalyse und der klassischen deutschen Philosophie angemessen in sich integrieren würde"[82], ergab sich auch eine thematische Ausweitung der Arbeiten zur bürgerlichen Philosophie Englands über die französische Aufklärung bis hin zu gegenwärtigen Positionen westlich-liberaler Demokratien. Methodologische Auswirkungen hatten vor allem die Marxismus-Studien in einer immer stärker sozial-historisch verstandenen Ideengeschichte; *Fetschers* Arbeiten zeichneten sich hier durch den Versuch aus, politik-theoretische Konzepte in einem strikten Sinne auf ihren sozial-historischen Entstehungs- und Bedingungszusammenhang zu beziehen, sie also zunächst einmal als ‚historische Konzepte' zu interpretieren, deren Leistung nicht in der Thematisierung archetypischer Überzeitlichkeit lag, sondern in der theoretischen Verarbeitung historisch zurechenbarer Entwicklungen und Konflikte[83].

Die damit angedeutete Konzeption von Ideengeschichte hat die politikwissenschaftliche ‚*Frankfurter Schule*'[84] in einigen wichtigen theoriegeschichtlichen Untersuchungen einzulösen versucht. Zu verweisen ist in diesem Zusammenhang etwa auf die Arbeiten von *Euchner*, vornehmlich zur englischen politischen Philosophie, auf *Saages* Arbeiten zu Kant und neuerdings der niederländischen und englischen Pamphletistik des 17. Jahrhunderts oder auch auf *Münklers* großes Machiavelli-Buch[85]. All diesen und anderen Arbeiten aus *Fetschers* Umkreis ist gemeinsam, daß es ihnen vorab um die Rekonstruktion gesellschaftstheoretischer Modelle geht, daß sie die „materiale Verankerung von politischen Theorien durch die Verbindung von Ideen- und Sozialgeschichte"[86] nachzuzeichnen suchen, daß sie sich also auf ihren Gegenstand insofern völlig einlassen, als sie ihn nicht zum Zwecke einer für Gegenwartsbedürfnisse zu formulierenden politischen Philosophie selektiv instrumentalisieren. Hierin liegt wohl die entschiedenste Differenz zu den ideengeschichtlichen Arbeiten der Freiburger und Münchner Schule.

Gleichwohl lassen auch diese Arbeiten ein über die Beschäftigung mit den historischen Texten hinausgehendes allgemeines gesellschaftstheoretisches Interesse erkennen. Das Anknüpfen an Interpretationstraditionen, die etwa mit dem Namen *Borkenau*, später mit den philosophiegeschichtlichen Studien der ‚Kritischen Theorie', vornehmlich von *Habermas* oder auch den Untersuchungen von *Macpherson* charakterisiert sind, Studien also, die kritische Analyse mit politisch-theoretischer Aufklärung zu verbinden suchten, ist insoweit implizite programmatisch, als damit die Hoffnung verbunden wird, durch die Analyse der Konstitutionsbedingungen von politischem Denken lasse sich zugleich eine Relativierung historischer Politik-Konzepte leisten, die jeglichen Anspruch auf eine ein für allemal feststehende Theorie politischer Ordnung von vornherein demontiere. Es ist folglich das Interesse an historischen Entwicklungen, die zu mehr Aufklärung, zu mehr Toleranz, zu mehr Freiheit und mehr demokratischer Organisation geführt haben, das zahlreiche Studien dieser ‚Frankfurter Schule' leitet, ohne daß solche Intentionen in einem umfassenden Theorie-Anspruch formuliert wären. *Fetscher* selbst hat – in bezug auf einige seiner kleineren Arbeiten – gelegentlich bemerkt, er habe „nebeneinander kritische Methoden und Kategorien der Psychoanalyse, der Marxschen Kritik, der Schelerschen Ethik und der Phänomänologie benützt"[87], je nach Brauchbarkeit und Leistung, wobei der eigene Standpunkt bzw. der normative Gehalt des eigenen analytischen Ansatzes nur

„indirekt sichtbar"[88] werde. In seinen ideengeschichtlichen Arbeiten – ebenso wie in denen seiner Schüler – verschmelzen freilich diese Analyseelemente zu einem Interpretationskonzept, das politisches Denken als Reflexion historischer Entwicklungen begreift und damit der Ideengeschichte im Kontext der Politischen Wissenschaft einen auch methodologisch eigenständigen Status zuweist.

3. Schließlich ist zu verweisen auf die Arbeiten der *Marburger Schule* um *Wolfgang Abendroth*, in dessen Umkreis Untersuchungen vornehmlich zur Theorie und Geschichte der deutschen Arbeiterbewegung entstanden[89], aber auch zur Theorie bürgerlicher Gesellschaft[90]. Die meisten dieser Arbeiten nahmen die ideologiekritische Tradition marxistischer Analysen auf und wandten sie mehr oder weniger differenziert auf ihre jeweiligen Gegenstandsbereiche an, wobei im Laufe der Zeit eine zunehmend stärkere Dogmatisierung der Marxschen Methode – im Sinne einer Ökonomisierung der Theorie – zu beobachten ist. Es ist unverkennbar, daß die allgemeine gesellschaftspolitische Diskussion der sechziger Jahre eine thematisch stimulierende Funktion für die Marburger hatte; wenn gelegentlich festgestellt worden ist, die ‚Marburger Schule' sei „Profiteur der spontaneistischen Aufbruchsbewegungen"[91] dieser Jahre geworden, so zeigt diese sicherlich zutreffende Beobachtung, daß auch ideengeschichtliche Interpretationen sich außerwissenschaftlichen Impulsen verdanken können – was freilich nicht nur für die ‚Marburger' zutrifft.

4. Neben diesen an vier Universitäten feststellbaren ideengeschichtlichen Forschungsund Lehrschwerpunkten, die sich mit dem oben gemachten Vorbehalt zu ‚Schulen' bündeln lassen, sind selbstverständlich auch an anderen Universitätsinstituten theoriengeschichtliche Arbeiten entstanden, die allerdings schon ihrer Zahl nach nicht zu ‚Schulen', allenfalls zu ‚Schwerpunkten' sich zusammenfassen lassen. Ein solcher ‚Schwerpunkt' könnte vielleicht im Umkreis des *Heidelberger Instituts* von *C. J. Friedrich* und *Dolf Sternberger* gesehen werden, aus dem eine Reihe theoriengeschichtlicher Arbeiten hervorgingen, die allerdings hinsichtlich ihres Wissenschafts- wie Methodenverständnisses große Unterschiede erkennen lassen[92]. *Sternberger* selbst ist in manchen seiner Arbeiten, vor allem in seinem letzten, theoretischen Hauptwerk[93], den Intentionen der Freiburger und Münchner Schule immer nähergekommen, kann in der Verbindung von Ideengeschichte und politischer Philosophie den Traditionen der praktischen Philosophie zugerechnet werden. Die interne Entwicklung der Politischen Wissenschaft seit Mitte der siebziger Jahre hat auch für die neuere ideengeschichtliche Forschung Folgen gehabt: sie hat zu einer Ausdifferenzierung von Ansätzen, Intentionen und Themenschwerpunkten geführt, die es nahezu unmöglich macht, mit der Vorstellung von ‚Schulbildung' noch weiter sinnvoll zu operieren. Eher läge es nahe, die publizierte Literatur nach thematischen Gesichtspunkten zu ordnen[94] oder aber auf einzelne, besonders wichtige Studien hinzuweisen, die die interne Diskussion mitbestimmt haben bzw. noch immer mitbestimmen. So etwa die Studie von *Greiffenhagen* zum deutschen Konservatismus[95], die maßstabsetzenden Hobbes-Analysen von *Willms*[96], die ideologiekritischer Tradition verpflichteten Arbeiten von *Lenk*[97] – um nur einige zu nennen.

Hinzuweisen wäre freilich auch darauf, daß die Ideengeschichte sowohl aus den politischen Krisenerfahrungen der letzten Jahre wie aus der seit längerem schon diskutierten Krise des Szientismus forschungspraktische Anstöße erhalten hat. So hat das steigende Umweltbewußtsein Anlaß gegeben, ‚Klassiker' auf ihr Ökologie-Verständnis zu befragen[98], die Renaissance des ‚Neo-Konservatismus' hat zur historischen Aufhellung der Herkunft seiner zentralen Topoi veranlaßt[99], die Frage des ‚zivilen Ungehorsams' hat die Tradition sozialer Bewegungen und ihrer theoretischen Selbstrechtfertigung zum Gegenstand von Analysen gemacht[100]. Auch die gegenwärtigen Bemühungen innerhalb der ‚Sektion Politische Philosophie und Theoriengeschichte' um eine ‚Theorie politischer Institutionen' verdanken sich einem solchen Anstoß: wo Krisenerfahrung und Unzufriedenheit mit dem status quo nicht in einer gelingenden Reform der Organisationsstruktur des politischen Systems enden, werden politische Institutionen zum Problem, das auch einer theoriengeschichtlichen Aufarbeitung bedarf.

III. Politische Theoriengeschichte und Nachbardisziplinen

Wie jede wissenschaftliche (Teil-)Disziplin ist auch die politische Ideengeschichte ein interdisziplinärer Forschungsbereicch, an dem eine Vielzahl universitärer Fächer beteiligt ist. Für die politikwissenschaftlich betriebene Theoriengeschichte[101] gilt, daß sie von diesen Nachbardisziplinen erhebliche Anstöße und Ergänzungen erfahren hat, daß sogar wichtige Themenfelder eher von diesen als von ihr selbst besetzt worden sind. Das läßt sich bereits an den zahlreichen, von Nicht-Politologen vorgelegten ‚Einführungen in das politische Denken' ablesen, so etwa – um einige Beispiele zu nennen – die Einführungen von *Werner Hofmann*[102], von *Gottschalch, Karrenberg, Stegmann*[103], von *Kurt Schilling*[104] und *Gabor Kiss*[105], von *Reinhard Zippelius*[106], *Ernst Reibstein*[107] oder auch – in einem weiteren Sinne – *Stavenhagen*[108] und *Mark Blaug*[109]. Auch die beiden neueren Publikationen, die von *Fenske* et al. besorgte ‚Geschichte der politischen Ideen'[110] und die von *Steinvorth* beschriebenen ‚Stationen der politischen Theorie'[111] stammen von Historikern bzw. einem Philosophen. Mit den jüngst erschienenen Bänden 3 und 4 eines auf mehrere Bände angelegten ‚Handbuchs der politischen Ideen', herausgegeben von *Fetscher* und *Münkler*, gibt es erstmals wieder seit 1968 in diesem Bereich ein umfassendes, von Politologen geplantes und realisiertes Projekt[112].
Gleichwohl: die Theoriengeschichte bleibt in vielfältiger Weise in ganz erheblichem Maße auf die Leistungen der Nebenfächer angewiesen. So haben Philosophen[113] und vor allem Historiker[114] große Texteditionen herausgebracht, haben mit dem ‚Historischen Wörterbuch der Philosophie'[115] wie mit dem ‚Historischen Lexikon'[116] unverzichtbare Arbeitsgrundlagen geschaffen, denen die Politikwissenschaft nichts Vergleichbares an die Seite zu stellen hat. Obgleich die Herausbildung der neueren deutschen Politikwissenschaft seit dem 17. Jahrhundert von den Fachvertretern immer wieder beschworen worden ist – nicht zuletzt als Rechtfertigung ihrer erneuten, universitären Reetablierung nach 1949 – sind gerade zu diesem und dem folgenden Jahrhundert nur wenige politologische Arbeiten geschrieben worden. Zum deutschen Staatsdenken der frühen Neuzeit haben Historiker, aber auch Staatsrechtslehrer[117] größere Studien verfaßt, die *Dreitzel* in mehreren, ausführlichen Literaturberichten eingehend vorgestellt und diskutiert hat[118]. Die theoretischen Selbstinterpretationen der bürgerlichen Gesellschaft sind etwa in den Arbeiten von *Koselleck*[119] und *Medick*[120] thematisiert worden, radikaldemokratische Strömungen wie die der Jakobiner durch die von *Grab*[121] verfaßten oder stimulierten Arbeiten ins Bewußtsein der wissenschaftlichen Auseinandersetzung gerückt worden. Die

häufig anzutreffende Überbewertung der großen philosophischen Systementwürfe vornehmlich des 19. Jahrhunderts hat die Rolle jener, die vielfach entweder die Vorarbeiten, jedenfalls im Bereiche der politischen Theorie, geleistet haben oder aber als Popularisatoren – und dann mit eigenen, variierenden Uminterpretationen dieser Entwürfe – aufgetreten sind, politologischer Aufmerksamkeit weithin entzogen. Auch hier sind deshalb wichtige Themenfelder durch Historiker besetzt, etwa die des deutschen Vormärz und des Liberalismus[122]. Historiker haben aber auch zu aktuellen Diskussionsthemen, die die politische Theoriengeschichte unmittelbar betreffen, wichtige Anstöße gegeben: zu denken ist hier an die Arbeiten von _Epstein_[123] oder _Grebing_[124] zum deutschen Konservatismus, an _Noltes_[125] Faschismus-Analysen oder an Beiträge von _G. A. Ritter_[126], _Miller_[127] und _Groh_[128] zur Geschichte der Arbeiterbewegung. Ein so zentrales Thema wie die Entwicklung des deutschen Parlamentarismus wird seit Jahren von Historikern bearbeitet[129], ohne daß auch nur ein einziger Politologe hier, wo es um die Entwicklung des politischen Systems in Deutschland und seines sich wandelnden theoretischen Selbstverständnisses geht, beteiligt wäre. Bleibt in diesem Zusammenhang darauf hinzuweisen, daß ein Historiker wie _Koselleck_ auch die systematische Theoriediskussion wesentlich beeinflußt hat[130].

Schon aus dieser kurzen, bei weitem nicht vollständigen Aufzählung historischer Arbeiten wird deutlich, einen wie großen Anteil die deutsche Geschichtswissenschaft zur Bearbeitung politischer Theorien beigetragen hat. Ähnlich bemißt sich auch der Beitrag der Philosophie. Die neuere Diskussion zu Hegels politischer Philosophie ist ohne die bahnbrechenden Interpretationen von _Ritter_[131] kaum denkbar, wie überhaupt die politische Philosophie des 19. und 20. Jahrhunderts nach wie vor in ihrer systematischen Präsentation von Fachphilosophen dominiert wird[132]. Aber auch wichtige historische Längsschnittanalysen sind von Philosophen vorgelegt worden: erinnert sei nur an die Arbeiten von _Blumenberg_[133], _Brandt_[134], _Kaltenbrunner_[135], _Maluschke_[136] und _Schrader_[137]. Die Beispiele sind beliebig herausgegriffen und ließen sich selbstverständlich auch beliebig vermehren. Aber sie dokumentieren, wie stark das Feld der politischen Ideengeschichte philosophisch besetzt ist.

Das wird auch deutlich an den eher systematischen Diskussionsbemühungen der vergangenen Jahre: die Revitalisierung der ‚praktischen Philosophie‘, um die sich _Hennis_ schon in den frühen sechziger Jahren bemüht hatte[138], wurde von _Riedel_[139] wesentlich in Gang gesetzt, befördert und wissenschaftlich popularisiert, von _Lübbe_[140], _Spaemann_[141], _Vollrath_[142], _Höffe_[143] und anderen aufgenommen und vorangetrieben, auch wenn sich Politologen vereinzelt in diesen philosophischen Diskurs einschalteten[144]. Die innerhalb der Sozialwissenschaften am Anfang der siebziger Jahre geführte ‚Legitimationsdiskussion‘[145] fand seitens der Philosophie ihr Pendant in einer ausführlichen und intensiven ‚Normenbegründungsdiskussion‘[146], die ihrerseits wiederum theoriengeschichtliche Untersuchungen stimulierte. Und schließlich sind die von _Habermas_ seit Jahren beharrlich vorgetragenen Versuche einer Neuformulierung kritischer Gesellschaftstheorie zu nennen[147], die einerseits selbst ideengeschichtlich orientiert sind und mit Rückgriff auf klassische Theorienbestände argumentieren, andererseits den Rahmen für die historisch-systematische Rekonstruktion politischen Denkens abgeben[148].

Fügt man dieser hochselektiven Auswahl von Historikern und Philosophen noch Hinweise auf die Rechtswissenschaften – etwa die Arbeiten zu einzelnen Theoretikern[149] oder zu systematischen Analysen wie zum Naturrecht[150], zur Souveränitätsproblematik[151] oder zur Entwicklung des deutschen Konstitutionalismus[152] hinzu, verweist man auch auf gewichtige Beiträge aus der Soziologie – wie die Arbeiten von *Elias*[153] oder *Luhman*[154] –, so zeigt sich in eindrucksvoller Weise, wie sehr die politische Theoriengeschichte in einen interdisziplinären Gesamtzusammenhang eingebettet ist und wie relativ bescheiden hierzu der Beitrag von Politikwissenschaftlern ist. Ähnlich wie im Bereich der Politischen Philosophie die entscheidenden Impulse eher aus der Philosophie als aus der Politikwissenschaft kommen, für die moderne politische Theorie überwiegend aus der Soziologie, sind auch viele der zentralen Diskussionsfelder innerhalb der Theoriengeschichte von Nicht-Politologen dominiert. Und vielleicht hängt es auch mit diesem Sachverhalt zusammen, daß es der politischen Theoriengeschichte innerhalb des eigenen Faches schwerfällt, ihre Aufgabe einigermaßen zufriedenstellend wahrzunehmen, einerseits interne Vermittlung von Theorie-Diskussionen vornehmlich für empirisch arbeitende Politologen zu leisten, andererseits historisches Reflexionsmaterial zur Verfügung zu stellen, an dem eine professionalisierte Politikwissenschaft ihren theoretischen Problemhorizont je überprüfen kann.

IV. Politische Theoriengeschichte in der aktuellen Diskussion

Soweit jedoch Politische Wissenschaft auch unter dem heutigen Zwang zur Professionalisierung noch an den Problemen einer allgemeinen, systematischen Theoriebildung interessiert bleibt,. wird sie schwerlich auf das Material, welches die politische Ideengeschichte zur Verfügung hält, verzichten können und wollen. Denn sobald über ‚Grundbegriffe der politischen Theorie' substantielle Aussagen gemacht werden sollen[155], bedarf es einer historisch-empirischen Materialbasis, die in der Geschichte des politischen Denkens im Überfluß vorhanden ist.

Die Art und Weise, wie dieses Material genutzt werden kann, ist allerdings – je nach Absicht des zu verfolgenden Theorieprogramms – sehr unterschiedlich. So hat etwa *Bernard Willms*[156] in der neueren Diskussion für einen zunächst sehr weiten Begriff von Ideengeschichte plädiert, diesen dann als ‚politische Philosophie' im Sinne „gründlicher" Reflexionsanstrengungen auf die *conditio humana* als eines „fundamenalen Spannungsverhältnisses von Besonderem und Allgemeinem"[157] festgelegt. Er hat daraus nicht nur ein Programm für das Studium der ‚Politischen Ideengeschichte' innerhalb der Politikwissenschaft entwickelt[158], sondern auch vergleichsweise detailliert ein ‚Forschungsfeld für deutsche Ideenhistoriker' umrissen, für das der Ideengeschichte die Aufgabe der „Rekonstruktion eines deutschen Nationalbewußtseins" bzw. der „Rekonstruktion des politischen Selbstbewußtseins der Deutschen"[159] zukommen soll. *Willms* selbst fürchtet den Einwand, die ‚Idee der Nation sei provinziell oder anachronistisch'[160], und er argumentiert dagegen an. Wie immer man zu einem solchen Programm stehen mag – es ist hier nicht der Ort, sich damit in der Sache auseinanderzusetzen –, daß es angesichts der inzwischen vollzogenen Entwicklung der Politikwissenschaft – und vor allem ihres Untersuchungsobjektes – kaum rezeptions- und akzeptanzfähig ist, darf sicherlich vermutet werden. Und ähnliches dürfte auf jene Vorstellung von politischer Ideengeschichte zutreffen, die *Jürgen Gebhardt*[161] formuliert hat, wenngleich aus einem völlig anderen Grunde. Sein Vorschlag zielt darauf ab, Ideengeschichte als umfassende Selbstauslegung des Menschen zu verstehen und diese Selbstauslegung nicht nur in den überlieferten

Zeugnissen der „Literatur, Kunst, Religion, Wissenschaft, Philosophie, Weltanschauung, Publizistik, Recht und Politik zu suchen, sondern ebenfalls in den Erscheinungsweisen der Riten, Kulte, Zeremonien und Liturgien, wie auch in den Dokumenten des Alltagslebens selbst"[162], konzentriert in komplexen Symbolsystemen – womit ein Forschungsprogramm entworfen ist, so umfänglich und umfassend, daß es jedenfalls durch wissenschaftliche Einzelforschung wohl kaum eingelöst werden kann. Methodisch angewiesen auf die historische genaue Rekonstruktion der Entstehungsbedingungen von Texten und darüber hinaus auf die „hermeneutische Erschließung des nicht-diskursiven Symbolmaterials"[163], bedeutet der Vorschlag von *Gebhardt*, die Erfahrungen historischer Selbstorganisation des Menschen, die sich nicht auf einer Linie historischer Evolutionslogik abbilden lassen, unter der Perspektive des Suchens nach Humanität zu analysieren und zu sehen, wo solche Humanität sich erfolgreich und aus welchen Gründen erreichen ließ und wo sie verfehlt wurde. Für eine allgemeine Theorie der Politik hätte ein solcher Ansatz wohl die Schärfung des Sinns für die notwendig zu erbringende Ordnungsleistung beizusteuern, allerdings historisch konkretisiert und ausweisbar.

Neben einem solchen Programm nehmen sich Vorschläge zu materialistischen Theorieanalysen[164] weit weniger anspruchsvoll und vor allem einlösbarer aus. Materialistisch meint hier nicht ein bloßes Zurechnungsverfahren, das politische Ideen bestimmten sozialen Trägergruppen zuweist, sondern ein differenziertes Vorgehen zur Klärung des Zusammenhangs von Theorienproduktion und gesellschaftsformativer Entwicklung, wobei durch die Differenzierung unterschiedlicher Abstraktionsebenen ein so weites Feld von Vermittlungsschriften eröffnet und strukturiert werden soll, daß vulgär-marxistische Interpretationen keine Chance haben. In einer gewissen Nähe hierzu stehen Konzepte einer einerseits sozial-historisch verankerten, andererseits strukturgeschichtlich argumentierenden Interpretation[165], denen es vornehmlich um eine präzise Rekonstruktion historischer Politik-Konzepte geht, wobei solche Konzepte aus ihren sozial-historischen Kontext- und Konstitutionsbedingungen heraus erschlossen werden sollen, allerdings in der Absicht, diese Rekonstruktionen in die Perspektive einer evolutionären Geschichtstheorie zu rücken.

Solchen Vorstellungen von politischer Theoriengeschichte, denen nicht nur aus forschungspraktischen Gründen der politologische mainstream eines pragmatisch operierenden, einzelne Elemente unterschiedlich prononcierter Theorieansätze synthetisierenden Vorgehens sich entzieht, hat *Niklas Luhmann* eine systemtheoretische, radikale Alternative entgegengestellt, ein Konzept, welches die „bereits gebahnten Wege nicht betreten will"[166]. Es besteht wesentlich darin, strukturelle und semantische Aspekte von gesellschaftlicher Entwicklung entlang des Prozesses systemischer Ausdifferenzierung und Komplexitätssteigerung miteinander zu verbinden bzw. aufeinander zu beziehen, wobei *Luhmann* davon ausgeht, daß gesellschaftliche Evolutionen immer semantisch vorbereitet werden. Diese These sucht er am Beispiel des Umbaus frühbürgerlicher Gesellschaften von stratifikatorischer auf funktionale Differenzierung zu belegen und im Wandel der Oberschichten-Semantik den Wandel der Interaktionen und über diesen auch die Veränderungen der Systemstrukturen selbst nachzuzeichnen. Es ist dies ein außerordentlich aufwendiges Unternehmen, bei dem der ideengeschichtliche Zugriff ganz im Dienste der Plausibilisierung soziologischer Evolutionstheorie steht, die freilich die entscheidende Frage, wodurch Evolution eigentlich bewirkt wird, zugunsten des Nachvollzugs des

Prozesses der Ausdifferenzierung umgeht. Man mag mit guten Gründen bezweifeln, daß der systemtheoretische Ansatz den konventionellen Ansätzen der Ideengeschichte[167] hinsichtlich seines systematischen Ertrages wirklich überlegen ist; aber es dürfte schwerfallen, sich dem überwältigenden Materialreichtum, den *Luhmann* vorführt, der Neuordnung des Materials unter den Aspekten von Ausdifferenzierung, Komplexitätssteigerung und Selbstreferenz und den daraus sich ergebenden Frageperspektiven und Fragemöglichkeiten unbeeindruckt zu entziehen.

Stärker noch als bei *Luhmann* wird theoriengeschichtliches Material von *Jürgen Habermas* einem Theorieprogramm, der Ausarbeitung einer „Theorie des kommunikativen Handelns"[168] supponiert. *Habermas* selbst hat von einer „systematischen Aneignung der Theoriegeschichte" als jener „Integrationsebene gesprochen, auf der sich heute die von Kant bis Marx entfalteten philosophischen Intentionen wissenschaftlich fruchtbar machen lassen", und er hat hinzugefügt, er behandle „Weber, Mead, Durkheim und Parsons als Klassiker, d. h. als Gesellschaftstheoretiker, die uns noch etwas zu sagen haben"[169]. Im Prinzip verfährt er damit wie die Autoren der Münchner und Freiburger Schule: praktische Philosophie von links, die die Spuren aufklärerischer Vernunft in den Traditionsbeständen des politischen Denkens der Neuzeit zu identifizieren sucht und sie für eine kritische Gesellschaftstheorie nutzbar machen möchte. Sehr viel deutlicher als bei *Luhmann* ist bei *Habermas* die instrumentelle Verwertung von Theoriengeschichte und damit auch der Übergang zu einer politischen Philosophie, die ihren systematischen Status wie ihre materiale Position erst aufgrund langer, auch ideengeschichtlicher Vorarbeiten bestimmt hat.

Mit dem Hinweis auf die Arbeiten von *Luhmann* und *Habermas* sind zugleich die gegenwärtig wohl wichtigsten sozialwissenschaftlichen Theoriepositionen auch für die Politikwissenschaft bezeichnet. So sehr diese Position die aktuellen Theoriediskussionen auch mitbestimmen, auf die innerhalb der Politikwissenschaft entstandenen ideengeschichtlichen Arbeiten haben sie erstaunlicherweise bisher keinen besonders nachhaltigen Einfluß gehabt. Das könnte sich freilich dann ändern, wenn der von *Skinner* festgestellte ‚return of grand theory in the human sciences'[170] und die mit diesen Theorieprogrammen verbundenen Ansätze wie materialen Intentionen auch auf die Forschungsprogramme innerhalb der politischen Theoriengschichte zu wirken beginnen.

V. Schlußthesen

Aus dem bisher Vorgetragenen lassen sich, verkürzt und vereinfacht, vielleicht folgende zusammenfassende Thesen formulieren:

1. Die politische Ideengeschichte hat seit der Wiederbegründung der Politikwissenschaft – entgegen einem üblichen und weitverbreiteten Vorurteil – für die Entwicklung wie die permanente Professionalisierung des Faches zwar eine durchaus bedeutsame, aber keine entscheidende Rolle gespielt. Ihr auch heute noch vergleichsweise hoher Prestigewert steht von Anbeginn an in einem umgekehrten Verhältnis zu ihrer inneruniversitären Befestigung. In Forschung und Lehre tritt sie im Zweifelsfalle hinter der ‚modernen politischen Theorie' zurück.

2. Daß politische Ideengeschichte gleichwohl noch immer zum ‚Kernbereich' des Faches gezählt wird, verdankt sich neben einer zumeist konventionalistischen Überzeugung der

Fachvertreter vor allem wohl der Tatsache, daß sie die Politikwissenschaft zur Reflexion auf ihre eigenen historischen wie systematischen Vorbedingungen zwingt. Insoweit nimmt sie fundamentierende wie korrigierende Funktionen im Fach wahr; denn sie stellt jenes Reflexionsmaterial zur Verfügung, an dem empirische Forschung ihre eigenen Forschungsabsichten auf eine die Tagesaktualität übersteigende Relevanz hin überprüfen kann. Daraus wäre zu folgern, daß Ideengeschichte in dem Maße unverzichtbar wird, wie sich die berufsbezogene Professionalisierung durchsetzt, wie fachliches Selbstverständnis durch Praxisanforderungen, gleich welcher Art, geprägt wird.

3. Die ‚politikwissenschaftlich‘ betriebene ideengeschichtliche Forschung hat, gemessen an den Publikationen und wissenschaftsinternen Diskussionen einer interdisziplinär orientierten ideengeschichtlichen Forschung insgesamt, einen eher bescheidenen Anteil. Die bisherige Entwicklung zeigt, daß außerordentlich wichtige Themenfelder bis heute von benachbarten Fächern dominant besetzt worden sind und daß wichtige Veränderungen von Fragestellungen und Forschungsstrategien sich außerhalb der politikwissenschaftlichen Theoriengeschichte vollzogen haben. Angesichts einer zunehmend restriktiver verfahrenden Wissenschaftspolitik, die vorwiegend an technologischen Innovationen interessiert ist, besteht wenig Hoffnung auf Änderung.

4. Parallel zu den Differenzierungsprozessen innerhalb der Politikwissenschaft lassen sich auch für die Ideengeschichte analoge Entwicklungen beobachten. Die für die fünfziger und sechziger Jahre mögliche Symbolisierung der Forschungsrichtungen in ‚Schulen‘ kann für den gegenwärtigen Stand und Entwicklungstrend der Theoriengeschichte – nicht zuletzt infolge der Rezeption von Entwicklungen in Nachbardisziplinen – nicht mehr vorgenommen werden. Eine Selbstverständigungsdebatte, wie sie vor einiger Zeit begonnen, rasch aber wieder abgebrochen wurde, wird allerdings die faktisch bestehenden Differenzen, die sich aus sehr unterschiedlichen Motiven speisen, kaum beseitigen können. So bleibt die Ideengeschichte bei einem ähnlich unklaren bzw. aspektenreichen Profil wie die Politikwissenschaft insgesamt.

5. Die beobachtbare Marginalisierung der Ideengeschichte könnte eine für die Politikwissenschaft höchst bedenkliche Tendenz bezeichnen: den Abschied von Versuchen, an umfassenden Gesellschafts- und Politiktheorien zu arbeiten. Zu einem Zeitpunkt, da etwa in der Soziologie die beiden wichtigsten Theorienansätze – Systemtheorie und kritische Gesellschaftstheorie – bei relativ weit entwickeltem Stand verstärkt auf ideenhistorisches Material zurückgreifen, gäbe es allen Grund für die Politikwissenschaft, sich der politischen Theoriengeschichte als eines ihrer Fundamente zu erinnern. Tut sie dies nicht, besteht die Gefahr, daß sie ihre zentralen Fragestellungen verliert und zur Sozialtechnologie verkümmert.

Anmerkungen

* Dem vorliegenden Beitrag liegt in wesentlichen Teilen zugrunde *mein:* Über die Vernachlässigung der Theoriengeschichte als Teil der Politischen Wissenschaft, in: Politische Theoriengeschichte, Probleme einer Teildisziplin der Politischen Wissenschaft, PVS-Sonderheft 15, hrsg. von *Udo Bermbach,* Opladen 1984, 9 ff.

1 *Hans-Joachim Arndt:* Die Besiegten von 1945. Versuch einer Politologie für Deutsche samt Würdigung der Politikwissenschaft in der Bundesrepublik Deutschland, Berlin 1978, 188.

2 Ebd., 117.

3 Die Zitate von *Alfred Weber* und *C. J. Friedrich* sind den Vortragsmanuskripten entnommen, die mir die Geschäftsführung der DVPW freundlicherweise zur Verfügung stellte.

4 *Hans-Joachim Arndt,* a. a. O., 253.

5 *Günther Nonnenmacher:* Was war wichtig? Von der Identitätspräsentationsfunktion zur Inkompetenzkompensationskompetenz, in: *Udo Bermbach* (Hrsg.): Politische Theoriengeschichte, a. a. O., 5.

6 Zum Konzept der Integrationswissenschaft vgl. z. B. *Ernst Fraenkel:* Die Wissenschaft von der Politik und die Gesellschaft, in: *Heinrich Schneider* (Hrsg.): Aufgabe und Selbstverständnis der Politischen Wissenschaft, Darmstadt 1967, 228 ff.

7 *Jürgen von Kempski:* Wie ist Theorie der Politik möglich?, in: *Heinrich Schneider,* a. a. O., 434.

8 Für Nachweise vgl. *Hans-Joachim Arndt,* a. a. O., 265 ff.

9 *Hans Kastendiek:* Die Entwicklung der westdeutschen Politikwissenschaft, Frankfurt/M. 1977, 187; *Klaus von Beyme:* Politische Ideengeschichte, Probleme eines interdisziplinären Forschungsbereichs, Tübingen 1969.

10 Vgl. *Carl Böhret:* Ein Bericht für das 1. wissenschaftliche Symposion der DVPW (November 1984) in Hannover, in: *Hans-Hermann Hartwich* (Hrsg.): Policy-Forschung in der Bundesrepublik Deutschland. Ihr Selbstverständnis und ihr Verhältnis zu den Grundfragen der Politikwissenschaft, Opladen 1985, 216 ff.

11 *Bernard Willms:* Politische Ideengeschichte, Politikwissenschaft und Philosophie, in: *Udo Bermbach* (Hrsg.): Politische Theoriengeschichte, a. a. O., 33 ff.

12 *Hans Maier:* Zur Lage der politischen Wissenschaft in Deutschland, in: *Heinrich Schneider* (Hrsg.): Aufgabe und Selbstverständnis, a. a. O., 192 ff.

13 *Klaus von Beyme:* Policy Analysis und traditionelle Politikwissenschaft, in: *Hans-Hermann Hartwich* (Hrsg.): Policy-Forschung, a. a. O., 13.

14 *Dieter Oberndörfer:* Politik als praktische Wissenschaft, in: *ders.* (Hrsg.): Wissenschaftliche Politik. Eine Einführung in Grundfragen ihrer Tradition und Theorie, Freiburg 1962, 54.

15 Vgl. u. a. *Carl Joachim Friedrich:* The New Belief in the Common Man, Boston 1942; Der Verfassungsstaat der Neuzeit, Berlin 1953; Die Philosophie des Rechts in historischer Perspektive, Berlin 1955; Man and his Government, New York 1963.

16 Vgl. u. a. *Ernst Fraenkel:* Das amerikanische Regierungssystem, Opladen 1962; Deutschland und die westlichen Demokratien, Stuttgart 1968.

17 *Eric Voegelin:* Die Neue Wissenschaft von der Politik, Eine Einführung, München 1959, S. 12.

18 Ebd., 13.

19 *Gerhard Göhler:* Die Freiburger und Münchner Schule als Scientific Community, Occ. Papers Nr. 4, November 1982, 48.

20 *Johann Galtung:* Struktur, Kultur und intellektueller Stil, in: Leviathan 3/1983, 303 ff.

21 *Klaus von Beyme:* Politische Ideengeschichte, a. a. O., 6.

22 *M. Rainer Lepsius:* Denkschrift zur Lage der Soziologie und der politischen Wissenschaft, im Auftrage der DFG verfaßt, Wiesbaden 1969, 82.

23 Ebd., 87.

24 *Hans Meier:* Zur Lage der politischen Wissenschaft, a. a. O., 192.

25 Ebd., 194.

26 *M. Rainer Lepsius,* a. a. O., 86.

27 *Hans-Joachim Arndt,* a. a. O., 263.

28 Ebd., 254.

29 *M. Rainer Lepsius,* a. a. O., 85.

30 Siehe Anm. 15.

31 *Theodor Eschenburg:* Staat und Gesellschaft in Deutschland, München 1963.

32 *Hans-Joachim Arndt,* a. a. O., 260.

33 Ebd., 277.

34 *Hannah Arendt:* Elemente und Ursprünge totalitärer Herrschaft, Frankfurt/M. 1955; Vita Activa – oder vom tätigen Leben, Stuttgart 1960; Über die Revolution, München o. J.; Macht und Gewalt, München 1970; Vom Leben des Geistes, München 1979; Das Urteilen, München 1982.

35 *Leo Strauss:* Naturrecht und Geschichte, Stuttgart 1956; Hobbes' politische Wissenschaft, Neuwied 1956.
36 *Karl Raimund Popper:* Die offene Gesellschaft und ihre Feinde, Bern 1957/58.
37 *Eric Voegelin:* Order and History, 3 Bde., Baton Rouge/Louisiana 1957/58; Anamnesis, Zur Theorie der Geschichte und Politik, München 1969.
38 *Gerhard Leibholz:* Das Wesen der Repräsentation und der Gestaltwandel der Demokratie im 20. Jahrhundert, Berlin 1929; Strukturprobleme der modernen Demokratie, 1958.
39 *Günter Nonnenmacher,* a. a. O., 239.
40 *Hans Peter Schwarz:* Probleme der Kooperation von Politik und Soziologie in Westdeutschland, in: *Dieter Oberndörfer,* a. a. O., 319.
41 *Otto Heinrich von der Gablentz:* Politische Forschung in Deutschland, in: *Otto Stammer* (Hrsg.): Politische Forschung, Beiträge zum zehnjährigen Bestehen des Instituts für politische Wissenschaft, Köln und Opladen 1960, 173. Vgl. auch den „Ideengeschichte" überschriebenen Bericht, 160 ff.
42 *Gerhard Lehmbruch:* Einführung in die Politikwissenschaft, Stuttgart 1968.
43 *Walter Theimer:* Geschichte der politischen Ideen, Bern und München 1955.
44 *Georg H. Sabine:* A History of Political Theory, London 1951.
45 *Gerhard Möbus:* Die politischen Theorien von ihren Anfängen bis zu Machiavelli, Köln und Opladen 1958; *ders.:* Die politischen Theorien von der Antike bis zur Renaissance, Köln und Opladen 1964; *Otto Heinrich von der Gablentz:* Die politischen Theorien seit der französischen Revolution, Köln und Opladen 1957.
46 *Arnold Bergstraesser, Dieter Oberndörfer* (Hrsg.): Klassiker der Staatsphilosophie, Ausgewählte Texte, Stuttgart 1962.
47 Klassiker der Politik, Neue Folge, hrsg. von *O. H. von der Gablentz, Siegfried Landshut* und *Dolf Sternberger.* Es erschienen Texte zu *I. Kant* (Hrsg. *Landshut*), Opladen 1965; *N. Machiavelli* (Hrsg. *E. Faul*), Opladen 1965; *Robert von Mohl* (Hrsg. *K. von Beyme*), Opladen 1966; *A. de Tocqueville* (Hrsg. *S. Landshut*), Opladen 1967; *J. G. Fichte* (Hrsg. *B. Willms*), Opladen 1967; *Calvinistische Monarchomachen* (Hrsg. *J. Dennert*), Opladen 1968.
48 *Hans Maier, Heinz Rausch, Horst Denzer* (Hrsg.): Klassiker des politischen Denkens, 2 Bde, München 1968.
49 Die Reihe wurde herausgegeben von *Jürgen Gebhardt, Manfred Henningsen* und *Peter J. Opitz.* Erschienen sind von *Eric Voegelin:* Zwischen Revolution und Restauration, Politisches Denken in England im 17. Jahrhundert, München 1968; *Arno Baruzzi:* Aufklärung und Materialismus im Frankreich des 18. Jahrhunderts, München 1968; *Jürgen Gebhardt:* Die Revolution des Geistes, Politisches Denken in Deutschland 1770–1830, München 1968: *Peter Weber-Schäfer:* Das politische Denken der Griechen, München 1968; *Manfred Henningsen:* Vom Nationalstaat zum Empire. Englisches politisches Denken im 18. und 19. Jahrhundert, München 1970; *Peter von Sivers:* Republica Christiana. Politisches Denken des orthodoxen Christentums im Mittelalter, München 1964; *Tilo Schabert:* Aufbruch zur Moderne, Politisches Denken im Frankreich des 17. Jahrhunderts, München 1974; *Manfred Weber:* Der gebändigte Kapitalismus; Sozialisten und Konservative im Wohlfahrtsstaat, Englisches politisches Denken im 20. Jahrhundert, München 1974; *Peter J. Opitz:* Chinesisches Altertum und Konfuzianische Klassik. Politisches Denken in China von der Chou-Zeit bis zum Han-Reich, München 1968; *Friedemann Büttner:* Reform und Revolution in der Islamischen Welt. Von der osmanischen Imperialdoktrin zum arabischen Sozialismus, München 1971; *Martin Sattler:* Staat und Recht. Die deutsche Staatslehre im 19. u. 20. Jahrhundert, München 1968; *Stephan Otto:* Die Antike im Umbruch. Politisches Denken zwischen hellenistischer Tradition und christlicher Offenbarung bis zur Reichstheologie Justinians, München 1970; *Martin Greiffenhagen/J. B. Müller/R. Kühnl:* Totalitarismus, Zur Problematik eines politischen Begriffs, München 1971.
50 *Günter Trautmann:* Hat Theoriegeschichte Sinn? Anmerkungen zum Forschungsstand einer Teildisziplin, in: *Bermbach* (Hrsg.), Politische Theoriengeschichte, a. a. O., 258.
51 *Bernard Willms:* Die politischen Ideen von Hobbes bis HoTschi Minh, Stuttgart 1971.
52 *Kurt Lenk:* Volk und Staat. Ideologien im 19. u. 20. Jahrhundert, Stuttgart 1971.
53 *Peter Weber-Schäfer:* Einführung in die antike politische Theorie, 2 Bde., Darmstadt 1976.
54 *Franz Neumann* (Hrsg.): Politische Theorien und Ideologien, Baden-Baden, 1974/75.

55 So zutreffend *Hans Kastendiek*, a. a. O., 284 ff.

56 Dazu die einschlägigen Beiträge in *Hans-Hermann Hartwich* (Hrsg.): Policy-Forschung passim.

57 *Hellmut Wollmann:* Policy-Forschung – ein ‚Kernbereich‘ der Politikwissenschaft. Was denn sonst?, in: *Hartwich*, a. a. O., 69 ff. Ähnlich: *Klaus von Beyme:* Neuere Entwicklungstendenzen von Theorien der Politik, in: Beilage zum ‚Parlament‘, B 38/1984.

58 *Erwin Faul:* Politikwissenschaft im westlichen Deutschland, in: PVS 1979, S. 85.

59 *Narr-Naschold:* Einführung in die moderne politische Theorie, Bd. I, *Wolf-Dieter Narr:* Theoriebegriffe und Systemtheorie, Stuttgart 1969; Bd. II *Frieder Naschold:* Systemsteuerung, Stuttgart 1969; Bd. III *Narr-Naschold:* Theorie der Demokratie, Stuttgart 1971.

60 Vgl. z. B. *Gisela Kress/Dieter Senghaas* (Hrsg.): Politikwissenschaft. Eine Einführung in ihre Probleme, Frankfurt/M. 1969; *Kurt P. Tudyka:* Kritische Politikwissenschaft, Stuttgart 1973.

61 Zur ‚Staatsableitungsdiskussion‘ vgl. u. a. *Elmar Altvater:* Zu einigen Problemen des Staatsinterventionismus, in: PROKLA 3, 1 ff.; *Joachim Bischoff:* Marxismus und Staat, Hamburg 1977; *Sybille von Flatow/Freerk Huisken:* Zum Problem des bürgerlichen Staates, in: PROKLA 7, 83 ff.

62 Der 11. Kongreß der DVPW in Berlin (1969) stand unter dem Thema Probleme der Demokratie heute; 1971 in Mannheim lautete das Tagungsthema: Gesellschaftlicher Wandel und europäischer Friede; 1973 in Hamburg: Politik und Ökonomie – autonome Handlungsmöglichkeiten des politischen Systems; 1975 in Duisburg: Legitimationsprobleme politischer Systeme; 1977 in Bonn: Politische Wissenschaft und politische Praxis: 1979 in Augsburg: Politikfeld-Analysen, und 1982 in Berlin: Gesellschaftliche Probleme als Anstoß und Folge von Politik. Die Kongresse 1969–1977 sind als PVS-Sonderhefte, die beiden letzten Kongresse in gesonderten Publikationen dokumentiert.

63 *Carl Böhret:* a. a. O., 222.

64 Ebd., 254.

65 *Günther Nonnenmacher:* Abschied vom Allgemeinen oder Die Folgen der Technik, in: FAZ Nr. 239, 15. Okt. 1985, 28.

66 *Lakatos/Musgrave* (Hrsg.): Kritik und Erkenntnisfortschritt, Braunschweig 1974.

67 *Dieter Oberndörfer,* a. a. O., 54.

68 *Hans Maier:* Revolution und Kirche. Studien zur Frühgeschichte der christlichen Demokratie 1789–1901, Freiburg 1965; *ders.:* Die ältere deutsche Staats- und Verwaltungslehre, Neuwied 1966. Vgl. auch *ders.:* Politische Wissenschaft in Deutschland, Aufsätze zur Lehrtradition und Bildungspraxis, München 1969.

69 *Jutta Brückner:* Staatswissenschaften, Konservatismus und Naturrecht, München 1977; *Horst Denzer:* Moralphilosophie und Naturrecht bei Samuel Pufendorf, München 1972; *Rolf K. Hočevar:* Stände und Repräsentation beim jungen Hegel, München 1968; *Paul-Ludwig Weinacht:* Staat, Studien zur Bedeutungsgeschichte des Wortes von den Anfängen bis ins 19. Jahrhundert, Berlin 1968.

70 Vgl. *Theo Stammen:* Goethe und die Französische Revolution, München 1966.

71 So etwa *Heinz Rausch:* Repräsentation und Repräsentativverfassung. Anmerkungen zur Problematik, München 1979.

72 *Hans-Peter Schwarz:* Der konservative Anarchist. Politik und Zeitkritik Ernst Jüngers, Freiburg 1962.

73 *Arno Baruzzi:* Mensch und Maschine. Das Denken sub specie machinae, München 1973; *Alexander Schwan:* Der Ort der Gegenwart in der Eschatologie des Seins. Eine Studie zur Ortsbestimmung der Gegenwart im ‚neuen Denken‘ Heideggers, Freiburg 1959.

74 *Alexander Schwan:* Geschichtstheologische Konstitution und Destruktion der Politik. Friedrich Gogarten und Rudolf Bultmann, Berlin/New York 1976.

75 *Claus E. Bärsch:* Der Staatsbegriff in der neueren deutschen Staatslehre und seine theoretischen Implikationen, Berlin 1974.

76 Vgl. Anm. 49.

77 Vgl. Anm. 49.

78 So etwa einige Arbeiten von *Alexander Schwan* zur Theorie und Praxis der SPD, z. B. *Alexander Schwan/Gesine Schwan:* Sozialdemokratie und Marxismus. Zum Spannungsverhältnis von Godesberger Programm und marxistischer Theorie, Hamburg 1974; in einem weiteren Sinne

vielleicht auch *Kurt Sontheimer:* Das Elend unserer Intellektuellen. Linke Theorie in der Bundesrepublik Deutschland, Hamburg 1976.

79 So der einprägsame Titel der beiden Bände von *Manfred Riedel:* Rehabilitierung der praktischen Philosophie, 2 Bde., Freiburg 1972/1974.

80 *Gerhard Göhler:* a. a. O., 45 f., formuliert diesen Sachverhalt treffend wie folgt: „Ende der 60er Jahre/Anfang der 70er Jahre schienen nur noch einige Münchner Politikwissenschaftler um Helmut Kuhn am normativ-ontologischen Programm festzuhalten. Die einstigen Freiburger sahen inzwischen die Unmöglichkeit einer ausgearbeiteten Ontologie (als allgemeiner Metaphysik) und schienen selbst nicht mehr so genau zu wissen, was als gute Ordnung zu thematisieren war. Als nun die Kritische Theorie der Frankfurter Schule, später der Marxismus Auftrieb und nachstehenden Zulauf erhielten, gaben viele Vertreter der Freiburger Schule ihren emphatischen Anspruch, „gutes" politisches Handeln vorzudenken, auf und bezogen schlicht konservative Positionen. Hennis, Maier u. a. wiesen das emanzipatorische Verlangen nach Mündigkeit und Demokratisierung als revolutionäre Phrase von sich und schränkten den Begriff der Demokratie auf die gegebene politisch-repräsentative Demokratie ein".

81 Als Beispiel sei verwiesen auf *Ulrich Matz:* Politik und Gewalt. Zur Theorie des demokratischen Verfassungsstaates und der Revolution, Freiburg 1975.

82 So *Iring Fetscher* selbst, in: Reflexionen über meine geistige Entwicklung, in: Arbeit und Spiel, Essays zur Kulturkritik und Sozialphilosophie, Stuttgart 1983, 14.

83 Ein Verzeichnis der Arbeiten Fetschers findet sich in: *Eike Hennig* und *Richard Saage* (Hrsg.): Konservatismus – eine Gefahr für die Freiheit? Für Iring Fetscher, München 1983, 351 ff.

84 *Iring Fetscher* spricht vom Einfluß der ‚Frankfurter Schule' auf seine eigene Entwicklung, vgl.: Arbeit und Spiel, a. a. O., 14.

85 Vgl. *Walter Euchner:* Naturrecht und Politik bei John Locke, Frankfurt 1969; *Richard Saage:* Eigentum, Staat und Gesellschaft bei Immanuel Kant, Stuttgart 1973; ders.: Herrschaft, Toleranz, Widerstand. Studien zur politischen Theorie der niederländischen und der englischen Revolution, Frankfurt 1981; *Herfried Münkler:* Machiavelli. Die Begründung des politischen Denkens der Neuzeit aus der Krise der Republik Florenz, Frankfurt 1982.

86 So im Vorwort zu *Eike Hennig/Richard Saage* (Hrsg.): Konservatismus, a. a. O., 9.

87 *Iring Fetscher:* Arbeit und Spiel, a. a. O., 18.

88 Ebd.

89 Als Beispiele seien angeführt *Werner Link:* Geschichte des internationalen Jugendbundes (IJB) und des Internationalen Sozialistischen Kampfbundes (ISU), Meisenheim 1964; *Hanno Drechsler:* Die sozialistische Arbeiterpartei Deutschlands (SAPD), Meisenheim 1965; *Karl-Heinz Tjaden:* Struktur und Funktion der KPD-Opposition (KPD), Meinsenheim 1964; *Herbert Steiner:* Die kommunistische Partei Österreichs von 1918 bis 1923, Meisenheim 1967; *Hans Manfred Bock:* Syndikalismus und Linkskommunismus von 1918–1923, Meisenheim 1968; *Olaf Ihlau:* Die Roten Kämpfer – Ein Beitrag zur Geschichte der Arbeiterbewegung in der Weimarer Republik, Meisenheim 1969; *Frank Deppe:* Verschwörung, Aufstand und Revolution. Blanqui und das Problem der sozialen Revolution, Frankfurt 1970.

90 *Hans-Gerd-Schumann:* Edmund Burkes Anschauungen vom Gleichgewicht in Staat und Staatssystem, Meisenheim 1964; *Reinhard Kühnl:* Formen bürgerlicher Herrschaft II, Hamburg 1972.

91 *Erwin Faul:* Politikwissenschaft im westlichen Deutschland, a. a. O., 85.

92 Vgl. z. B. die Arbeiten von *Erwin Faul:* Der moderne Machiavellismus, Köln/Berlin 1961; *Franz Nuscheler,* Walter Bagehot und die englische Verfassungstheorie, Meisenheim 1969; *Martin Gralher:* Demokratie und Repräsentation in der Englischen Revolution, Meisenheim 1973; *Klaus Landfried:* Stefan George – Politik des Unpolitischen, Heidelberg 1975; *Günther Nonnenmacher:* Theorie und Geschichte. Studien zu den politischen Ideen von James Harrington, Meisenheim 1977.

93 *Dolf Sternberger:* Drei Wurzeln der Politik, 2 Bde., Frankfurt 1982.

94 Vgl. dazu *Günter Trautmann,* a. a. O., 266 ff.

95 *Martin Greiffenhagen:* Das Dilemma des Konservatismus in Deutschland, München 1971.

96 *Bernard Willms:* Die Antwort des Leviathan – Thomas Hobbes' politische Theorie, Neuwied 1970; Der Weg des Leviathan. Die Hobbes-Forschung von 1968–1978, in: Der Staat, Beiheft 3, Berlin 1979.

97 *Kurt Lenk:* Marx in der Wissenssoziologie. Neuwied 1972; Theorien der Revolution, München 1973; Volk und Staat. Strukturwandel politischer Ideologien im 19. und 20. Jahrhundert, Stuttgart 1971.

98 Vgl. z. B. *Iring Fetscher:* Überlebensbedingungen der Menschheit. Zur Dialektik des Fortschritts, München 1980; *Hans Immler:* Natur in der ökonomischen Theorie, Opladen 1985.

99 *Iring Fetscher* (Hrsg.): Neokonservative und ,Neue Rechte‘, München 1983; *Eike Henning/Richard Saage* (Hrsg.): Konservatismus. Eine Gefahr für die Freiheit?, München 1983. *Richard Saage:* Rückkehr zum starken Staat?, Frankfurt 1983.

100 Statt vieler *Ulrich K. Preuß:* Politische Verantwortung und Bürgerloyalität. Von den Grenzen der Verfassung und des Gehorsams in der Demokratie, Frankfurt 1984.

101 Vgl. *Udo Bermbach:* Bemerkungen zur politischen Theoriengeschichte, in: PVS 1981, 181 ff. sowie die daran anschließende Diskussion von *Lothar Kramm:* Vom Un-Sinn einer politischen Ideengeschichte, in: PVS 1981, 168 ff.; *Claus-E. Bärsch:* Vom Sinn der Politischen Ideengeschichte für das Studium, in: PVS 1981, 327 ff.; *Günther Nonnenmacher:* Ideengeschichte zwischen Un-Sinn und Unmöglichkeit, in: PVS 1981, 423 ff. sowie die bezugnehmenden Beiträge in: *Bermbach:* Politische Theoriengeschichte, a. a. O.

102 *Werner Hofmann:* Ideengeschichte der sozialen Bewegungen, Berlin 1971.

103 *Wilfried Gottschalch/Friedrich Karrenberg/Franz Josef Stegmann:* Geschichte der sozialen Ideen in Deutschland, hrsg. von *Helga Grebing,* München 1969.

104 *Kurt Schilling:* Geschichte der sozialen Ideen, Stuttgart 1966.

105 *Gabor Kiss:* Einführung in die soziologischen Theorien, 2 Bde., Opladen 1972/1973.

106 *Reinhard Zippelius:* Geschichte der Staatsideen, München 1976.

197 *Ernst Reibstein:* Völkerrecht. Eine Geschichte seiner Ideen in Lehre und Praxis, 2 Bde., Freiburg 1958/1963; Volkssouveränität und Freiheitsrechte, 2 Bde., Freiburg 1972.

108 *Gerhard Stavenhagen:* Geschichte der Wirtschaftstheorie, Göttingen 1969.

109 *Mark Blaug:* Systematische Theoriegeschichte der Ökonomie, München, Bd. I 1971, Bd. II 1972; Bd. III 1975.

110 *Fenske/Mertens/Reinhard/Rosen:* Geschichte der politischen Ideen. Von Homer bis zur Gegenwart, Königstein/Ts. 1981.

111 *Ulrich Steinvorth:* Stationen der politischen Theorie, Stuttgart 1981.

112 *Iring Fetscher/Herfried Münkler* (Hrsg.): Pipers Handbuch der Politischen Ideen, Bd. 3: Neuzeit: Von den Konfessionskriegen bis zur Aufklärung, München 1985. Bd. 4: Neuzeit: Von der französischen Revolution bis zum europäischen Nationalismus, München 1986.

113 Vgl. z. B. die Literaturzusammenstellung in: *Ekkehard Martens/Herbert Schnädelbach* (Hrsg.): Philosophie, Ein Grundkurs, Hamburg 1985, 623 ff., bes. 626, Abschnitt 3.

114 Vgl. z. B. die große ,Freiherr-vom-Stein-Gedächtnisausgabe‘, die in der wissenschaftlichen Buchgesellschaft, Darmstadt, erscheint.

115 *Joachim Ritter* (Hrsg.): Historisches Wörterbuch der Philosophie, Basel 1971 ff. (bisher Bd. 1–6).

116 *Otto Brunner/Werner Conze/Reinhart Koselleck* (Hrsg.): Geschichtliche Grundbegriffe. Historisches Lexikon zur politisch-sozialen Sprache in Deutschland, Stuttgart 1972 ff. (bisher 5 Bde.).

117 Vgl. z. B. *Michael Stolleis* (Hrsg.): Staatsdenker im 17. und 18. Jahrhundert, Frankfurt 1977; *ders.* (Hrsg.): *Hermann Conring:* Beiträge zu Leben und Werk, Berlin 1983.

118 *Horst Dreitzel:* Das deutsche Staatsdenken in der Frühen Neuzeit I, in: NPL 1971, 17–42, in: NPL 1971, S. 256–271; III in: NPL 1971, S. 407–422; ebenso: Der Verfall und Wiederaufstieg der Praktischen Philosophie, in: NPL 1973, S. 31–60: Ideen, Ideologien, Wissenschaft: Zum politischen Denken in Deutschland in der Frühen Neuzeit, in: NPL 1980, 1–25.

119 *Reinhart Koselleck:* Kritik und Krise, Frankfurt 1973.

120 *Hans Medick:* Naturzustand und Naturgeschichte der bürgerlichen Gesellschaft, Göttingen 1973.

121 *Walter Grab:* Demokratische Strömungen in Hamburg und Schleswig-Holstein zur Zeit der ersten französischen Republik, Hamburg 1966; Norddeutsche Jakobiner, Demokratische Bestrebungen zur Zeit der Französischen Revolution, Frankfurt 1967; Ein Volk muß seine Freiheit selbst erobern. Zur Geschichte der deutschen Jakobiner, Frankfurt 1984. Hinzuweisen wäre auch auf die Arbeiten von *Hans Werner Engels, Alfred Körner* und *Gerhard Steiner* in der von *Walter Grab* herausgegebenen Reihe: Deutsche revolutionäre Demokraten, Frankfurt

1971, 1972, 1973, auch die Arbeiten von *Heinrich Scheel* und zahlreicher anderer Historiker. Vgl. dazu das Nachwort von *Jörn Garber:* Politische Spätaufklärung und vorromantischer Früh-Konservatismus: Aspekte der Forschung, in: *Fritz Valjavec:* Die Entstehung der politischen Strömungen in Deutschland 1770–1815, Kronberg/Ts./Düsseldorf 1978.

122 Zum deutschen Frühliberalismus vgl. *Zwi Batscha:* Studien zur politischen Theorie des deutschen Frühliberalismus, Frankfurt 1981: Zu Rotteck, Welcker, Mittermaier, zu Dahlmann, Robert von Mohl u. a. liegen kaum politologische Arbeiten vor. Der Vormärz ist nach wie vor Domäne der Historiker, der Literaturwissenschaftler, auch der Staatsrechtslehre, vgl. etwa *Hans Boldt:* Deutsche Staatslehre im Vormärz, Düsseldorf 1975.

123 *Klaus Epstein:* Die Ursprünge des Konservatismus in Deutschland. Der Ausgangspunkt: Die Herausforderung durch die Französische Revolution. 1770–1806, Frankfurt 1973.

124 *Helga Grebing:* Konservative gegen die Demokratie. Konservative Kritik an der Demokratie in der Bundesrepublik nach 1945, Frankfurt 1971.

125 *Ernst Nolte:* Der Faschismus in seiner Epoche, München 1963; *ders.* (Hrsg.): Theorien über den Faschismus, Köln 1967.

126 *Gerhard A. Ritter:* Die Arbeiterbewegung im Wilhelminischen Reich, Berlin 1959; (Hrsg.) Deutsche Parteien vor 1918, Köln 1973, mit Susanne Müller (Hrsg.): Die deutsche Revolution 1918–1919, Hamburg 1975.

127 *Susanne Müller:* Burgfrieden und Klassenkampf, Düsseldorf 1974.

128 *Dieter Groh:* Negative Integration und revolutionärer Attentismus. Die deutsche Sozialdemokratie am Vorabend des Ersten Weltkrieges, Frankfurt 1973.

129 Vgl. die Veröffentlichungen, die die Entwicklung des deutschen Parlamentarismus seit dem vorigen Jahrhundert betreffen, herausgegeben von der „Kommission für Geschichte des Parlamentarismus und der politischen Parteien". Der Band über den ‚Bundestag' seit 1949 wird allerdings von einem Politologen – *Winfried Steffani* – vorbereitet.

130 *Reinhart Koselleck:* Vergangene Zukunft. Zur Semantik geschichtlicher Zeiten, Frankfurt 1979.

131 *Joachim Ritter:* Metaphysik und Politik, Studien zu Aristoteles und Hegel, Frankfurt 1969.

132 Vgl. die prägnante Zusammenfassung von *Herbert Schnädelbach:* Philosophie in Deutschland 1831–1933, Frankfurt 1983.

133 *Hans Blumenberg:* Die Legitimität der Neuzeit, Frankfurt/M. 1966. Arbeit am Mythos, Frankfurt 1978; Die Lesbarkeit der Welt, Frankfurt 1981.

134 *Reinhard Brandt:* Eigentumstheorien von Grotius bis Kant, Osnabrück 1974; *ders.:* Rousseaus Philosophie der Gesellschaft, Stuttgart 1973.

135 *Gerd-Klaus Kaltenbrunner* (Hrsg.): Rekonstruktion des Konservatismus, Freiburg 1972; Die Herausforderung der Konservativen, München 1974; *ders.:* Die Notwendigkeit, Feinde zu haben, Freiburg 1980.

136 *Günther Maluschke:* Philosophische Grundlagen des demokratischen Verfassungsstaates, Freiburg 1982.

137 *Wolfgang H. Schrader:* Ethik und Anthropologie in der englischen Aufklärung, Hamburg 1984.

138 *Wilhelm Hennis:* Politik und praktische Philosophie, Neuwied 1963; *Ders.:* Politik als praktische Wissenschaft, München 1968.

139 Vgl. Anm. 79. Darüber hinaus von *Manfred Riedel:* Studien zu Hegels Rechtsphilosophie, Frankfurt 1969. Politische Philosophie und Ontologie, Bd. I: Zur Theorie und Geschichte des Begriffs „Bürgerliche Gesellschaft" zwischen Aristoteles und Kant, 1970; Metaphysik und Metapolitik. Studien zu Aristoteles und zur politischen Sprache der neuzeitlichen Philosophie, Frankfurt 1975.

140 Vgl. u. a. *Hermann Lübbe:* Politische Philosophie in Deutschland, Basel 1963; Säkularisierung. Geschichte eines ideenpolitischen Begriffs, München 1964.

141 *Robert Spaemann:* Der Ursprung der Soziologie aus dem Geist der Restauration. Studien über V. G. A. de Bonald, München 1954; *ders.:* Zur Kritik der politischen Utopien, Stuttgart 1977.

142 *Ernst Vollrath:* Die Rekonstruktion der politischen Urteilskraft, Stuttgart 1977.

143 *Ottfried Höffe:* Ethik und Politik. Grundmodelle und -probleme der praktischen Philosophie, Frankfurt 1979; Sittlich-politische Diskurse, Frankfurt 1981.

144 Vgl. z. B. *Peter Graf Kielmansegg:* Volkssouveränität. Eine Untersuchung der Bedingungen demokratischer Legitimität; Stuttgart 1977; Nachdenken über die Demokratie, Stuttgart 1981;

Ulrich Matz: Politik und Gewalt. Zur Theorie des demokratischen Verfassungsstaates und der Revolution, Freiburg 1975.

145 *Jürgen Habermas:* Legitimationsprobleme im Spätkapitalismus, Frankfurt 1973; *Peter Graf Kielmansegg* (Hrsg.): Legitimationsprobleme politischer Systeme, PVS-Sonderheft 7, Opladen 1976.

146 *Willi Oelmüller:* Transzendental-philosophische Normenbegründungen, Paderborn 1978; *ders.:* Normenbegründung – Normendurchsetzung, Paderborn 1978; *ders.:* Normen und Geschichte, Paderborn 1979.

147 *Jürgen Habermas:* Strukturwandel der Öffentlichkeit. Untersuchungen zu einer Kategorie der bürgerlichen Gesellschaft, Neuwied 1962; *ders.:* Theorie und Praxis, Sozialphilosophische Studien, Neuwied 1963. Zuletzt: Theorie des kommunikativen Handelns, 2 Bde., Frankfurt 1981; Vorstudien und Ergänzungen zur Theorie des kommunikativen Handelns, Frankfurt 1984.

148 Z. B. *Klaus Eder:* Geschichte als Lernprozeß? Zur Pathogenese politischer Modernität in Deutschland, Frankfurt 1985.

149 *Martin Kriele:* Die Herausforderung des Verfassungsstaates. Hobbes und englische Juristen, Neuwied 1970; *ders.:* Einführung in die Staatslehre, Opladen 1980.

150 *Karl-Heinz Ilting:* Naturrecht und Sittlichkeit, Stuttgart 1983.

151 *Helmut Quaritsch:* Staat und Souveränität, Bd. I: Die Grundlagen, Frankfurt 1970.

152 *Ernst-Wolfgang Böckenförde:* Staat, Gesellschaft, Freiheit. Studien zur Staatstheorie und zum Verfassungsrecht, Frankfurt 1976.

153 *Norbert Elias:* Über den Prozeß der Zivilisation, 2 Bde., Bern 1966; *ders.:* Engagement und Distanzierung, Frankfurt 1983.

154 *Niklas Luhmann:* Gesellschaftsstruktur und Semantik, Studien zur Wissenssoziologie der modernen Gesellschaft, Bd. 1, Frankfurt 1980; Bd. 2, Frankfurt 1981; *ders.:* Liebe als Passion. Zur Codierung von Intimität? Frankfurt 1982.

155 Vgl. *Klaus v. Beyme:* Die politischen Theorien der Gegenwart, München [6]1986; ähnlich *Iring Fetscher/Herfried Münkler* (Hrsg.): Politikwissenschaft. Begriffe – Analysen – Theorie. Ein Grundkurs, Hamburg 1985; *Wilfried Röhrich/Wolf-Dieter Narr:* Politik als Wissenschaft. Ein Überblick, Opladen 1986.

156 *Bernard Willms:* Politische Ideengeschichte, Politikwissenschaft und Philosophie, in: *Bermbach:* Politische Theoriengeschichte, a. a. O., 33 ff., 40 ff.

157 Ebd., 48.

158 Ebd., 50 ff.

159 Ebd., 57.

160 Ebd., 59.

161 *Jürgen Gebhardt:* Über das Studium der politischen Ideen in philosophisch-historischer Absicht, in: *Udo Bermbach* (Hrsg.): Politische Theoriengeschichte, a. a. O., 126 ff.

162 Ebd., 155.

163 Ebd., 156.

164 *Heide Gerstenberger:* Materialistische Ansätze in der Analyse politischer Ideen, in: *Udo Bermbach* (Hrsg.): Politische Theoriengeschichte, a. a. O., 161 ff.

165 *Udo Bermbach:* Bemerkungen zur politischen Theoriengeschichte, a. a. O. (Anm. 101).

166 *Niklas Luhmann:* Staat und Politik. Zur Semantik der Selbstbeschreibung politischer Systeme, in: *Udo Bermbach* (Hrsg.): Politische Theoriengeschichte, a. a. O., 99; vgl. außerdem: Ideengeschichte in soziologischer Perspektive, in: *J. Matthes* (Hrsg.): Lebenswelt und soziale Probleme, Frankfurt 1981; vgl. Anm. 154.

167 *Klaus v. Beyme:* Politische Ideengeschichte, a. a. O. Dort werden 5 Ansätze des ,ideengeschichtlichen Studiums' unterschieden: ein politisch-philosophischer Ansatz, ein historischer, psychologischer, soziologisch-sozialgeschichtlicher und philosophisch bzw. sprachanalytischer Ansatz.

168 Siehe Anm. 147.

169 *Jürgen Habermas:* Theorie des kommunikativen Handelns, a. a. O., Bd. I, 8.

170 *Quentin Skinner* (Hrsg.): The Return of Grand Theory in the Human Sciences, Cambridge 1985.

Vergleichende Regierungslehre

Jürgen Hartmann

Länderübergreifende Analysen und Studien über „andere" Länder werden in der deutschen Politikwissenschaft gemeinhin dem fachlichen Teilbereich der „Vergleichenden Regierungslehre" zugeordnet. Dennoch wird dieser Begriff gelegentlich vermieden, vor allem wegen einiger Vorbehalte gegenüber einem Verständnis von Vergleichender Regierungslehre, das ausschließlich den Vergleich formaler Regierungsinstitutionen und politischer Prozeßnormen meint. *Von Beyme* (1966) verwendet „Vergleichende Regierungslehre" nicht nur für den Vergleich staatlicher Willensbildungs- und Entscheidungsorgane, sondern auch für den sozialwissenschaftlich orientierten Ländervergleich bis hin zur Analyse politischer Kulturmuster. Andere Politikwissenschaftler unterscheiden demgegenüber „Vergleichende Regierungslehre" und „Systemvergleich" (*Hartmann* 1980) oder sie lassen die „Vergleichende Regierungslehre" kurzerhand in einer als „Systemvergleich" verstandenen „vergleichenden Politikwissenschaft" aufgehen (*Berg-Schlosser/Maier/Stammen* 1974, *Berg-Schlosser/Müller-Rommel* 1986). Die *PVS* weist in ihrem Jahresverzeichnis den Gegenstandsbereich „Analyse und Vergleich politischer Systeme" aus, die Rezensionszeitschrift *PVS-Literatur* bedient sich der Bezeichnung „Komparatistik und nationale politische Systeme".

Die unterschiedliche Begrifflichkeit hat damit zu tun, daß durch einen von der vergleichenden Regierungslehre abgesetzten Terminus deutlich werden soll, daß vergleichende Politikwissenschaft ihren Gegenstand als komplexes System begreift, dessen Strukturen sie als Ausdruck gesellschaftlicher Entwicklungen, Kräfte und Konflikte analysiert. Konsens über die „Vergleichende Regierungslehre" darf heute insoweit unterstellt werden, die Reichweite des Begriffs nicht auf Regierungsinstitutionen zu beschränken, sondern auch den Vergleich von „regierungsbezogenen" politischen Institutionen, insbesondere Parteien und Verbänden darunter zu fassen (vgl. auch *Brunner* 1979, *Stammen* 1983). An diesen „minimalen" Objektbestand der Vergleichenden Regierungslehre hält sich die folgende Bestandsaufnahme. Vergleichende Regierungslehre ist ferner Politikwissenschaft am Gegenstand a) der „westlichen Demokratien", b) der „sozialistischen Systeme" c) der „Dritten Welt". Nach dieser Einteilung gliedert sich dieser Überblick, für den ausschließlich, aber keinesfalls mit Anspruch auf Vollständigkeit, länderübergreifende Konzepte und Analysen sowie vergleichend angelegte Länderstudien berücksichtigt werden.

I. Westliche Demokratien

1. Regierungssysteme

Vergleich von Regierungsinstitutionen ist der älteste Schwerpunkt der Vergleichenden Regierungslehre. Vor allem das variantenreiche parlamentarische Regierungssystem war und ist bevorzugtes Objekt der einschlägigen Literatur. Dabei ging es einerseits lange um die Auseinandersetzung mit Großbritannien als Modell des parlamentarischen und des Zweiparteiensystems (*Nuscheler* 1969) und andererseits um die Frage nach den Funktionsvoraussetzungen des parlamentarischen Regierungssystems in einem Vielparteienkontext (*von Alemann* 1973). Anknüpfend an die seit einer beachteten Studie *Loewensteins* (1959) Fuß fassende Unterscheidung von „parlamentarischem" und „präsidentiellem" Regierungssystem nahmen deutsche Politikwissenschaftler das unterschiedlich variierte Grundschema parlamentarisches/präsidentielles Regierungssystem in ihr analytisches Repertoire auf (vgl. *von Beyme* 1973a, 40ff., *Steffani* 1979). In der ausgefeilten Systematik und in der illustrativen Breite, mit der dies geschah, liegt ein spezifischer Zug der Vergleichenden Regierungslehre in der Bundesrepublik. *Fraenkels* (1976) Analyse des präsidentiellen Regierungssystems der USA, die bei aller Landesbezogenheit exemplarisch immer wieder vergleichend auf andere Länder verweist, und *von Beymes* (1973) monumentales Werk über die europäischen parlamentarischen Regierungssysteme markieren die Spannweite der vergleichenden Institutionenbetrachtung. Es bleibt jedoch festzustellen, daß die Vergleichende Regierungslehre mit dem Grundschema parlamentarisches/präsidentielles Regierungssystem ein brauchbares Klassifizierungsprinzip gefunden hat, das analytisch kaum weiterentwicklungsfähig ist und das in seinem Objektbereich (den westlichen Demokratien) wenig neues Material vorfindet. Allerdings kann das Schema über den vorhandenen politikwissenschaftlichen Kenntnisstand hinaus Regimewandel im Rahmen dehnbarer Verfassungsregeln und schwacher politischer Konventionen erklären, wie etwa am Beispiel Frankreichs in der V. Republik (*Kimmel* 1983), und bei der Untersuchung historischer Entwicklungsstadien politischer Systeme weiterbringen, so beispielsweise in *Nohlens* (1970) Abhandlung über den spanischen Parlamentarismus im 19. Jahrhundert.

2. Parteien und Parteiensysteme

In den 70er Jahren nahm die vergleichende Parteienforschung in der Bundesrepublik einen merklichen Aufschwung. Aktuelle Probleme der Parteiendemokratie in den westlichen Ländern spielten dabei eine Rolle (Eurokommunismus, Immobilismus in der italienischen Innenpolitik, Flügelkämpfe in den britischen Parteien, Protestparteien in Skandinavien). Der Parteienforschung in der Bundesrepublik war durch die Rezeption funktionalistischer Ansätze der Parteienanalyse in den USA der Weg geebnet worden (vgl. etwa *Jäger* 1973). *Sartori, Eldersveld, Epstein* und andere Repräsentanten der angelsächsischen Politikwissenschaft haben die vergleichende Parteienforschung hierzulande um nichts weniger beeinflußt als Fragestellungen, die charakteristisch für die Parteienanalyse in der deutschen Politikwissenschaftstradition sind (innerparteiliche Demokratie, Volkspartei).

Das für die Fragestellungen des internationalen Parteienvergleichs einflußreichste theoretische Leitbild in der Bundesrepublik ist die von *Lipset/Rokkan* (1967) entwickelte Konzeption der parteienbildenden *cleavages* in Westeuropa: politisch-gesellschaftlicher Konfliktlinien, die im 19. und frühen 20. Jahrhundert die bis heute bestimmenden Parteirichtungen hervorbrachten. Die „cleavage"-Theorie beruht auf dem gesellschaftlichen Entwicklungsmodell *Rokkans* (vgl. auch *Flora* 1981). *Lipset* und *Rokkan* konstatieren, die gegenwärtigen Parteiensysteme Westeuropas hätten sich (bis auf wenige Ausnahmen) seit den 20er Jahren nicht wesentlich verändert. *Raschke* verbindet diese Feststellung mit der Frage, ob politisch-sozialer Wandel seither nicht stärker in innerparteilicher Gruppenbildung seinen Ausdruck finde: die großen Parteien gingen in der zwischenparteilichen Auseinandersetzung vielen umstritteten Problemen aus dem Weg, trotzdem seien die wichtigsten Parteien wie auch die Parteiensysteme insgesamt bemerkenswert stabil geblieben (*Raschke* 1978, 12ff.). *Raschke* kombiniert hier offensichtlich die in der deutschen Politikwissenschaft aufgenommene „Volksparteienhypothese" (vgl. *Kirchheimer* 1965, siehe auch *Kaste/Raschke* 1977) mit dem *Lipset/Rokkan*schen Entwurf.

Aus der geschilderten Überlegung heraus entwickelt *Raschke* (1977) eine nahezu flächendeckende, in Systematik und Detaillierung vorbildliche Pionierstudie zum innerparteilichen Gruppenkonflikt in westeuropäischen Parteien. Verwandte Fragestellungen liegen einigen kleineren Arbeiten zugrunde, die nach dem Veränderungspotential des Umweltthemas für die westeuropäischen Parteiensysteme fragen, um auf diese Weise die Alternativen zur innerparteilichen Konfliktverarbeitung, Parteigründungen, ins Auge zu fassen. Damit wird versucht, eine neue „cleavage" der westeuropäischen Parteiensysteme im späten zwanzigsten Jahrhundert auszuloten (*Murphy/Rubart/Müller/Raschke* 1979, *Nullmeier/Rubart/Schulz* 1983, *Müller-Rommel* 1982, 1984). Ganz offensichtlich setzt die vergleichende Politikwissenschaft in der Bundesrepublik hier ähnliche Akzente wie die amerikanische Politikwissenschaft, die in der Tradition *Keys* (1964) mit dem Konzept der *secular cleavages* arbeitet, um das schwach strukturierte amerikanische Parteiensystem aus einer historischen Perspektive heraus zu erklären (vgl. etwa *Chambers/Burnham* 1975). Die Strukturdifferenzen des amerikanischen zu den europäischen Parteiensystemen, insbesondere die Unübertragbarkeit der *cleavage*-Inhalte in den USA auf den europäischen Parteienkontext machen verständlich, warum sich die vergleichende Forschung in der Bundesrepublik den europazentrierten Gesichtswinkel *Rokkans* zu eigen macht und ihrerseits außereuropäische Parteiensysteme kaum berücksichtigt.

Oberdörfers (1979) und *Veens* (1983) Sammelwerken über sozialistische und kommunistische bzw. christdemokratische und konservative Parteien in Westeuropa geht es um reine Faktenpräsentation, ähnlich *Timmermanns* (1978, 1979) Arbeiten über eurokommunistische Parteien. In einer systematischer angelegten Zusammenstellung bettet *Raschke* (1978) einen Vergleich westeuropäischer Parteien in ein Grundschema ein, das Gemeinsamkeiten und Unterschiede zwischen Parteien und Parteiensystemen durch einheitliche Darstellungskriterien zu verdeutlichen sucht. Andere Arbeiten, die hier nicht im einzelnen erwähnt werden können, bleiben hinter Systematik und Informationsgebung dieser Werke zurück. Generell liegt der Nutzen einschlägiger Arbeiten in der Sammlung, Zusammenstellung und Aufarbeitung von Basisfakten und länderspezifischen Forschungen. Als umfassender, bisher einzigartiger Datenfundus einer vergleichenden Parteienforschung, die ihren Gegenstand auch soziologisch und sozialhistorisch aufhellt, ist in diesem Zusammenhang *Floras* (1983) Datensammlung über Staat und Gesellschaft in Westeuropa zu erwähnen (die sich übrigens ebenfalls den Impulsen des *Rokkan*schen Werkes verpflichtet zeigt).

Von Beymes (1984) Parteienbuch geht über die Absichten und Grenzen der erwähnten Arbeiten hinaus. Zunächst beschränkt es sich nicht auf Westeuropa, sondern bezieht sich auf Parteien in allen westlichen Demokratien. Ferner vergleicht es Parteien und Parteiensysteme im Kontext der in der internationalen Politikwissenschaft geläufigen „Teiltheorien" der Parteienforschung (vgl. auch *von Beyme* 1983 a). Das Werk ist eine eindrucksvolle Rezeptionsleistung. Der Vorwurf der „Theorielosigkeit" (*Raschke* 1983) kann es schwerlich treffen, weil es so theorielos oder theoriehaltig ist wie die internationale Parteienforschung selbst. Als Bestandsaufnahme ist ein derart globaler Zugriff auf den Parteienvergleich unbedingt wichtig. Durch *von Beymes* Darstellungsprinzip, sich mit Illustrationen und Problematisierungen an die internationale Parteienliteratur zu halten, wird der heterogene Forschungsstand in der bundesdeutschen und ausländischen Politikwissenschaft deutlich. Gezielte Impulsgebung für weitere Forschungen ist im allgemeinen nicht der Vorsatz solcher Arbeiten. Für die Gewinnung neuer Erkenntnisse und gezielte Hypothesenüberprüfung – die beide nicht *von Beymes* Anliegen sind – bedarf es demgegenüber schematischer Vergleiche in der Art der oben erwähnten westeuropäischen Parteienanalysen, d. h. vergleichender Arbeiten begrenzter Reichweite, die sich entweder auf einigermaßen gut erschlossene Länder und Parteien beschränken oder den Vergleich zum Anlaß nehmen, verstreute Kenntnisse über weniger gut erschlossene Länder zusammenzufassen oder überhaupt erst zu erarbeiten. Es versteht sich von selbst, daß diese Art der vergleichenden Analyse weitgehend auf die Vorarbeit spezieller Länderstudien angewiesen ist.

3. Verbände

In den 70er Jahren regte sich in der vergleichenden Politikwissenschaft der Bundesrepublik ein lebhaftes Interesse an Verbändeproblemen, ähnlich wie in der Politikwissenschaft des Auslandes. Aktuelle Probleme zwischen Regierungen und Gewerkschaften im Zeichen wachsender Wirtschaftsprobleme in den Industrieländern wirkten dabei als äußere Impulse. Das Augenmerk der vergleichenden Verbändeforschung in der Bundesrepublik gilt nahezu ausschließlich den Gewerkschaften. *Von Beymes* (1977 a) Arbeit über Gewerkschaften in westlichen Ländern ist der erste größere Beitrag zur vergleichenden Gewerkschaftsforschung in der deutschen Politikwissenschaft. Sie präsentiert Konzepte und Ergebnisse der internationalen Gewerkschaftsforschung und verarbeitet diese zu eigenen Erklärungsangeboten und Systematisierungsansätzen. Wichtig für die weitere länderübergreifende Gewerkschaftsforschung ist *von Beymes* Werk vor allem unter dem Gesichtspunkt, daß es Gewerkschaftsanalyse nicht im konventionellen Sinne als „Verbandsanalyse" betreibt: es beschäftigt sich nicht ausschließlich und keineswegs in erster Linie mit gewerkschaftlichen Zielen, Organisationsformen und Interventionspraktiken, sondern bindet die Gewerkschaftsbetrachtung systematisch in eine umfassende Darstellung der „Arbeitsbeziehungen" ein, integriert also arbeitsrechtliche Rahmenbedingungen, industrielle Konfliktforschung und betriebliche Gewerkschaftspraktiken. Diese Art der vergleichenden Gewerkschaftsforschung, die sich seit längerem auch in der auf diesem Felde führenden angelsächsischen Gewerkschaftsanalyse durchgesetzt hat, erwies sich für den Gewerkschaftsvergleich in der Bundesrepublik als richtungsbestimmend.

Als vorrangig problemaufreißende Arbeit operiert *von Beymes* Gewerkschaftsstudie mit Länderbeispielen, die Sachverhalte nach Literaturlage und Auffassung des Verfassers gut illustrieren. Das Bemühen um akribische, Land für Land gleichmäßige Faktenerhebung charakterisiert *Mielkes* (1983) Gewerkschaftshandbuch, das den Standard vergleichbarer Mammutwerke amerikanischer Provenienz allemal erreicht. Mehr als hundert Autoren handeln darin nach einem einheitlichen Schema nicht nur Gewerkschaften in kapitalistischen Gesellschaften, sondern auch in sozialistischen Systemen und in Ländern der Dritten Welt ab. Auch die selektiv vorgehenden Sammelwerke von *Olle* (1978) und *Hellmann/Oesterheld/Olle* (1980), die einen qualifizierten Gewerkschaftsüberblick an Beispielen aus Westeuropa und den USA geben, arbeiten systematisch das politische und industrielle Umfeld der Gewerkschaften auf. *Hartmann* (1984) vergleicht Gewerkschaften und Parteiensysteme in zwölf westeuropäischen Ländern: politische Mehrheitsverhältnisse, charakteristische Parteienbündnisse und gewerkschaftliche Handlungsmöglichkeiten im Rahmen der Parteien und der Arbeitsbeziehungen sollen Aufschluß über gesellschaftliche Kräfteverteilungen geben, besonders unter dem Aspekt gewerkschaftlicher Arbeitsmarktmacht in Ländern, die lange von derselben Partei oder demselben Parteienbündnis regiert wurden.

Allgemein ist festzustellen, daß der Vergleich von Gewerkschaften und Arbeitsbeziehungen in der deutschen Politikwissenschaft umfassend angelegt ist und auch „kleine" und außereuropäische Länder nicht ausspart. Darin zeigt sich die Eigenständigkeit der vergleichenden Gewerkschaftsforschung, die ihren Gegenstand keineswegs vornehmlich im Blick auf die Partizipationsstrukturen des politischen Systems untersucht, obgleich sie Parteien- und Regierungssystem als Bedingungsfaktor gewerkschaftlicher Strukturen und Strategien keineswegs vernachlässigt. Vor diesem Hintergrund erscheint das Gesichtsfeld des Gewerkschaftsvergleichs von *Rühle/Veen* (1983) stark eingeengt: dort geht es ausschließlich um eine entstehungsgeschichtlich fundierte Aufschlüsselung der Programmatik und der parteipolitischen Bindungen europäischer Gewerkschaftsbünde. Angesichts der Akzente der vergleichenden Gewerkschaftsliteratur seit Mitte der 70er Jahre mutet dieses Werk schon eher wie ein spezieller Appendix der vergleichenden Parteienforschung an, wobei immerhin anzumerken ist, daß der Schwerpunkt dieser Bände so lange ein Hauptaspekt der wissenschaftlichen Gewerkschaftsanalyse war, bis diese stärker den Gesamtkomplex der Arbeitsbeziehungen berücksichtigte. Im Unterschied zur frühen Gewerkschaftsliteratur der ausländischen Politikwissenschaft war in der Bundesrepublik das Interesse an diesem Aspekt nie sonderlich ausgeprägt.

Nicht-gewerkschaftliche Verbände sind in der vergleichenden Verbändeforschung der Bundesrepublik weitestgehend vernachlässigt worden. Zwar ist der Forschungsstand über Verbände generell – sowohl nach Verbandstypen als auch nach Ländern – sehr uneinheitlich (vgl. dazu auch die Bestandsaufnahme *von Beymes* [1980]). Die mangelnde Beschäftigung mit nicht-gewerkschaftlichen Verbänden muß aber allemal als ein Manko der vergleichenden Regierungslehre gewertet werden, das in der Bundesrepublik stärker hervortritt als in der angelsächsischen Politikwissenschaft. *Hartmanns* (1985) Fünf-Länder-Vergleich von Unternehmer-, Bauern- und Ärzteverbänden in Westeuropa und den USA versucht, einige Lücken zu schließen, das gleiche gilt für *Brandts* (1985) vergleichende Analyse neuer sozialer Bewegungen und Interessengruppen.

Die beherrschende theoretische Leitfigur nicht nur der neueren innenpolitischen, sondern auch der international vergleichenden Verbändeforschung ist das Konzept des „Korporatismus" oder „Neo-Korporatismus". Wichtigste intellektuelle Urheber des in der deutschen Diskussion vorwiegenden Korporatismusverständnisses sind *Schmitter* und *Lehmbruch*. Grundgedanke der Korporatismustheorie ist die durch vielfältige Beobachtungen gestützte Hypothese, daß die Großverbände, insbesondere Unternehmerverbände und Gewerkschaften, bei Problemlösungen und bei der Effektivierung einer angestrebten Regierungspolitik unentbehrlich seien. Die drohende Sanktion einer Kooperationsverweigerung zwinge Regierung und Verbände auch bei Unstimmigkeiten immer wieder zusammen (*Schmitter* 1974, 1977/78, *Lehmbruch* 1977/78). Für die empirische Reichweite der Verbändeforschung bedeutet die Korporatismustheorie die kombinierte Analyse von Verbandsstrukturen, Politikinhalten und Regierungspraktiken (vgl. auch *von Beyme* 1983 b).

Die Korporatismustheorie hat die Vergleichende Regierungslehre in der Bundesrepublik so stark angeregt und bereichert wie kaum ein anderer theoretischer Leitentwurf. Korporatistische Politikverflechtung zwischen Regierung und Verbänden wirft unter anderem die Frage nach der Funktion, ja der Überlebtheit des Parteiensystems auf (*Lehmbruch* 1977/78, *von Alemann/Heinze* 1981). Korporatismus erscheint aber nicht als unausweichliche Bedingung industriegesellschaftlicher Politik in westlichen Demokratien, sondern vielmehr als ein bis zur Institutionalisierung gediehener Zustand auf einer breiten Skala möglicher anderer Zusammenarbeitsformen zwischen Regierung und Verbänden. Immerhin gibt es einige westliche Gesellschaften ohne erkennbare korporatistische Politikmuster (etwa Frankreich und die USA). Aus der Fülle einschlägiger Arbeiten, die auf der Grundlage der Korporatismustheorie operieren, seien hier nur die von *Schmitter* und *Lehmbruch* herausgegebenen, unter Mitarbeit bundesdeutscher Politikwissenschaftler entstandenen Sammelwerke erwähnt, die mehrere westliche Industrieländer, darunter auch die USA und Japan, nach Spuren korporatistischer Politik ausleuchten (*Schmitter/ Lehmbruch* 1979, *Lehmbruch/Schmitter* 1982).

II. Sozialistische Systeme

Die Erforschung sozialistischer Systeme beschränkt sich in der Bundesrepublik im wesentlichen einerseits auf die Rezeption der in den USA diskutierten Theorieansätze und andererseits auf die Beschäftigung mit einzelnen sozialistischen Ländern, insbesondere der DDR. Als Vertreter einer Industriegesellschaftstheorie, die kapitalistischen und entwickelten sozialistischen Gesellschaften zwar nicht „Konvergenz", aber doch in vieler Hinsicht ähnliche politische Konflikte und vergleichbare Problemlösungstrategien unterstellt, wies *Ludz*, Mentor der DDR-Forschung in der Bundesrepublik, darauf hin, es genüge nicht, gründliche Analysen der DDR anzustellen. Vielmehr komme es darauf an, die DDR im Vergleich mit anderen sozialistischen Ländern und auch westlichen Ländern zu untersuchen (*Ludz* 1977, 36 f.). Unter *Ludz'* Regie entstanden materialreiche Synopsen Bundesrepublik/DDR mit sozio-ökonomischen, rechtlichen und staatlich-politischen Schwerpunkten (*Bericht der Bundesregierung und Materialien zur Lage der Nation,* 1971 ff.), die einen ausgezeichneten Fundus für gezielte, interpretative Vergleiche der beiden deutschen Staaten bereitstellten. Auch andere Arbeiten haben sich dem Bundesrepublik/DDR-Vergleich zugewandt, allerdings durchweg in der Art der Studie von *Behr* (1979) mit ihrer funktionalistisch beeinflußten Fragestellung, die im Prinzip ähnlich breit angelegt ist wie die erwähnten synoptischen Zusammenstellungen.

Ludz (1968) verwarf in seiner inzwischen klassischen Arbeit über die SED-Elite die Annahmen der Totalitarismustheorie wegen ihrer Rigidität und der daraus gefolgerten Unfähigkeit, Wandel und Anpassungsfähigkeit sozialistischer Systeme zu erfassen. Er entfachte damit einen heftigen Streit mit anderen Kommunismusforschern, die unverändert an der Brauchbarkeit des Totalitarismuskonzepts festhielten. Betrachtet man einige Arbeiten, die sich der Totalitarismusbegrifflichkeit bedienen, so erscheint diese freilich eher als wissenschaftliches „Flagge zeigen", das im übrigen nicht daran hindert, ähnliche Fragen zu stellen und zu ähnlichen Ergebnissen zu kommen wie andere Arbeiten, die sich von der Totalitarismustheorie abgrenzen (*Meissner/Brunner* 1975, *Brunner* 1977).

Die vergleichende Analyse sozialistischer Systeme als Ganzes hat in der Bundesrepublik den Stand der Theoriediskussion kaum überschritten. Dies ist um so erstaunlicher, als im Umkreis verschiedener Regionalforschungsinstitute der Bundesrepublik, die sich mit sozialistischen Ländern befassen, etliche Untersuchungen über Einzelprobleme in verschiedenen Ländern entstanden sind, die neben der Vielfalt einschlägiger Studien britischer und amerikanischer Provenienz eine ausgezeichnete Basis für vergleichende Analysen sein könnten. Sogar die Theoriediskussion steckt noch im Rezeptionsstadium, wobei die außerprofessionelle Kommunismusanalyse und -kritik (*Wassmund* 1980) und die Ansätze der angelsächsischen vergleichenden Sozialismusforschung gleichermaßen Beachtung finden (*Gransow* 1980, *Glaeßner* 1982, *v. Borcke/Simon* 1980).

Es mangelt nicht an Hinweisen auf die Ergiebigkeit von Konzepten, die sich bei der Erforschung westlicher Gesellschaften bewährt haben. Ähnlich wie in der angelsächsischen vergleichenden Politikwissenschaft wird dabei die implizite Orientierung an funktionalistischen Politikmodellen deutlich, mit deren Rezeption in der Bundesrepublik generell das analytische Interesse an den „verborgenen", institutionell schwer faßbaren politischen Strukturen geweckt wurde (vor allem durch das Politikmodell von *Almond/Powell* [1966]). *Furtak* (1974) plädiert für eine Übertragung des „interessenpluralistischen" Zugangs, wie er in der Sowjetunion-Forschung vorgeschlagen wurde (*Skilling/Griffith* 1974), auf weiterreichende Vergleichsvorhaben. *Lehmbruch* (1983) geht noch einen Schritt weiter und gibt zu bedenken, ob nicht auch das Korporatismuskonzept für den Vergleich sozialistischer Länder geeignet sei. In Anlehnung an entsprechende Ansätze der angelsächsischen Politikwissenschaft (*Brown* 1974, *Brown/Gray* 1977) wird schließlich auch die Ergiebigkeit des Vergleichs der politischen Kulturen sozialistischer Länder betont (*Hartmann* 1982). Vergleichende Arbeiten, die diese Anregungen im Rahmen empirischer Untersuchungen aufgegriffen hätten, stehen in der deutschen Politikwissenschaft noch aus. Es blieb bislang bei einführenden Überblickswerken ohne Forschungsambitionen, die verstreute Ergebnisse und Fakten zussammenbringen, das Terrain vorstellen, auf dem sich gezielte Forschung über sozialistische Systeme bewegen muß (*Furtak* 1979, *Jahn* 1982, *Hartmann* 1983).

Als spezifischer Beitrag eines deutschen Politikwissenschaftlers zur Theorie und zum empirischen Vergleich sozialistischer Systeme ragt *von Beymes* (1977 b) Werk über Ökonomie und Politik im Sozialismus heraus (vgl. auch *von Beyme* [1973b]). Die Kategorien der funktionalistischen Politikanalyse wie auch die der Totalitarismus- und Konvergenztheorien hält *von Beyme* gleichermaßen für unbefriedigend. Nach seiner Einschätzung ist es fruchtbarer, die sozialistischen Systeme nunmehr von ihren erklärten Zielen her zu betrachten. Er grenzt sich allerdings von der „immanenten" Betrachtung des realen Sozialismus ab, die im wesentlichen mit der altbekannten These von der bürokratischen „Entartung" des Sozialismus operiert. *Von Beyme* geht es zentral darum, die Leistungen und Defizite sozialistischer Systeme und deren strukturelle Prämissen zu untersuchen. Dabei unterscheidet er drei „Politiksphären": Produktion, Distribution und Legitimation/Systemsicherung. Mit großem Aufwand an Beispielen und Materialien untermauert er seine Schlußfolgerung, daß in allen sozialistischen Ländern die Ideologie lediglich im Bereich der Legitimation und Systemsicherung Vorrang vor Anpassungen an gesellschaftliche Bedürfnisse beanspruche, daß sie jedoch grundsätzlich keine pragmatischen Reformen des ökonomischen Systems behindere. *Von Beymes* Sozialismusstudie, die in diffiziler Weise die politische Strukturanalyse überschreitet und sich dem Vergleich von Politikinhalten zuwendet, kommt der Aufforderung an die vergleichende Regierungslehre gleich, beim Studium sozialistischer Systeme die Ansätze der vergleichenden Policy-Forschung als wisssenschaftliche Koordinaten nicht zu vernachlässigen.

III. Dritte Welt

Die politischen Systeme der Dritten Welt entziehen sich in vieler Hinsicht dem Zugriff der vergleichenden Betrachtungsweise, die bei westlichen Demokratien und sozialistischen Systemen gebräuchlich ist. Stabile politische Institutionen, sonst Angelpunkte der vergleichenden Analyse, sind in der Dritten Welt Ausnahmen. Die vergleichende Politikwissenschaft arbeitet deshalb stärker mit Konzepten der Entwicklungssoziologie, der politischen Ökonomie und der internationalen Beziehungen, um die Faktoren herauszufinden, die plausiblerweise innergesellschaftliche Strukturen in der Dritten Welt bestimmen. Dies gilt für die Politikwissenschaft in der Bundesrepublik wie auch anderwärts gleichermaßen.

Angesichts chronisch instabiler ziviler Herrschaftsformen greift die Analyse von Parlamenten, Parteien und Verbänden in der Dritten Welt zumeist ins Leere. Militärherrschaft, Einparteiensysteme und Populismus stehen bei der Betrachtung innergesellschaftlicher Politikdeterminanten im Vordergrund (*Waldmann* 1974, *Sotelo/Eßer/Moltmann* 1975, *Nuscheler/Ziemer* 1980, *Ziemer* 1984). Auch das Konzept der politischen Kultur kommt bei der Analyse von Ländern der Dritten Welt zum Tragen, so exemplarisch in *Berg-Schlossers* (1984) Kenia-Studie. Gelegentlich werden politische Systeme der Dritten Welt durchaus überzeugend mit Ansätzen konfrontiert, die ihren Nutzen vor allem bei der Analyse entwickelter Industriegesellschaften bewiesen haben. Für entsprechende Vergleichsvorhaben bietet sich insbesondere Lateinamerika mit teilindustrialisierten „Schwellenländern", europäisch geprägten Weltanschauungen und allgemeiner Orientierung an weltlicher Kultur an (*Mols* 1985). Die Brauchbarkeit dieses Zugangs belegen Arbeiten über Länder wie Mexiko (*Mols* 1981), Kolumbien (*Krumwiede* 1980) oder Chile (*Nohlen* 1973), in denen sich über längere Zeit zivile Herrschaftspraktiken behaupten konnten.

Der *mainstream* der vergleichenden Forschung über die Dritte Welt stellt andere Erklärungsansätze in den Vordergrund, insbesondere die variantenreiche Dependenztheorie, die den Schlüssel für die innergesellschaftlichen Strukturen der Dritten Welt in den internationalen Wirtschaftsbeziehungen sucht. Die von lateinamerikanischen Sozialwissenschaftlern (für die lateinamerikanische Situation) entwickelte Dependenztheorie (vgl. *Cardoso/Faletto* 1976, *Puhle* 1977) wurde von deutschen Politikwissenschaftlern, die sich mit Fragen der Dritten Welt befassen, mit Emphase aufgenommen und in eigenen Spielarten fortentwickelt (vgl. etwa *Senghaas* 1972, 1974). Einzelheiten der Dependenztheorie sollen hier nicht weiter interessieren, weil diese mit den üblichen Ansätzen in der Vergleichenden Regierungslehre nichts gemeinsam hat. Es gilt den Einfluß der Dependenztheorie auf die vergleichende Politikwissenschaft zu bedenken, wenn man das opulente „Handbuch der Dritten Welt" als eine Art „Bilanz" der bundesdeutschen Dritte-Welt-Forschung nimmt (*Nohlen/Nuscheler* 1982). Neben einer breiten Palette von Daten und Erläuterungen zur Wirtschafts- und Sozialstruktur und zur weltwirtschaftlichen Verflechtung nehmen dort Passagen zur historisch-politischen Entwicklung, zu Verfassungsstrukturen sowie zu Parteien und Gewerkschaften relativ geringen Raum ein. Die Akzente der vergleichenden Dritte-Welt-Analyse sind unübersehbar anders gesetzt als beim Vergleich westlicher oder sozialistischer Systeme. Dies bedeutet nicht, daß nicht auch konventionelle Fragestellungen der vergleichenden Regierungslehre dort hineinpaßten. Diese bestimmen aber nicht das Bild.

IV. Resümee

Erst seit gut zehn Jahren bringt die Vergleichende Regierungslehre in der Bundesrepublik in größerem Ausmaß Ländervergleiche hervor, während sie sich bis dahin weitgehend damit beschied, einzelne Länder zu untersuchen. Insoweit hat die Vergleichende Regierungslehre relativ spät zu jener Dimension gefunden, die das Spezifikum der vergleichenden Analyse, die länderübergreifende Betrachtung, kennzeichnet. Die Anstöße für das wachsende Interesse am Ländervergleich ergaben sich aus den politischen Konflikten der westlichen Industrieländer im Zeichen weltweiter Wirtschaftsprobleme und schärferer sozialer Auseinandersetzungen. In diesem Zusammenhang drängte sich die Frage auf, warum zwar allenthalben in der westlichen Welt ähnliche Probleme auftraten, aber doch in unterschiedlicher Intensität, und warum diese Probleme in einigen Ländern erfolgreich angegangen wurden, in anderen jedoch fortdauerten. Die ältere, ausschließlich auf den Institutionenvergleich angelegte Analyse der Regierungssysteme war für die wissenschaftliche Erfassung dieser Probleme, vor allem innerparteiliche Flügelkämpfe, Parteispaltungen und Zielkonflikte zwischen Gewerkschaften und Regierungen, ungeeignet. Die Rezeption und Fortentwicklung der Erklärungsmodelle und Ergebnisse der internationalen Politikwissenschaft versprach bessere, wenn auch nur partiell gültige Antworten. Die Vergleichende Regierungslehre in der Bundesrepublik fand auf diese Weise Anschluß an die internationale, insbesondere die führende angelsächsische vergleichende Politikforschung und blieb um den Dialog mit ihr bemüht. Die Verarbeitung entsprechender Anregungen manifestiert sich in einer Fülle vergleichender Analysen der westlichen Demokratien. Vergleichende Arbeiten über sozialistische Systeme sind demgegenüber bereits dünn gesät. Die Dritte Welt hat sich wiederum als Gegenstand der vergleichenden Politikwissenschaft relativ stark verselbständigt, indem sie Erklärungsmuster der Vergleichenden Regierungslehre und – als bestimmendem Einfluß – der internationalen Beziehungen vereinigte.

Literaturverzeichnis

Alemann, Ulrich von, 1973: Parteiensysteme im Parlamentarismus. Einführung und Kritik von Parlamentarismustheorien, Opladen.

Alemann, Ulrich von/Heinze, Rolf G., 1981: Kooperativer Staat und Korporatismus. Dimensionen der Neo-Korporatismusdiskussion, in: *Ulrich von Alemann* (Hrsg.): Neokorporatismus, Frankfurt, 43–61.

Almond, Gabriel/Powell, John B., 1966: The Political System: A Developmental Approach, Boston.

Behr, Wolfgang, 1979: Bundesrepublik Deutschland – Deutsche Demokratische Republik. Systemvergleich Politik, Wirtschaft, Gesellschaft, Stuttgart.

Berg-Schlosser, Dirk, 1984: Tradition and Change in Kenya: A Comparative Study of Seven Major Ethnic Groups, Paderborn.

Ders./Maier, Herbert/Stammen, Theo, 1974: Einführung in die Politikwissenschaft, München.

Ders./Müller-Rommel, Ferdinand, 1986: Vergleichende Politikwissenschaft, Opladen.

Bericht der Bundesregierung und Materialien zur Lage der Nation, 1971, 1972, 1974, herrausgegeben vom Ministerium für innerdeutsche Beziehungen, Berlin.

Beyme, Klaus von, 1966: Möglichkeiten und Grenzen der vergleichenden Regierungslehre, in: Politische Vierteljahresschrift, 63–96.

Ders., 1973a: Die parlamentarischen Regierungssysteme in Europa, München, 2. Aufl.

Ders., 1973b: Methodenprobleme der vergleichenden Analyse sozialistischer Systeme, in: Politische Vierteljahresschrift, 343–378.

Ders., 1977a: Gewerkschaften und Arbeitsbeziehungen in kapitalistischen Ländern, München.

Ders., 1977b.: Ökonomie und Politik im Sozialismus. Ein Vergleich der Entwicklung in den sozialistischen Ländern, München (2. Aufl.).

Ders., 1980: Interessengruppen in der Demokratie, München (5. Aufl.).

Ders., 1984: Parteien in westlichen Demokratien, München (2. Aufl.).

Ders., 1983a: Theoretische Probleme der Parteienforschung, in: Politische Vierteljahresschrift, 24. Jg., 241–252.

Ders., 1983b: Neo-Corporatism: A New Nut in an Old Shell, in: International Political Science Review, 1731–94.

Borcke, Astrid von/Simon, Gerhard, 1980: Neue Wege der Sowjetunion-Forschung, Baden-Baden.

Brandt, Karl-Werner (Hrsg.), 1985: Neue soziale Bewegungen in Westeuropa und den USA. Ein internationaler Vergleich, Frankfurt (2. Aufl.).

Brown, Archie H., 1974: Soviet Politics and Political Science, London/Basingstoke.

Brown, Archie H./Gray, Jack (Hrsg.), 1977: Political Culture and Political Change in Communist States, London/Basingstoke.

Brunner, Georg, 1977: Politische Soziologie der UdSSR, Wiesbaden.

Ders., 1979: Vergleichende Regierungslehre, Bd. 1, Paderborn.

Cardoso, Fernando H./Faletto, Enzo, 1976: Abhängigkeit und Entwicklung in Lateinamerika, Frankfurt/M.

Chambers, William N./Burnham, Walter D. (Hrsg.), 1975: The American Party Systems, New York (2. Aufl.).

Flora, Peter, 1981: Stein Rokkans Makro-Modell der politischen Entwicklung Europas, in: Kölner Zeitschrift für Soziologie und Sozialpsychologie, 397–436.

Ders., 1983: State, Economy, and Society in Western Europe, 1815–1975. A Data Handbook in Two Volumes, Frankfurt/M./London/Chicago.

Fraenkel, Ernst, 1976: Das amerikanische Regierungssystem, unveränd., Opladen (3. Aufl.).

Furtak, Robert K., 1974: Interessenpluralismus in den politischen Systemen Osteuropas, in: Osteuropa, 779–792.

Ders., 1979: Die politischen Systeme der sozialistischen Staaten, München.

Glaeßner, Gert-Joachim, 1982: Sozialistische Systeme. Einführung in die Kommunismus- und DDR-Forschung, Opladen.

Gransow, Volker, 1980: Konzeptionelle Wandlungen der Kommunismusforschung. Vom Totalitarismus zur Immanenz, Frankfurt.

Hartmann, Jürgen (Hrsg.), 1980: Vergleichende politische Systemforschung. Konzepte und Analysen, Köln.

Ders., 1982: Überlegungen zum Vergleich sozialistischer Länder in Osteuropa: die Bedeutung der informellen Vergleichsdimension, in: Politische Vierteljahresschrift, 304–319.

Ders., 1983: Politik und Gesellschaft in Osteuropa. Einführung, Frankfurt.

Ders., 1984: Politische Profile der westeuropäischen Industriegesellschaft. Ein vergleichendes Handbuch, Frankfurt.

Ders., 1985: Verbände in der Industriegesellschaft. Ein international vergleichendes Handbuch, Frankfurt.

Hellmann, Marion F./Oesterheld, Werner/Olle, Werner (Hrsg.), 1981: Europäische Gewerkschaften, Berlin.

Jäger, Wolfgang (Hrsg.), 1973: Partei und System. Eine kritische Einführung in die Parteienforschung, Stuttgart.

Jahn, Egbert, 1982: Bürokratischer Sozialismus: Chancen der Demokratisierung? Einführung in die politischen Systeme kommunistischer Länder, Frankfurt.

Kaste, Hermann/Raschke, Joachim, 1977: Zur Politik der Volkspartei, in: *Narr, Wolf-Dieter*, (Hrsg.), Auf dem Weg zum Einparteienstaat, Opladen, 26–74.

Key, V. O., 1964: Politics, Parties, Pressure Groups, New York (5. Aufl.).

Kimmel, Adolf, 1983: Die Nationalversammlung in der V. französischen Republik, Köln.

Kirchheimer, Otto, 1965: Der Wandel des westeuropäischen Parteiensystems, in: Politische Vierteljahresschrift, 20–41.

Krumwiede, Heinrich, 1980: Politik und katholische Kirche im gesellschaftlichen Modernisierungsprozeß. Tradition und Entwicklung in Kolumbien, Hamburg.

Lehmbruch, Gerhard, 1977/78: Liberal Corporatism and Party Government, in: Comparative Political Studies, 91–126.

Ders., 1983: Interest Intermediation in Capitalist and Socialist Societies, in: International Political Science Review, 153–172.

Lehmbruch, Gerhard/Schmitter, Philippe C., (Hrsg.), 1982: Patterns of Corporatist Policy-Making, London.

Lipset, Seymour, M./Stein, Rokkan, 1967: Cleavage Structures, Party Systems, and Voter Alignments: An Introduction, in: *dies.*, (Hrsg.), Party Systems and Voter Alignments, New York, 1–64.

Loewenstein, Karl, 1959: Verfassungslehre, Tübingen.

Ludz, Peter-Christian, 1968: Parteielite im Wandel. Funktionsaufbau, Sozialstruktur und Ideologie der SED-Führung – Eine empirisch-systematische Untersuchung, Köln/Opladen.

Ders., 1977: Die DDR zwischen Ost und West. Von 1961 bis 1976, München (2. Aufl.).

Meissner, Boris/Brunner, Georg (Hrsg.), 1975: Gruppeninteresse und Entscheidungsprozeß in der Sowjetunion, Köln.

Mielke, Siegfried (Hrsg.), 1983: Internationales Gewerkschaftshandbuch, Opladen.

Mols, Manfred, 1981: Mexiko im 20. Jahrhundert. Politisches System, Regierungsprozeß und politische Partizipation, Paderborn.

Mols, Manfred, 1985: Demokratie in Lateinamerika, Stuttgart.

Müller-Rommel, Ferdinand, 1982: „Parteien neuen Typs" in Westeuropa: eine vergleichende Analyse, in: Zeitschrift für Parlamentsfragen, 369–390.

Ders., 1984: „Neue soziale Bewegungen" und „neue Parteien" in Dänemark und den Niederlanden, in: Zeitschrift für Parlamentsfragen, 15. Jg., 367–380.

Murphy, Detlef/Rubart, Frauke/Müller, Ferdinand/Raschke, Joachim, 1979: Protest. Grüne, Bunte und Steuerrebellen. Ursachen und Perspektiven, Reinbek.

Nohlen, Dieter, 1970: Spanischer Parlamentarismus im 19. Jahrhundert. Régimen parlamentario und parlamentarische Regierung, Meisenheim.

Ders., 1973: Chile. Das sozialistische Experiment, Hamburg.

Nohlen, Dieter/Nuscheler, Franz (Hrsg.), 1982: Handbuch der Dritten Welt, 8 Bde., Hamburg (2. Aufl.).

Nullmeier, Frank/Rubart, Frauke/Schultz, Harald, 1983: Umweltbewegungen und Parteiensystem. Umweltgruppen und Umweltparteien in Frankreich und Schweden, Berlin.

Nuscheler, Franz, 1969: Walter Bagehot und die englische Verfassungstheorie. Geschichte eines klassischen Modells parlamentarischer Regierung, Meisenheim.

Nuscheler, Franz/Ziemer, Klaus, 1980: Politische Herrschaft in Schwarzafrika. Geschichte und Gegenwart, München.

Oberndörfer, Dieter (Hrsg.), 1979: Sozialistische und kommunistische Parteien in Westeuropa, 2 Bde., Opladen.

Olle, Werner (Hrsg.), 1978: Einführung in die internationale Gewerkschaftspolitik, 2 Bde., Berlin.

Puhle, Hans-Jürgen (Hrsg.), 1977: Lateinamerika. Historische Realität und Dependencia-Theorien, Hamburg.

Raschke, Joachim, 1977: Organisierter Konflikt in westeuropäischen Parteien. Vergleichende Analyse innerparteilicher Oppositionsgruppen, Opladen.

Raschke, Joachim (Hrsg.), 1978: Die politischen Parteien in Westeuropa. Geschichte, Programm, Praxis. Ein Handbuch, Reinbek.

Ders., 1983: Parteienvergleich – ohne Theorie?, in: Politische Vierteljahresschrift. – PVS-Literatur 2/1983, 152–158.

Rühle, Hans/Veen, Hans-Joachim (Hrsg.), 1983: Gewerkschaften in den Demokratien Westeuropas, 2 Bde., Paderborn.

Senghaas, Dieter (Hrsg.), 1972: Imperialismus und strukturelle Gewalt, Frankfurt.

Ders., 1974: Peripherer Kapitalismus, Frankfurt.

Schmitter, Philippe C., 1974: Still the Century of Corporatism?, in: Review of Politics, 85–131.

Ders., 1977/78: Modes of Interest Intermediation and Models of Societal Change in Western Europe, in: Comparative Political Studies, 7–38.

Ders./Lehmbruch, Gerhard (Hrsg.) 1979: Trends Toward Corporatist Intermediation, London.

Sotelo, Ignacio/Eßer, Klaus/Moltmann, Bernhard, 1975: Die bewaffneten Technokraten. Militär und Politik in Lateinamerika, Hannover.

Stammen, Theo, 1983: Regierungssystem, in: *Mickel, Wolfgang W.* (Hrsg.), Handlexikon zur Politikwissenschaft, München, 436–441.

Steffani, Winfried, 1979: Parlamentarische und präsidentielle Demokratie. Strukturelle Aspekte westlicher Demokratien, Opladen.

Timmermann, Heinz (Hrsg.), 1978: Eurokommunismus, Frankfurt/M.

Ders., 1979: Die kommunistischen Parteien Südeuropas. Länderstudien und Queranalysen, Baden-Baden.

Veen, Hans-Joachim (Hrsg.), 1983: Christlich-demokratische und konservative Parteien in Westeuropa, 2 Bde., Paderborn.

Waldmann, Peter, 1974: Der Peronismus 1943–1955, Hamburg.

Wassmund, Hans, 1980: Vergleichende Studien sozialistischer Systeme, in: Neue politische Literatur, 25. Jg., 131–149.

Ziemer, Klaus, 1984: Demokratisierung in Westafrika. Die politischen Systeme der Elfenbeinküste und Togos nach zwei Jahrzehnten Unabhängigkeit, Paderborn.

Deutsche Innenpolitik

Thomas Ellwein

I.

Die deutschen Politikwissenschaftler stehen kaum in Verdacht, sich ihrer Leistungen übermäßig zu rühmen. Eher dominieren pauschale Selbstkritik, die ständige Behauptung, hier oder dort bestünden gewaltige Defizite, und der gegenseitige Vorwurf, theoretisch oder methodisch zu wenig dem internationalen und nationalen Standard zu entsprechen oder der ‚falschen' Ideologie zu verfallen (vgl. *H. J. Arndt, E. Faul, H. Kastendiek, H. J. Veen*). Wer die Entwicklung des Faches von Anfang an verfolgt hat, kann darüber nur verwundert sein. Tatsächlich mochte zu Beginn der 50er Jahre niemand glauben, daß in dreißig Jahren das Forschungsfeld der Politikwissenschaft so umfassend und in vielen Teilen so gründlich bearbeitet sein würde. Nur weil dies so ist, werden viele der gegenwärtigen Auseinandersetzungen erst möglich: Die Warnungen z. B. angesichts des angeblichen Ausuferns der Politikfeldanalyse (*H. J. Veen:* „Aufbröselung, „Zerfledderung") haben zunächst eine größere Zahl solcher Analysen und die Reflexion über ihren Sinn und die anzuwendenden Methoden zur Voraussetzung, ebenso wie die Klage über zu große Spezialisierung erst einmal intensive Forschung voraussetzt.

Als man zu Beginn der 50er Jahre in der Bundesrepublik Überlegungen über den Ausbau des Faches anstellte, ging man von der Trias: Innenpolitik, Außenpolitik und Politische Theorie aus. Drei Lehrstühle galten als erwünscht, um Lehramtsstudiengänge qualifiziert zu betreuen. Wo man sich an anderen Berufsfeldern orientierte, also vor allem in Berlin, griff man zwar weiter aus und experimentierte mit einer größeren fachlichen Spezialisierung. Die drei Schwerpunkte spielten aber auch hier eine Rolle, so wie es selbstverständlich war, daß man sich von den Rechts-, Geschichts-, Wirtschaftswissenschaften und der Soziologie die erforderlichen Ergänzungen besorgen müsse (vgl. *G. Olzog*). Die im Auftrag des Otto-Suhr-Instituts vor allem von *O. K. Flechtheim* und *H. O. v. d. Gablentz* herausgegebene Reihe „Die Wissenschaft von der Politik" gibt darüber ziemlich genau Auskunft. Man kann sich an ihr vergegenwärtigen, welche Ausdifferenzierung das Fach inzwischen erfahren hat, welche wissenschaftsgeschichtlichen Zäsuren stattgefunden haben, in welchem Ausmaß die angelsächsische Wissenschaftsentwicklung adaptiert, die Politikwissenschaft scientifiziert und wie stark die Begrifflichkeit verändert ist.

Auch wenn die erste Phase der Nachkriegspolitikwissenschaft von Emigranten geprägt worden ist, brachten diese doch weithin ihre deutsche, geisteswissenschaftlich-hermeneutisch dominierte Sprach- und Wissenschaftskultur zurück und etablierten das Fach neu, aber in engem Verbund mit der – höchst deutschen – Allgemeinen Staatslehre, der Philosophie und der Geschichte. Damit waren innenpolitisch für viele Jahre die Themen festgelegt. Man bemühte sich um Form und Qualität des parlamentarischen Systems, um die

Rolle der Parteien und Verbände, um das beste Wahlsystem und um Abläufe vor allem im Gesetzgebungsprozeß. Im heutigen Verständnis stand die *polity*, standen Ordnungen und Normengefüge im Vordergrund, nur allmählich angereichert um *politics*, um die Frage nach den Interessen in der Politik, ihrer Artikulation und Aggregation, woraus sich dann die Frage nach Konsens und Konflikt fast zwangsläufig ergab. Erst viel später, vielfach in Zusammenhang mit dem Vorwurf, dies sei nur systemstabilisierende Wissenschaft, wurde jene Frage durch die nach der Legitimität und den verschiedenen Legitimitätsgründen ergänzt (vgl. *P. Graf Kielmansegg*), ergaben sich neue Bezüge zwischen der die Innenpolitik bearbeitenden Politikwissenschaft und der Politischen Theorie. Gleichzeitig, also etwa Ende der 60er Jahre, trat die Systemtheorie ihren Siegeszug an, erweiterte sich die Politikwissenschaft, die bis dahin – auch im Ausbildungssystem – vorwiegend Bildungswissenschaft war, zur Handlungswissenschaft, wurde Politikberatung zu einem wichtigen Thema, griff man die Planungsproblematik auf, ging damit nolens volens vielfach ein Bündnis mit einer reformorientierten Politik ein, erfuhr eine Förderung, die generell einen erheblichen Ausbau des Faches bewirkte, geriet aber auch in interne wie externe Verstrickungen, angesichts derer das Fach nur mühsam seine Identität und Einheit bewahrte.

Von dieser Entwicklung waren alle Teilgebiete der Politikwissenschaft vergleichbar betroffen. Das, was man im weiteren Sinne der Innenpolitik zurechnen kann, war es aber in besonderem Maße. Deshalb fällt hier ein Überblick besonders schwer. Er muß auch zu Teilen subjektiv ausfallen, weil niemand mehr die ganze Breite des wissenschaftlichen Geschehens zu überblicken vermag. Immer findet eine Auswahl statt. Meine Auswahl soll eher themen- als methodenorientiert erfolgen, soll in der Arbeitsteilung dieses Bandes die Theorieentwicklung nur am Rande einbeziehen und soll sich zunächst in loser Form an die angelsächsische Trias von *polity, politics* und *policy* halten.

II.

Der Blick auf jene Trias dient der Erleichterung des Vorgehens. Eine eindeutige Unterscheidung erlaubt sie nicht. Die Ordnungen des politischen Systems, seine Institutionen und Normen lassen sich nur approximativ gegen die Prozesse isolieren; ‚Institution' allein läßt sich in sehr unterschiedlicher Weise verwenden. Deshalb sei hier eine gewisse Vereinfachung hingenommen und zunächst von den *Organen im Sinne der verfassungsmäßigen Ordnung* ausgegangen.

Die Politikwissenschaft wandte sich nach 1950 diesen Organen in der Hauptsache in Konkurrenz mit dem Staats- und Verwaltungsrecht zu, um allmählich im Bündnis mit der empirischen Soziologie eigene Zugänge zu finden. Daß in diesem Zusammenhang weiterhin das *Parlament* und hier wieder in erster Linie der Deutsche Bundestag im Vordergrund standen, läßt sich historisch erklären, hat aber auch untersuchungspraktische Gründe. Der Bundestag arbeitet öffentlicher als die Regierung, ist also leichter untersuchbar (vgl. z. B. *W. Kralewski/K. Neunreither* und *J. Domes*); er entspricht zudem selbst Öffentlichkeitspostulaten mittels mannigfaltiger Publikationen und zuletzt sogar mittels einer eigenen, von einer einschlägigen Vereinigung getragenen, vom Parlament subventionierten *Zeitschrift für Parlamentsfragen*. Schon in den 50er Jahren erschienen erste empirische Untersuchungen über den Bundestag; in den 60er Jahren legten *G. Loewenberg* und *F. Schäfer* ihre großen Monographien vor, gleichzeitig stimulierte der Ruf nach Parlamentsreform mehrere Arbeiten (z. B. *U. Thaysen*); etwas später kam es mehrfach zu Befragungen und Selbstdarstellungen von Abgeordneten. Der Bundestag kann als gut untersucht gelten; die Dokumentation von *P. Schindler* ist überhaupt das Beste, was einschlägig über ein ‚Organ‘ vorliegt. Daß die Auseinandersetzung über Wesen und Entwicklung des Parlamentarismus außerdem noch einen gewichtigen theoretischen Ertrag hatte, sei nur am Rande erwähnt. Weniger gut besetzt sind die Landtage; auch hier gibt es aber einige empirische Arbeiten und es entstehen immer noch neue. Auch der *Bundesrat* hat seine Forscher gefunden und hat ähnlich wie der Bundestag seine Erforschung kräftig stimuliert. Da beide auch eine zentrale Rolle in den zusammenfassenden Darstellungen spielen, kann man über die ganze Berichtszeit von etwa 1950 bis heute von einem fast durchgängigen Interesse sprechen.

Wenig Interesse fand das *Staatsoberhaupt,* wenngleich ihm Monographien gewidmet sind, während die *Bundesregierung* im Unterschied zu den Landesregierungen, über die es nur eine bemerkenswerte Monographie *(A. Katz)* und eine vergleichende Untersuchung *(H. Dillkofer)* gibt, nach anfänglichem Zögern (vgl. *Th. Ellwein*) unter verschiedenen Aspekten – institutionengeschichtlich, Kooperation und Verflechtung zwischen den Ministerien usw. (vgl. z. B. *H. Prior*) – zunächst im Detail und später, vor allem im Rahmen des Planungsthemas verschiedene Forscher beschäftigte. Dabei trat die Ministerialbürokratie in den Vordergrund (zusammenfassend *G. Schmidt/H. Treiber*), was sich wieder forschungspraktisch erklären läßt: Einschlägige Befragungen sind leichter zu arrangieren als Untersuchungen, welche auf die internen Akten zurückgreifen müßten. Schließlich sei das *Bundesverfassungsgericht* erwähnt, das Politikwissenschaftler als Thema gereizt hat, zumal an ihm einerseits die „Überanstrengung der Verfassung zu Lasten des politischen Prozesses" und andererseits die Ambivalenz von Recht und Politik studiert werden kann (vgl. zuletzt *C. Landfried*). Die übrige Rechtsprechung ist eher vernachlässigt worden. Dies gilt auch für die Verwaltung im weiteren Sinne, die bis in die 60er Jahre nach Organisation, Verfahren usw. nur in juristischen Darstellungen ihren Platz fand. Daß es später zu einer stark politikwissenschaftlich angeleiteten Etablierung einer stärker von der Verwaltungsrechtswissenschaft abgelösten Verwaltungswissenschaft kam, hängt eng mit der Planungsdiskussion, der vorübergehenden Planungseuphorie, der ihr folgenden Ernüchterung und der durch sie provozierten Frage, was im Regierungsbereich denn mit Aussicht auf tatkräftige Verwirklichung beschlossen werden könne, zusammen. *J. J. Hesse* (Bibliographie) hat dies 1982 nachgezeichnet.

Eine solche Kurzübersicht dient vor allem dazu, den methodisch wie theoretisch bedingten Wandel dingfest zu machen, wie er um 1970 herum eintrat. Bis dahin standen konkrete Institutionen im Vordergrund des Bemühens. Ihre Position ergab sich aus der Verfassung; ob diese Position wirklich eingenommen oder ganz oder teilweise verfehlt war, ließ sich anhand von der Verfassung zu entlehnenden Kriterien wertend bestimmen. Derart konnte man vom Macht- oder Funktionsverlust des Parlamentes sprechen und dies dann wieder als eine ahistorische Scheinbehauptung entlarven, konnte bewundernd verfolgen, wie der Bundesrat seine Stellung ausbaute und seinen ursprünglich begrenzt gedachten Anteil an der Gesetzgebung zielstrebig erweiterte, konnte an der Auseinandersetzung über die Funktion des Bundesverfassungsgerichtes oder auch über das Zeichnungsrecht des Bundespräsidenten teilnehmen. Natürlich gab es dabei spezifisch politikwissenschaftliche Zutaten. Es dominierte aber doch, was die Politikwissenschaft mit der Rechtswissenschaft und z. T. mit der Geschichtswissenschaft verband. Das galt so auch, wenn die Verfassungsprinzipien und die ‚Werte' zur Debatte standen. Ob Juristen oder Politikwissenschaftler über den Föderalismus nachdachten, war längerhin gleichgültig. Auch die kommunale Selbstverwaltung wurde bis zum Ende der 60er Jahre – bis zu den ersten deutschen Untersuchungen zur kommunalen Machtstruktur – vorwiegend als ein Prinzip behandelt; der Art. 28 GG wurde interpretiert und die Gemeinde zur ‚Grundlage des Staates'.

Die *scientifische Verselbständigung der Politikwissenschaft* ereignete sich *zeitlich* in der zweiten Hälfte der 60er Jahre, was auch mit einem Generationenwechsel zusammenhängt, *inhaltlich* mit der eindeutigen Einbeziehung der *politics* und der allmählichen Berücksichtigung der *policies, methodisch* mit der Hinwendung zu den Verfahren der empirischen Sozialforschung und *theoretisch* mit der Adaption der verschiedenen Varianten der Systemtheorie wie auch mit dem wachsenden Einfluß der kritischen Theorie. Vor diesem Hintergrund änderten sich die Themen und die Behandlungsweisen. Im Blick auf die *kommunale Selbstverwaltung* etablierte sich die ‚kommunale Politikforschung'. Die Übernahme von community-power-Ansätzen aus den USA (vgl. z. B. *R. Zoll*) führte zum Import der dortigen methodischen und theoretischen Auseinandersetzungen, mit dem sich u. a. die ‚Entscheidung' (*decision-making*) profilierte, und zum Einbringen demokratietheoretischer Fragestellungen in lokale Politikstudien (zu diesen *H. A. Hassis*). Unter Planungsaspekt drängte sich dann auch die Frage nach der Autonomie der Gemeindepolitik, nach der Finanzausstattung der Gemeinden, nach ihrer Planung und Planungsorganisation und bei all dem auch nach ihrer Verflechtung mit dem Staat auf. Das entsprach in etwa der neuen Wendung, welche die *Föderalismus*diskussion durch die Theorie der Politikverflechtung erhalten hatte, die vor allem auf *F. W. Scharpf* zurückging. Nun standen auch hier nicht mehr das Subsidiaritätsprinzip, der Unitarismus oder der zentralisierende Sog des größten Haushaltes im Vordergrund, sondern es wurde die Entscheidungsstruktur analysiert, in ihr ein immer häufigeres enges Aufeinanderangewiesensein von Bund und Ländern konstatiert und damit der Blick dafür geöffnet, wo denn diese Verflechtung faktisch erfolgt, wer sie seitens des Bundes und der Länder praktiziert – in der Hauptsache die Beamten – und was das für Konsequenzen hat (eine Zusammenfassung bei *J. J. Hesse* 1978). Sie wirken sich z. B. nachhaltig auf die Länderparlamente aus, deren Tun damit wieder unter neuem Aspekt interessant wird – politisch-praktisch als eine Art Flucht in die Verwaltung, wo sich die eigentliche ‚Macht' der Länder konzentriert und politikwissenschaftlich als eine neue Variante des alten Themas: Parlament und Bürokratie.

Forschung, die aufgrund eigener theoretischer Konstrukte und nicht den Vorgaben der Verfassung gemäß erfolgt, gelangt zu anderen Fragestellungen und Ergebnissen. Das hat auch die *Sozialstaatsdiskussion* stimuliert (vgl. z. B. *E. Benda*), hat das Augenmerk auf die Besonderheiten des deutschen Rechtsstaates gelenkt – ein Begriff, der sich nach *H. Ridder* in keiner anderen Sprache findet und der nicht übersetzbar ist –, hat die Rückkoppelung von institutionalisierten Werten in der Politik mit dem gesellschaftlichen Normengefüge ins Bewußtsein gehoben und damit den *Wertewandel* zu einem zentralen Thema auch der Politikwissenschaft gemacht (vgl. zuerst *P. Kmieciak*). Es hat aber und vor allem die Untersuchungsansätze verändert, mit denen man sich den Organen, von denen vorhin die

Rede war, nähert. Dabei geriet z. B. bürokratisches Handeln stärker in den Blickpunkt als früher, verfeinerten sich die Parlamentsanalysen, die noch in den 60er Jahren weithin auf Auszählungen beruhten, und schoben sich allmählich Fragen nach der Wirkungsweise etwa von Gesetzen in den Vordergrund. An Einzeluntersuchungen stellten sich damit neue Anforderungen, gleichgültig ob man hier an den einverlangten gesellschaftlichen Bezug oder auch nur an das Postulat denkt, die jeweiligen systemischen Zusammenhänge zu berücksichtigen.

III.

Die Entwicklung im Bereich der *politics* als Forschungsfeld verlief ähnlich, wenn auch mit größeren dimensionalen Unterschieden. Am Anfang standen relativ biedere, oft an der historischen Vorgehensweise orientierte Arbeiten, vielfach mit dem Charakter von Einzelfallstudien. Hauptinteresse im Zusammenhang mit der Artikulation und Aggregation von Interessen zogen die Verbände und die Parteien auf sich. In beiden Fällen galt es in den 50er Jahren noch Legitimitätsfragen zu beantworten. ,Verbändestaat' und ,Parteienstaat' wurden bekanntlich meist negativ verwendet, während umgekehrt – nicht zuletzt durch die Rechtsprechung des Bundesverfassungsgerichtes und durch das Wirken von G. *Leibholz* bedingt – eine Art von *parteienstaatlicher Demokratie* gehandelt wurde, die sich mit deutschen Traditionen und mit dem Nebeneinander von Art. 21 und 38 GG nur schwer zu vertragen schien. Gleichzeitig ging es um das vom GG geforderte Parteiengesetz, um die allmählich sichtbaren Probleme der Parteienfinanzierung und vor allem darum, des Verwunderns darüber Herr zu werden, daß die Parteien so wenig früheren Mustern entsprachen, man eine Entideologisierung behaupten und parteien-soziologisch in neuer Weise Unterschiede im inneren Befund der Parteien festmachen konnte. Das Paradigma von der Volkspartei entstand, das in der jüngeren Zeit unter großen Mühen überwunden wird.

Ähnlich ging es im *Verbändebereich* um erste Typologien, um tastende Versuche, die Formen des Verbandseinflusses aufzuarbeiten und sich mit der zentralisierenden Tendenz der sich in Bonn einbürgernden und sogar geschäftsordnungsmäßig verankerten Verfahrensweise im Umgang mit Verbänden auseinanderzusetzen. Der *Medienbereich* wurde – fast artig – der ebenfalls neu entstandenen Publizistikwissenschaft überlassen. Nur die *Meinungsforschung* blieb ein eigenes Thema, teils weil ihre Praxis Legitimitätsfragen beschwor (so zuerst *W. Hennis*) und teils weil allmählich das Instrument der Umfrageforschung in der Politikwissenschaft Einzug hielt. Das wirkte sich in erster Linie auf die hier auszuklammernde *Wahlforschung* aus, in der es, wenn ich das richtig sehe, neben der lokalen Politikforschung den frühesten Einbruch professioneller empirischer Sozialforschung in die Politikwissenschaft gab, mit dem dann auch die ersten Wahlstudien – von Gesamtdarstellungen über Bundestagswahlen bis zu Ablaufanalysen in einzelnen Wahlkreisen – wissenschaftlich schnell überwunden wurden. Auch in Zusammenhang mit der Auseinandersetzung über das *Wahlrecht* – bis 1968 ein ,heißes' Thema – spielte die neue Wahlforschung schon eine große Rolle: Die Frage nach der Legitimität und Zweckmäßigkeit des Mehrheitswahlrechtes wurde entscheidend vor dem Hintergrund von Annahmen über die mutmaßliche ,Wirkung' dieses Wahlrechtes beantwortet, die wiederum die Wahlforschung aufzuhellen sich anbot.

Unter dem Einfluß des methodischen Zugewinns und der neuen Theorieentwicklung änderte sich auch hier die Forschungslandschaft in den späten 60er Jahren grundlegend. Hinsichtlich der *Verbände* ging es inhaltlich mehr um Möglichkeiten und Grenzen der Interessenartikulation, um die Bedingungen erfolgreicher Interessenaggregation und um die Korporation von Staat und Verbänden. Der *Korporatismus* wurde zur ‚Wachstumsindustrie' und in seinen Möglichkeiten entsprechend überschätzt; er behält aber wohl seinen Platz als ein wichtiges Analysekonzept, das auf sehr unterschiedlichen Politikarenen angewandt werden kann und das Zusammenwirken sehr verschiedener Akteure ins Bild bringt (vgl. *U. v. Alemann*). Für die weitere Entwicklung dürfte hier die Untersuchung von *Klientelbeziehungen* einzelner Verwaltungen besonders bedeutsam sein, weil sie auf einen ‚Spielraum' (an sich) nachgeordneter Verwaltung in ihrem Verhältnis zur politischen Führung verweist. Ich komme darauf zurück.

Daß die *Parteienforschung* durch das Entstehen der *Bürgerinitiativen* – ebenfalls zum Ende der 60er Jahre –, durch das Entstehen einer ökologischen ‚Bewegung', durch den Erfolg einer Partei neuen Typus und durch die offenkundige Lockerung früher gefestigter erscheinender Beziehungen zwischen Parteien und Mitgliedern kräftig stimuliert worden ist, versteht sich von selbst (vgl. z. B. *B. Guggenberger* und *P. Raschke*). Zum einen wird durch all das Parteiengefüge offener und damit schwerer überschaubar, werden auch Prognosen schwieriger, zum anderen spiegeln sich in solchen Entwicklungen auch bisherige Verhältnisse wider. Wurde um 1960 befürchtet – und theoretisch diskutiert –, daß im entwickelten Sozialstaat eine einmal amtierende Regierung kaum mehr abzulösen sei (‚Opposition ohne Alternative'), und wurde zum Ende der 70er Jahre behauptet, daß zwischen Parteien von der Art, wie sie CDU und SPD darstellen, hinsichtlich ihrer faktischen Politik kein Unterschied bestehen könne – *M. Schmidt* hat das partiell widerlegt –, wurden nun neue Formen der Interessen- und damit Themenartikulation erkennbar und zeigte sich auch, daß und wie die etablierten Parteien auf sie reagieren müssen. Wieder ergibt sich in Zusammenhang mit dem Wertewandel ein neues Forschungsfeld; die Reaktionen der ‚großen' Parteien sind weithin noch zu untersuchen; die längerfristig zu beobachtende quantitative Stabilität der Bereitschaft zum politischen Engagement und die Veränderung in der Verteilung dieses Engagements innerhalb des politischen Bereichs fordern Untersuchungen geradezu heraus. Auch die Konsequenzen der Volletablierung einer herrschenden Partei in einem Land, etwa der CSU in Bayern, sind trotz *A. Mintzels* großer Monographie noch nicht zureichend untersucht und prognostisch geklärt.

Parteien und Verbände innerhalb der ‚Machtstruktur' der Bundesrepublik mitsamt den Eliterekrutierungsmustern artikulieren Interessen, begeben sich in Interessenkonflikte, führen Kompromisse herbei oder tolerieren sie, schieben Entscheidungen vor sich her oder verhindern sie – unter den übergreifenden Konzepten, mit deren Hilfe dies analysiert werden kann, ragt das von der *Klassengesellschaft* heraus. Es erscheint im Ansatz eindeutig; es führt auch zu eindeutigen Ergebnissen. Kritisch-dialektische Politikwissenschaft wendet sich in der Bundesrepublik wie anderswo gegen eine voreilige Isolierung des politischen Bereichs, macht sichtbar, wie und wodurch Interessen unterdrückt und andere begünstigt werden, arbeitet Krisensymptome heraus. Der heutige ‚Stand der Forschung' über Politik in der Bundesrepublik wäre ohne solche Analysen nicht erreicht, auch wenn sich mancher an der oft allzu eilfertigen monokausalen Deutung und an dem gelegentlichen Übermaß von angenommener Verschwörung stößt. Interesse und Konflikt sind so jedenfalls in eine neue, forschungsbestimmende Position geraten (vgl. aus der Anfangszeit die Überblicke bei *G. Kress/D. Senghas, W. D. Narr* und *K. v. Beyme*). Sie hat eine größere Zahl von Einzeluntersuchungen stimuliert und zwingt vielfach auch die Gegner politökonomischer Orientierung, sich damit auseinanderzusetzen – selbst wenn die Bereitschaft, voneinander zu lernen und aufeinander zu achten, in der deutschen Politikwissenschaft nicht sonderlich ausgeprägt erscheint und manchmal die Zitatenkartelle zu aufdringlich wirken.

Ein Konzept ganz anderer Art sei nur am Rande erwähnt, nämlich das von der *Politischen Kultur*. Es ist vorwiegend aus den USA adaptiert, hierzulande intensiv diskutiert (und verworfen) worden, hat aber m. E. noch nicht zu empirischen Untersuchungen geführt, die ohne dieses Konzept nicht auch möglich gewesen wären und wissenschaftlich wesentlich weiterhelfen (einer der Versuche z. B. *P. Reichel*).

Einen Einbruch in qualitativem wie in quantitativem Sinne hat dagegen die Heraufkunft einer vielfach handlungs und anwendungsorientierten, oft auch in Zusammenhang mit unmittelbarer Politikberatung stehenden Forschungsrichtung geführt, die man im weiteren Sinne unter dem Begriff *Politikfeldanalyse* (vgl. *Th. Ellwein* 1980) zusammenfassen kann. In mancher Hinsicht handelt es sich hier um eine Hinwendung zur inhaltlichen Dimension von Politik. Von ihr soll sogleich die Rede sein. Mit dieser Hinwendung erfolgt aber gleichzeitig eine neue Form der Analyse politischer Prozesse. Was daran neu ist, kann man feststellen, wenn man z. B. die früheren Studien über das Entstehen eines bestimmten Gesetzes mit den späteren über das Entstehen und den Vollzug eines politischen Programmes vergleicht. In beiden Fällen geht es um unterschiedliche Phasen des Entscheidungsprozesses, um unterschiedliche Interessen und Akteure und zuletzt auch um ganz bestimmte Politikfelder, an deren bisherigen Zustand sich das Gesetz oder das Programm zu orientieren hat. Während aber früher – die von *O. Stammer* u. a. vorgelegte, seinerzeit mit Recht gerühmte Studie ‚Verbände und Gesetzgebung‘ (1965) dafür als ein, wie immer und notwendigerweise beliebiges Beispiel – methodisch eine Mischung von historischer Vorgehensweise und Elementen einer Einzelfallstudie überwog (*O. Stammer* systematisiert lediglich in einem Zwischenfazit, 133 ff.), werden später – die Fernstraßenstudie von *D. Garlichs* (1980) dafür als ebenso beliebiges Beispiel – sehr viel systematischer Zusammenhänge offengehalten, wird aber dennoch zielstrebig der ‚Ansatz‘ (in diesem Falle: Politikverflechtung) im Sinne einer paradigmatischen Herangehensweise an einen Themenkomplex verfolgt. Vereinfacht: Die Frage, welche Ergebnisse sich jeweils verallgemeinern lassen oder ein Set von Erkenntnissen erweitern, läßt sich leichter stellen und beantworten. Auch ohne Fortschrittsgläubigkeit kann man sagen, daß das analytische Instrumentarium verfeinert worden und damit zugleich die Einsicht in die spezifische Beschaffenheit des deutschen Föderalismus erheblich verbessert worden ist – durch Studien, welche von einzelnen Gesetzen, Planungsvorhaben oder politischen Programmbereichen ausgehen. Der Schritt vom engeren Forschungsgegenstand zum größeren Zusammenhang wird leichter.

IV.

Der (relative) Siegeszug der *Policy analysis* seit etwa 1970 läßt sich aus den Bedingungen jener Zeit, aber auch historisch erklären. Die ‚alte‘ Politik zielte immer auf ein Ganzes. Sie war in ihren tastenden Versuchen zu Beginn des 20. Jahrhunderts, wie sie etwa um die Zeitschrift für Politik und später um die Hochschulgründung in Berlin kreisen, durchaus an diesem Ganzen orientiert. Das ‚Handbuch der Politik', 1913 in erster Auflage erschienen, veranschaulicht sehr gut das sich hier offenbarende Bedürfnis. Es sollte (erster Satz des Vorwortes) „die politischen und wirtschaftlichen Kräfte unserer Zeit, ihre geschichtlichen Grundlagen und ihre Aufgaben für die Zukunft darstellen und kritisch untersuchen". Dazu sollte sich die „Gesamtheit der Sachkundigen zu gemeinsamer Arbeit" vereinigen – Juristen, Nationalökonomen, Philosophen, Historiker, Richter, Verwaltungsbeamte und Praktiker: „Handelt es sich doch darum, Staat, Recht und Wirtschaft erschöpfend in ihrer gesamten Funktion darzustellen." *H. Rehm* knüpfte dann zwar in der einleitenden Bestimmung von ‚Politik als Wissenschaft' an die ‚Staatszweckmäßigkeitslehre' an (= Wissenschaft von den Staatszwecken und der zweckmäßigen Einrichtung und Verwaltung des Staates), was zeigt, daß sich *M. Weber* mit seiner Theorie, derzufolge man den Staat nicht über seine Zwecke, sondern nur über seine Mittel bestimmen kann, noch nicht durchgesetzt hatte. Das Handbuch war aber konzeptionell auf jenes Ganze ausgerichtet. Nach 1945 begann man wieder enger und konnte sich damit auf Weber berufen. Die ‚Aufgaben der Politik' blieben in der neuen Politikwissenschaft relativ unbeachtet. Das der Politik, was immer das auch sei, Gemeinsame trat in den Vordergrund, ohne daß sich ernstlich die Frage aufdrängte, ob es nicht doch in einzelnen Aufgabenbereichen der Politik sehr unterschiedliche Handlungsbedingungen gibt, sehr spezifische Klientelbeziehungen und sehr spezifische, z. B. traditionelle andere Vorgaben. Damit blieb auch unberücksichtigt, ob nicht erst über eine zureichende Analyse solcher Spezifika jenes Gemeinsam der Politik erschließbar wird.

Heute sollte geklärt sein, daß *polity, politics* und *policy* wissenschaftlich gleichzeitig untersucht werden und daß sich die Untersuchungsergebnisse gegenseitig bedingen müssen (vgl. zuletzt die Beiträge in *H.-H. Hartwich*). Der Weg von ‚der' Politik (oder auch ‚der' Ordnung) zu verschiedenen Politikfeldern bedeutet eine Erweiterung, keinen Paradigmenwechsel, keine Umkehr. Er ist in mancher Hinsicht sogar nur die selbstverständliche Folge einer Vergrößerung der Disziplin, welche dann vermehrte Arbeitsteilung herbeiführt. Auf diesem Weg haben die ‚Aufgaben' und hat in spezifischer Weise der Vollzug wieder Eingang in die Politikwissenschaft gefunden. Das ging bekanntlich nicht ohne Irrwege. Die Zuwendung zu einem Politikfeld konnte unter dem Aspekt des dieses Feld sonst bearbeitenden Wissenschaftszweiges allzuleicht dilettantisch erfolgen. Umgekehrt konnte das Politikfeld eine eigentümliche Anziehungskraft ausüben, so daß einschlägige Analysen ganz in ihm aufgingen, also dort aufhörten, wo ‚Politik' beginnt. Es konnte auch nicht ausbleiben, daß nicht entfernt an eine Bearbeitung aller Politikfelder zu denken ist, teils auch weil in vielen Feldern die etablierte Wissenschaft zu differenziert war, um in ihren Ergebnissen ernstlich adaptiert zu werden. So ergab sich manchmal eine etwas zufällige Auswahl aus den denkbaren Politikfeldern mit einer gewissen Präferenz für diejenigen, in denen die seit Ende der 60er Jahre intensiv diskutierte Problematik *politischer Planung* besonders gut sichtbar wurde. Raumordnung und Landesplanung wurden trotz der Konkurrenz der Regionalwissenschaftler zu bevorzugten Bereichen, das weite Feld der Infrastrukturplanung kam hinzu, die ebenenspezifischen Probleme der kommunalen Planung drängten sich auf, das Scheitern der Bund-Länder-Bildungsplanung bot Stoff, die Medienpolitik wurde später interessant, Arbeits- und Arbeitsmarktpolitik fanden in

Berlin einen Schwerpunkt. In einem erkennbaren Zusammenhang mit jener Phase politischer Planung, in der sich die Zahl der politischen Programme vergrößerte und *Programmpolitik* zu einem Schwerpunkt wurde, kam es auch zur Übernahme der vor allem in den USA etablierten Evaluationsforschung, bald zur *Implementationsforschung* erweitert. Wieder standen zunächst Politikfelder im Mittelpunkt des Interesses – die beiden von *R. Mayntz* herausgegebenen Bände ‚Implementation politischer Programme' (1980 und 1983) geben darüber Auskunft. Zugleich versuchte man auch, verallgemeinerbare Erfahrungen hinsichtlich des eingesetzten Instrumentariums zu erarbeiten, und intensivierte die Analyse der Prozesse des Zustandekommens von politischen Programmen mitsamt den Interaktionen im binnenadministrativen Raum wie zwischen Akteuren des politischadministrativen Systems mit solchen des Ökonomischen Systems. Dabei kam es zu wesentlichen Erkenntnissen über die Vollzugsbedingungen, welche bei der Formulierung von Programmen und auch bei der von Gesetzen oft nicht genügend berücksichtigt werden, so daß der faktische out-put oft im Vergleich mit der ursprünglichen Intention Defizite erkennen läßt. Das Schlagwort vom ‚Vollzugsdefizit' machte Schule. Es bedarf freilich noch immer der kritischen Reflexion, weil genauer nach der Vollzieh- und Durchsetzbarkeit von Programmen und Gesetzen gefragt werden muß, bevor das erkennbare Defizit unmittelbar mit dem ‚Vollzug' verbunden werden kann.

Die Zuwendung zu Politikfeldern und damit zu Inhalten der Politik bedeutete wissenschaftsgeschichtlich zunächst eine Erweiterung des Spektrums der Politikwissenschaft. Sie hatte – vereinfacht – nach 1945 zunächst das ‚wie' der Politik in den Vordergrund gestellt, dem das ‚warum' (Legitimität) und das ‚cui bono' hinzugefügt, um sich schließlich auch dem ‚was' zu stellen. Diese Wendung hatte eine unmittelbar analytische Funktion: Über die Zuwendung zu Politikfeldern wurde die Analyse des Wirkens von Instrumentarien der Politik verbessert, was Rückschlüsse auf das ‚wie' der Politik erlaubte, auf die Prozesse, in denen es zur Ausgestaltung und zum Einsatz des Instrumentariums kam. Unter solchen Aspekten gerieten sowohl der Prozeß der Gesetzgebung genauer in den Blick als auch die Funktion des *Rechtes,* dem wichtigsten Steuerungsinstrument. Im weiteren öffnete das aber auch die Perspektive, innerhalb derer man die Steuerungsfähigkeit der Politik sehen kann, damit ggf. auch die Überforderung der Politik, wie sie im Rahmen der *Regierbarkeitsdiskussion* behauptet worden ist (vgl. z. B. *W. Hennis* u. a. sowie *F. Lehner*), und jedenfalls die Konkurrenz, der politische Impulse in der Realität ausgesetzt sind: Binnenadministrativ durch die mögliche Vielfalt politischer Ziele und die unterschiedlichen Impulse, welche von den Akteuren auf den verschiedenen politischen ‚Ebenen' ausgehen, binnenadministrativ auch dadurch, daß Verwaltung nicht einfach gehorcht, sondern selbst ein komplexes Gebilde ist, das auf einzelne Impulse unterschiedlich reagieren und zwischen verschiedenen Impulsen nach eigenen Präferenzen auswählen kann, und außerhalb des politischen Systems, weil die Adressaten von politischen Impulsen ihrerseits durch ihr Verhalten den Impulseffekt vermehren, aber auch vermindern können, vor allem aber weil sie ggf. eine Auswahl aus unterschiedlichen Programmangeboten und -anreizen zu treffen vermögen. So wie angesichts der von den Ländern aufgelegten Programme, welche die Kommunen zu bestimmten Investitionen bewegen sollen, von einer ‚Koordination von unten' gesprochen worden ist, gibt es auch so etwas wie eine Koordination der Politik ‚von außen', was die zunehmend an Klientelbeziehungen interessierte Politikwissenschaft analytisch aufzuarbeiten hat.

Auf solchen Wegen gerät mehr und mehr die *Steuerung* der gesellschaftlichen Entwicklung durch die Politik in den Mittelpunkt wissenschaftlichen Interesses. Bei noch immer obwaltender begrifflicher Unklarheit, die z. T. mit der höchst unterschiedlichen Benutzung der Begriffe Steuerung, Lenkung, Regulierung usw. in den verschiedenen Wissenschaften und in der Umgangssprache zusammenhängt, besteht doch weitgehende Einigkeit darüber, daß binnenadministrativ wie in den Beziehungen zwischen dem politisch-administrativen System zu anderen Systemen von eindeutigen Beziehungen nur (noch – ob es jedoch früher anders war, bleibt zu untersuchen) selten die Rede sein kann. Viel häufiger kommt es zu Aushandlungsprozessen *(bargaining)* und zu Einwirkungsbemühungen, die vielfach in Konkurrenz zu anderen Bemühungen und/oder Wirkungen (weniger rational verstanden) stehen. Selbstredend ist dies alles nicht ‚neu‘. Unterscheidet man vereinfacht zwischen Steuerungszielen, Steuerungsmitteln und Steuerungswirkungen, dann kann man diese Grundbegrifflichkeit auch in der früheren wissenschaftlichen Bemühung um Politik auffinden. ‚Neu‘ ist der scientifische Anspruch, ist die Verankerung der Steuerungstheorie in der Systemtheorie, derzufolge die Varietäten des zu steuernden Systems oder Subsystems und die Vorgehensmöglichkeiten der Steuerungsinstanz einander entsprechen müssen. In einem größeren Zusammenhang stellt sich damit die Forschungsaufgabe, die Verhaltensmöglichkeiten von Programmadressaten (i. w. S.) als Determinante einer Programmformulierung aufzuarbeiten, die das, was sein soll, mit dem, was sein kann, in fruchtbare Beziehung bringt. Tatsächlich kreisen in umfassender Sicht große Teile der Regierbarkeitsdiskussion, die Implementationsforschung, die Diskussion von Verrechtlichung und Entrechtlichung, der Programmforschung, der Rechtspolitologie (so *A. Görlitz* und *R. Voigt*), der Gesetzgebungswissenschaft usw. um den damit anvisierten Komplex. Daß dieser besser durchdrungen werden könnte, wenn es eine zureichende Deskription der öffentlichen Aufgaben, eine brauchbare Theorie ihrer Verflechtungen mit anderen gesellschaftlichen Funktionen und damit eine Theorie dieser öffentlichen Aufgaben gäbe, sei – eher als persönliche Anmerkung (mein Insistieren auf diesem Punkt hat mir früher Tadel eingetragen) – hinzugefügt. Im übrigen beruht der Unterschied zwischen alter und neuer politikwissenschaftlicher Vorgehensweise eben in der besseren theoretischen Durchdringung, der größeren Unabhängigkeit theoretischer Konstrukte von dem, was es zu analysieren gilt. Kein Unterschied besteht darin, daß heute wie früher mit dem Anspruch, größere Zusammenhänge einzubeziehen, die Erkenntnisrisiken wachsen und deshalb in der Politik- wie in der übrigen Sozialwissenschaft Erkenntnisse mittlerer Reichweite präferiert werden.

Insgesamt hat die Zuwendung zu den Feldern und Inhalten der Politik den analytischen Ertrag politikwissenschaftlicher Forschung erheblich vermehrt. In der Möglichkeit, Gesetzlichkeiten und Abhängigkeiten zu formulieren, ist man weiter gekommen. Das schließt allerdings entsprechende prognostische Fähigkeiten nicht ein. Als handlungsanleitende Wissenschaft hat die Politikwissenschaft, soweit ihr dies angesonnen und dabei über den Bereich praktischer Philosophie hinausgegangen worden ist, eher versagt. Was ‚praktisch‘ wurde, blieb in der politischen Verantwortung von politikwissenschaftlich gebildeten Individuen. Es ist allerdings ein wissenschaftstheoretisches Problem, ob und wieweit jener Anspruch bestehen kann, das hier nicht weiter entfaltet werden soll.

V.

In der geschilderten paradigmatischen Entfaltung der innenpolitisch orientierten Politikwissenschaft und in dem sie bestimmenden, spätestens 1979 erfolgten Wandel in der theoretischen Grundlegung hat die *Verwaltung* erst spät eine Rolle gespielt. Das Interesse wandte sich mehr der Politikformulierung als einem vielschichtigen Prozeß zu, in den auch die Verwaltung, zumindest in der Gestalt der Ministerialbürokratie involviert ist. An dieser Ministerialbürokratie einerseits und an Problemen der kommunalen Selbstverwaltung andererseits setzte an, was später *W. Bruder* als ,empirische Verwaltungsforschung' auflistete und was *J. J. Hesse* als ,Verwaltungswissenschaft' (mit eindeutiger Verankerung in der Politikwissenschaft) in einem Reader zusammenfaßte. Diese Verwaltungswissenschaft – hier unabhängig von Schwerpunkten, wie man sie in Konstanz oder in Speyer findet – bezieht sich thematisch auf einen Gegenstandsbereich, der nach dem älteren Verfassungsverständnis und nach der Bürokratietheorie von *M. Weber* leicht, hingegen im modernen Theorieverständnis nur schwer auszugrenzen ist. Die Unterscheidung zwischen Politik und Verwaltung gelingt gar nicht, die zwischen Regierung und Verwaltung meist nur vordergründig institutionell. In Zusammenhang mit der Systemtheorie und – konkreter – mit der Implementationsforschung ist man deshalb dazu übergegangen, den politischen Prozeß als eine Ganzheit zu betrachten, innerhalb derer es bedingt unterscheidbare Phasen, Akteure, Rückkoppelungen usw. gibt. Ein politisches Programm soll demzufolge von seinen Entstehungsgründen an bis zu dem Zeitpunkt, in dem sich ,Wirkungen' ermitteln oder doch begründet annehmen lassen, verfolgt werden. Dies kann man systematisch in verschiedene Phasen zerlegen, sie als Modell benutzen, in ihnen die vorrangigen Akteure und ihre jeweiligen Einflußchancen ermitteln usw.

Die weitere Entwicklung der Teile des Faches, die sich der Deutschen Innenpolitik zuwenden, wird m. E. nachhaltig von diesem stärkeren Aufeinanderbeziehen von *Politikformulierung und Politikvollzug* bestimmt sein. Im engeren Sinne läßt sich das an dem wachsenden Interesse feststellen, welches dem Verwaltungshandeln und seiner spezifischen Verselbständigung entgegengebracht wird. Ihre empirische Erforschung gibt den älteren juristischen Theoremen von der „Verwaltung als eigenständiger Staatsgewalt" (*H. Peters*) neuen Auftrieb, bringt auch den ,Verwaltungsvorbehalt' wieder ins Gespräch oder lenkt das Augenmerk auf die quantitative Zunahme von Verhandlungen und Verträgen auf Kosten hoheitlicher Verwaltungsakte. *C. E. Eberle* spricht in diesem Zusammenhang von ,Verwaltungsarrangements'. Politikwissenschaftlich werden die Klientelbeziehungen beigesteuert, was dann die Autonomiediskussion belebt, und werden Durchsetzungsstrategien der Verwaltungen erörtert, die zuletzt auf eine relative Selbständigkeit der Verwaltung gegenüber dem Gesetz und anderen bindenden Vorschriften sowie auf verwaltungseigene Zielkataloge verweisen. Überlegungen dieser Art gehen auch in die Debatte über die *politische Willensbildung* ein, die begrifflich bisher (nur) den Input-Bereich umfaßte, was zur Überbetonung des Machtaspektes ebenso führen kann wie zur Ausblendung des Outputs. Nur wenn beides berücksichtigt wird, kommt es zu einer empirisch fundierten Auseinandersetzung über die *Staatstheorie*. Über sie findet heute schon die – notwendig subjektiv – wohl fruchtbarste Kontroverse im Fach statt, die, in der sich die (vereinfacht) Anhänger der bürgerlichen und der marxistischen Staatstheorie am meisten zu sagen haben, die auch, in der die ,politische Kultur' eine besondere Rolle spielen kann, denn die

‚bürgerliche' ist zu großen Teilen eine deutsche, jedenfalls aber kontinentaleuropäische Staatstheorie und hat ihre Voraussetzungen sowohl in Klassenstrukturen als auch in eigentümlichen Herrschaftsverhältnissen, die erst das theoretische Konstrukt der Unterscheidung von *Staat und Gesellschaft* ermöglichten. Daß man heute im Gefolge der oben geschilderten Entwicklung in der Regel das Konzept des *politischen Systems* benutzt und sich so von der eher institutionellen Betrachtungsweise abwendet, ändert an jenem Sachverhalt nichts. Immer bleibt die Frage nach der Funktion und den Aufgaben dieses Systems gestellt und immer bleibt sie die Grundfrage des Faches, so wie es immer das Kernproblem des Faches bleibt, daß diese Grundfrage nur unter erheblichen Zugangsschwierigkeiten auch empirisch angegangen werden kann.

Daß Politikforschung dort, wo sie nicht Wahl- und Umfrageforschung sein kann, in großem Umfange solche Zugangsprobleme hat, deshalb in der Regel nur Einzelbereiche analytisch aufgearbeitet werden können und die Einzelfallstudie methodisch überwiegt, muß aber überhaupt immer als selbstverständlich vorausgesetzt werden und mahnt zur Vorsicht in der Theorieentwicklung. Allerdings bringen in dieser Hinsicht forschungstechnische Entwicklungen auch Erleichterungen. Als Beispiel sei hier nur die Haushaltsanalyse genannt, die erheblich größere Möglichkeiten erhält, wenn die Haushalte von Bund und Ländern – nominell ja öffentlich – elektronisch zugänglich sind. Kämen dann noch die der Gemeinden hinzu, was ‚an sich' schon der Fall ist, aber noch auf Zugriffsrestriktionen stößt, eröffnen sich ganz neue Untersuchungschancen.

Der heutige Stand der Dinge erlaubt deshalb die frohgemute Feststellung, daß die eigene Innenpolitikforschung im Austausch mit der internationalen Entwicklung auf einem soliden Fundament ruht, aber noch erheblich auszubauen ist. An Themen fehlt es nicht. Die verbreitete Attitüde, etwas aufzugreifen und das mit der Behauptung zu beginnen, der Bereich sei bisher sträflich vernachlässigt, sollte freilich verschwinden. Sie entspricht diesem ‚Stand' der Forschung kaum mehr, der ganz überwiegend bewirkt, daß Forscher auf früheren Forschungen aufbauen können und sich mit deren Ergebnissen auseinandersetzen müssen. Dann diese Ergebnisse als unzulänglich zu entlarven, ist erlaubt und notwendig um des Weiterkommens willen. Nicht erlaubt ist das Ausklinken aus dem Forschungsprozeß, der seit etwa 1950 einen erstaunlichen Umfang angenommen und einen theoretisch wie methodischen Stand erreicht hat, angesichts dessen ggf. eher wieder nach dem Zugang zur Alltagserfahrung und -sprache gesucht als nach weiterem szientifischem Raffinement gestrebt werden muß.

In Form einer persönlichen Anmerkung zum Schluß soll dies freilich eingeschränkt werden: Unsere Wissenschaft zeichnet sich, so habe ich eingeleitet, durch ein hohes Maß an Selbstkritik und Bereitschaft aus, aus unterschiedlichen Ansätzen zu überflüssiger Polarisierung zu gelangen. Die vehemente Kritik etwa an der Policy-Forschung scheint viel mehr aus politischen Gegensätzen und kommunikativer Schwäche gespeist denn aus wirklich fundamentalen wissenschaftstheoretischen Unterschieden, welche die wechselseitige Adaption von Erkenntnissen und Ergebnissen nicht mehr erlauben. Die von mir behauptete Leistungsfähigkeit unserer Wissenschaft wäre deutlicher, wenn man in dieser Wissenschaft mehr aufeinander hören würde. Daß man dies – aus welchen Gründen auch immer – nicht zureichend tut, führt zu einer wehmütigen Einschränkung jener frohgemuten Feststellung.

Literaturverzeichnis

Angesichts des Charakters dieses Beitrages ist generell auf die bekannten Bibliographien hinzuweisen. Im übrigen begnüge ich mich mit der Benennung der im Text ausdrücklich angesprochenen Veröffentlichungen. Wegen der Bibliographien und der Gesamtdarstellungen mit einschlägigem Literaturapparat verweise ich auf mein Regierungssystem der Bundesrepublik Deutschland. Opladen, 1983 (5. Aufl.). Als m. E. wichtigsten wissenschaftsgeschichtlichen Überblick nenne ich *Nohlen, D./Schultze, R. O.* (Hrsg.), Politikwissenschaft. Theorien – Methoden – Begriffe. München 1985 (1. Band des von D. Nohlen hrsg. 'Pipers Wörterbuch zur Politik', München 1983 ff.)

Alemann, U. v. (Hrsg.), 1981: Neokorporatismus, Frankfurt.

Arndt, H. J., 1978: Die Besiegten von 1945. Versuch einer Politologie für Deutsche samt Würdigung der Politikwissenschaft in der Bundesrepublik Deutschland, Berlin.

Benda, E., 1983: Der soziale Rechtsstaat, in: *Benda, E./Maihofer, W./Vogel, H. J.* (Hrsg.), Handbuch des Verfassungsrechts, Berlin.

Beyme, K. v., 1984: Die politischen Theorien der Gegenwart. Eine Einführung, München (5. Aufl.).

Bruder, W., 1981: Empirische Verwaltungsforschung in der Bundesrepublik Deutschland, Opladen.

Bundesrat (Hrsg.), 1974: Der Bundesrat als Verfassungsorgan und politische Kraft. Wiss. Redaktion: D. H. Scheuing, Bad Honnef/Darmstadt.

Dillkofer, H., 1977: Die Organisation der Innenministerien. Eine sozialwissenschaftliche Analyse, München.

Domes, J., 1964: Bundesregierung und Mehrheitsfraktion. Aspekte der Verhältnisse der Fraktion der CDU/CSU im zweiten und dritten deutschen Bundestag zum Kabinett Adenauer, Opladen.

Eberle, C. E., 1984: Arrangements im Verwaltungsverfahren, in: Die Verwaltung 1984, 439 ff.

Ellwein, Th. (Hrsg.), 1980: Politikfeldanalysen 1979, Opladen.

Ellwein, Th., 1968: Probleme der Regierungsorganisation in Bonn, in: PVS, 235 ff.

Ellwein, Th., 1979: Organisationsprobleme in Ministerien, in: Die Betriebswirtschaft, 73 ff.

Faul, E., 1979: Politikwissenschaft im westlichen Deutschland. Bemerkungen zu Entwicklungstendenzen und Entwicklungsanalysen, in: PVS, 70 ff.

Friedrich, M., 1962: Opposition ohne Alternative, Düsseldorf.

Garlichs, D., 1980: Grenzen staatlicher Infrastrukturpolitik. Bund-Länder-Kooperation in der Fernstraßenplanung. Politikverflechtung IV, Königstein/Ts.

Görlitz, A./Voigt, R., 1985: Rechtspolitologie. Eine Einführung, Opladen.

Guggenberger, B./Kempf, W. (Hrsg.), 1984: Bürgerinitiativen und repräsentatives System, Opladen (2. Aufl.)

Hartwich, H.-H. (Hrsg.), 1985: Policy-Forschung in der Bundesrepublik Deutschland. Ihr Selbstverständnis und ihr Verhältnis zu den Grundfragen der Politikwissenschaft, Opladen.

Hassis, H. A., 1978: Kommunalpolitik und Machtstruktur. Eine Sekundäranalyse deutscher empirischer Gemeindestudien, Frankfurt.

Hennis, W., 1957: Meinungsforschung und repräsentative Demokratie. Zur Kritik politischer Umfragen, Tübingen.

Hennis, W./Kielmansegg, P. Graf/Matz, U. (Hrsg.), 1977/1979: Regierbarkeit. Studien zu ihrer Problematisierung, Stuttgart, 2 Bände.

Hesse, J. J. (Hrsg.), 1978: Politikverflechtung im föderativen Staat. Studien zum Planungs- und Finanzierungsverbund zwischen Bund, Ländern und Gemeinden, Baden-Baden.

Hesse, J. J., 1982: Politikwissenschaft und Verwaltungswissenschaft, Opladen (Sonderheft 13 der PVS).

Kaltefleiter, W., 1970: Die Funktionen des Staatsoberhauptes in der parlamentarischen Demokratie, Opladen.

Kastendiek, H., 1977: Die Entwicklung der westdeutschen Politikwissenschaft, Frankfurt.

Katz, H., 1975: Politische Verwaltungsführung in den Bundesländern. Dargestellt am Beispiel der Landesregierung Baden-Württemberg, Berlin.

Kielmansegg, P. Graf (Hrsg.), 1976: Legitimationsprobleme politischer Systeme, PVS-Sonderheft 7.

Kmieciak, P., 1976: Wertstrukturen und Wertewandel in der Bundesrepublik Deutschland, Göttingen.

Kralewski, W./Neunreither, K., 1963: Oppositionelles Verhalten im ersten Deutschen Bundestag 1949–1953, Opladen.

Kress, G./Senghaas, D. (Hrsg.), 1969: Politikwissenschaft. Eine Einführung in ihre Probleme, Frankfurt.

Landfried, C., 1984: Bundesverfassungsgericht und Gesetzgeber. Wirkungen der Verfassungsrechtsprechung auf parlamentarische Willensbildung und soziale Realität, Baden-Baden.

Lehner, F., 1979: Grenzen des Regierens. Eine Studie zur Regierungsproblematik hochindustrialisierter Demokratien, Königstein/Ts.

Leibholz, G., 1967: Strukturprobleme der modernen Demokratie, Karlsruhe (3. Aufl.).

Loewenberg, G., 1969: Parlamentarismus im politischen System der Bundesrepublik Deutschland. Dt. Ausgabe, Tübingen.

Mintzel, A., 1975: Die CSU. Anatomie einer konservativen Partei, Opladen.

Narr, W.-D., 1969: Theoriebegriffe und Systemtheorie, Stuttgart.

Olzog, G., 1953: Das Studium der Politischen Wissenschaften im In- und Ausland, München.

Prior, H., 1968: Die Interministeriellen Ausschüsse der Bundesministerien. Eine Untersuchung zum Problem der Koordinierung heutiger Regierungsarbeit, Stuttgart.

Raschke, P. (Hrsg.), 1982: Bürger und Parteien. Ansichten und Analysen einer schwierigen Beziehung, Opladen.

Reichel, P. 1981: Politische Kultur der Bundesrepublik, Opladen.

Schäfer, F., 1982: Der Bundestag. Eine Darstellung seiner Aufgaben und seiner Arbeitsweise, Opladen (4. Aufl.).

Scharpf, F. W. u. a., 1976: Politikverflechtung. Theorie und Empirie des Kooperativen Föderalismus in der Bundesrepublik, Kronberg.

Schindler, P., 1983: Datenhandbuch zur Geschichte des Deutschen Bundestages 1949 bis 1982. Hrsg. vom Presse- und Informationszentrum des Deutschen Bundestages, Bonn.

Schmid, G./Treiber, H., 1975: Bürokratie und Politik. Zur Struktur und Funktion der Ministerialbürokratie in Deutschland, München.

Schmidt, M. G., 1982: CDU und SPD an der Regierung. Ein Vergleich ihrer Politik in den Ländern, Frankfurt.

Studienreformkommission Politikwissenschaft/Soziologie, Empfehlungen Band 1. Politikwissenschaft, Bonn 1985 (Hrsg. Sekretariat der KMK).

Thaysen, U., 1972: Parlamentsreform in Theorie und Praxis. Zur institutionellen Lernfähigkeit des parlamentarischen Regierungssystems. Eine empirische Analyse der Parlamentsreform im 5. Deutschen Bundestag, Opladen.

Veen, H. J., 1982: Politikwissenschaft zwischen Selbstliquidation und politischer Integration, in: Forschungsbericht 17 der Konrad-Adenauer-Stiftung – *Bracher, K. D.*, u. a., Entwicklungslinien der Politikwissenschaft in der Bundesrepublik Deutschland, Melle.

Zoll, R. (Hrsg.), 1972: Gemeinde als Alibi. Materialien zur politischen Soziologie der Gemeinde, München.

Wahl- und Surveyforschung

Manfred Küchler

Zwei Begriffsklärungen seien vorausgeschickt: die akademische ‚Wahlforschung' ist sich weitgehend darin einig, daß Wahlen als besondere Manifestationen kontinuierlich ablaufender Prozesse der politischen Willensbildung und (nicht notwendig intentionalen) politikbezogenen Handelns verstanden und in diesem größeren Zusammenhang zum Gegenstand sozialwissenschaftlicher Analyse gemacht werden müssen. Dieses breitere Verständnis von Wahlforschung, das inbesondere *Max Kaase* schon in den frühen siebziger Jahren propagiert hat, führt dann auch zwangsläufig dazu, neben Umfragen (Surveys) auch andere Zugänge zur sozialen Realität zu suchen, empirische Daten anderer Art zu sammeln, aufzubereiten und in die Gesamtanalyse miteinzubeziehen. Wahlforschung ist also nicht notwendig Surveyforschung. Und natürlich werden Surveys weit über die Wahlforschung hinaus benutzt. Fast alle spezifischen Probleme der Surveyforschung lassen sich jedoch prototypisch im Zusammenhang einer mikroanalytisch angelegten Forschung von auf den Politikbereich bezogenen Einstellungen, Meinungen und Handlungen – also kurz: Wahlforschung – diskutieren. Trotz dieses breiten Verständnisses von Wahlforschung müssen wir aus Platzgründen zwei Bereiche ausgrenzen, sofern nicht im einzelnen ein unmittelbarer Bezug zur Wahlforschung im engeren Sinne besteht. Das ist zum einen die mittlerweile sehr breite Diskussion um Wertewandel und Postmaterialismus, zum anderen die Debatte zu den Neuen Sozialen Bewegungen, einschließlich der Friedensbewegung, deren Charakter ja durchaus unterschiedlich beurteilt wird (vgl. hierzu etwa *Schmitt* 1985 b).

Der hier vorgelegte Überblick über den gegenwärtigen Stand der Wahlforschung schließt an zwei Berichte ähnlicher Art an (*Küchler* 1977, 1980). Wiederum wird nicht versucht, einen vollständigen Überblick über alle vorgelegten Arbeiten zu geben – keine kommentierte Bibliographie also, vielmehr sollen in durchaus idiosynkratisch gefärbter Selektion einige wichtige Topoi diskutiert werden, um Übereinstimmungen wie Diskrepanzen deutlich zu machen. Abweichend von den früheren Bestandsaufnahmen werden fremdsprachige und/oder nicht auf die Bundesrepublik Deutschland bezogene Publikationen stärker einbezogen, auch wenn gerade in diesem Bereich die Selektivität stärker zu Buche schlagen wird. Die enge konzeptionelle und methodische Anlehnung der bundesdeutschen Wahlforschung an die US-amerikanische, vor allem aber die inhaltliche Befruchtung durch den Vergleich mit anderen westlichen Demokratien lassen eine solche Ausweitung als geraten erscheinen. Eine detaillierte Einschätzung des Forschungsstandes in den USA haben vor nicht allzu langer Zeit *Asher* (1983) – für den Bereich des Wahlverhaltens – und *Achen* (1983) – für den Bereich der politischen Methodologie – vorgelegt. Die Sichtung der deutschen Literatur wird durch verschiedene Sammelbände erleichtert. Die von *Max Kaase* (1977) herausgegebene Doppelnummer der PVS, in der aus Anlaß der Bundestagswahl von 1976 ein breiter Überblick über die Wahlforschung gegeben wurde, scheint eine Art Tradition begründet zu haben. Mit gewisser zeitlicher Verzögerung folgte ein Sammelband zur Bundestagswahl 1980 (*Kaase/Klingemann* 1983), ein weiterer Band zur Wahl 1983 ist in Vorbereitung (*Klingemann/Kaase* 1986). Dabei ist es den Herausgebern gelungen, die deutsche Wahlforschung durch die beteiligten Einzelautoren fast vollständig zu repräsentieren – über politische, forschungspolitische und methodische Grenzen hinweg. Dieses Streben nach möglichst vollständiger Repräsentation führt jedoch auch zu gewissen Unebenheiten, was das Qualitätsniveau der einzelnen Beiträge angeht. Ganz ohne Zweifel stellen diese Sammelbände aber einen wichtigen Beitrag zur Kumulation und zur gegenseitigen Überprüfung von Befunden im Bereich der Wahlforschung dar.

I. Größere Untersuchungen

In meiner früheren Bestandsaufnahme (*Küchler* 1980) habe ich die ‚*Political Action*'-Studie (*Barnes/Kaase* 1979) als den mit Abstand bedeutsamsten Beitrag zur Wahlforschung der letzten Jahre bezeichnet. Die Fortführung dieser Studie durch eine Wiederholungsbefragung sechs Jahre später versprach wertvolle Aufschlüsse über die Dynamik von Einstellungen, Meinungen und Handlungsbereitschaft auf der Ebene des einzelnen Bürgers in einem politisch ereignisreichen Zeitabschnitt (1974 bis 1980). Da eine solche Wiederholungsbefragung nicht von vorneherein geplant war und deshalb eine kontinuierliche ‚Panelpflege' nicht erfolgte, konnten jedoch nur rund 40% der Befragten ein zweites Mal interviewt werden. Nicht zuletzt diese methodischen Probleme haben die Auswertung dieser Fortsetzungsstudie erheblich behindert, so daß zum gegenwärtigen Zeitpunkt noch immer keine geschlossene Gesamtdarstellung – auch nicht nur für den deutschen Teil – vorliegt. Immerhin lassen vorläufige Ergebnisdarstellungen (insbesondere *Kaase* 1984) erkennen, daß es auf der Gesamtebene keine dramatischen Verschiebungen gegeben hat. Wenn überhaupt, so zeigen die Daten weit eher einen Rückgang von „nichtinstitutionalisierten politischen Verhaltensweisen" als einen sich fortsetzenden Trend, politischen Willen in unorthodoxer Form (Proteste, Demonstrationen etc.) zu bekunden. Ein solches Ergebnis mag heute, wo vielerorts vom neuen Konservatismus insbesondere der jungen Generation (trotz der Erfolge der *Grünen!*) die Rede ist, nicht sonderlich überraschen; auf den Zeitpunkt der Datensammlung (1980/81) bezogen ist es ein sehr bemerkenswertes Ergebnis. Trotz dieser tendenziellen Beruhigung, Systemstabilisierung wenn man will, sieht *Kaase* (1984, 348) in den Daten beider Befragungswellen hinreichend Belege, die die skeptischen Einschätzungen mancher Autoren hinsichtlich der Zukunft westlicher Demokratien stützen: „Die Frage nach der Rationalität des demokratischen Prozesses stellt sich nach wie vor in größter Schärfe." Eine unmittelbare Bedrohung des politischen Systems ist aus dieser Warnung jedoch nicht abzuleiten. Zu dieser Schlußfolgerung kommt auch *Dieter Fuchs* (1983), der die in diesem Projekt gewonnenen Daten einer komplexen statistischen Analyse unterzieht.

Das Bild weitgehender Stabilität auf der Gesamtebene hat auf der Ebene der einzelnen Befragten allerdings nur eine sehr unvollkommene Entsprechung. Dies ist allerdings ein Phänomen, das aus anderen Panelstudien bekannt ist. Ohne Zweifel sind viele Instrumente der Surveyforschung (oder anschaulicher formuliert: Fragen, die zur Erfassung komplexerer theoretischer Konstrukte wie Parteiidentifikation oder Protestbereitschaft benutzt werden) nicht hinreichend zuverlässig. Eine Trennung von Meßfehler und wahrem Wandel ist jedoch nur unter einschränkenden Modellannahmen und bei Vorliegen mehrerer Meßpunkte (Panel) möglich (siehe etwa *Feldman* 1985 für eine sehr sorgfältige Analyse).

Die formativen Jahre der Bundesrepublik sind Gegenstand einer umfänglichen Studie, die *Kendall Baker, Russel Dalton* und *Kai Hildebrandt* 1981 vorgelegt haben. „Germany Transformed" setzt sich mit der Frage auseinander, wie sich der Prozeß politischen Wandels im Nachkriegsdeutschland im einzelnen gestaltet hat, wie gut verankert demokratische Normen und Verhaltensweisen in der Bundesrepublik der siebziger Jahre sind, und welche Tendenzen sich für die zukünftige Entwicklung erkennen lassen. Basis dieser empirischen Untersuchung sind die im „German Electoral Data"-Projekt zusammengefaßten Wahlstudien vorwiegend Mannheimer Provenienz (vgl. hierzu auch den Abschnitt über Datenquellen) für den Zeitraum 1953 bis 1976. Die Wahlstudie von 1976 ist dabei jedoch nicht in alle Analysen eingegangen; für 1957 liegt eine allgemein zugängliche Wahlstudie nicht vor. Das Schwergewicht der empirischen Analysen liegt somit auf den sechziger und frühen siebziger Jahren oder inhaltlicher abgegrenzt auf dem Zeitabschnitt zwischen Godesberger Programm und sozialliberalem Aufbruch in eine vermeintlich neue, bessere, gerechtere Gesellschaft. Nach *Baker, Dalton* und *Hildebrandt* (1981) hat sich in der Bundesrepublik ein Prozeß des Wandels hin zu einer wahren *civic culture* erfolgreich vollzogen, demokratische Normen sind voll verinnerlicht, und die Zufriedenheit mit dem politischen System ist außerordentlich hoch. Während *Almond/Verba* (1963) die Beständigkeit demokratischer Orientierungen eher skeptisch beurteilten und unmittelbar an die Erfüllung ökonomischer Erwartungen gebunden sahen, hat der deutsche Wähler – folgt man der neuen Analyse – nun die demokratische Reifeprüfung bestanden. Dies setzt allerdings voraus, daß man gewillt ist, zum einen allerlei normative Setzungen zu akzeptieren und zum anderen die Gültigkeit der Umfragedaten schlicht als gegeben anzusehen. Ohne die in „Germany Transformed" offerierte Sichtweise nun generell in Frage zu stellen: eine vollkommen schlüssige Falsikation der These von *Almond/Verba* wird hiermit nicht geleistet. Ein hohes Maß an geäußerter „Zufriedenheit mit der Demokratie" oder eine durchgängig hohe Wahlbeteiligung sind sehr unvollkommene Maße für die Internalisierung demokratischer Normen. Ein signifikanter Einbruch der Rate der „Zufriedenheit mit der Demokratie" von Ende 1980 bis Ende 1981 etwa zeigt eine bemerkenswerte Kontingenz mit einem simultanen Anstieg von Arbeitslosen- und Inflationsrate (vgl. *Küchler* 1985 b), die – kausal interpretiert – eine Bestätigung der *Almond/Verba*-Thesen darstellt. Auch wenn man nun nicht gleich die demokratische Zukunft der Bundesrepublik in düsteren Farben malen will, scheinen doch gewisse Korrekturen am Bild der allzu heilen Welt bei *Baker et al.* angezeigt. Ihre Aufbruchsorientierung wird noch deutlicher in der Überbetonung der ‚neuen Politik' und damit einhergehend einer Unterbewertung von tradierten sozialstrukturell bestimmten Parteibindungen einerseits und des Stellenwerts ökonomischer Sachfragen andererseits (*Baker et al.* 1981, 193): Die Bundesrepublik auf dem Weg ins postindustrielle Zeitalter? Der Erfolg der *Grünen* bei der Bundestagswahl 1983 mag auf den ersten Blick diese Sichtweise bestätigen; doch dazu später mehr. Trotz der hier formulierten Kritik an bestimmten Einschätzungen und Akzentsetzungen, kann kein Zweifel daran bestehen, daß „Germany Transformed" die wichtigste größere

Veröffentlichung der letzten fünf Jahre in diesem Bereich ist. Die Studie belegt exemplarisch, welche Möglichkeiten sich für eine theoretisch angeleitete, aber gleichwohl empirisch fundierte politische Analyse auf der Grundlage kontinuierlich durchgeführter Surveys eröffnen.

II. Wandel des Parteiensystems

Die größte Herausforderung für die bundesdeutsche Wahlforschung in den achtziger Jahren ist ohne Zweifel, für den Aufstieg der *Grünen* eine schlüssige Erklärung zu finden, die zugleich begründete Prognosen über die weitere Entwicklung unseres Parteiensystems erlaubt. Die Mittel der Surveyforschung sind hierfür nur bedingt tauglich. Ein Hindernis ist die relativ gesehen kleine Zahl von Wählern der Grünen. Bei einem Stimmenanteil von rund fünf Prozent finden sich in einer Befragung von 1000 Personen (eine durchaus gängige Stichprobengröße) nur etwa 50 Wähler der Grünen. Analysen, die sich spezifisch auf dieses Bevölkerungssegment beziehen, sind deshalb durch eine hohe Fehlertoleranz geprägt. Darüber hinaus werden Wähler der kleinen Parteien in der Regel in noch geringerem Maß erfaßt, als es ihrem Anteil in der Gesamtwählerschaft entspricht. Surveydaten bedürfen stets der interpretativen Deutung, kein noch so komplexes statistisches Verfahren kann diese Interpretationsleistung des Forschers ersetzen (zuweilen allerdings durchaus verschleiern), bei der Untersuchung kleiner Parteien gilt dieser Grundsatz jedoch in verstärktem Maße. Die umfassendste Untersuchung zu den Grünen ist von *Willy Bürklin* (1984; in kürzerer Form 1985) vorgelegt worden, der sich an einem weiten historischen Brückenschlag versucht. Nach seiner Deutung sind die Grünen der späten siebziger und achtziger Jahre des zwanzigsten Jahrhunderts Manifestation eines ideologischen Zyklus mit langen Latenzperioden. Als frühere Manifestationen sieht Bürklin unter anderem die Protestbewegung der Romantik Anfang des neunzehnten Jahrhunderts, die Jugendbewegung des Kaiserreichs und die Bewegung gegen die Wiederbewaffnung in der Bundesrepublik in den fünfziger Jahren.

Mit ihren Wertvorstellungen passen die Grünen nicht in das etablierte (eindimensionale) Parteienspektrum, was sich auch statistisch anhand von Umfragedaten demonstrieren läßt. Der Unterscheidung von *Baker, Dalton* und *Hildebrandt* (1981) zwischen ‚alter‘ und ‚neuer‘ Politik setzt Bürklin die Differenzierung zwischen Idealismus und Realismus entgegen. Die abweichende Etikettierung verweist auf einen entscheidenden Interpretationsunterschied: als zyklisches Phänomen ist ein Einflußverlust vorprogrammiert. Die Chancen der Grünen, sich auf Dauer im Parteiensystem zu etablieren, sind somit als gering zu veranschlagen. Als Repräsentanten einer ‚neuen‘ Politik, eines umfassenden Wertewandels (eines Inglehartschen Postmaterialismus) haben die Grünen das notwendige Potential, sich dauerhaft im Parteiensystem zu verankern – so etwa auch jüngst in Fortführung der früher vorgetragenen Argumente *Dalton* (1984). In der Sicht *Daltons* befindet sich das deutsche Parteiensystem in der Phase zumindest aber an der Schwelle – eines *Dealignment*, eines Aufbrechens tradierter Bindungen. Er schließt aber die Möglichkeit nicht aus, daß es den etablierten Parteien gelingt, die *Issues* der neuen Politik zu integrieren. Ähnlich wie Bürklin versucht sich auch *Jens Alber* (1985) an einer historisch orientierten Analyse der Grünen – hier im theoretischen Kontext der Modernisierungsdebatte.

Weniger auf ideologische Dimensionen als auf Überschneidungen von Wählerpotentialen und Strategien individuellen Wahlverhaltens ist die Analyse von *Berger, Gibowski, Roth* und *Schulte* (der Mannheimer Forschungsgruppe Wahlen) angelegt. In ihrer Gesamtbewertung der Bundestagswahl 1983 (*Berger et al.* 1983) belegen sie anhand von Umfragen sehr überzeugend, daß die Grünen – was die letztliche Wahlentscheidung angeht – eindeutig im linken Spektrum angesiedelt sind und mit der SPD um die gleiche Wählergruppe konkurrieren. Das heißt selbstverständlich nicht, daß alle SPD-Wähler auch potentiell Wähler der Grünen sind, aber die Umkehrung ist weitgehend richtig. Diese Wähler mögen die SPD dann zwar nicht aus Überzeugung, sondern eher als ,kleineres Übel' wählen, aber für die faktische Machtverteilung macht dies zumindest kurz- und mittelfristig keinen Unterschied. Angesichts der fast vollständigen Überschneidung der Wählerpotentiale von SPD und Grünen hängen die Wahlchancen der Grünen in starkem Maße von denen der SPD ab. Hat die SPD eine Chance auf die Regierungsverantwortung, dann nimmt die Zahl der taktischen SPD-Wähler zu, und damit verringert sich gleichzeitig die Zahl der grünen Wähler. Dieses Erklärungsmodell hat sich in den Landtagswahlen von 1985 gut bewährt.

Einen weiteren wichtigen Aspekt zur Bewertung der Zukunft der Grünen liefert die Analyse von *Klingemann* (1984a), der seine kontinuierlich seit der Bundestagswahl von 1969 erhobenen Daten zum Image der einzelnen Parteien 1983 auf die Grünen ausgedehnt hat. Hierbei werden die spontanen Äußerungen der Befragten nach den ,guten und schlechten Seiten' der einzelnen Parteien zunächst verbatim erfaßt und später nach einem speziell für diesen Zweck entwickelten Kategorienschema vercodet (typisiert); dazu später noch mehr. In diesem Zusammenhang sind weniger quantitative Aussagen über die einzelnen vorgetragenen Argumente interessant als vielmehr der generelle Tenor dieser Sichtweisen. Das Image der Grünen ist danach beim überwiegenden Teil der Bevölkerung von innerem Streit und einem Mangel an Konsistenz und Programmatik geprägt. Positiv wird mit den Grünen vor allem ihr Einsatz für Belange des Umweltschutzes verbunden. Dieses Ergebis wird bestätigt durch die in der Nachwahlstudie 1983 vorgenommene Erhebung der perzipierten Position der einzelnen Parteien und der eigenen Position des Befragten für eine Liste von 14 Sachfragen, wobei ein erstaunlich hohes Maß an Nähe zu den Grünen (vgl. *Küchler* 1986) festzustellen ist. Würden die Wähler sich tatsächlich – wie es *Himmelweit* (1981 bzw. 1985) für Großbritannien postuliert hat – für die Partei entscheiden, die ihnen hinsichtlich der Sachfragen insgesamt am nähesten steht, hätten die Grünen einen Stimmanteil von rund 30 Prozent erhalten müssen. Derartige Surveydaten mögen dazu verleiten, das Potential der Grünen sehr hoch zu veranschlagen, aber die Klingemannschen Analysen machen deutlich, daß schwerwiegende Gegeneffekte zum Tragen kommen. Faßt man die Wählerpotentialanalyse von *Berger et al.* und die Analyse der Partei-Images von *Klingemann* zusammen, so ergeben sich für die Aussichten der Grünen bei der kommenden Wahl Anfang 1987 zwei Bedingungen. Erstens: die Aussichten der Grünen wachsen in dem Maße, in dem die Aussichten der SPD sinken. Zweitens: die Aussichten der Grünen steigen mit größerer innerer Geschlossenheit und höherer Verbindlichkeit ihrer programmatischen Aussagen. Diese zweite Bedingung konfligiert jedoch mit dem unter ihren Anhängern weit verbreiteten Selbstverständnis, gerade keine Partei im üblichen Sinne zu sein.

III. Sozialstrukturelle Bindungen

Eng verknüpft mit der Frage eines *Dealignments* oder *Realignments* – also der Aufkündigung bzw. Reorganisierung längerfristiger Bündnisse zwischen bestimmten Bevölkerungsgruppen und einzelnen Parteien – in der Bundesrepublik ist die Beurteilung einer möglicherweise sinkenden Bedeutung sozialstruktureller Bindungen. Traditionell ist das Wahlverhalten in Deutschland maßgeblich durch zum einen das kirchlich-konfessionelle wie zum anderen das gewerkschaftlich-arbeiterschichtsspezifische *Cleavage* geprägt. Die unbestreitbaren Veränderungen in der Sozialstruktur nicht nur der Bundesrepublik, sondern auch anderer westlicher Industrienationen (z. B. England) haben vielfach zu der These geführt, daß solche soziodemographisch definierten Bindungen rapide an Einfluß verlieren und durch über Konsens in Sachfragen organisierte Koalitionen (zwischen bestimmten Bevölkerungssegmenten und einzelnen Parteien) ersetzt werden (vgl. hierzu insbes. *Dalton et al.* 1984). Für Großbritannien haben *Butler* und *Stokes* (1976) die These vom ‚Decline of Class Voting‘ formuliert. *Himmelweit et al.* (1981/1985) haben dann gar die *Volatilität* – den nicht festgelegten, sich stets aufs neue informierenden und darauf seine Entscheidung gründenden Wähler – als neues Paradigma der Wahlforschung propagiert. In der neueren Literatur wird jedoch zunehmend auf die Kontinuität dieser sozialstrukturellen Bindungen verwiesen. So resümieren *Heath, Jowell* und *Curtice* (1985, 39) in ihrer Monographie zu den britischen Wahlen von 1983, daß die Klassendifferenzen über die gesamte Nachkriegsperiode hinweg weitgehend die gleichen geblieben sind. Für die Bundesrepublik haben insbesondere *Baker et al.* (1981, 193) die These von der zunehmenden Unbedeutsamkeit der tradierten sozialstrukturellen Bindungen vertreten, während *Pappi* (1985 a, 1985 b) und *Schmitt* (1985 a) für das kirchlich-konfessionelle Cleavage und *Klingemann* (1984 b, 1985) für die Bindung der (gewerkschaftlich orientierten) Arbeiterschaft die Kontinuitätsaspekte betonen. Danach bestehen die Bindungen der ‚Kerngruppen‘ der beiden soziodemographischen Cleavages in unverminderter Stärke fort, wobei gleichzeitig eingeräumt wird, daß sich der Anteil dieser Kerngruppen an der Gesamtbevölkerung verringert. Strukturell gesehen also Konstanz, in der praktischen Konsequenz der endgültigen Stimmenverteilung bei der Wahl aber ein zunehmender Spielraum für andere Einflußfaktoren. So lassen sich die konfligierenden Sichtweisen vermitteln, die beide auf der gleichen empirischen Datenbasis beruhen. Ein weiteres insbesondere von *Pappi* (1985 a) vorgetragenes Argument ist in diesem Zusammenhang zu beachten. Zwar mag sich die Zahl der eng kirchlich-gebundenen Wähler verringern (und das kirchlich-konfessionelle Cleavage ist vorwiegend ein kirchliches oder in *Pappies* Wortwahl ein religiöses), aber über die ursprüngliche unmittelbare spezifische Interessenvertretung hinaus sind „Vergemeinschaftungsaspekte" wirksam, die die tradierte Konfliktlinie stabilisieren.

IV. Ökonomische Entwicklung und Wahlverhalten

Um den Einfluß der ökonomischen Entwicklung auf das Wahlverhalten gibt es in der Bundesrepublik wie auch international eine seit Jahren geführte breite Debatte mit einer Vielzahl von kontroversen Befunden. Für eine Sichtung dieser Befunde ist es außerordentlich nützlich, die verschiedenen Forschungsfragen im einzelnen zu identifizieren und in Rechnung zu stellen, daß sich auf der Makro-(System-)ebene andere Beziehungen ergeben können als auf der Mikro-, der individuellen Ebene. Einen umfassenderen Überblick bieten *Eulau* und *Lewis-Beck* (1985) sowie *Jung* (1985), der allerdings was die Mikroebene anbetrifft nur auf die Bundesrepublik bezogene Studien berücksichtigt. Auf der individuellen Ebene zeichnet sich langsam ein Konsens dahingehend ab, daß weniger die Einschätzung der eigenen persönlichen Lage als vielmehr die Bewertung der wirtschaftlichen Lage allgemein die Wahlentscheidung wesentlich beeinflußt (siehe etwa *Küchler* 1985a und *Rattinger* 1984, 1985b, c für die Bundesrepublik und *Kiewiet* 1983 für die USA). Offen bleibt bei diesen Analysen jedoch die wichtige Frage, wie der Prozeß dieser Urteilsbildung im einzelnen abläuft. Man mag argumentieren, daß die Bewertungen der wirtschaftlichen Lage weitgehend von Sympathien für bestimmte Parteien geprägt sind, also keinen unabhängigen Einflußfaktor, sondern nur ein Vermittlungsglied darstellen, das nur geringfügig auf andere Weise beeinflußt wird. Zur Klärung dieses Problems hat *Falter* (1985) ein theoretisch anspruchsvolles, aber empirisch noch nicht getestetes Modell vorgeschlagen.

Auf der Makroebene sind die Befunde weiterhin kontrovers. *Manfred Schmidt* (1983, 194) konstatiert bei seiner Untersuchung von 18 OECD-Ländern eine „erdrückende empirische Evidenz gegen die Theorien der politischen Konjunkturzyklen", wie sie insbesondere von Vertretern der Neuen Politischen Ökonomie formuliert worden sind. Er führt dies auf drei Ursachen zurück. Zum einen schlichte statistische Fehlinterpretationen, zum zweiten ökonomische Blindheit und zum dritten mangelnde Vorsicht gegenüber den Selbstdarstellungen von Regierungen (die die Fähigkeit zur Steuerung der Wirtschaft – in welcher Weise immer – als Qualität für sich ansehen). Im gleichen Sammelband (*Kaase/ Klingemann* 1983) kommen *Norpoth* und *Yantek* zu einem ähnlich negativen Ergebnis. Unter Verwendung sogenannter ARIMA-Modelle (komplexen statistischen Verfahren zur Analyse von Zeitreihen) glauben sie, keinen Einfluß von Arbeitslosigkeit und Inflation auf die Kanzlerpopularität feststellen zu können. (Die Analyse feinerer Zeitreihen hat sie später jedoch zu einer Revision ihrer ursprünglichen Ergebnisse veranlaßt.) An gleicher Stelle kommt dann *Kirchgässner* (1983) zu einem diametral entgegengesetzten Ergebnis. Seinen ökonometrischen Schätzungen liegt jedoch auch ein Kausalitätsbegriff (‚Granger'-Kausalität) zugrunde, der den herkömmlich in den Sozialwissenschaften verwendeten Begriff deutlich abschwächt.

Das Verhalten der von ökonomischen Krisen unmittelbar Betroffenen – der Arbeitslosen – ist ein geradezu klassisches Problem der Wahlforschung. So dominierte lange Zeit die Ansicht, daß speziell die Arbeitslosen den Erfolg der NSDAP ermöglicht haben. Diese These muß nach den in jüngster Zeit vorgelegten Arbeiten von *Jürgen Falter* und seinen Mitarbeitern (z. B. *Falter* 1984) wohl revidiert werden. Untersuchungen zum Wahlverhalten in der Weimarer Republik stehen vor dem besonderen methodischen Problem, daß Daten auf Individualebene (Surveydaten) nicht vorliegen und so das eigentlich nicht Mögliche versucht werden muß, aus der Analyse von Aggregatdaten auf das Verhalten von Individuen zu schließen. Seit dem klassischen Aufsatz von *Robinson* aus dem Jahre 1950 ist die Gefahr des „ökologischen Fehlschlusses" wohlbekannt; gleichwohl bieten Aggregatdaten vielfach die einzige Möglichkeit, theoretisch begründete Thesen einer Konfrontation mit empirischen Daten zu unterziehen. Generell gilt, daß die Gefahr des ökologischen Fehlschlusses desto geringer ist, je weniger die Daten aggregiert sind. In mühseliger Kleinarbeit sind in dem von *Falter* geleiteten Projekt Wahl- und Sozialdaten auf der Ebene von rund 1 100 Landkreisen und kreisfreien Städten aufbereitet worden. Die Früchte dieser immensen Arbeit werden vermutlich erst zu einem späteren Zeitpunkt voll sichtbar werden.

Mit den Arbeitslosen in der heutigen Bundesrepublik hat sich insbesondere *Rattinger* (1983, 1985 a) befaßt. Umfragen üblicher Art sind in Anbetracht der kleinen Zahl von befragten Arbeitslosen nur sehr bedingt brauchbar, so daß auch hier Aggregatdatenanalysen mangels spezieller Arbeitslosen-Surveys herangezogen werden müssen. In seinem theoretischen Ansatz unterscheidet *Rattinger* zwischen der „Klientenhypothese", nach der auch der arbeitslose Arbeiter weiter SPD wählt oder sich schlimmstenfalls der Stimme enthält, und dem „Anti-Regierungseffekt", der sich unmittelbar in der Wahl einer konkurrierenden Partei niederschlägt; nach dem Bonner Koalitionswechsel vom Herbst 1982 ist diese Unterscheidung natürlich weniger bedeutsam geworden. Im Vergleich der Wahlen von 1980 und 1983 glaubt *Rattinger* (1985 a) ein weitgehend konstantes Muster von Apathie und Protestwahl feststellen zu können; immer unter dem Vorbehalt, daß die Datenbasis zu schmal für nach den üblichen Standards abgesicherte Ergebnisse ist. Es ist außerordentlich bedauerlich, daß die von *Rattinger* geplante Spezialuntersuchung zum politischen Handlungspotential der Arbeitslosen trotz vielfältiger Bemühungen letztlich doch die förderungspolitischen Hürden nicht genommen hat. So wird vieles auf absehbare Zeit (theoretisch begründete) Spekulation bleiben müssen.

V. Partei-Identifikation und Normalwahlanalyse

Das zentrale Konzept der (nicht nur in den USA) dominierenden Michigan-Schule in der Wahlforschung, die Partei-Identifikation, ist, was seine Übertragbarkeit auf deutsche Verhältnisse angeht, immer umstritten gewesen. Prüft man die Argumente im einzelnen, so wird deutlich, daß weniger das Konzept selbst als vielmehr unterschiedliche Versuche seiner Operationalisierung (Messung) Anlaß zu Kritik geboten haben. Da Partei-Identifikation konzeptionell als längerfristige Bindung an eine Partei angesehen wird – unabhängig von der aktuellen Wahlabsicht –, muß eine valide Messung des Konzepts in einer Panelstudie kürzerer Zeitspanne zu weitgehend konstanten Werten auf der Individualebene führen. Die Panelstudie zur Bundestagswahl 1983 (3 Wellen im Zeitraum von insgesamt vier Monaten) liefert jedoch erneut Befunde, die die Kritik an der gängigen Operationalisierung untermauern (vgl. *Küchler* 1985 a). Partei-Identifikation – wie sie heute in der Bundesrepublik gemessen wird – ist mit der Wahlabsicht konfundiert (vgl. auch *Converse/Pierce* 1985 zur Situation in Frankreich und in den USA). In Fotsetzung seiner früheren Untersuchung dokumentiert *Gluchowski* (1983) jedoch, daß das Konzept der Partei-Identifikation auch in der Bundesrepublik nicht nur eine analytische Kategorie der Politikwissenschaftler ist, sondern eine empirisch nachweisbare Größe. Einen entscheidenden Beitrag für die Operationalisierung dieses Konzepts in Standard-Surveys kann aber auch *Gluchowski* nicht leisten.

Zentral ist dieses Konzept für eine sogenannte Normalwahlanalyse. Bei diesem auf *Converse* zurückgehenden Verfahren wird aufgrund der ermittelten Partei-Identifikationen die ‚normalerweise' zu erwartende Stimmverteilung bei einer Wahl ermittelt. Durch Vergleich mit dem tatsächlichen Wahlergebnis kann dann der Einfluß kurzfristig wirksamer Faktoren (Kandidaten, aktuelle Sachfragen) quantifiziert werden. In dem schon mehrfach erwähnten Sammelband von *Kaase* und *Klingemann* legen *Falter* und *Rattinger* (1983) eine solche umfassende Normalwahlanalyse erstmals für die Bundesrepublik vor. Dieser 100 Seiten lange Aufsatz kann hier nicht im Detail gewürdigt werden. *Falter* und *Rattinger* diskutieren die vielen Details und Annahmen dieser Modellrechnung sehr ausgewogen, machen auf Schwächen und mögliche Fehlerquellen aufmerksam, um – nicht überraschend – letztlich zu einem uneingeschränkt positiven Urteil über die Übertragbarkeit dieses Verfahrens auf die Bundesrepublik zu kommen. Ohne in die Details des Modells einzusteigen: Grundvoraussetzung für die Gültigkeit dieser Modellrechnungen und aller daraus abgeleiteter Folgerungen ist Gültigkeit der Messung der Partei-Identifikation. Und hier liegt nach wie vor das entscheidende (noch immer nicht zureichend gelöste) Problem.

VI. Deutungsmuster, Verarbeitungsprozesse, Massenkommunikation

Das Problem einer geeigneten Erfassung (Messung) von Partei-Identifikation gehört in den größeren Zusammenhang der Untersuchung von Prozessen „sozialer Informationsverarbeitung" auf individueller Ebene. In welcher Weise und in welchem Umfang nimmt der einzelne Bürger politische Informationen auf, welche Strukturierungsmechanismen setzt er dafür ein? Über die Natur von *mass belief systems* hat es seit *Converse* (1964) eine lebhafte Debatte gegeben. Sein ursprüngliches Resultat, daß nur etwa 10% der (amerikanischen) Bevölkerung angemessen mit Kategorien wie ‚liberal/konservativ' oder 'links/rechts' zur Strukturierung politischer Informationen umgehen (können), hat zu vielen empirischen Widerlegungsversuchen und demokratietheoretischen Kontroversen geführt. In einer sehr unglücklichen Begriffswahl hat *Converse* dieses Bevölkerungssegment als die ‚Ideologen' bezeichnet, mit der impliziten Wertung, daß Deutungsmuster dieser Art den mündigen, informierten Staatsbürger ausmachen. Spätere Untersuchungen (etwa im Rahmen der *,Political Action'*-Studie (*Barnes/Kaase* 1979) oder jüngeren Datums für die Bundesrepublik *Pappi* 1983) haben dann zwar zu einem höheren Anteil an so definierten ‚Ideologen' geführt, aber keinen Aufschluß darüber erbracht, in welcher Weise denn der Rest der Bevölkerung den im Zeitalter der Massenkommunikation ständig steigenden Strom an Informationen verarbeitet. Die seit den Wahlen von 1969 systematisch betriebene Datensammlung *Klingemanns* (1983, 1984a) von spontanen Reaktionen auf die Frage nach den ‚guten und schlechten Seiten' der einzelnen Parteien stellt eine wichtige Basis für eine empirische Klärung dieser Frage dar. Die Analyse größerer Datenbestände textlicher Art in Schritten, die später im einzelnen nachvollziehbar sind (und das ist das Grundmotiv einer computerunterstützenden Inhaltsanalyse, die sich *Klingemann* zu einem zentralen Forschungsanliegen gemacht hat), wirft allerdings erhebliche methodische Probleme auf, deren gegenwärtige Lösungen Skeptiker allerdings wohl noch nicht von der Fruchtbarkeit dieses Ansatzes überzeugen. Die bislang vorgelegten Analysen beschränken sich weitgehend auf die Saldierung der Zahl von positiven und negativen Argumenten, die für die jeweilige Partei vorgetragen werden. Daß die bevorzugte (gewählte) Partei dabei am besten abschneidet, ist dabei kaum überraschend und kann mindestens ebensogut durch die Tendenz zur Vermeidung kognitiver Dissonanzen erklärt werden wie durch die von *Klingemann* favorisierte kausale Deutung, daß sich die Wahlabsicht/-präferenz aus einer sorgfältigen Abwägung der Vor- und Nachteile der einzelnen Parteien ergibt.

Aber selbst wenn spätere Analysen detaillierten Einblick in Argumentationsmuster *(cognitive maps)* bieten werden, bleibt das Augenmerk ausschließlich auf den Empfänger politischer Information gerichtet. Ein längst erkanntes Desidirat ist die Einbeziehung der „Sender", speziell also der Massenkommunikationsmedien. Zum gegenwärtigen Zeitpunkt liegt viel von gesicherten Erkenntnissen zu diesem Thema nicht vor, aber eine Reihe von interessanten Forschungsprojekten (insbesondere im von der DFG geförderten Schwerpunktprogramm ‚Massenkommunikationswirkungen' sowie im Zusammenhang mit verschiedenen Kabelpilotprojekten) ist zur Zeit in Bearbeitung. Offensichtlich ist für diese Art von Fragestellungen eine Überschreitung der disziplinären Grenzen zwischen Politikwissenschaft und Kommunikationswissenschaft unabdingbar, und zumindest auf seiten der (deutschen) Wahlforscher besteht dafür eine hinreichende Offenheit. Den Beginn einer solchen interdisziplinären Zusammenarbeit in den USA dokumentiert ein von zwei Kommunikationswissenschaftlern (*Kraus/Perloff* 1985) herausgegebener Sammelband. Auch der neue von *Klingemann* und *Kaase* (1986) herausgegebene Band zur Wahlforschung wird verschiedene Beiträge zu diesem Themenkomplex enthalten.

Ein solcher Überblick über den Stand der Wahlforschung, der das Thema Massenkommunikation aufgreift, kommt wohl nicht umhin, sich auch der Thesen von *Elisabeth Noelle-Neumann* anzunehmen, insbesondere ihrer publizitätsträchtigen *Schweigespirale*. Eine solche Schweigespirale wird durch „Meinungsklimadruck" verursacht, der „ohne weiteres" gemessen werden kann (vgl. etwa *Noelle-Neumann* 1983: 568 ff.), und zwar auf zweierlei Weise: Einmal durch die „Zerschnittene-Reifen-Vignette" (einer Situationsbeschreibung, in der die Reifen eines Pkw zerschnitten sind, der einen Wahlkampfaufkleber an der Heckscheibe hat, und die Befragten dann angeben sollen, für welche Partei denn der Aufkleber wohl wirbt). Nicht überraschend wird von den meisten Befragten dabei die CDU genannt; nicht überraschend, weil ein solches Vandalentum plausiblerweise mit jungen Tätern assoziiert wird und junge Wähler noch immer überproportional mit SPD oder Grünen sympathisieren. Damit gewonnene Meßwerte als ‚Meinungsklimadruck' gegen die CDU zu deuten, bedarf einer gewissen Phantasie. Damit soll nicht generell bestritten werden, daß Wahlen nicht von einem Meinungsklimadruck nachhaltig beeinflußt werden können – vgl. etwa die Analyse von *Paul* (1985) zur Saarlandabstimmung 1935 –, aber etwas mehr Mühe auf die Operationalisierung muß dann doch darauf verwandt werden. Die zweite von *Noelle-Neumann* benutzte Meßmethode (1983, 592) ist die Erinnerung an die Wahlentscheidung bei der vorangegangenen Wahl. Diese sogenannte Recall-Frage gehört zum Standardrepertoire jeden Wahlforschers. Zum Leidwesen insbesondere der mit „Momentaufnahmen vor dem Wahltermin" (um den Begriff der Wahlvorhersage zu vermeiden, als die diese „Momentaufnahmen" von der Öffentlichkeit dennoch verstanden werden) befaßten eher im kommerziellen Bereich operierenden Wahlforscher wird das vorangegangene Wahlergebnis fast nie hinreichend genau durch die Recall-Frage in Surveys reproduziert. Vielfältig wird die Abweichung benutzt, um die ermittelte Wahlabsicht bei der künftigen Wahl ‚politisch zu gewichten'. In den letzten Jahren häufen sich allerdings die Fälle, in denen eine derartige Gewichtung zu einer größeren Diskrepanz zwischen der im Survey bekundeten Wahlabsicht und dem (später ermittelten) amtlichen Wahlergebnis führt. Der Topos der Recall-Gewichtung ist so zu einem Dauerthema der praktischen Wahlforschung geworden. Die Diskrepanz zwischen Recall und faktischem Ergebnis kann in mehrfacher Weise verursacht werden: Zum einen durch Verzerrungen in der realisierten Stichprobe (mangelnde Qualität der Datenerhebung); zum anderen durch tatsächliche Unterschiede zwischen erinnerter und faktischer Wahlentscheidung beim einzelnen Befragten. Eine solche Falschangabe kann ihre Ursache sowohl in mangelnder Erinnerung wie bewußter Verschleierung haben. Selbst wenn man nur die Möglichkeit einer intentionalen Fehlangabe in Betracht zieht, kann dies immer noch nicht umstandslos als Ergebnis eines Meinungsklimadrucks interpretiert werden. Ein Prozeß der ,retrospektiven Konsistenzherstellung' ist eine zumindest ebenbürtige Alternativerklärung. Fazit: Ohne eine verläßliche Messung von Meinungsklimadruck kann auch keine Schweigespirale nachgewiesen werden.

VII. Methodenprobleme

Der beschränkte Raum verbietet eine ausführliche Diskussion der verschiedentlich schon angeklungenen methodischen Probleme. Deshalb sei zusammenfassend nur auf einige wichtige Veröffentlichungen zu diesen Fragen verwiesen. Das Hauptproblem der Surveyforschung generell liegt weiterhin in der Fragebogenkonstruktion (Frageformulierung, Frageabfolge, Antwortvorgaben etc.). Nachdem diese Datenerhebungsprobleme lange Zeit vernachlässigt wurden, hat in der zweiten Hälfte der siebziger Jahre eine relativ breite Forschung zu diesen Problemen eingesetzt, die sich mittlerweile in einer Reihe von Buchveröffentlichungen niedergeschlagen hat. Als Referenz sei hier summarisch nur auf die Beiträge im von *Rossi et al.* (1983) herausgegebenen ,Handbook of Survey Research' sowie das zweibändige Sammelwerk (*Turner/Martin* 1985) mit den Ergebnissen einer vom National Research Council der USA 1980 etablierten Arbeitsgruppe zur Frage der Erfassung von ,subjektiven Phänomenen in Surveys' verwiesen, dessen Veröffentlichung sich aber leider erheblich verzögert hat. Den jüngsten Trend dieser Forschungen zur Datenergebung in Surveys dokumentiert ein von *Judith Tanur et al.* (1984) zusammengestellter Bericht über die Arbeit einer zweiten Expertengruppe des National Research Council aus den Jahren 1983–84. Nach der bei *Turner/Martin* (1985) wohldokumentierten Bestandsaufnahme von Verzerrungsquellen richtet sich das Interesse nun auf eine theoretische Durchdringung der Informationsverarbeitungsprozesse, wofür eine interdisziplinäre Zusammenarbeit mit der kognitiven Psychologie als aussichtsreich angesehen wird. Was die Datenanalyse anbetrifft, so ist die Verwendung von Aggregatdaten wieder stärker in den Mittelpunkt gerückt (vgl. unsere Diskussion der Arbeiten der Gruppe um *Jürgen Falter* weiter oben). Einen sehr bemerkenswerten, kontrovers diskutierten methodischen Beitrag hat hierzu *Kramer* (1983) vorgelegt. Er postuliert, daß bei der Analyse der Abhängigkeit der Wahlentscheidung von der wirtschaftlichen Lage Aggregatdaten im Zeitverlauf besser zur Bestimmung von individuellen (!) Haltungen geeignet sind als Querschnittsdaten aus einem Survey. Für eine Kritik dieser Thesen sei noch einmal auf den schon eingangs zitierten Überblicksartikel von *Achen* (1983) zur ,Political Methodology' verwiesen.

VIII. Datenquellen

Eine sich empirisch verstehende und sich damit der Möglichkeit von Falsifikation und
darauffolgender Modifikation öffnende Wahlforschung braucht offenkundig Daten.
Daten, die auf Grundlage wohl durchdachter theoretischer Konzepte an relativ großen,
die Gesamtbevölkerung hinreichend genau repräsentierenden Stichproben sorgsam und
in relativ kurzen Zeitabständen wiederholt erhoben werden und die dann der gesamten
wissenschaftlichen Öffentlichkeit zum Zwecke der Sekundäranalyse zur Verfügung
stehen. Relativ große Stichproben – etwa zwei- bis dreitausend Befragte – sind notwendig, um auch für kleinere Bevölkerungssegmente (z. B. Arbeitslose oder Wähler der
Grünen) noch Aussagen machen zu können (womit aber Spezialuntersuchungen nicht
überflüssig werden); eine häufige Replikation ist notwendig, um die Dynamik politischer
Prozesse zu erfassen. Aber Surveys dieser Art haben ihren (hohen) Preis. Bei einem umfangreichen Frageprogramm, das im Schnitt etwa eine Stunde in Anspruch nimmt, kostet
eine persönliche Befragung von etwa 3000 Personen leicht mehrere hunderttausend
Mark, wenn man die notwendigen Ansprüche an die Qualität der Interviewarbeit stellt.
Gemessen am eigentlich Notwendigen ist die Situation in der Bundesrepublik in hohem
Maße unbefriedigend, wenn auch erheblich besser als in vielen anderen westlichen Demokratien – etwa unserem französischen Nachbarland. Entscheidendes Verdienst kommt
hierbei *Rudolf Wildenmann* und *Erwin K. Scheuch* (später *Max Kaase*) zu, die die Serie der
Kölner, später Mannheimer Wahlstudien begründet haben (vgl. auch *Scheuch/Wilden-
mann* 1965), die in den siebziger Jahren dann selbständig von der Forschungsgruppe
Wahlen (FGW) unter der Leitung von *Manfred Berger, Wolfgang Gibowski* und *Dieter Roth*
weitergeführt wurden. Alle diese Studien – einschließlich der 1953 von *Reigrotzki* durch-
geführten Wahluntersuchung – stehen über das Kölner Zentralarchiv für empirische
Sozialforschung (und international über das ICPSR in Michigan) allen interessierten
Forschern zur Verfügung. Mit der Einrichtung der FGW ging die finanzielle Förderung
der Wahlstudien auf das ZDF über, das sich natürlich nicht primär als Mäzen der Wissenschaft versteht. Verbunden mit dieser dauerhafteren Absicherung der Finanzierung war
auch die Festlegung eines nicht unbeträchtlichen Teils des Frageprogramms auf vom
akademischen Standpunkt aus eher marginale Informationen (wie etwa die Popularitäts-
werte verschiedenster Politiker). Dennoch ist der Nutzen dieser Mannheimer Wahlstudien nicht hoch genug einzuschätzen, da die Forschungsgruppe sich immer auch als Teil
des wissenschaftlichen Bereichs verstanden und die Zusammenarbeit mit Forschern aus
dem akademischen Bereich gesucht hat. Neben den Wahlstudien erhebt die Forschungsgruppe Wahlen in kürzerem Abstand (zehnmal im Jahr) kontinuierlich bestimmte Grund-
informationen sowie Einstellungen zu aktuellen Themen. Auch diese sogenannten ‚Polit-
barometer‘ sind zu einem großen Teil allgemein zugänglich. In Anbetracht des relativ
knappen Frageprogramms sind hier vor allem die aus diesen Untersuchungen ableitbaren
dichten Zeitreihen über die Dynamik bestimmter Einstellungen und Meinungen von
Interesse.
Eine weitere Datenquelle allgemein zugänglicher Art sind die ‚Allgemeinen Bevölke-
rungsumfragen der Sozialwissenschaft (ALLBUS)‘, die auf eine gemeinsame Initiative
von Zentralarchiv (ZA) und Zentrum für Umfragen, Analysen und Methoden (ZUMA)
zurückgehen. Der ALLBUS wurde erstmals 1980 und danach in zweijährigem Turnus

durchgeführt. Im Zuge der Bemühungen um eine dauerhafte Finanzierung der Infrastruktureinrichtungen in den Sozialwissenschaften (insbesondere ZA, ZUMA und das Informationszentrum Sozialwissenschaften in Bonn) soll auch die Durchführung des ALLBUS längerfristig abgesichert werden. Das deutliche Übergewicht von Soziologen unter den für das Frageprogramm verantwortlichen Wissenschaftlern (zur Zeit *Walter Müller*, Mannheim, *Karl-Ulrich Mayer*, Berlin, *Franz-Urban Pappi*, Kiel, *Erwin K. Scheuch*, Köln, und *Rolf Ziegler*, München) und eine nicht hinreichend beharrliche Interessenbekundung auf seiten der Politikwissenschaft beschränken jedoch den möglichen Nutzen des ALLBUS für die Wahlforschung. Trotz weit größerer Überschneidung zwischen Soziologie und Politikwissenschaft im personellen Bereich (etwa *Kaase, Klingemann, Pappi*) hat sich so in der Bundesrepublik die Situation der USA reproduziert, wo General Social Survey (das ALLBUS-Vorbild, jährlich seit 1972 durchgeführt) und die National Election Studies (NES) – dort in ausschließlich akademischer Verantwortung – fast berührungsfrei nebeneinanderstehen.

Die Mannheimer Wahlstudien und der ALLBUS sind bei weitem nicht die einzigen Datenquellen, aber die einzigen, die uneingeschränkt zum Zweck der Sekundäranalyse zur Verfügung stehen. Sehr interessante Datenbestände, wie sie etwa beim Institut für Demoskopie in Allensbach oder beim Sozialwissenschaftlichen Forschungsinstitut der Konrad-Adenauer-Stiftung angelegt worden sind, stehen entweder gar nicht oder nur ausgewählten Forschern zur Verfügung. Leider hat sich die Norm, spätestens mit der Veröffentlichung einer Datenanalyse auch die zugrunde liegende Datenquelle zugänglich zu machen, noch immer nicht vollständig durchsetzen können. Mangels geeigneter Sanktionsmechanismen ist eine Änderung auch nicht zu erwarten.

Angesichts der noch immer bestehenden erheblichen Forschungsdefizite und weiter ungeklärter Kontroversen, wie sie oben im einzelnen beschrieben sind, ist nur von der Institutionalisierung eines politikwissenschaftlichen Gegenstücks zum ALLBUS, dessen Frageprogramm und methodische Durchführung ausschließlich in der Verantwortung der akademischen Gemeinschaft liegen, eine nachhaltige Verbesserung des Forschungsstandes zu erwarten. Sinnvollerweise wäre ein solches Unternehmen international vergleichend anzulegen. Die Wahlforschung braucht ein akademisch stärker verankertes, besser finanziertes (und damit methodisch verläßlicheres) EUROBAROMETER.

Literaturverzeichnis

Achen, C., 1983: Towards Theories of Data: The State of Political Methodology, in: *Finifter* 1983, 69–93.

Alber, J., 1985: Modernisierung, neue Spannungslinien und die politischen Chancen der Grünen, in: Politische Vierteljahresschrift 26, 211–226.

Almond, G./Verba, S., 1963: The Civic Culture, Princeton.

Asher, H., 1983: Voting Behavior Research in the 1980s: An Examination of some Old and New Problem Areas, in: *Finifter* 1983, 339–388.

Baker, K./Dalton, R./Hildebrandt, K., 1981: Germany Transformed, Cambridge/Mass.

Barnes, S./Kaase, M., eds., 1979: Political Action – Mass Participation in Five Western Democracies, Beverly Hills/London.

Berger, M., et al., 1983: Regierungswechsel und politische Einstellungen. Eine Analyse der Bundestagswahl 1983, in: Zeitschrift für Parlamentsfragen 14, 556–582.

Bürklin, W., 1984: Grüne Politik: Ideologische Zyklen, Wähler und Parteiensystem, Opladen.

Bürklin, W., 1985: The German Greens – The Post-Industrial Non-Established and the Party System, in: International Political Science Review 6, 463–481.

Butler, D./Stokes, D., 1976: Political Change in Britain, Second College Edition New York.

Converse, P., 1964: The Nature of Belief Systems in Mass Publics, in: *Apter, D.* (Hrsg.), Ideology and Discontent, Glencoe/Ill.

Converse, P./Pierce, R., 1985: Measuring Partisanship, Referat auf dem XIII. Weltkongreß der IPSA, 15.– 20. Juli 1985, Paris.

Dalton, R., 1984: The West German Party System between Two Ages, in: *Dalton et al.* 1984, 104–133.

Dalton, R./Flanagan, S./Beck, P., eds., 1984: Electoral Change in Advanced Industrial Democracies, Princeton.

Eulau, H./Lewis-Beck, M., eds., 1985: Economic Conditions and Electoral Outcomes: The United States and Western Europe, New York.

Falter, J., 1984: Politische Konsequenzen von Massenarbeitslosigkeit. Neue Daten zu kontroversen Thesen über die Radikalisierung der Wählerschaft am Ende der Weimarer Republik, in: Politische Vierteljahresschrift, 275–295.

Falter, J., 1985: Zur Stellung ökonomischer Sachfragen in Erklärungsmodellen individuellen politischen Verhaltens, in: *Oberndörfer et al.* 1985, 131–156.

Falter, J./Rattinger, H., 1983: Parteien, Kandidaten und politische Streitfragen bei der Bundestagswahl 1980: Möglichkeiten und Grenzen der Normal-Vote-Analysis, in: *Kaase/Klingemann* 1983, 320–421.

Falter, J., et al. (Hrsg.), 1984: Politische Willensbildung und Interessenvermittlung, Opladen.

Feldman, S., 1985: The Reliability and Stability of Policy Positions: Evidence from a five-way panel study. Referat auf der Jahrestagung der APSA, 29. 8. – 1. 9. 85, New Orleans.

Finifter, A. (Hrsg.), 1983: Political Science: The State of the Discipline, Washington, D. C.

Fuchs, D., 1983: Politischer Protest und Stabilität des politischen Systems, in: *Kaase/Klingemann* 1983, 121–143.

Gluchowski, P., 1983: Wahlerfahrung und Partei-Identifikation, in: *Kaase/Klingemann 1983*, 442–477.

Heath, A./Jowell, R./Curtice, J., 1985: How Britain Votes, Oxford.

Himmelweit, H., et al., 1985: How Voters Decide, Milton Keynes, England (revised edition).

Jung, H., 1985: Ökonomische Variablen und ihre politischen Folgen, in: *Oberndörfer et al.* 1983, 61–95.

Kaase, M., ed., 1977: Wahlsoziologie heute (Schwerpunktheft der PVS), Opladen.

Kaase, M., 1984: Politische Beteiligung in den 80er Jahren: Strukturen und Idiosynkrasien, in: *Falter et al.* 1984, 338–350.

Kaase, M./Klingemann, H. D. (Hrsg.), 1983: Wahlen und politisches System – Analysen aus Anlaß der Bundestagswahl 1980, Opladen.

Kiewiet, D. R., 1983: Macroeconomics & Micropolitics, Chicago.

Kirchgässner, G., 1983: Welche Art der Beziehung herrscht zwischen der objektiven wirtschaftlichen Entwicklung, der Einschätzung der Wirtschaftslage und der Popularität der Parteien: Unabhängigkeit, Scheinunabhängigkeit, Scheinkorrelation oder kausale Beziehung? Eine Untersuchung für die Bundesrepublik Deutschland von 1971 bis 1982, in: *Kaase/Klingemann* 1983, 198–221.

Klingemann, H. D., 1983: Die Einstellungen zur SPD und CDU/CSU 1969–1980, in: *Kaase/Klingemann* 1983, 478–538.

Klingemann, H. D., 1984a: Die Bundestagswahl 1983: Sozialstrukturelle und sozialpsychologische Erklärungsansätze, in: Berliner Wissenschaftliche Gesellschaft (Hrsg.), Jahrbuch 1983, Berlin, 94–123.

Klingemann, H. D., 1984b: Soziale Lagerung, Schichtbewußtsein und politisches Verhalten. Die Arbeiterschaft der Bundesrepublik Deutschland im historischen und internationalen Vergleich, in: *Ebbighausen, R./Tiemann, E.* (Hrsg.): Das Ende der Arbeiterbewegung in Deutschland?, Opladen, 593–621.

Klingemann, H. D., 1985: The Fragile Stability: Electoral Volatility in West Germany 1949–1983, in: *I. Crewe* (Hrsg.): Electoral Volatility in Western Democracies, London.

Klingemann, H. D./Kaase, M. (Hrsg.), 1986: Wahlen und politischer Prozeß: Analysen aus Anlaß der Bundestagswahl 1983, Opladen.

Kramer, G., 1983: The Ecological Fallacy Revisited: Aggregate versus Individual-Level Findings on Economics and Elections and Sociotropic Voting, in: American Political Science Review 77, 92–111.

Kraus, S./Perloff, R. (Hrsg.), 1985: Mass Media and Political Thought, Beverly Hills.

Küchler, M., 1977: Was leistet die empirische Wahlsoziologie?, in: *Kaase* 1977, 145–168.

Küchler, M., 1980: Interessenwahrnehmungen und Wahlverhalten, in: Zeitschrift für Politik 27, 277–290.

Küchler, M., 1985a: Ökonomische Kompetenzurteile und individuelles politisches Verhalten: Empirische Ergebnisse am Beispiel der Bundestagswahl 1983, in: *Oberndörfer et al.* 1983, 157–182.

Küchler, C. M., 1985b: Dynamics of Mass Political Support in Central Europe, Referat auf der Jahrestagung der APSA, 29. 8.–1. 9. 85, New Orleans.

Küchler, M., 1986: Maximizing Utility at the Polls?, in: European Journal of Political Research (im Druck).

Noelle-Neumann, E., 1983: Öffentliche Meinung in der Bundestagswahl 1983, in: *Kaase/Klingemann* 1983, 540–599.

Norpoth, H./Yantek, I., 1983: Von Adenauer bis Schmidt: Wirtschaftslage und Kanzlerpopularität, in: *Kaase/Klingemann* 1983, 198–221.

Oberndörfer, D./Rattinger, H./Schmitt, K. (Hrsg.), 1985: Wirtschaftlicher Wandel, religiöser Wandel und Wertwandel. Folgen für das politische Verhalten in der Bundesrepublik Deutschland, Berlin.

Pappi, F. U., 1983: Die Links-Rechts-Dimension des deutschen Parteiensystems und die Parteipräferenz-Profile der Wählerschaft, in: *Kaase/Klingemann* 1983, 422–441.

Pappi, F. U., 1985a: Die konfessionell-religiöse Konfliktlinie in der deutschen Wählerschaft, in: *Oberndörfer et al.* 1985, 263–294.

Pappi, F. U., 1985b: The Persistence of the Traditional Social Cleavages in German Voting Behavior, Referat auf dem XIII. Weltkongreß der IPSA, 15.–20. 7. 85, Paris.

Paul, G., 1985: Die Saarlandabstimmung 1935, in: Politische Vierteljahresschrift, 5–28.

Rattinger, H., 1983: Arbeitslosigkeit, Apathie und Protestpotential, in: *Kaase/Klingemann* 1983, 257–317.

Rattinger, H., 1984: Einstellungen zur persönlichen und zur allgemeinen wirtschaftlichen Lage in der Bundesrepublik, in: Politische Vierteljahresschrift, 378–402.

Rattinger, H., 1985a: Politisches Verhalten der Arbeitslosen: Die Bundestagswahlen 1980 und 1983 im Vergleich, in: *Oberndörfer et al.* 1983, 97–130.

Rattinger, H., 1985b: Allgemeine und persönliche wirtschaftliche Lage als Bestimmungsfaktoren politischen Verhaltens bei der Bundestagswahl 1983, in: *Oberndörfer et al.* 1983, 183–218.

Rattinger, H., 1985c: Images of Economic Conditions in West Germany, in: European Journal of Political Economy 1, 359–384.

Rossi, P. H., et al. (Hrsg.), 1983: Handbook of Survey Research, New York.

Scheuch, E. K./Wildenmann, R. (Hrsg.), 1965: Zur Soziologie der Wahl, Opladen.

Schmidt, M., 1983: Politische Konjunkturzyklen und Wahlen. Ein internationaler Vergleich, in: *Kaase/Klingemann* 1983, 174–197.

Schmitt, K., 1985a: Religiöse Bestimmungsfaktoren des Wahlverhaltens: Entkonessionalisierung mit Verspätung?, in: *Oberndörfer et al.* 1983, 291–329.

Schmitt, K., 1985b: Protestantism and Peace Movement in Germany, in: International Review of Sociology of Religion, 203–228.

Tanur, J., et al. (Hrsg.), 1984: Cognitive Aspects of Survey Methodology. Building a Bridge between Disciplines, Washington, D. C.

Turner, C. F./Martin, E. (Hrsg.), 1985: Surveying Subjective Phenomena, Vol. 1, 2, New York.

Politikwissenschaftliche Verwaltungsforschung

Werner Jann

I. Abgrenzungsprobleme

Verwaltung, hier immer verstanden als öffentliche Verwaltung, wird nicht nur von der Politikwissenschaft erforscht. Tatsächlich ist die öffentliche Verwaltung in der Bundesrepublik erst verhältnismäßig spät von unserer Wissenschaft „entdeckt" worden – und dann nicht nur von ihr allein. Seit Mitte der sechziger Jahre floriert nicht nur die politikwissenschaftliche Verwaltungsforschung, sondern auch die juristisch inspirierte Verwaltungslehre, die Verwaltungssoziologie, die Verwaltungsbetriebslehre und seit neuestem auch die Verwaltungspsychologie weisen erhebliche Zuwächse auf. Daneben haben selbstverständlich die Rechtswissenschaft (im Bereich Verwaltungsrecht) und die Wirtschaftswissenschaften (u. a. in der Finanzwissenschaft) eine lange Tradition der Beschäftigung zumindest mit Teilaspekten der öffentlichen Verwaltung.

Die sozialwissenschaftliche Verwaltungsforschung hat sich in den letzten 20 Jahren als ein interdisziplinäres Arbeitsgebiet entwickelt, bei dem der Erkenntnisgegenstand das verbindende Element ist (so schon *Mayntz* in ihrem Trendbericht 1976, 337). Wenn über politikwissenschaftliche Verwaltungsforschung berichtet wird, dürfen daher traditionelle disziplinäre Grenzen nicht zu ernst genommen werden.[1]

Die Frage, ob in diesem Zusammenhang „Verwaltungswissenschaft" (im Singular) als eigenständige sozialwissenschaftliche Disziplin etabliert werden konnte, soll hier nicht diskutiert werden (vgl. hierzu *König* 1970, *Siedentopf* 1976, *Ryffel* 1976, *Ellwein* 1982, *Fach* 1982, *Koch* 1985 b). Ohne Zweifel gibt es eine ganze Reihe „Verwaltungswissenschaftler" unterschiedlichster Herkunft, die sehr produktiv sind, und auch die traditionellen „Insignien" einer wissenschaftlichen Disziplin (Zeitschriften, Institutionalisierung an den Universitäten, eigenständige Studiengänge, Handbücher)[2] sind in ersten Ansätzen vorhanden. „Integrative Tendenzen der Verwaltungswissenschaft" (*König* 1980, *Hesse* 1982, 28) sind erkennbar, aber gleichzeitig zeichnet sich die Verwaltungswissenschaft durch eine Vielzahl von Fragestellungen, Konzepten, Methoden und theoretischen Ergebnissen aus, und das heißt: gleichzeitig durch mangelnden Konsens über Grundlagen und Probleme. Diese Zersplitterung verwaltungswissenschaftlicher Forschung erschwert eine mögliche Kumulation des angesammelten Wissens und macht es schwierig, einen einigermaßen flächendeckenden Überblick über ihre Entwicklung zu geben. Was die Verwaltungsforschung selbst bisher nicht geleistet hat, kann von dieser Übersicht kaum nachgeholt werden. Statt dessen kann es nur darum gehen, Schwerpunkte und die Veränderung von Fragestellungen aufzuzeigen, um vielleicht durch diesen Prozeß der Selbstreflexion Forschungslücken oder vernachlässigte Zusammenhänge erkennbar zu machen (*Mayntz* 1976, 340).

Auf jeden Fall sind die Beziehungen zwischen Politikwissenschaft und Verwaltungsforschung eng. Programmatisch ist gleich am Anfang der verstärkten wissenschaftlichen Beschäftigung mit Verwaltung versucht worden, „Verwaltungswissenschaft als Teil der Politikwissenschaft"[3] zu etablieren, und auch wenn man die Einschätzung nicht teilt, daß es darum ging, Verwaltungswissenschaft als das „dominierende Paradigma" der Politikwissenschaft zu etablieren, als „Gehirn" des modernen Interventionsstaates und als „alleine ‚relevante' Politikwissenschaft" (*Fach* 1982, 55), so besteht doch weitgehend Einigkeit darüber, daß die verwaltungswissenschaftliche Forschung heute zu den vergleichsweise ertragreichsten Arbeitsgebieten der deutschen Politikwissenschaft zählt.

Aber auch innerhalb der Politikwissenschaft ist die Abgrenzung der Verwaltungsforschung problematisch. Die Rolle der öffentlichen Verwaltung im politischen Prozeß war und ist offensichtlich im Bereich der traditionellen Innenpolitik, der Staatstheorie und vor allem in dem seit einiger Zeit diskutierten Feld der Policy-Forschung von großer Bedeutung (siehe den Beitrag *Sturm* in diesem Band). Hier soll es, um Überschneidungen möglichst zu vermeiden, um diejenige Forschung gehen, die sich audrücklich mit der Bedeutung der öffentlichen Verwaltung im politischen Prozeß, also mit der politischen Funktion der Verwaltung und der administrativen Vermittlung politischer Herrschaft beschäftigt, weitgehend unabhängig davon, ob diese Untersuchungen nun von Politologen, Soziologen, Verwaltungswissenschaftlern oder auch Juristen durchgeführt werden. Ausgangspunkt ist die Überzeugung, daß „Politik" nur zu einem eher geringen Teil von „Politikern" bzw. durch den institutionell abgegrenzten „politischen" Bereich bestimmt wird. Sowohl Politik-Strukturen, Prozesse und Inhalte können ohne Einbeziehung der „Verwaltung", d. h. administrativer Strukturen und Prozesse, nicht adäquat untersucht und verstanden werden. Die Voraussetzungen, Inhalte und Folgen dieser Strukturen und Prozesse sind das zentrale Thema der politikwissenschaftlichen Verwaltungsforschung (vgl. zu diesem funktionellen Politikbegriff im Rahmen der Verwaltungsforschung schon *Grauhan* 1970, 591, *Scharpf* 1973a, 17).

II. Entwicklungslinien

Verwaltung wurde als wichtiges Objekt der Politik- und Sozialwissenschaften in der Bundesrepublik verhältnismäßig spät entdeckt, aber als es Mitte der sechziger Jahre so weit war, erschienen gleich zu Anfang vier Bücher, die jeweils auf ihre spezielle Art versuchten, diesen neuen Bereich zu etablieren. Der von *Morstein-Marx* (1965) herausgegebene Band war der Versuch, in Anlehnung an die amerikanische *Public Administration* dieser Zeit eine empirisch abgesicherte Generalsystematik des „Verwaltens" einschließlich normativer und präskriptiver Handlungsanleitungen zu entwickeln. Damit verwandt, aber enger an die typische juristische Betrachtungsweise der deutschen Verwaltung angelehnt, war die „Verwaltungslehre" von *Thieme* (1967), der es ebenfalls um praktische Handlungsanleitungen geht, bei der aber die institutionellen und formalen Aspekte der Verwaltung, die „Sollstruktur", im Vordergrund stehen. Gleichzeitig bemühte sich *Luhmann* (1966) um den Entwurf einer „Theorie der Verwaltungswissenschaft", als deren Grundlage er die funktionale Systemtheorie in die Diskussion einführte. Eine explizit politikwissenschaftliche Fragestellung und Betrachtungsweise wurde schließlich von

Ellwein (1966) in die Diskussion gebracht, dem es in seiner „Einführung in die Regierungs- und Verwaltungslehre" vor allem um die politischen Funktionen der Verwaltung und den Machtzuwachs der Verwaltung gegenüber der „Politik", d. h. der politischen Führung, ging.

Der Grund für die späte Entdeckung der Verwaltung liegt sicherlich darin, daß zunächst die „Vergangenheitsbewältigung" und damit verbunden die Aufklärung der Funktionsbedingungen einer parlamentarischen Demokratie im Zentrum des Interesses der neu etablierten deutschen Politikwissenschaft standen. Aber nachdem dieses Programm weitgehend erfüllt war, gerieten zunehmend zwei neue Fragestellungen in das Aufmerksamkeitsfeld der Politikwissenschaft. Zum einen wurde das normative Gewaltenteilungsschema zwischen Regierung und Verwaltung, Exekutive und Parlament, d. h. das Bild der Verwaltung als willenloses Instrument zur Verwirklichung vorgegebener Zwecke, in Frage gestellt. Die „Definitionsmacht" der Verwaltung bei politischen Entscheidungen wurde problematisiert. In einer frühen und provokanten Formulierung von *Ellwein* „. . . regiert, wer die Entscheidungsmöglichkeiten kennt und unter ihnen auswählt. Hat er gewählt, dann ist es leicht, die anderen Möglichkeiten mehr oder weniger ad absurdum zu führen. Wer informiert, hat recht" (*Ellwein* 1966, 149). Zum anderen wurde unter dem Etikett der „Regierungslehre" nach „der Art und Weise, wie unter den Herausforderungen moderner Staatsaufgaben das Geschäft der Lenkung, Führung und Koordination eines Gemeinwesens besorgt . . . wird" (*Hennis* 1965, 424) gefragt, d. h. nach den Organisationsformen und Techniken, mit denen die Regierungsaufgaben erfüllt werden können. Auch in diesem Zusammenhang geriet selbstverständlich die Verwaltung in die Aufmerksamkeit der Wissenschaft (vgl. *Hirsch* 1972, 234 ff.).

Damit waren gleich zu Anfang zwei zentrale Fragestellungen umrissen, die die Verwaltungsforschung bis heute beschäftigen. Zum einen geht es um die *Legitimität* der Verwaltung, um die Verbindungen zur politischen Führung, um Eigenmacht und die politische Steuerung der Verwaltung. Zum anderen geht es um die *Effektivität* der Verwaltung, um Möglichkeiten und Probleme der Beeinflussung gesellschaftlicher Verhältnisse.

Die beiden grundlegenden Fragestellungen wurden verhältnismäßig schnell durch zwei weitere ergänzt, die mit den Schlagworten *Selektivität* und *Determiniertheit* charakterisiert werden können. Insbesondere *Grauhan* arbeitete den zentralen politischen Aspekt des Verwaltungshandelns heraus, nämlich das Wählen unter alternativen Handlungsmöglichkeiten. Die politikwissenschaftliche Forschung zur Verwaltung sollte sich den „Prozessen der Problemkonstitution und Zielformulierung, der planenden Vorauskalkulation von Programmalternativen, der Auswahl unter ihnen . . . und der Programmausführung" widmen (*Grauhan* 1970, 591). Im Zusammenhang mit der während dieser Zeit „rekonstruierten" marxistischen politischen Ökonomie wurde gleichzeitig die Frage nach der Determiniertheit oder umgekehrt der Autonomie des Verwaltungshandelns in den Mittelpunkt gerückt: „In politökonomischer Perspektive ist Verwaltung nicht ein Thema der Verwaltungstheorie, Planung nicht ein Thema der Planungstheorie, auch nicht der Verwaltungstheorie, sondern sind Verwaltung wie Planung Themen einer ökonomischen (kapitalistischen) Gesellschaftstheorie, die den Staat (und mit ihm die Verwaltung) auf die Produktionssphäre bezieht und Veränderungen der Staatstätigkeit, wie Planung, aus Veränderungen des Produktionsprozesses erklärt" (*Ronge* 1972, 8 f.). Insbesondere in den Arbeiten von *Offe* (1972) wurden die Aspekte der Selektivität und Autonomie miteinander verknüpft.

Im Rahmen dieser vier Fragestellungen bewegt sich die politikwissenschaftliche Verwaltungsforschung bis heute. Wenn man sich die groben Themenschwerpunkte innerhalb dieser Fragestellungen verdeutlichen will, genügt es zunächst, sich die Schlagworte der seit dieser Zeit erschienenen Sammelbände (Tagungsberichte und „Reader") anzuschauen, ausgehend von der Vermutung, daß, wenn etwas in der Wissenschaft für wichtig gehalten wird, früher oder später jemand die Gelegenheit benutzen wird, darüber eine Tagung zu veranstalten oder einen Sammelband zu veröffentlichen. Aufgrund dieses zugegebenermaßen sehr groben Indikators lassen sich folgende Themenschwerpunkte unterscheiden:

- Demokratie und Verwaltung (*Speyer* 1972)
- Politische Planung (*Ronge/Schmieg* 1971; *Naschold/Väth* 1973)
- Ministerialorganisation (*Speyer* 1972 und 1973)
- Planungsorganisation (*Mayntz/Scharpf* 1973)
- Handlungsspielräume (*Grottian/Murswieck* 1974)
- Politikverflechtung (*Speyer* 1974; *Scharpf* et al. 1977; *Hesse* 1978)
- Regierbarkeit/Dezentralisierung/Entstaatlichung (*Wagener* 1976)
- Bürgernähe (*Kaufmann* 1977; ders. 1979; *Hoffmann-Riem* 1979)
- Verwaltungsreform (*Böhret* 1978)
- Bürokratisierung (DBB 1979; *Wittkämper* 1982)
- Verwaltungspolitik (*Bull* 1979; *Böhret/Siedentopf* 1983)
- Politikfelder (*Ellwein* 1980; *Grottian* 1980)
- Implementation (*Mayntz* 1980; dies. 1983; *Wollmann* 1980)
- Verrechtlichung (*Voigt* 1980; ders. 1983a; ders. 1983b)
- Evaluation (*Hellstern/Wollmann* 1984)
- Verwaltungsvereinfachung (*Ellwein/Hesse* 1985)
- Verwaltung im gesellschaftlichen Kräftefeld (*Bulling* 1985).

Bei wie immer heroischer Vereinfachung lassen sich schon aus dieser Liste die Themenwechsel grob erkennen. Während es zunächst um Planung und Reform der Verwaltung ging, dominierten ziemlich schnell Skepsis und Desillusionierung, wurden Vollzug und Wirkung von Politik problematisiert und richtete sich das Interesse schießlich auf Fragen der Verwaltungsvereinfachung wenn nicht sogar der Entstaatlichung. Noch gröber: während es zunächst um die Rolle der Verwaltung im „Interventionsstaat" ging, wird zunehmend ihre Rolle beim vermeintlichen „Staatsversagen" problematisiert.
Offensichtlich spiegeln sich hier die Veränderungen der fiskalischen und legitimatorischen Rahmenbedingungen der letzten 20 Jahre wider. Bevor diese Themenwechsel etwas genauer untersucht werden, sollen die externen Anstöße der Themenkonjunkturen kurz erläutert werden.

III. Externe Anstöße

Schon die oben aufgeführte Liste legt nahe, daß es sich bei den thematischen Schüben der Verwaltungsforschung nicht um wissenschaftliche, sondern um politische Themenkonjunkturen handelt. Anders gesagt, die wichtigsten Anregungen ergaben sich nicht aus immanenten theoretischen Problemen oder einem Forschungsprogramm, sondern kamen aus der politischen und administrativen Praxis, d. h. wurden durch Regierungskommissionen, offizielle Anhörungen, Tagungen der Parteien und Regierungsaufträge vorgegeben. Ein paar Stichworte mögen diese Zusammenhänge verdeutlichen:

- 1968 wurde die „Projektgruppe Regierungs- und Verwaltungsreform" gegründet, in deren Zusammenhang zentrale Arbeiten zur Reform von Organisation und Verfahren der Ministerialbürokratie entstanden (zusammenfassend *Mayntz/Scharpf* 1973; *dies.* 1975; *Schatz* 1974; *Schmid/ Treiber* 1975; zur Umsetzung *Derlien* 1978, *Müller* 1978)[4];
- 1970 kam die „Studienkommission für die Reform des öffentlichen Dienstrechts" hinzu, die wichtige Untersuchungen über Personal und Aufgaben der öffentlichen Verwaltung in Auftrag gab (u. a. *Luhmann/Mayntz* 1973; *Ellwein/Zoll* 1973 a; *Siedentopf* 1973; im weiteren Zusammenhang *Sontheimer/Bleek* 1973; *Ellwein/Zoll* 1973 b);
- 1970 wurde auch die „Kommission für wirtschaftlichen und sozialen Wandel" ins Leben gerufen, die weitere Gutachten zu den Problembereichen Modernisierung der Verwaltung, Personal und jetzt auch Partizipation und Erfolgskontrolle vergab (u. a. *Schatz* 1974; *Scharpf* 1974; *Brinkmann* 1976; *Denso* et al. 1976; *Hübener/Halberstadt* 1976);
- 1974 formulierte der „Sachverständigenrat für Umweltfragen" die Vermutung, daß dieser Bereich durch „Vollzugsdefizite" gekennzeichnet sei, und vergab die ersten Gutachten zu deren Untersuchung (*Mayntz et al.* 1978);
- 1975 vergab das BMFT die ersten Gutachten im Rahmen der Frage nach einer „Bürgernahen" Sozialpolitik (*Kaufmann* 1977 und 1979), die in einem Forschungsverbund zusammengefaßt wurden;
- 1976 wurden Projekte aus den beiden letztgenannten Zusammenhängen zusammen mit anderen zu einem vom BMFT speziell im Rahmen „angewandter Grundlagenforschung" geförderten Forschungsverbund „Implementationsforschung" zusammengefaßt (*Mayntz* 1980 und 1983);
- 1978 und 1979 führten die Parteien ihre ersten Tagungen zum Problem „Bürokratisierung" und „Bürger und Verwaltung" durch (siehe *Geißler* 1978; SPD 1979), nachdem schon 1977 der erste Antrag hierzu im Bundestag eingebracht worden war (BTDrs. 8/1206), gleichzeitig wurden die ersten Gutachten vergeben (DBB 1979, *Wittkämper* 1982);
- seit 1978 haben fast alle Landesregierungen eine eigene „Entbürokratisierungskommission" eingesetzt (Synopse 1983, *Seibel* 1985);
- gleichzeitig wurde die Wirksamkeit von Gesetzen im Rahmen staatlicher Aufträge untersucht (*Böhret/Hugger* 1980 a, *dies.* 1980 b; *Hucke/Wollmann* 1982); und
- führte 1980 das Bundesinnenministerium eine umfassende Anhörung zu den „Ursachen der Bürokratisierung" durch (BMI 1980; *Mayntz* 1980).[5]

Die Beispiele mögen genügen, um die „Motorfunktion" der politischen und administrativen Praxis für die Schwerpunkte der Verwaltungsforschung zu belegen. Verwaltungsforschung war und ist in erster Linie Verwaltungsreformforschung (*Schimanke* 1984), und diese Funktion bestimmt damit auch die theoretischen Bemühungen des Feldes. Zentrale Themen sind die Anpassung der Organisationen, Verfahren, Personen und Instrumente der öffentlichen Verwaltung an (vermutlich) geänderte Anforderungen bzw. das Aufzeigen der Schwierigkeiten oder der Vergeblichkeit dieser Bemühungen und schließlich deren Kritik.[6]
Wenn es stimmt, daß die Verwaltungsforschung ihre zentralen Anstöße und Fragestellungen aus der Praxis erhält, ist es wenig überraschend, daß Zuordnung, Systematisierung und Kumulation des bisher Erreichten so schwierig sind. Nicht das Interesse an Erkennt-

nissystematisierung oder generalisierten Kausalerklärungen bestimmt die meisten verwaltungswissenschaftlichen Untersuchungen, sonderrn ein eher praktisches Erkenntnisinteresse, bei dem es vorrangig darum geht, problemabhängig bestimmte Funktionszusammenhänge zu erklären, um sie zu kontrollieren bzw. zu optimieren (*Koch* 1985 b). Trotzdem soll im nächsten Abschnitt der Versuch gemacht werden, die verwaltungswissenschaftliche Forschung unter dem Aspekt ihrer „internen" wissenschaftlichen Entwicklung, Anleitung und Abklärung zusammenzufassen.

IV. Interne Abklärungen?

Es ist einleuchtend, daß die Kumulation von Wissen nicht automatisch vonstatten geht, sozusagen per Initialzündung, wenn sich eine kritische Masse relevanter Erkenntnisse angesammelt hat, sondern daß dazu Bemühungen um Systematisierung und Zuordnung notwendig sind. Voraussetzungen einer solchen Kumulation sind Einigkeit oder zumindest Bestandsaufnahmen im Bereich der Probleme und Fragestellungen, der Konzepte, Methoden und theoretischen Erklärungsversuche (*Sjöblom* 1977). Diese Bereiche sollen daher kurz untersucht werden.

1. Fragestellungen

Eine Betrachtung der Themenwechsel der Verwaltungsforschung, wie sie oben anhand der Schlagworte wichtiger Veröffentlichungen skizziert wurde, sagt leider noch nichts über einen eventuellen Erkenntnisfortschritt aus. Man kann sogar vermuten, daß der schnelle Wechsel von aktuellen Themen systematischen Erkenntnisfortschritt eher verhindert. Notwendig ist daher die Identifikation allgemeiner Fragestellungen und ihrer Entwicklung. Drei Hypothesen bieten sich an. Erstens, daß sich seit Beginn der verstärkten politikwissenschaftlichen Beschäftigung mit der Verwaltung die „großen" Fragestellungen kaum verändert haben, zweitens, daß die generellen Interessenschwerpunkte denen der allgemeinen politischen und damit politikwissenschaftlichen Entwicklung folgen, und drittens, daß die Grenzen zwischen dem politisch-administrativen System und seiner Umwelt zunehmend aufgehoben werden.
Unveränderte grundlegende Fragen: Noch immer sind Legitimität, Effektivität, Selektivität und Determiniertheit der Strukturen, Prozesse und Aktivitäten der Verwaltung zentrale Ansatzpunkte der Verwaltungsforschung. Allerdings ist unverkennbar, daß diese Fragestellungen ungleichgewichtig behandelt werden:

Legitimität wird in erster Linie unter dem Aspekt der politischen Führung analysiert. „Kolonialisierung" der Verwaltung oder „Parlamentsversagen" sind als „Politik der Verwaltung" und „Steuerungsschwäche der Politik" (*Ellwein* 1982, *Böhret* 1983, *Ellwein/Hesse* 1985) ein Thema der „Verwaltungspolitik", aber im Prinzip werden damit nur klassische Themen der Planungs- oder auch Partizipationsdiskussion wieder aufgenommen.[7] Insbesondere das Konzept der durch Überregelung bedingten „pragmatischen Illegalität" der Verwaltung (*Wagener* 1979) schlägt die Verbindung zur aktuellen Bürokratisierungsdiskussion. Tendenzen zur Verselbständigung und Eigenmacht der Verwaltung werden dabei durchaus nicht immer negativ gesehen, und die politische Steuerung und

Kontrolle der Verwaltung werden nicht nur begrüßt, wie sich anhand der konservativen Staatstheorie zeigen läßt.[8] Verstärkte Aufmerksamkeit wird seit einiger Zeit der parteipolitischen Durchdringung des öffentlichen Dienstes gewidmet (*von Arnim* 1980, *Derlien* 1985), während insgesamt das Problem der „politischen Freiräume und gesellschaftlichen Bindungen der Verwaltung" (*Böhret* 1983) enge Verbindungen zur allgemein aktuellen Korporatismusdiskussion aufweist (*Esser/Hirsch* 1982, *Bulling* 1985).

Selektivität des Verwaltungshandelns ist in weiten Bereichen ein nicht eingelöstes theoretisches Programm geblieben. Nach vielversprechenden Anfängen (*Offe* 1972, *Fürst* 1975; *Wollmann* 1975 a, 1975 b) ist dieser Aspekt der Analyse von Verwaltung empirisch kaum weiter verfolgt worden. Die *Wertberücksichtigungskapazität* (*Naschold* 1969) der Verwaltung trat hinter deren *Problemverarbeitungskapazität* zurück. Erst die mikrosoziologischen Ansätze zur Untersuchung der Beziehungen zwischen Verwaltungen und ihrer Klientel haben diese Fragen wieder aufgenommen (*Grunow/Hegner/ Kaufmann* 1978).

Determiniertheit oder relative Autonomie der Verwaltung bzw. des politisch-administrativen Systems, d. h. die Frage nach den Handlungsspielräumen, ist ein weiteres Ewigkeitsthema der Verwaltungswissenschaft. Auch hier sind die Bezüge zur Staatstheorie eng, und auch hier gibt es keine endgültigen Abklärungen. Der Ende der sechziger/Anfang der siebziger Jahre mit politischen Untertönen geführte Streit (*Ronge/Schmieg* 1973; *Scharpf* 1974; *Grottian/Murswieck* 1974) wird auf verbesserter deskriptiver Grundlage weitergeführt (*Hucke* 1980, *Scharpf* 1982; *Esser/Hirsch* 1982).

Effektivität der Verwaltung, umfassend verstanden als Problemlösungskapazität des politisch-administrativen Systems, ist immer noch das zentrale Thema der Verwaltungsforschung. Hier besteht das größte praktische Interesse, und hier werden auch die entscheidenden Themenumschwünge deutlich. Insbesondere ist eine Phasenverschiebung innerhalb des politischen Prozesses oder Politik-Zyklus von der Formulierung adäquater politischer Prgramme (Planungsforschung) über deren Durchführung (Implementationsforschung) hin zu deren Wirkung (Evaluationsforschung) unverkennbar, inzwischen aber auch eine Rückkehr zu Fragen der Programmgestaltung. Aufgrund besserer empirischer Einsichten wird der politische Prozeß sozusagen von hinten aufgeschlüsselt. Die Wirkung eines Programms ist ohne genaue Kenntnis der Implementationsstruktur nicht erklärbar, beide wiederum nicht ohne das zugrunde liegende Programm, d. h. es wird wieder gefragt, von welchen Merkmalen der Programme und damit auch der Programmgestaltung die Problemlösungsfähigkeit eines Programms abhängt (*Mayntz* 1982, 77).

Offenkundig sind diese vier grundlegenden Fragestellungen nicht voneinander unabhängig. Effektivität hängt mit relativer Autonomie zusammen, Legitimität selbstverständlich mit Selektivität und Effektivität usw. Sie sind hier aufgeführt, um die grundlegenden theoretischen und normativen Problembezüge der politikwissenschaftlichen Verwaltungsforschung zu verdeutlichen. Im Prinzip geht es immer um die klassischen Fragestellungen was kann, was soll, wem nützt das politisch-administrative System, und welche Bedeutung kommt dabei der Verwaltung zu?

Politische Themenumschwünge. Die Verwaltungsforschung steht in engem Zusammenhang zu allgemeinen Interessenschwerpunkten der Politikwissenschaft. Was insgesamt unter Schlagworten wie Gesellschaftssteuerung, Partizipation, Regierbarkeit, Staatsversagen, Korporatismus usw. diskutiert wird, taucht hier wieder auf. Die Trennung der Verwaltungsforschung von der allgemeinen Innenpolitik und Staatstheorie ist allenfalls aus praktischen Gründen der Arbeitsteilung und Spezialisierung sinnvoll, theoretisch gehört die Verwaltungsforschung zum Kernbereich der Politikwissenschaft.[9]

Die ursprüngliche Fragestellung der Verwaltungsforschung zielte auf die Möglichkeit problemadäquater politisch-administrativer Strukturen und Prozesse, nämlich

„wie denn unter den heutigen und künftigen Bedingungen Politik als Verarbeitung gesellschaftlicher Probleme und als *aktive Gestaltung gesellschaftlicher Verhältnisse* überhaupt noch möglich sei (*Scharpf* 1973 a, 31, Hvbg. W. J.).

Diese Möglichkeit wurde von der polit-ökonomischen Verwaltungsforschung aus theoretisch abgeleiteten Gründen verneint, aber damit wurde trotzdem die Fragestellung im Prinzip akzeptiert. Heute wird meistens anders gefragt. Aus der Kritik am Anwachsen der öffentlichen Aufgaben, der Gesetzesflut, dem Regelungsperfektionismus, den undurchsichtigen und umständlichen Verfahrensabläufen etc. wird gefolgert, daß die Vorzüge bürokratischer Organisation in deutliche Nachteile umschlagen können. Während ursprünglich befürchtet wurde, die öffentliche Verwaltung oder das politisch-administrative System sei nicht in der Lage, eine den veränderten Problemlagen angemessene Eigenkomplexität zu entwickeln (eines der zentralen Themen der Planungsorganisation), wird heute generell die gegenteilige Befürchtung laut, daß nämlich Strukturen, Prozesse und damit auch die Aktivitäten der Verwaltung überkomplex und dadurch ineffektiv seien. Die Lösung wird in Ent-Bürokratisierung, Verwaltungsvereinfachung, Entregelung, Bürgernähe und nicht zuletzt *Ent-Staatlichung* gesehen:

„bei der Bürokratiekritik geht es letztlich um eine *Kritik an den staatlichen Aufgaben* und damit um die Frage, ob sie abgebaut werden können und müssen" (Leis 1982, 178, Hvbg. W. J.).

Dies ist sicherlich nicht die einzige Fragestellung der Bürokratiekritik und wahrscheinlich nicht einmal die dominierende. Auch heute geht es den meisten Bürokratiekritikern eher um Reformen der Bürokratie als um Rückzug des Staates, aber der allgemeine Klimawechsel und der Bezug zur politischen Entwicklung ist offenkundig. Die weitverbreitete Skepsis gegenüber staatlichen Organisations- und Handlungsformen schlägt sich auch in der Verwaltungsforschung nieder.

Theoretische Themenausweitungen: Die letzte Hypothese besagt, daß im Bereich der Grenzen und Umweltbeziehungen der Untersuchungsfelder eine ständige Ausweitung zu beobachten ist. Ging es zunächst typischerweise um Prozesse innerhalb von Organisationen (Mikro- oder Intra-Ebene, z. B. Ministerialverwaltung), wurde diese Perspektive bald ausgeweitet auf Beziehungen zwischen Behörden (Makro- oder Inter-Ebene, Politikverflechtung) und stehen heute ganz zentral Mischformen zwischen öffentlichem und privatem Bereich im Zentrum des Interesses (intermediäre Sektor). Gleichzeitig ist eine Ausweitung der Fragestellungen in der Form zu beobachten, daß nach neuen Formen der Steuerung und Koordination des Verwaltungshandelns sowie generell der Koordination unterschiedlicher, sowohl öffentlicher als auch privater Akteure, gesucht wird. Steuerung und Kontrolle, zwei Kernthemen politikwissenschaftlicher Verwaltungsforschung, werden nicht mehr nur aus einer zentralen und hierarchischen Perspektive betrachtet, statt dessen gerät die Ermöglichung von dezentralen Lern- und Anpassungsprozessen für alle beteiligten Akteure ins Zentrum der Aufmerksamkeit (vgl. Kaufmann 1985).

Die bisher skizzierten Entwicklungen der Fragestellungen sollen jetzt anhand der wichtigsten Konzepte und Ergebnisse der Verwaltungsforschung verdeutlicht werden.

2. Konzepte und Ergebnisse

Bisher gibt es keine umfassende und allgemein akzeptierte Konzeptionalisierung der Fragestellungen und Ergebnisse der Verwaltungsforschung, und jeder Versuch einer umfassenden Bestandsaufnahme muß daher unvollständig und widersprüchlich bleiben. Selbstverständlich wäre ein meta-theoretischer Rahmen erstrebenswert, ein Paradigma, das es erlaubt, das gesamte verwaltungswissenschaftliche Wissen aufeinander zu beziehen, aber ein solches allgemein akzeptiertes Paradigma ist leider nicht in Sicht (vgl. auch *Derlien* 1983, 45).

Trotzdem ist erkennbar, daß in den Untersuchungen (und auch in den Bestandsaufnahmen) immer wieder die gleichen „Variablenblöcke" auftauchen, und zwar, als *Strukturen* im Sinne generalisierter Verhaltenserwartungen oder auch Entscheidungsprämissen, die Bereiche Organisation, Verfahren, Personal und Programme der Verwaltung.[10] Noch allgemeiner könnte man sagen, daß im Rahmen verwaltungswissenschaftlicher Untersuchungen sowohl *Personen, Institutionen, Interaktionen* als auch *Funktionen* der öffentlichen Verwaltung als Untersuchungsbereiche identifizierbar sind. Die letztere Unterscheidung erinnert nicht zufällig an die seit einiger Zeit diskutierten korrespondierenden Konzepte politischer Institutionen, Prozesse und Inhalte, deren interdependente Analyse erst eine adäquate Erfassung politischer Zusammenhänge ermöglichen soll (vgl. *Scharpf* 1985, 165). Die Strukturen oder Variablen werden in der Regel auf einen „Output" bezogen, z. B. Entscheidungen, Leistungen, Funktionen oder mit dem inzwischen eingebürgerten Wort *Policies*, d. h. Programme gelten als abhängige Variable, aber im Prinzip kann jeder dieser Bereiche sowohl als abhängige als auch unabhängige Variable betrachtet werden. Gleichzeitig wirken *Inputs* auf diese Strukturen, sie sind also nicht vollständig von ihrer Umwelt unabhängig.

Personen: Der Bereich *Personal* ist von der engeren politikwissenschaftlichen Verwaltungsforschung verhältnismäßig wenig unter die Lupe genommen worden. Nach einem Boom Anfang der siebziger Jahre, in der eine Reihe erhellender Studien über Rekrutierung, Karrieren, Einstellungen, Motivation und Verhaltensweisen des Personals im öffentlichen Dienst erschienen (*Luhmann/Mayntz* 1973, *Ellwein/Zoll* 1973b, *Sontheimer/Bleek* 1973, *Steinkemper* 1974, *Putnam* 1976), hat sich das Interesse nach dem Scheitern der Dienstrechtsreform weitgehend von diesem Feld abgewendet. Personal ist überdies eher ein Thema der Verwaltungssoziologie, wie generell in der deutschen Politologie, anders als in Amerika, Untersuchungsbereiche, in denen Individuen Untersuchungseinheiten sind, eher der Soziologie zugeschrieben werden. Erst in letzter Zeit wird dem Personal wieder mehr Aufmerksamkeit geschenkt, indem insbesondere die parteipolitische Einbindung untersucht wird (*von Arnim* 1980, *Derlien* 1985).

Im Zusammenhang mit Ent-Bürokratisierung und Bürgernähe und auf dem Weg von der Politikformulierung zur Durchführung und Wirkung stehen zunehmend die Beziehungen zwischen der Verwaltung und ihren Klienten und Adressaten im Zentrum der Aufmerksamkeit (vgl. z. B. die Untersuchungen im Bereich „Bürger und Verwaltung",

Grunow, Hegner, Kaufmann 1976, oder neuerdings Bürgernähe der Sozialhilfeverwaltung 1985). Schließlich beschäftigen sich Untersuchungen im Rahmen von „Staatsversagen", „Regierbarkeit" und Wertwandel mit dem Image des öffentlichen Dienstes und den Meinungen und Einstellungen der Bevölkerung gegenüber der öffentlichen Verwaltung (*Mayntz/Feick* 1982; *Feick/Mayntz* 1982, *Klages* 1981, *Klages/Herbert* 1983), indem z. B. auch gefragt wird, welche Adressatengruppen durch welche staaatlichen Instrumente am besten beeinflußt werden können (*Franz/Herbert* 1986).

Organisationen: Fragen der Gebietsreform, der „optimalen" Größe und des Aufgabenbezu-schnitts der Gebietskörperschaften und damit auch der Zentralisation/Dezentralisation, Einräumigkeit der Verwaltung u. ä. standen am Anfang der praktischen und damit auch wissenschaftlichen Diskussionen (*Wagener* 1969) und sind seitdem ständig weiterverfolgt worden (Literaturübersicht *Schimanke* 1982). Ergänzt wurde dieser Bereich früh durch Untersuchungen der Organisation der Raum- und Entwicklungsplanung (*Wagener* 1970), die insgesamt als einer der großen Inspiratoren der neuen Verwaltungsforschung gelten kann (*König/Schimanke* 1979, *Bruder/Ellwein* 1980, *Fürst/Hesse* 1981, *Benz* 1982, *Konukie-witz* 1985). Das generelle Thema ist dabei bis heute gleichgeblieben, nämlich inwieweit Organisationsformen Informationsverarbeitungs- sowie Konflikt- und Konsensrege-lungsprozesse und damit die Problemverarbeitungskapazität des politisch-administrati-ven Systems beeinflussen.

Während der „Reformphase" wechselte das Interesse verhältnismäßig schnell zu Proble-men der Ministerialorganisation (Speyer 1972, *Mayntz/Scharpf* 1973), nicht zuletzt angeregt durch die Arbeiten der Projektgruppe, während bald eine Interessenverschie-bung von der „Planungsorganisation" zur „Vollzugsorganisation" deutlich wird. Zu-nächst interessierte die Organisation der Planung, wobei der Ansatzpunkt einem von der Ökonomie inspirierten *Nirwana Approach* ähnelte, die Durchführung und Wirkung vernünftig geplanter Programme wurde als automatisch unterstellt. Der Aufschwung der Implementations- und Evaluationsforschung kann daher als Rettungsversuch der Re-formpolitik interpretiert werden. Die Politik der aktiven Steuerung der gesellschaftlichen Entwicklung mit ihren besonderen organisatorischen Voraussetzungen scheiterte, so wurde angenommen, nicht zuletzt in der Durchführung (*Wollmann* 1980).

Die Entwicklung wird auch deutlich an der bevorzugten Organisationsebene der Unter-suchungen. Während zunächst eindeutig die Ministerialorganisation im Vordergrund stand, wurden nach und nach auch Länder und Mittelinstanzen entdeckt, bis sich schließ-lich das Interesse auf verselbständigte Verwaltungsträger, die sog. *Quangos* richtete (*Schuppert* 1981, *Wagener* 1975). Eine ähnliche Entwicklung läßt sich auf der inter/intra Dimension entdecken. Während hier zunächst intra-organisatorische Probleme unter-sucht wurden (z. B. bessere Koordination durch veränderte Organisation der Ministe-rien), wechselte das Interesse schnell zu den inter-organisatorischen Bedingungen des Zusammenwirkens öffentlicher Organisationen (Politikverflechtung). In diesem Zusam-menhang gehört die Diskussion über Zentralisierung/Dezentralisierung (*Siebel 1974, Schäfer* 1982) und die Frage nach den dynamischen Anpassungsmöglichkeiten der Staats-organisation an veränderte Verhältnisse (*Benz* 1985). Im Zeichen von Bürgernähe und Entbürokratisierung wird schießlich „Verwaltungsvereinfachung" (*Ellwein/Hesse* 1985) z. B. durch neue Zuständigkeits- und Kompetenzregelungen diskutiert, und wird zuneh-mend der private Bereich einbezogen, z. B. in der Form des „dritten" oder „intermediären" Sektors bis hin zur „Selbsthilfe" der Betroffenen (*Bauer/Diessenbacher* 1984). Insgesamt wird die Trennung zwischen öffentlichen und privaten Organisationen sowohl empirisch als auch normativ zunehmend problematisiert. Organisation ist damit nicht nur eine Frage des politisch-administrativen Systems, sondern vor allem ein Problem der Aufgabenteilung zwischen öffentlichen und privaten Akteuren. Die Fragestellung wechselt vom politisch-administrativen System zum „öffentlichen Sektor", dessen Grenzen prinzipiell für offen gehalten werden. Das Zusammenwirken öffentlicher und nichtöffentlicher Problembearbeitungsformen gerät in das Zentrum der Aufmerksamkeit (vgl. *Kaufmann* 1985, 127). Verwaltungsforschung entwickelt sich damit in Richtung auf ordnungspolitische Fragestellungen und einen „neuen Institutionalismus". Diese Entwicklung der Organisationsforschung kann auch unter dem Aspekt des „Wertwandels" interpretiert werden. Das Interesse an und Vertrauen in große, bürokratische und professionalisierte Organisationen schwindet, kleine, selbst-bestimmte und bürgernahe Organisationen sind gefragt. Von großen Hierarchien zu kleinen Netzen.

Verfahren: Die Entwicklungen im Bereich der Untersuchungen der Verfahren, Interaktionen oder Prozesse in der öffentlichen Verwaltung, ähneln den bisher geschilderten sehr. (Überhaupt ist die Unterscheidung zwischen Organisation und Verfahren nicht immer eindeutig, wie die Begriffe Aufbau- und Ablauforganisation verdeutlichen.) Hier standen zunächst präskriptiv Entscheidungs-, Planungs- und Managementverfahren und -techniken (in der Ministerialbürokratie *Böhret* 1970, *ders.* 1975; im kommunalen Bereich *Hesse* 1972, *ders.* 1976) sowie empirische Untersuchungen der tatsächlichen Entscheidungsprozesse im Vordergrund (Überblick *Schmid/Treiber* 1975, die weitaus beste Zusammenfassung ist leider nur auf Englisch erschienen, *Mayntz/Scharpf* 1975). Untersucht wird vor allem die politische Rolle der Ministerialbürokratie im Rahmen der Politikformulierung (*Blankenburg/Treiber* 1972, *Treiber* 1977) und gefördert werden eine „dynamische Verwaltung" (*König* 1977) und „Ziel- und Ergebnisorientiertes Verwaltungshandeln" (*Baköv* 1979). In diesem Zusammenhang wird auch die Rolle des Budgets und des Prozesses seiner Erstellung untersucht, ohne daß dieser Bereich einen ähnlich zentralen Platz in der Verwaltungsforschung eingenommen hätte wie in den USA (*Reinermann* 1975, zu neueren Entwicklungen *Fürst* 1982). Früh wird auch die Rolle der Wissenschaft gegenüber Politik und Verwaltung problematisiert (u. a. *Friedrich* 1970, *Bruder* 1980).

Nach und nach setzt sich ein immer weiterer Handlungsbegriff durch, der schließlich den gesamten Prozeß des *Policy-Making* umfaßt und sich nicht auf einzelne Phasen (Programmformulierung, Planung) oder Akteure (Ministerialbeamte) beschränkt. Es geht nicht länger um einzelne Entscheidungen im Sinne eines Prozesses kognitiver und rationaler Alternativauswahl, sondern um den gesamten komplexen kollektiven Handlungsprozeß, bei dem das Zusammenwirken unterschiedlichster Akteure und Konflikt- und Konsensbildung eine wichtigere Rolle spielen als Informationsverarbeitung (*Mayntz* 1982, 75).

Das Interesse wendet sich späteren Phasen des Policy-Prozesses zu (von Formulierung über Durchführung zur Evaluierung und Wirkung bei Adressaten und gesamtgesellschaftlichen Auswirkungen), wobei zunehmend Akteure außerhalb des engeren politisch-administrativen Systems in die Analyse einbezogen werden. Es setzt sich die Auffassung durch, daß es beim Vollzug politischer Programme nicht auf möglichst detaillierte Steuerung ankommt, sondern daß Anpassungs- und vor allem Lernprozesse ermöglicht werden sollten. Ausgehend von der Implementationsforschung wird zunächst empirisch, dann zunehmend auch normativ die hierarchische Steuerung des Politikvollzuges als einzig sinnvolles Interaktionsmuster der Akteure des öffentlichen Sektors in Frage gestellt (vgl. hierzu auch *Seibel* 1983, der „monistische" und „pluralistische" Ansätze der Verwaltungsforschung unterscheidet).

Die Erkenntnis, daß die Wirkung einer staatlichen Politik (im Sinne von *Policy*) nicht allein durch Merkmale des Programms oder der Strukturen und Prozesse der durchführenden Verwaltung bestimmt wird, sondern daß die Merkmale des jeweiligen Problems und der Addressaten zumindest eine ebenso große Rolle spielen, führt dabei zu einer Spezialisierung der Forschung auf einzelne Politikfelder, ohne daß gemeinsame Grundlagen schon erarbeitet und abgeklärt wären (*Ellwein* 1982, 44). Die Vermutung, daß für staatliche Politik eine „richtige" kausale Theorie des jeweiligen Regelungsfeldes wichtiger sei als administrative Strukturen und Prozesse ist der Grund für die beklagte Auseinanderentwicklung von Verwaltungs- und Politikfeld-Forschung.

Gleichzeitig wird versucht, die empirischen Erkenntnisse der Implementations- und Evaluationsforschung über „Wille und Wirkung der Gesetze" (*Zeh* 1984) wiederum präskriptiv für die Verwaltung nutzbar zu machen, indem der Bereich der „Gesetzgebungslehre" durch die Einführung verschiedener Test- und Prüfungsmethoden weiterentwickelt wird (*Böhret/Hugger* 1980 a, Böhret 1980, *Seibel* 1984).

Programme: In diesem Zusammenhang ergibt sich der Übergang zu den Funktionen und Programmen der öffentlichen Verwaltung. Dieser Bereich wurde zunächst normativ und deskriptiv unter dem Aspekt der Aufgaben der Verwaltung untersucht (*Ellwein/Zoll* 1973 a), während Untersuchungen der Voraussetzungen und Folgen der Inhalte staatlichen Handelns, d. h. der Programme und *Policies,* inzwischen eine solche Popularität erlangt haben, das sie seit einiger Zeit als eigenständiger politologischer Bereich behandelt werden (GFP 1981, *Hartwich* 1985, Sturm in diesem Band).

Die Verwaltungsforschung interessieren dabei in erster Linie die Instrumente oder Medien des Verwaltungshandelns, vor allem finanzielle, informationelle und regulatorische Instrumente (Übersicht *Kaufmann/Rosewitz* 1983). Insbesondere zum Medium „Recht" gibt es eine Reihe empirischer und theoretischer Untersuchungen (*Voigt* 1980, ders. 1983 a und 1983 b). Im Rahmen der Bürokratisierungsdiskussion spielt hier das Schlagwort von der „Überregelung" eine zentrale Rolle, d. h. die Ausdehnung staatlicher Regelungen in immer neue Bereiche, mit wachsender Dichte und mit zunehmender Genauigkeit und Tiefe (vgl. *Mayntz* 1980). Diskutiert werden die kumulativen Wirkungen des Regelungsumfangs sowie die Frage, ob wir es wirklich mit einer Gesetzesflut oder nicht eher mit einer Änderungsflut zu tun haben (Kommission 1983, 35 ff.). Schließlich wird empirisch und normativ untersucht, über welche alternativen Steuerungsmedien der „informale Rechtsstaat" (*Bohne* 1981) neben dem Recht verfügt. In diesem Zusammenhang gehören auch die Versuche, international vergleichend spezifische nationale Muster der Ausgestaltung und Durchführung politischer Programme im Sinne von „Verwaltungskulturen" zu identifizieren (*Feick* et. al. 1982, *Jann* 1983).

Die „klassischen" drei Strukturbereiche der Analyse der Verwaltung (Organisation, Verfahren, Personal) können selbst wiederum als Steuerungsinstrumente aufgefaßt werden. Genau dies ist der Ansatzpunkt der Verwaltungspolitik. Es geht ihr um die „Veränderung oder Stabilisierung von Prinzipien, Verfahren und Stilen der Verwaltungstätigkeit sowie der betroffenen Organisations- und Personalstrukturen" (*Böhret* 1985, 279). Soweit sich Verwaltungspolitik allein auf die internen Strukturen und Prozesse der Verwaltung richtet, werden damit Probleme der politischen Führung und Eigenmacht der Verwaltung sowie der Verwaltungsreform wieder aufgenommen (Verwaltungspolitik als Personal-, Organisations- und Verfahrenspolitik). Insofern aber auch Fragen der grundsätzlichen Unterscheidung zwischen öffentlich und privat, der institutionellen und verfahrensmäßigen Interaktion zwischen öffentlichem und privaten Sektor diskutiert werden, geht die Verwaltungspolitik in den schon oben erwähnten grundsätzlicheren Bereich der staatlichen Ordnung oder der Ordnungspolitik über. In dem Umfang, in dem prozedurale oder strukturelle Steuerung auch als Instrument der Verwaltung aufgefaßt wird (nicht das Ergebnis, sondern das Verfahren von Entscheidungen wird festgelegt, z. B. in konzertierten Aktionen), ergeben sich wiederum Verbindungen zur aktuellen Korporatismusdiskussion (*Offe* 1975). Das zentrale Problem des Verwaltungshandelns ist auch hier das Zusammenwirken einer großer Anzahl von Akteuren mit jeweils eigenen Interessen, Ressourcen und Handlungsstrategien. Das klassische Problem der Steuerung, Kontrolle oder Koordination dieser unterschiedlichen Akteure wird nicht mehr nur unter dem Aspekt der Regelung oder Finanzierung gesehen, sondern es werden alternative institutionelle Formen neben ,,Markt" und ,,Hierarchie" gesucht und diskutiert.[11]

3. Methoden und Theorien

Trotz dieser bemerkenswerten, hier nur angedeuteten Materialfülle, wird der methodologische und theoretische Entwicklungsstand der Verwaltungsforschung in der Bundesrepublik generell skeptisch bis negativ beurteilt (*Derlien* 1982; *Mayntz* 1982; *Reese* 1982). Es gibt eine Vielzahl empirischer Untersuchungen, aber nur wenig tragfähige Verallgemeinerungen und keine allseits akzeptierte Theorie der Funktion der Verwaltung im demokratischen Staat und im Prozeß der gesellschaftlichen Problembearbeitung. Allenfalls die polit-ökonomische Theorie verfügt über die ,,Erkenntnis, daß der Staatsapparat keine eigene Macht verkörpert, sondern der komplexe Ausdruck eines dahinterstehenden Zusammenhangs der Klassenmacht ist" (*Esser/Hirsch* 1982, 111), aber diese ,,Erkenntnis" ist nicht gerade unumstritten und setzt außerdem auf einer für die aktuelle Analyse von Verwaltungshandeln meistens viel zu abstrakten Ebene an.
Der Theorienstreit der sechziger und siebziger Jahre zwischen polit-ökonomischen und handlungs- bzw. systemtheoretischen Ansätzen (Überblicke bei *Schmid/Treiber* 1975; *Böhret* et. al. 1979; *Bruder* 1981; *Hesse* 1982) besteht weiter, obwohl davon auszugehen ist, daß sich im täglichen Forschungsgeschäft weitgehend der sog. Policy-Ansatz durchgesetzt hat, von dem Scharpf schon 1971 behauptete, daß er grundsätzlich in der Lage sei, den administrativen Beitrag zum politischen Prozeß ohne Verzerrung zu erfassen (*Scharpf* 1973a, 15). Was hier als Policy-Ansatz bezeichnet wird, ist im Prinzip ein handlungsorientierter systemtheoretischer Ansatz, dem es um den Beitrag der Verwaltung zum Prozeß des *Policy-Making* als gesellschaftlicher Problemverarbeitung geht. Der ursprünglich damit konkurrierende entscheidungstheoretische Ansatz der funktional-strukturellen Systemtheorie (*Luhmann* 1966; *König* 1970) ist nicht zuletzt aufgrund seines engen Politik-

und außergewöhnlich weiten Verwaltungsbegriffs weniger einflußreich geblieben (als Versuch der Weiterentwicklung siehe *Schmid/Treiber* 1975).

Anders als in den USA, wo mit der klassischen Bürokratieforschung (*Gulick, Urwick*), *human relations (Mayo, Argyris), bounded rationality (Simon, March), muddling through (Lindblom, Wildavsky), organizational development (Golembiewski), policy sciences (Lasswell, Dror), public choice (Niskanen, Ostrom)* und vielleicht *new public administration (Frederickson, Marini)* durchaus unterschiedliche Theorietraditionen im Bereich öffentliche Verwaltung erkennbar sind, sind konkurrierende Ansätze in der Bundesrepublik bisher weitgehend folgenlos geblieben (z. B. ,,Bürokratische Politik'', *Uthoff/Deetz* 1980; ,,Politische Ökonomie der Bürokratie'', *Roppel* 1979, *Lehnert* 1981, 113 ff.). Dies ist besonders überraschend, da, mit Ausnahme der polit-ökonomischen Verwaltungsforschung, sämtliche theoretischen Inspirationen der bundesrepublikanischen Entwicklung aus den USA kamen.

Allenfalls die Verwaltungssoziologie versucht im Rückgriff auf und in Weiterentwicklung der Weberschen Bürokratietheorie eine spezifisch verwaltungsbezogene Organisationstheorie zu etablieren, und ist dabei auch recht erfolgreich, wie sich durch die fortgeschrittene Kodifizierung des Feldes in einflußreichen Lehrbüchern zeigt (*Pankoke/Nokielski* 1977, *Mayntz* 1978, *Derlien* 1985). Wenn man davon ausgeht, daß kumulative Fortschritte eines Feldes sich in erster Linie durch die Entstehung konsensfähiger Lehrbücher zeigen, wird der Rückstand der politikwissenschaftlichen Verwaltungsforschung deutlich. Die hier bisher vorhandenen Lehrbücher[12] sind vielversprechende Anfänge, die bisher leider nicht weiterverfolgt wurden. Gerade auf diesem Felde wären verstärkte Anstrengungen erwünscht, d. h. es spricht einiges dafür, daß politikwissenschaftliche Verwaltungsforschung nicht unbedingt nur mehr empirische Detailstudien braucht, sondern daß auch verstärkte Bemühungen um Systematisierung und Zuordnung des bisher Erreichten sinnvoll wären.

Der unbefriedigende theoretische Stand der Verwaltungsforschung hängt damit zusammen, daß so gut wie nicht hypothesentestend vorgegangen wird, sondern fast immer explorativ, deskriptiv und qualitativ (*Derlien* 1978, *ders.* 1982, 123 ff. mit Beispielen). Es überwiegen Fallstudien, in denen Hypothesen generiert und allenfalls auf einem Plausibilitätsniveau getestet werden. Erst in letzter Zeit ist verschiedentlich versucht worden, diese Vorgehensweise durch Vergleiche (intra- und international) ergiebiger, durchschaubarer und gleichzeitig auch intersubjektiv überprüfbar zu machen (international *Feick* et. al. 1982; *Jann* 1983).

Tatsächlich hat sich ein vom kritischen Rationalismus geprägtes Wissenschaftsverständnis weitgehend durchgesetzt (*Koch 1985a*), ohne daß dessen Ansprüche eingelöst werden könnten. Im Prinzip befindet sich die Verwaltungsforschung nach diesem Verständnis immer noch in einer frühen Phase des Forschungsprozesses, sie ist damit beschäftigt ihr Erkenntnisobjekt zu definieren, Forschungsfragen zu formulieren, das Beobachtungsfeld zu Strukturieren und Untersuchungskonzepte zu entwickeln (*Mayntz* 1983, 10). In diesem Bereich hat sie allerdings, wie in den letzten Abschnitten gezeigt wurde, seit ihren Anfängen vor ca. 20 Jahren erhebliche Fortschritte gemacht. Sie verfügt über die Elemente eines differenzierten analytischen Rahmens zur Analyse des Verwaltungshandelns und gleichzeitig über erhebliches Wissen über Strukturen und Prozesse ihres Gegenstandes.

Es fehlt ,,nur'' ein theoretischer Ansatz, der dieses Wissen aufeinander bezieht, Erklärungen und Falsifizierungen ermöglicht und generell die Kumulation von Wissen erleichtert.

Diese Theorie ist nicht in Sicht. In letzter Zeit wird sogar zunehmend in Frage gestellt, ob dies überhaupt der Anspruch der empirischen Verwaltungsforschung sein soll. *Renate Mayntz* hat ausgehend von den Erfahrungen in der Implementationsforschung argumentiert, daß die Produktion möglichst umfassender Verallgemeinerungen nicht das oberste Erkenntnisziel sei. Es geht nicht um einen prinzipiell höheren Grad der Verallgemeinerung als vielmehr um eine genauere Einsicht in komplexe Bedingungszusammenhänge, d. h. um ein möglichst differenziertes Verständnis der internen Dynamik, der Eigenart und Ursachen spezifischer komplexer Prozesse: „Nicht Reduktion, sondern Komplexität, nicht nomologische, sondern ideographische Erkenntnis ist das Ziel" (*Mayntz* 1983, 14). Wenn dies aufgrund von Erfahrungen in den vergleichsweise am besten erforschten Bereichen gefordert wird, scheinen für die gesamte Verwaltungsforschung noch viel weniger Chancen zu bestehen, den Zustand einer paradigmatischen „Normalwissenschaft" zu erreichen.

Allerdings würde die Aufgabe dieses Zieles bedeuten, daß die Verwaltungsforschung sich weiter fast ausschließlich an der Aufgabe orientiert, der Praxis Wissen über die Funktionsweise ihrer Handlungszusammenhänge zur Verfügung zu stellen, d. h. Ratschläge zu erteilen, ohne sich über die normativen und empirischen Grundlagen dieser Ratschläge klar zu werden. „Therapeutische Vorschläge beruhen also nicht auf umfassender Diagnose und Erklärung", wie dies die nordrhein-westfälische Entbürokratisierungskommission mit erfreulicher Offenheit verdeutlicht hat (Kommission 1983, 29 f.). Bei ungesicherten empirischen und normativen Grundlagen ist die Gefahr natürlich groß, daß diese Ratschläge nach Belieben ignoriert oder allenfalls legitimatorisch eingesetzt werden.

Aber theoretischer Defätismus ist sicherlich nicht die einzig mögliche Zukunftsperspektive. Erfolgversprechender scheinen Ansätze zu sein, die Zusammenfassung der vorhandenen erheblichen empirischen und theoretischen Ergebnisse der Verwaltungsforschung im Wege interdisziplinären und internationalen Theorievergleichs anzugehen, wie dies in den letzten Jahren z. B. in Bielefeld und im Prinzip ja auch im Implementationsverbund versucht wurde (vgl. *Kaufmann* et al. 1985, *Mayntz* [Hrsg.] 1980 und 1983). Von zentraler Bedeutung ist dabei die Erarbeitung gemeinsamer Fragestellungen und Konzepte. Die in Bielefeld gewählten Ansatzpunkte, nämlich „Bürokratisierung" als multi-dimensionaler Prozeß und umfassendes Phänomen moderner Gesellschaften sowie die Analyse und Konstruktion unterschiedlicher institutioneller Formen der Koordination öffentlicher wie privater Akteure zur Erreichung kollektiver Ziele scheinen geeignet, eine Zusammenfassung und Ordnung der Konzepte und Ergebnisse der politikwissenschaftlichen Verwaltungsforschung zu ermöglichen.

Anmerkungen

1 Als weitere Trendberichte und Übersichten siehe *Hirsch* 1968, *ders.* 1969, *Blank* 1969, *Grauhan* 1970, *Dammann* 1971, *Hirsch/Leibfried* 1973, 236 ff., *Bruder* 1980, *Ellwein* 1982, *Mayntz* 1982 sowie insgesamt die Beiträge in *Hesse* (Hrsg.) 1982. Ideengeschichtlich orientiert *Seibel* 1983, wissenschaftstheoretisch *Koch* 1985 a. Als Überblick über die einschlägige Literatur siehe die ausgezeichneten Bibliographien von *Benz/Waiz* 1982 und *Schimanke* 1981. Trotz des Begriffs der kommunalen „Selbstverwaltung" und der offensichtlichen Verbindungen zwischen Verwaltungsforschung und lokaler Politikforschung wird letzterer Bereich hier nicht behandelt.

2 „Die Verwaltung" seit 1970; Diplomstudiengang in Konstanz seit 1968, Aufbaustudium in Speyer seit 1974, Spezialisierungen im Zusammenhang mit sozialwissenschaftlichen Studiengängen u. a. in Bielefeld, Berlin, Bamberg und an den Bundeswehrhochschulen; Handbücher und Lexika hrsg. von *Becker/Thieme* 1974–1977, *Strutz* 1982, *von Mutius* 1984, *Eichhorn* u. a. 1985.

3 *Scharpf* 1973a mit ausdrücklichem Bezug auf amerikanische Entwicklungen, in der „Public Administration" ja traditionell eine Teildisziplin der Politikwissenschaft war. (Dieser Beitrag wurde zuerst 1971 veröffentlicht.)

4 Leider sind die insgesamt 28 Gutachten und Berichte für die Kommission nicht veröffentlicht. Die meisten sind allerdings als graue Literatur in den Bibliotheken vorhanden. Eine Übersicht enthält die BT-Drs. 7/2887.

5 Weitere wichtigere Kommissionen, in deren Zusammenhang zwar keine individuellen Veröffentlichungen entstanden, die aber die Diskussion trotzdem beeinflußt haben, waren die „Kommission zur Neugliederung des Bundesgebietes" und die „Enquente-Kommission Verfassungsreform". In diesem Zusammenhang sind vor allem die Veröffentlichungen zur „Politikvertlechtung" zu verorten. In neuester Zeit scheint durch die „Kommission Verwaltungsneugliederung Baden-Württemberg" das klassische Thema der „Projektgruppe Regierungs- und Verwaltungsreform" wieder aufgenommen zu sein, zumindest erinnern viele Vorschläge dieser Kommission an die damaligen Erkenntnisse.

6 Die nicht unbedeutende staatliche Förderung war dabei nicht nur für die wichtigsten Themenschwerpunkte verantwortlich, sondern unterstützte auch die Etablierung der wichtigsten Zentren verwaltungswissenschaftlicher Forschung, z. B. in Berlin, Bielefeld, Köln, Konstanz und Speyer, z. T. durch die Etablierung eigenständiger Forschungsinstitute wie das „Institut für Management und Verwaltung" im WZB Berlin oder das „Forschungsinstitut für öffentliche Verwaltung" in Speyer. Verwaltungsforschung wurde allerdings auch frühzeitig im Rahmen der normalen Wissenschaftsförderung unterstützt, und zwar in einem besonderen Programm der Stiftung Volkswagenwerk (vgl. *Uhlig* 1979). Seit neuestem fördert die DFG einen Sonderforschungsbereich „Verwaltung im Wandel" in Konstanz, vgl. *Ellwein/Schäfer* 1985.

7 Vgl. die Diskussion zwischen *Grauhan* und *Ellwein* über „Kontrolle der oder durch die Bürokratie" in DVPW 1971.

8 Vgl. als Überblick *Böhret/Jann/Junkers/Kronenwett* 1982, 277ff.

9 Dies scheint genau der Ansatzpunkt der Gründung der neuen Sektion „Staatslehre und politische Verwaltung" innerhalb der DVPW zu sein, siehe dazu auch *Ellwein/Hesse* 1985.

10 Vgl. z. B. *Scharpf* 1973a, *Mayntz* 1976, *König* 1981, *Böhret* 1982, *Schimanke* 1985. Im Prinzip können auch die großen Reformversuche mit den dazugehörigen Kommissionen diesen vier Bereichen zugeordnet werden, nämlich Territorialreform, Dienstrechtsreform, Regierungs- und Verwaltungsreform und Kommission für wirtschaftlichen und sozialen Wandel.

11 Vgl. *Matzner* 1982 sowie die Beiträge von *Krüsselberg/Gretschmann* und *Hegner* in *Kaufmann* et al. 1985. Hier ergeben sich interessante Verbindungen zur modernen „institutionellen" Ökonomie, vgl. *Peters* 1985.

12 *Lorenz* 1972, *Schmid/Treiber* 1975, *Buse* 1975, *Häussermann* 1977, *Bischoff/Müller/Saager* 1982, *Prätorius* 1984, *von Krockow* 1985, Politik und Verwaltung 1986. Die geringe Kodifizierung dieses Untersuchungsfeldes zeigt sich auch darin, daß es für die politikwissenschaftliche Verwaltungsforschung, obwohl es sich sicherlich um einen der produktivsten Bereiche der politikwissenschaftlichen Forschung handelt, noch kein Handwörterbuch o. ä. gibt.

Für kritische und hilfreiche Kommentare zu Vorläufern dieses Papiers danke ich Arthur Benz, Carl Böhret, Hans-Ulrich Derlien, Gerhard Franz, Wolfgang Heine, Rainer Koch, Edda Müller, Heimo Prokop, Sigrid Schenk-Dornbusch, Dieter Schimanke, Wolfgang Seibel sowie meinen Studenten in Mainz.

Literaturverzeichnis

von Arnim, Hans Herbert, 1980: Ämterpatronage durch politische Parteien. Ein verfassungsrechtlicher und staatspolitischer Diskussionsbeitrag, Wiesbaden.

Bauer, R./Diessenbacher, H. (Hrsg.), 1984: Organisierte Nächstenliebe. Wohlfahrtsverbände und Selbsthilfe in der Krise des Sozialstaates, Opladen 1984.

Bebermeyer, Hans, 1974: Regieren ohne Management? Planung als Führungsinstrument moderner Regierungsarbeit, Stuttgart.

Becker, Ulrich/Thieme, Werner (Hrsg.), 1974 ff.: Handbuch der Verwaltung, Köln usw.

Benz, Arthur, 1982: Regionalplanung in der Bundesrepublik. Eine empirische Untersuchung zur Organisations- und Problemlösungsfähigkeit, Münster.

Benz, Arthur, 1985: Föderalismus als dynamisches System. Zentralisierung und Dezentralisierung im föderativen Staat, Opladen.

Benz, Arthur/Waiz, Eberhard, 1982: Auswahlbibliographie. Politikwissenschaft und Verwaltungswissenschaft, in: *Hesse* (Hrsg.), 1982.

Bischoff, Detlef/Müller, Edda/Saager, Uwe, 1982: Verwaltung und Politik, Köln usw.

Blank, Hans-Joachim, 1969: Verwaltung und Verwaltungswissenschaft, in: *Kress, Gisela/Senghaas, Dieter* (Hrsg.), Politikwissenschaft. Eine Einführung in ihre Probleme, Frankfurt/M. 1969 (TB 1972).

Blankenburg, Erhard/Treiber, Hubert, 1972: Bürokraten als Politiker. Parlamentarier als Bürokraten. Empirie des Entscheidungsprozesses und die Gewaltenteilung, in: Die Verwaltung, Jg. 3, 273 ff.

Bohne, Eberhard, 1981: Der informale Rechtsstaat, Berlin.

Böhret, Carl, 1970: Entscheidungshilfen für die Regierung. Modelle, Instrumente, Probleme, Opladen.

Böhret, Carl, 1975: Grundriß der Planungspraxis, Opladen.

Böhret, Carl, 1982: Reformfähigkeit und Anpassungsflexibilität der öffentlichen Verwaltung, in: *Hesse* (Hrsg.), 1982.

Böhret, Carl, 1983: Verwaltungspolitik als Reaktion auf gesellschaftliche Bindungen und politische Freiräume der Verwaltung, in: *ders./Siedentopf* (Hrsg.).

Böhret, Carl, 1983 a: Politik und Verwaltung. Beiträge zur Verwaltungspolitologie, Opladen.

Böhret, Carl, 1985: Zum Vollzug von Verwaltungspolitik: Formen, Träger, Widerstände, in: *Ellwein/Hesse* (Hrsg.), 1985.

Böhret, Carl/Hugger, Werner, 1980 a: Der Praxistest von Gesetzentwürfen am Beispiel des Referentenentwurfs eines Jugendhilfegesetzes, Baden-Baden.

Böhret, Carl/Hugger, Werner, 1980 b: Test und Prüfung von Gesetzentwürfen, Köln usw. (Verwaltung und Fortbildung, Sonderheft 5).

Böhret, Carl/Jann, Werner/Junkers, Marie-Therese/Kronenwett, Eva: Innenpolitik und politische Theorie. Ein Studienbuch, Opladen 1982 (2. Aufl.).

Böhret, Carl (Hrsg), 1978: Verwaltungsreformen und Politische Wissenschaft, Baden-Baden.

Böhret, Carl (Hrsg.), 1980: Gesetzgebungspraxis und Gesetzgebungslehre. Ein Erfahrungsaustausch über die Verbesserung von Rechtsnormen, Speyer (=Speyerer Forschungsberichte 13).

Böhret, Carl/Siedentopf, Heinrich (Hrsg.), 1983: Verwaltung und Verwaltungspolitik. 50. Staatswissenschaftliche Fortbildungstagung der Hochschule für Verwaltungswissenschaften Speyer, Berlin.

Bundesministerium des Innern (Hrsg.): Sachverständigenanhörung zu Ursachen einer Bürokratisierung in der öffentlichen Verwaltung sowie zu ausgewählten Vorhaben zur Verbesserung des Verhältnisses von Bürger und Verwaltung, Bonn (3 Bde.).

Bürgernähe der Sozialhilfeverwaltung, 1985: Schriftenreihe des Bundesministers für Jugend, Familie und Gesundheit, Bd. 174, Stuttgart usw.

Brinkmann, Gerhard, 1976: Aufgaben und Qualifikation der öffentlichen Verwaltung, Göttingen.

Bruder, Wolfgang, 1980: Sozialwissenschaften und Politikberatung. Zur Nutzung sozialwissenschaftlicher Informationen in der Ministerialorganisation, Opladen.

Bruder, Wolfgang, 1981: Empirische Verwaltungsforschung in der Bundesrepublik Deutschland. Eine Bibliographie-Analyse, Opladen.

Bruder, Wolfgang/Ellwein, Thomas (Hrsg.), 1980: Raumordnung und staatliche Steuerungsfähigkeit, Opladen (=PVS-Sonderheft 10/1979).

Bull, Hans-Peter (Hrsg.), 1979: Verwaltungspolitik, Neuwied, Darmstadt.

Bulling, Manfred (Hrsg.), 1985: Verwaltung im Kräftefeld der politischen und gesellschaftlichen Institutionen, Baden-Baden (=Schriften der Deutschen Sektion des Internationalen Instituts für Verwaltungswissenschaften Bd. 12).

Bundesakademie für öffentliche Verwaltung (Hrsg.), 1979: Ziel- und ergebnisorientiertes Verwaltungshandeln. Entwicklung und Perspektiven in Regierung und Verwaltung, Bonn (Verwaltung und Fortbildung, Sonderheft 4).

Buse, Michael J., 1975: Einführung in die politische Verwaltung, Stuttgart.

Dammann, Klaus, 1971: Vom „arbeitenden Staat" zur politischen Verwaltung (I) und (II), in: NPL, Jg. 16, 188 und 304 ff.

Deutscher Beamtenbund, 1979: Bürokratisierung und Entbürokratisierung. Eine Bestandsaufnahme, Bonn (DBB-Dokumente 9).

Denso, Jochen, u. a., 1976: Verwaltungseffizienz und Motivation. Anreize zur wirtschaftlichen Verwendung öffentlicher Mittel durch die Titelverwalter, Göttingen.

Derlien, Hans-Ulrich, 1976: Die Erfolgskontrolle staatlicher Planung, Baden-Baden.

Derlien, Hans-Ulrich, 1978: Methodische Probleme der empirischen Verwaltungsforschung, Bonn.

Derlien, Hans-Ulrich, 1978a: Ursachen und Erfolg von Strukturreformen im Bereich der Bundesregierung unter besonderer Berücksichtigung der wissenschaftlichen Beratung, in: *Böhret* (Hrsg.), 1978.

Derlien, Hans-Ulrich, 1982: Methodik der empirischen Verwaltungsforschung, in: *Hesse* (Hrsg.), 1982.

Derlien, Hans-Ulrich, 1984: Verwaltungssoziologie, in: Handbuch für die öffentliche Verwaltung (HöV), Band 1, Grundlagen, hrsg. von *Albert von Mutius*, Neuwied und Darmstadt.

Derlien, Hans-Ulrich, 1985: Politicization of the Civil Service in the Federal Republic of Germany – Facts and Fables, in: *Meyers, Francois* (ed)., The Politicization of Public Administration, Brüssel.

Deutsche Vereinigung für politische Wissenschaft (Hrsg.), 1971: Probleme der Demokratie heute (=PVS-Sonderheft 2/1970).

Eichhorn, Peter, zus. mit *Böhret, Carl, u. a.* (Hrsg.), 1985: Verwaltungslexikon, Baden-Baden.

Ellwein, Thomas, 1966: Einführung in die Regierungs- und Verwaltungslehre, Stuttgart.

Ellwein, Thomas, 1970: Regierung und Verwaltung. Teil 1: Regierung als politische Führung, Stuttgart.

Ellwein, Thomas, 1976: Regieren und Verwalten. Eine kritische Einführung, Opladen.

Ellwein, Thomas, 1982: Verwaltungswissenschaft: Die Herausbildung der Disziplin, in: *Hesse* (Hrsg.), 1982.

Ellwein, Thomas/Zoll, Rainer, 1973a: Zur Entwicklung der öffentlichen Aufgaben in der Bundesrepublik Deutschland, Baden-Baden.

Ellwein, Thomas/Zoll, Rainer, 1973b: Berufsbeamtentum – Anspruch und Wirklichkeit. Zur Entwicklung und Problematik des öffentlichen Dienstes, Düsseldorf.

Ellwein, Thomas (Hrsg.), 1980: Politikfeldanalysen 1979, Opladen.

Ellwein, Thomas/Hesse, Joachim Jens (Hrsg.), 1985: Verwaltungsvereinfachung und Verwaltungspolitik, Baden-Baden.

Ellwein, Thomas/Schäfer, Ingeborg E., 1985: Wandlungsprozesse in der Verwaltung als Forschungsaufgabe. Werksstatt(eröffnungs)bericht, PVS, 26. Jg., 438 ff.

Esser, Josef/Hirsch, Joachim, 1982: Materialistische Staatstheorie und Verwaltungswissenschaft, in: *Hesse* (Hrsg.), 1982.

Fach, Wolfgang, 1982: Verwaltungswissenschaft – ein Paradigma und seine Karriere, in: *Hesse* (Hrsg.), 1982.

Feick, Jürgen/Mayntz, Renate, 1982: Bürger im bürokratischen Staat: Repräsentative Beurteilungen und Handlungseinschätzungen, in: Die Verwaltung, 409 ff.

Feick, Jürgen, u. a., 1982: Regulative Politik und politisch-administrative Kultur. Ein Vergleich von fünf Ländern und vier Interventionsprogrammen, MS, Köln.

Franz, Gerhard/Herbert, Willi, 1986: Werte, Bedürfnisse, Handeln: Ansatzpunkte politischer Verhaltenssteuerung, Frankfurt/M.

Friedrich, Hannes, 1970: Staatliche Verwaltung und Wissenschaft. Die wissenschaftliche Beratung der Politik aus der Sicht der Ministerialbürokratie, Frankfurt/M.

Fürst, Dietrich, 1975: Kommunale Entscheidungsprozesse. Ein Beitrag zur Selektivität politisch-administrativer Prozesse, Baden-Baden.

Fürst, Dietrich/Hesse, Joachim Jens, 1981: Landesplanung, Düsseldorf.

Grauhan, Rolf-Richard, 1969: Modelle politischer Verwaltungsführung, Konstanz.

Grauhan, Rolf-Richard, 1970: Politikwissenschaftliche Forschung zur Verwaltung, in: DöV, 587 ff.

Grottian, Peter, 1974: Strukturprobleme staatlicher Planung, Hamburg.

Grottian, Peter (Hrsg.), 1980: Folgen reduzierten Wachstums für Politikfelder, Opladen (=PVS-Sonderheft 11/1980).

Grottian, Peter/Murswieck, Axel (Hrsg.), 1974: Handlungsspielräume der Staatsadministration, Hamburg.

Grunow, Dieter/Hegner, Friedhart/Kaufmann, Franz-Xaver, 1978: Bürger und Verwaltung, Frankfurt/M. usw. (4 Bde.).

Hartwich, Hans-Hermann (Hrsg.), 1985: Policy-Forschung in der Bundesrepublik Deutschland. Ihr Selbstverständnis und ihr Verhältnis zu den Grundfragen der Politikwissenschaft, Opladen.

Häussermann, Hartmut, 1977: Die Politik der Bürokratie, Frankfurt/M. usw.

Hellstern, Gerd-Michael/Wollmann, Hellmut (Hrsg.), 1985: Handbuch der Evaluierungsforschung, Opladen.

Hennis, Wilhelm, 1965: Aufgaben einer modernen Regierungslehre, in: PVS, 422 ff.

Hesse, Joachim Jens, 1972: Stadtentwicklungsplanung: Zielfindungsprozesse und Zielvorstellungen, Stuttgart.

Hesse, Joachim Jens, 1976: Organisation kommunaler Entwicklungsplanung, Stuttgart.

Hesse, Joachim Jens (Hrsg.), 1978: Politikverflechtung im föderativen Staat. Studien zum Planungs- und Finanzierungsverbund zwischen Bund, Ländern und Gemeinden, Baden-Baden.

Hesse, Joachim Jens (Hrsg.), 1982: Politikwissenschaft und Verwaltungswissenschaft, Opladen (=Sonderheft 13/1982 der PVS).

Hirsch, Joachim, 1968: Verwaltungswissenschaften: Lage und Ausbaumöglichkeiten in der Bundesrepublik, MS, o. O.

Hirsch, Joachim, 1969: Ansätze einer Regierungslehre, in: *Kress/Senghaas* (Hrsg.), 1969.

Hirsch, Joachim/Leibfried, Stephan, 1971: Materialien zur Wissenschafts- und Bildungspolitik, Frankfurt/M.

Hoffmann-Riem, Wolfgang (Hrsg.), 1979: Bürgernahe Verwaltung? Analysen über das Verhältnis von Bürger und Verwaltung, Neuwied und Darmstadt.

Hucke, Jochen, 1980: Politische Handlungsspielräume. Möglichkeiten und Probleme ihrer empirischen Bestimmung, Bad Honnef.

Hucke, Jochen/Wollmann, Hellmut, 1982: Kriterien zur Bestimmung der Wirkung von Gesetzen, Bonn (=Schriftenreihe Verwaltungsorganisation des BMI Bd. 5).

Hübener, Arend/Halberstadt, 1976: Erfolgskontrolle politischer Planung. Probleme und Ansätze in der Bundesrepublik Deutschland, Göttingen.

Illy, Hans F./Kaiser, Eugen, 1985: „Entwicklungsverwaltung": Wandlungen im Selbstverständnis eines Forschungsbereichs, Speyerer Forschungsberichte 47.

Jann, Werner, 1983: Staatliche Programme und „Verwaltungskultur". Bekämpfung der Jugendarbeitslosigkeit und des Drogenmißbrauchs in Schweden, Großbritannien und der Bundesrepublik Deutschland im Vergleich, Opladen 1983.

Kaufmann, Franz-Xaver/Rosewitz, Bernd, 1983: Typisierung und Klassifikation politischer Maßnahmen, in: *Mayntz* (Hrsg.), 1983.

Kaufmann, Franz-Xaver (Hrsg.), 1977: Bürgernahe Gestaltung der sozialen Umwelt, Meisenheim.

Kaufmann, Franz Xaver (Hrsg.), 1979: Bürgernahe Sozialpolitik. Planung, Organisation und Vermittlung sozialer Leistungen auf lokaler Ebene, Frankfurt/M. usw.

Kaufmann, Franz-Xaver, et al. (Hrsg.), 1985: Guidance, Control, and Evaluation in the Public Sector, Berlin.

Klages, Helmut, 1981: Überlasteter Staat – verdrossene Bürger? Zu den Dissonanzen der Wohlfahrtsgesellschaft, Frankfurt/M.

Klages, Helmut/Herbert, Willi, 1983: Wertorientierung und Staatsbezug. Untersuchungen zur politischen Kultur in der Bundesrepublik Deutschland, Frankfurt/M.

Koch, Rainer, 1985 a: Methodologische Entwicklungen in der Verwaltungswissenschaft, in: Verwaltungs-Archiv, Bd. 76, 247 ff.

Koch, Rainer, 1985 b: Paradigmenentwicklung und Institutionalisierung der Verwaltungswissenschaft, in: *Braun, Hans-Joachim* (Hrsg.), Entwicklung und Selbstverständnis von Wissenschaften. Ein interdisziplinäres Colloquium, Frankfurt/M. usw.

König, Herbert, 1977: Dynamische Verwaltung. Bürokratie zwischen Politik und Kosten, Stuttgart.

König, Klaus, 1970: Erkenntnisinteressen der Verwaltungswissenschaft, Berlin.

König, Klaus, 1980: Integrative Tendenzen in der Verwaltungswissenschaft, in: Die Verwaltung, 1 ff.

König, Klaus, 1981: System und Umwelt der Öffentlichen Verwaltung, in: *ders./von Oertzen/ Wagener* (Hrsg.).

König, Klaus/von Oertzen, Hans-Joachim/Wagener, Frido (Hrsg.), 1981: öffentliche Verwaltung in der Bundesrepublik Deutschland, Baden-Baden.

Kommission zur Gesetzes- und Verwaltungsvereinfachung, 1983: Gesetzes- und Verwaltungsvereinfachung in Nordrhein-Westfalen. Bericht und Vorschläge, Köln.

Konukiewitz, Manfred, 1985: Die Implementation räumlicher Politik. Eine empirische Untersuchung zur Koordination des Vollzugs raumwirksamer Maßnahmeprogramme, Opladen.

Krockow, Christian Graf von (Hrsg.), 1985: Verwaltung zwischen Bürger und Politik, Bonn.

Lehner, Franz, 1981: Einführung in die Neue Politische Ökonomie, Kronberg/Ts.

Leis, Günther, 1982: Die Bürokratisierungsdebatte: Der Stand der Auseinandersetzung, in: *Hesse* (Hrsg.), 1982.

Lorenz, H. F., 1972: Verwaltung in der Demokratie. Eine Einführung in die moderne Verwaltungswissenschaft, München.

Luhmann, Niklas, 1966: Theorie der Verwaltungswissenschaft. Bestandsaufnahme und Entwurf, Köln und Berlin.

Luhmann, Niklas, 1971: Politische Planung. Aufsätze zur Soziologie von Politik und Verwaltung, Opladen.

Luhmann, Niklas/Mayntz, Renate, 1973: Personal im öffentlichen Dienst. Eintritt und Karrieren, Baden-Baden (=Studienkommission für die Reform des öffentlichen Dienstrechts, Bd. 7).

Matzner, Egon, 1982: Der Wohlfahrtsstaat von morgen. Entwurf eines zeitgemäßen Musters staatlicher Interventionen, Frankfurt/M.

Mayntz, Renate, 1976: Staat und politische Organisation: Entwicklungslinien, in: *Lepsius, Rainer M.* (Hrsg.), Zwischenbilanz der Soziologie, Stuttgart.

Mayntz, Renate, 1978: Soziologie der öffentlichen Verwaltung, Heidelberg usw.

Mayntz, Renate, u. a., 1978: Vollzugsprobleme der Umweltpolitik. Empirische Untersuchung der Implementation von Gesetzen im Bereich der Luftreinhaltung und des Gewässerschutzes, o. O. (=Materialien zur Umweltforschung, Bd. 4).

Mayntz, Renate, 1980: Gesetzgebung und Bürokratisierung. Wissenschaftliche Auswertung der Anhörung zu Ursachen einer Bürokratisierung in der öffentlichen Verwaltung durchgeführt im Auftrag des Bundesministeriums des Innern, Bonn.

Mayntz, Renate, 1982: Problemverarbeitung durch das politisch-administrative System: Zum Stand der Forschung, in: *Hesse* (Hrsg.), 1982.

Mayntz, Renate, 1983: Zur Einleitung: Probleme der Theoriebildung in der Implementationsforschung, in: dies. (Hrsg.), 1983.

Mayntz, Renate/Feick, Jürgen, 1982: Gesetzesflut und Bürokratiekritik: Das Problem der Überregelung im Spiegel der öffentlichen Meinung, in: Die Verwaltung, 281 ff.

Mayntz, Renate/Scharpf, Fritz W., 1975: Policy-Making in the German Federal Bureaucracy, Amsterdam etc.

Mayntz, Renate (Hrsg.), 1980: Implementation politischer Programme. Empirische Forschungsberichte, Königstein/Ts.

Mayntz, Renate (Hrsg.), 1983: Implementation politischer Programme II. Ansätze zur Theoriebildung, Opladen.

Mayntz, Renate/Scharpf, Fritz W. (Hrsg.)., 1973: Planungsorganisation. Die Diskussion um die Reform von Regierung und Verwaltung des Bundes, München.

Morstein-Marx, Fritz (Hrsg.), 1965: Verwaltung. Eine einführende Darstellung, Berlin.

Müller, Edda, 1978: Konzeptionen und Umsetzungsstrategien der Projektgruppe Regierungs- und Verwaltungsreform zur Verbesserung der internen Ministerialorganisation, in: Studien zur Reform von Regierung und Verwaltung, Nr. 10.

Naschold, Frieder/Väth, Werner (Hrsg.), 1973: Politische Planungssysteme, Opladen.

Offe, Claus, 1972: Strukturprobleme des kapitalistischen Staates, Frankfurt/M.

Pankoke, Eckhard/Nokielski, Hans, 1977: Verwaltungssoziologie. Einführung in Probleme öffentlicher Verwaltung, Stuttgart.

Peters, Albert, 1985: Ökonomische Kriterien für eine Aufgabenverteilung in der Marktwirtschaft. Eine deskriptive und normative Betrachtung für den Allokationsbereich, Frankfurt/M. usw.

Politik und Verwaltung, Der Bürger im Staat, Heft 1, 1986.

Prätorius, Rainer, 1977: Folgen der Planung. Ursachen, Bedingungen und Grenzen moderner Verwaltungsreformen, Lollar/Lahn.

Prätorius, Rainer, 1984: Soziologie der politischen Organisationen. Eine Einführung, Darmstadt 1984.

Putnam, Robert D., 1976: Die politischen Einstellungen der Ministerialbeamten in Westeuropa, in: PVS, 23 ff.

Reese, Jürgen, 1982: Implementationsforschung, in: Soziologische Revue, 37 ff.

Reinermann, Heinrich, 1975: Programmbudgets in Regierung und Verwaltung. Möglichkeiten und Grenzen von Planungs- und Entscheidungssystemen, Baden-Baden.

Ronge, Volker, 1972: Der politökonomische Ansatz in der Verwaltungsforschung, MS.

Ronge, Volker/Schmieg, Günter, 1973: Restriktionen politischer Planung, Frankfurt/M.

Ronge, Volker/Schmieg, Günter (Hrsg.), 1971: Politische Planung in Theorie und Praxis, München.

Roppel, Ulrich, 1979: Ökonomische Theorie der Bürokratie. Beiträge zu einer Theorie des Angebotsverhaltens staatlicher Bürokraten in Demokratien, Freiburg.

Rucht, Dieter, 1982: Planung und Partizipation. Bürgerinitiativen als Reaktion und Herausforderung politisch-administrativer Planung, München.

Ryffel, Hans, 1976: Bemerkungen zum Status der Verwaltungswissenschaft, Speyerer Arbeitshefte 9.

Schäfer, Peter, 1982: Zentralisation und Dezentralisation, Berlin.

Scharpf, Fritz W., 1973: Planung als politischer Prozeß. Aufsätze zur Theorie der planenden Demokratie, Frankfurt/M.

Scharpf, Fritz W., 1973a: Verwaltungswissenschaft als Teil der Politikwissenschaft, in: ders., 1973.

Scharpf, Fritz W., unter Mitarbeit von *Mehwald, Lutz,* und *Schmittges, Rainer,* 1974: Politische Durchsetzbarkeit innerer Reformen, Göttingen.

Scharpf, Fritz W., 1982: Der Erklärungswert „binnenstruktureller" Faktoren in der Politik- und Verwaltungsforschung, in: Hesse (Hrsg.), 1982.

Scharpf, Fritz W., 1985: Für einen aufgeklärten Institutionalismus, in: *Hartwich* (Hrsg.), 1985.

Scharpf, Fritz W./Reissert, Bernd/Schnabel, Fritz, 1976: Politikverflechtung. Theorie und Empirie des kooperativen Föderalismus in der Bundesrepublik, Kronberg/Ts.

Scharpf, Fritz W./Reissert, Bernd/Schnabel, Fritz (Hrsg.), 1977: Politikverflechtung II. Kritik und Berichte aus der Praxis, Kronberg/Ts.

Schatz, Heribert, 1974: Politische Planung im Regierungssystem der Bundesrepublik Deutschland, Göttingen.

Schimanke, Dieter, 1981: Verwaltungswissenschaft und Verwaltungsreformen in der Bundesrepublik Deutschland. Eine kommentierte Bibliographie, in: *König/von Oertzen/Wagener* (Hrsg.), 1981.

Schimanke, Dieter, 1982: Folgen und Folgeprobleme der kommunalen Gebietsreform. Literaturbericht, in: AfK, 307 ff.

Schimanke, Dieter, 1984: Verwaltungsentwicklung und Verwaltungsreformen, Hamburg (Hochschule der Bundeswehr Hamburg, Beiträge zur Verwaltungswissenschaft Nr. 3).

Schmid, Günther/Treiber, Hubert, 1975: Bürokratie und Politik. Zur Struktur und Funktion der Ministerialbürokratie in der Bundesrepublik Deutschland, München.

Schuppert, Gunnar Folke, 1981: Die Erfüllung öffentlicher Aufgaben durch verselbständigte Verwaltungseinheiten, Göttingen.

Seibel, Wolfgang, 1983: Regierbarkeit und Verwaltungswissenschaft. Ideengeschichtliche Untersuchung zur Stabilität des verwaltenden Rechtsstaates, Frankfurt/M.

Seibel, Wolfgang, 1984: Die Nutzung verwaltungswissenschaftlicher Forschung für die Gesetzgebung. Chancen und Risiken weniger komplexer Rechtssetzungen, München.

Seibel, Wolfgang, 1985: „Steuerungsversagen" des Rechts: Auf der Suche nach Abhilfe. Eine kritische Durchsicht der „Entbürokratisierungsberichte" der Bundesländer, MS, Kassel.

Siebel, Walter, 1974: Entwicklungstendenzen kommunlaer Planung, Bonn–Bad Godesberg (=Schriftenreihe des BMBau 03.028).

Siedentopf, Heinrich, 1973: Funktion und allgemeine Rechtsstellung – Analyse der Funktionen des öffentlichen Dienstes, Baden-Baden (=Studienkommission für die Reform des öffentlichen Dienstrechts Band 8).

Siedentopf, Heinrich (Hrsg.), 1976: Verwaltungswissenschaft, Darmstadt.

Sjöblom, Gunnar, 1977: The Cumulative Problem in Political Science. An Essay on Research Strategies, in: EJPR, 1ff.

Sontheimer, Kurt/Bleek, Werner, 1973: Abschied vom Berufsbeamtentum? Perspektiven einer Reform des öffentlichen Dienstes in der Bundesrepublik Deutschland, Hamburg.

SPD, 1980: Bürger und Verwaltung, Bonn (=Forum Zukunft SPD).

Hochschule für Verwaltungswissenschaften *Speyer* (Hrsg.), 1972: Demokratie und Verwaltung, Berlin.

Hochschule für Verwaltungswissenschaften *Speyer* (Hrsg.), 1972a: Aktuelle Probleme der Ministerialorganisation, Berlin.

Hochschule für Verwaltungswissenschaften *Speyer* (Hrsg.), 1972b: Regierungsprogramme und Regierungspläne, Berlin.

Hochschule für Verwaltungswissenschaften *Speyer* (Hrsg.), 1973: Organisation der Minsterien des Bundes und der Länder, Berlin.

Hochschule für Verwaltungswissenschaften *Speyer* (Hrsg.), 1975: Politikverflechtung zwischen Bund, Ländern und Gemeinden, Berlin.

Steinkemper, Bärbel, 1974: Klassische und politische Bürokraten in der Ministerialverwaltung der Bundesrepublik Deutschland. Eine Darstellung sozialstruktureller Merkmale unter dem Aspekt politischer Funktionen der Verwaltung, Köln.

Strutz, Hans (Hrsg.), 1982: Handwörterbuch der Verwaltung und Organisation (HdVO) für Praxis und Ausbildung in der öffentlichen Verwaltung, Köln.

Synopse der Berichte und Vorschläge anderer Länderkommissionen zur Gesetzes- und Verwaltungsvereinfachung. Ergebnisbericht im Auftrag der Kommission zur Gesetzes und Verwaltungsvereinfachung in Nordrhein-Westfalen, bearbeitet von Jutta Kirchhoff, in: Kommission 1983.

Thieme, Werner: Verwaltungslehre, Köln 1966 (inzwischen 4. Auflage 1984).

Treiber, Hubert, 1977: Programmentwicklung als politischer Prozeß, in: ZfP, 213ff.

Uthoff, Hayo/Deetz, Werner (Hrsg.), 1980: Bürokratische Politik, Stuttgart.

Voigt, Rüdiger (Hrsg.), 1980: Verrechtlichung. Analysen zu Funktionen und Wirkung von Parlamentarisierung, Bürokratisierung und Justizialisierung sozialer, politischer und ökonomischer Prozesse, Königstein/Ts.

Voigt, Rüdiger (Hrsg.), 1983a: Abschied vom Recht?, Frankfurt/M.

Voigt, Rüdiger (Hrsg.), 1983b: Gegentendenzen zur Verrechtlichung, Opladen (=Jahrbuch für Rechtssoziologie und Rechtstheorie Bd. 9).

Wagener, Frido, 1969: Neubau der Verwaltung, Berlin.

Wagener, Frido, 1970: Von der Raumplanung zur Entwicklungsplanung, in: DVBl, Jg. 85, 93ff.

Wagener, Frido, 1979: Der öffentliche Dienst im Staat der Gegenwart, in: VVDStR, Heft 37.

Wagener, Frido (Hrsg.), 1975: Verselbständigung von Verwaltungsträgern, Bonn (=Deutsche Sektion des Internationalen Instituts für Verwaltungswissenschaft, Bd. 1).

Wagener, Frido (Hrsg.), 1976: Regierbarkeit? Dezentralisation? Entstaatlichung?, Bonn (=Deutsche Sektion des Internationalen Instituts für Verwaltungswissenschaften, Bd. 3).

Wittkämper, Gerhard W. (Hrsg.), 1982: Bürokratisierung und Entbürokratisierung, Regensburg.

Wollmann, Hellmut, 1975a: Die Altstadtsanierung erster Teil als Cityerweiterung – der Fall Heidelberg, in: *Grauhahn, Rolf-Richard* (Hrsg.), Lokale Politikforschung, Frankfurt/M.

Wollmann, Hellmut, 1975b: Städtebaurecht und privates Grundeigentum – Zur politischen ökonomie der Gemeinde, in: *Wehling, Hans-Georg* (Hrsg.), Kommunalpolitik, Hamburg.

Wollmann, Hellmut (Hrsg.): Politik im Dickicht der Bürokratie. Beiträge zur Implementationsforschung, Opladen (=Leviathan Sonderheft 1979).

Zeh, Wolfgang, 1984: Wille und Wirkung der Gesetze, Heidelberg

Policy-Forschung

Roland Sturm

I. Entwicklungslinien

Die Entwicklung der Policy-Forschung in der Bundesrepublik ist aus einer einseitig nationalen Perspektive kaum verständlich. Die Etablierung der Policy-Forschung in den USA Ende der 60er und Anfang der 70er Jahre hatte für die bundesrepublikanische Forschung eine auslösende Wirkung, teilweise sogar was die Übernahme von in den USA diskutierten Themen (Bürgerrechtsbewegung, Armut, Vietnamkrieg, Frauenbefreiung, Umweltschutz) (vgl. *Schaefer* 1972, 267 ff.; *Nagel* 1984, 13) betraf. Dennoch folgten die Schwerpunktbesetzungen der zunächst eher von den Kritikern als den Praktikern so genannten Policy-Forschung in der Bundesrepublik (*Wollmann/Jann* 1983, 5 f.) rasch nationalen gesellschaftlich-politischen Nachfragekonjunkturen und versuchten, den Gegebenheiten des bundesrepublikanischen Politikstils gerecht zu werden.

Wollmann und *Jann* (1983, 3 ff.) unterscheiden drei Phasen der Entwicklung der Policy-Forschung in der Bundesrepublik, die Phasen der „traditionellen Politikberatung", der „Reform" und der „Desillusionierung".

Die Politikberatung ist sicherlich kein genuines Produkt der Policy-Forschung, wenn auch letztere zu einer „Verwissenschaftlichung" der Beratungstätigkeit entscheidend beigetragen hat (*von Beyme* 1985 a, 2). Ein Inventar der in der Politikberatung arbeitenden Forscher oder Forschungsinstitute wurde bisher nicht erstellt. Was speziell die Policy-Forschung betrifft, so gehen Schätzungen (vgl. *Jann* 1985, 79 ff./*Wollmann* 1984, 425 ff.) von ca. 300–400 Instituten aus, die in der Bundesrepublik regelmäßig mehr oder minder stark in diesem Bereich engagiert sind.

In welchem Maße die Politikberatung insgesamt als Policy-Forschung einzuordnen ist, darüber gibt es in der bundesrepublikanischen Diskussion keine Einigkeit. *Jann* (1985, 82) konzediert zwar, daß es bei der Politikberatung „um die Bereitstellung von Wissen über die Inhalte und Folgen staatlicher Interventionen" gehe, meint aber: „Wenn man allerdings den Begriff der Policy-Forschung, um der Gefahr seiner Entleerung durch beinahe unbeschränkten Gebrauch zu entgehen, denjenigen Ansätzen vorbehält, die explizit die politischen und administrativen Voraussetzungen und Folgen staatlicher Aktivitäten in ihrer Fragestellung einbeziehen, ist nicht zu verkennen, daß ein Großteil der bisher unternommenen Politikberatung nicht als Policy-Forschung zu bezeichnen ist." *Wollmann* (1984 a, 28 f.) benutzt die Dichotomie präskriptiver Beratungsforschung unter Berufung auf *Lasswell* und deskriptiv-erklärender Policy-Studien demgegenüber als erste Grobgliederung von Variationsmöglichkeiten der *policy orientation*. Für ihn ist die Politikberatung einer der „Idealtypen" der Policy-Forschung.

Wenn schon nicht über die Abgrenzung von Politikberatung und Policy-Forschung, so besteht Einigkeit unter den Policy-Forschern darüber, daß die Etablierung der Policy-

Forschung in der Bundesrepublik klar identifizierbare gesellschaftlich-politische Ursachen hatte (*Wollmann/Jann* 1983, 4 ff.). Reformkonsens und politischer Reformwille brachten Anfang der 70er Jahre Konzepte, wie das von *Renate Mayntz* und *Fritz Scharpf* (1973) formulierte und im Zusammenhang mit der „Projektgruppe Regierungs- und Verwaltungsreform" entstandene planungsorganisatorische Modell einer „aktiven Politik" hervor. Die Arbeiten einer anderen staatlichen Kommission (für wirtschaftlichen und sozialen Wandel) gelten als erste Bestandsaufnahme Politikfeld-orientierter Forschung.

Die finanziell honorierte und durch Möglichkeiten relativ unmittelbarer Politikbeeinflussung motivierte Arbeit von Sozialwissenschaftlern förderte vor allem unter den den Gedanken der Reformierbarkeit des politischen Systems nicht grundsätzlich skeptisch beurteilenden Politikwissenschaftlern (zur linken Kritik vgl. *Blankenburg et al.* 1974) das Entstehen einer *policy research community*.

Mit dem Ende der Phase der Reformexperimente in der Politik (bis hin zur „experimentellen Politik", *Hellstern/Wollmann* 1983) Mitte der siebziger Jahre setzte in der Policy-Forschung eine Phase der „Desillusionierung" ein. Je weiter sie sich von den Möglichkeiten einer unmittelbaren Umsetzung ihrer Ergebnisse in die praktische Politik entfernte, desto theoriebewußter und selbstbezogener wurde sie. Angesichts der neu aufgetretenen Schwierigkeiten für eine Reformpolitik, aber auch angesichts nichtintendierter Wirkungen bereits instutionalisierter Programme lag es für die Policy-Forschung nahe, deren Implementation und Evaluierung zu neuen Forschungsschwerpunkten zu machen (vgl. u. a. *Hellstern/Wollmann* 1984/*Mayntz* 1980, 1983).

Angeregt durch das veränderte Problembewußtsein gelang es, gesamtgesellschaftliche Restriktionen politischen Handelns, zuerst im Hinblick auf entsprechende Wirkungsmechanismen des Föderalismus („Politikverflechtung") zu identifizieren (*Scharpf/Reissert/ Schnabel* 1977/78). Ausdrücklich politikfeldbezogen argumentieren die Implementations- und die Evaluierungsforschung.

Erstere war aufgrund ihrer Orientierung an der staatlichen Auftragslage zunächst noch stärker handlungsanleitend orientiert (*Windhoff-Héritier* 1980, 13), entwickelte dann aber auch eine stark deskriptiv erklärende Variante, die sich allerdings, wie *Renate Mayntz* (1980) immer wieder hervorhob, trotz aller Wünschbarkeit einer „Theorie politischer Steuerung der Gesellschaft" nicht zu allzusehr verallgemeinernden Erklärungen verdichten ließ. „Die differenzierte Nachzeichnung einzelner Implementationsprozesse", so Mayntz (1983, 13 ff.), „und das damit gleichzeitig gewonnene Verständnis für die Ursachen der beschriebenen Vorgänge ist eine eigenständige Erkenntnisleistung der Implementationsforschung . . .". Auch die Evaluierungsforschung entfaltete dort ihre größte Wirkung, wo sie eng am Politikfeld argumentierte, dort ihre Kategorien bildete und durch Anwendungsbezug überzeugte (vgl. *Hellstern/Wollmann* 1984, 17 ff.).

Der sich im Eigengewicht der Implementations- und der Evaluierungsforschung manifestierenden Tendenz zur Zerstückelung des *policy cycles*, die auch durch die internationale Diskussion gestützt wurde, wirkte die Anfang der 80er Jahre einsetzende stärkere Reflexion über Leistungen und Leistungsmöglichkeiten des Policy-Ansatzes insgesamt entgegen. Dem Betrachter bot sich mit Blick auf den Forschungsstand in der Bundesrepublik ein wenig ermutigendes Bild. *Fritz Scharpf* (1983, 504) fiel als Berichterstatter der Arbeitsgruppe A: Politikfelder auf dem Berliner Kongreß der DVPW (Oktober 1982) auf, daß

„auf dieser Tagung . . . sich noch keine gemeinsamen oder vergleichenden Fragestellungen, keine gemeinsame Begrifflichkeit, keine hypothesen-generierende Typologie von Politikfeldern (etwa in der Nachfolge von *Theodore Lowi*) oder gar Ansätze zur generalisierenden Theoriebildung" zeigten. Dennoch oder gerade deshalb entwickelte sich ein Bedürfnis des neuen Forschungsansatzes nach Selbstvergewisserung, das sich nicht zuletzt in Bestandsaufnahmen (z. B. *Jann* 1981) und der Entdeckung historischer Wurzeln der deutschen Policy-Forschung in der kameralwissenschaftlichen Tradition (vgl. *Tribe* 1984; *von Beyme* 1985, 7 ff.) niederschlug.

In dem gleichen Maße wie der Rotstift zur rationalen Entscheidungskategorie in den Ministerien hochstilisiert wurde und die Konjunktur von Entstaatlichungsforderungen der auf staatliche Interventionen bauenden Policy-Forschung in der Bundesrepublik die praktisch-politische Existenzgrundlage zu entziehen drohte, verstärkte sich das Bewußtsein der Policy-Forscher über die gesamtgesellschaftliche Einbindung der von ihnen untersuchten Politikfelder. Die bundesrepublikanische Diskussion beteiligte sich an der internationalen Debatte der Policy-Output-Forschung, die das relative Gewicht weltanschaulicher im Vergleich zu ökonomischen Bestimmungsfaktoren von Politikergebnissen in den Vordergrund stellte (vgl. z. B. *Schmidt* 1982). Mit der Frage „Do Parties Matter?" (*von Beyme* 1984 a) wurde die Aufmerksamkeit der Policy-Forschung auf den Gesamtzusammenhang von *Policy, Politics* und *Polity* gelenkt.

Heute ist die Policy-Forschung in ihrer Orientierung sowohl was einzelne Phasen des Policy-Zyklus betrifft, als auch im Hinblick auf ihr Verhältnis zur traditionellen Politikwissenschaft relativ offen. Unbestreitbar sei allerdings, so *Hartwich* (1984, 462), daß die Policy-Forschung zur traditionellen Politikwissenschaft „dazugestoßen" ist. „Sie hat wichtige Politikfelder entdeckt und vehement besetzt."

Klaus von Beyme (1984) interpretiert die Offenheit der Policy-Forschung als Chance für die Entwicklung der Politikwissenschaft in der Bundesrepublik. Die Policy-Forschung kann in mehrerer Hinsicht integrierend wirken:

(1) Ein größeres Bewußtsein über die Grenzen von Studien mit (notwendigerweise) begrenzter Fragestellung, wie sie in der Policy-Forschung üblich sind (und nicht nur hier) macht diese nicht überflüssig. Vermieden werden sollte allerdings eine monokausale oder allzusehr sektoralisierte Argumentationsweise. Auf der anderen Seite hat die Policy-Forschung systemfunktionalistisch argumentierenden Deterministen die Notwendigkeit der Politikfeldanalyse zum Verständnis der Ergebnisse des politischen Entscheidungsprozesses ins Stammbuch geschrieben.

(2) Die metatheoretische Offenheit des Konzeptes der Policy-Forschung, die von Kritikern in den Vorwurf umgemünzt wurde, die Policy-Forschung gehe von „unbefragten Grundannahmen ihres Modells von Staat – Gesellschaft – Ökonomie, die überdies als zeitstabil angesehen werden", aus (*Jürgens/Naschold* 1983, 117/*Greven* 1985), schafft ein wichtiges Kommunikationsfeld für Vertreter unterschiedlicher Positionen. Sowohl „Kapitalismuskritiker" als auch „Reformer" können ihre Argumentationsmuster im Austausch über konkrete Politikfelder testen (*von Beyme* 1985 a, 2).

(3) Die Policy-Forschung hat auch die internationale Integration der deutschen Politikwissenschaft befördert. Das Wissenschaftszentrum Berlin gilt neben *Richard Rose*s Institut in Strathclyde (Glasgow) als der wichtigste Policy-*think tank* in Europa. Im internationalen Vergleich wird den Forschern der Bundesrepublik – nach den Amerikanern, aber vor

den Franzosen oder Briten – eine tragende Rolle in der vergleichenden Policy-Forschung zugeschrieben (*Fitzsimmons* 1981, 129/*Heidenheimer* 1985, 4).

(4) Gerade die vergleichende Politikwissenschaft hat durch die Policy-Forschung neue Impulse erhalten (*Murswieck* 1985, 83). An die Stelle abstrakter Bekenntnisse in der „Systemkonkurrenz" oder von Vorurteilen über das Leben in anderen Ländern kann die Policy-Forschung durch vergleichende Politikfeldanalysen nicht nur durch Interviewstudien und harte Daten abgesicherte Effizienzvergleiche setzen, sie kann auch versuchen, verallgemeinernd Lernprozesse zur Verbesserung der Bedingungen und Leistungen von Einzelpolitiken anzustoßen.

(5) Policy-Forschung ist notwendigerweise interdisziplinär. Die Integration der Erkenntnisse anderer Disziplinen sollte allerdings nicht bloß kumulativ erfolgen. Der Politikwissenschaft kommt in diesem Zusammenhang, wie *Werner Jann* (1983, 37 f.) argumentiert, eine besondere Rolle zu: „Da die Politikwissenschaft über kein dominierendes Forschungsparadigma verfügt, sind Politologen vielleicht offener gegenüber konkurrierenden Ansätzen, Methoden und Disziplinen der Sozialwissenschaft. Außerdem sind sie natürlich vor allem für die Policy-Forschung im engeren Sinne, d. h. für die besondere Untersuchung politisch-administrativer Ursachen, Inhalte und Folgen von Policies geeignet; sie wären der Garant, daß die Aspekte der Macht- und Interessendurchsetzung und der institutionellen Bedingungen von Policies, d. h. die Politics und Polity-Dimension, nicht in Vergessenheit geraten."

(6) Policy-Forschung bietet schließlich nicht zuletzt möglicherweise denjenigen, die sich das entsprechende Handwerkszeug angeeignet haben, das diese Forschungsrichtung vermittelt, eine erhöhte Chance auf einen ihrer Qualifikation entsprechenden Arbeitsplatz (*Scharpf* 1983, 506/*Wollmann* 1985, 78). Diese Motivation für die Förderung der Policy-Forschung wäre sicherlich nicht die schlechteste, insbesondere wenn *Stuart Nagels* (1984, 3) Vermutung zuträfe, daß eine regierungsamtliche Sparpolitik den Beratungsbedarf durch Policy-Forscher eher erhöht.

II. Empirische Befunde

Quantifizierende Bestandsaufnahmen der Policy-Forschung in der Bundesrepublik wurden bisher kaum versucht. Dies liegt nicht nur an den bereits angedeuteten Abgrenzungsproblemen zwischen traditioneller Politikwissenschaft und Policy-Forschung. Der Policy-Forschung in der Bundesrepublik fehlt auch, vor allem im Vergleich zu den USA, der eigenständige logistische Unterbau. Es gibt beispielsweise kein Äquivalent zur amerikanischen *Policy Studies Organization* (*Jann* 1983 a, 66 ff.), deren Überblick über das Fach systematische und quantitative Dimensionen des Forschungsfeldes leichter erkennen lassen. Es gibt in der Bundesrepublik keine Spezialzeitschriften zur Policy-Forschung, die sich auswerten ließen (in den USA findet man mindestens ein Dutzend), und erst seit kurzem existiert eine spezielle Schriftenreihe zur Policy-Forschung, wohingegen in den USA sieben Verlage in Serie spezielle Policy-Studien herausgeben.

Drei Fragen, die über Stärken und Schwächen der Policy-Forschung Auskunft geben, können allerdings auch beim heutigen Informationsstand leidlich beantwortet werden:

(1) Wie sehen die Fachvertreter die Rolle der Policy-Forschung?

(2) Wie stark wird die Policy-Forschung in den politikwissenschaftlichen Zeitschriften berücksichtigt?

(3) Wo liegen die Schwerpunkte der Policy-Forschung heute?

(1) *Carl Böhret* führte 1984 eine Befragung zum Stand und der Orientierung der Politikwissenschaft in der Bundesrepublik durch, an der sich 266 (von 571 angeschriebenen) Politologen beteiligten. Von 167 befragten Hochschullehrern hielten, wie er feststellte, 72,4% die Unterscheidung von *Politics, Policy* und *Polity* für sinnvoll. Ebenso eindeutig war das Meinungsbild beim wissenschaftlichen Nachwuchs (n=35) mit einer Zustimmungsrate von 77,1% (1985, 298). Der Policy-Aspekt der politikwissenschaftlichen Forschung – so kann man wohl aus dieser Befragung schließen – wird also von den Fachvertretern nicht nur gesehen, sondern auch akzeptiert.

Dies wirkt sich auf die Forschungspraxis aus. Der Anteil der Policy-Forschung an der gesamten Forschung ist, wie *Böhret* (1985, 316) schlußfolgerte, „bemerkenswert". Ca. ein Viertel der Befragten nannte „Politikfeldanalysen" als künftigen Forschungsschwerpunkt (1985, 280), womit sich der Trend der heutigen Forschungsorientierungen stabilisiert. „Insgesamt kann", so *Böhret* (1985, 275), „immerhin der Eindruck entstehen, daß sich die bundesdeutsche Politikwissenschaft verstärkt mit Policy-Forschung beschäftigt, wenngleich sie die eher konventionellen Bereiche nicht vernachlässigt".

Der Eindruck eines gewachsenen Interesses an der Policy-Forschung wird tendenziell auch im Bereich ihrer „Subdisziplinen", wie etwa der Evaluierungsforschung deutlich, deren prozentualer Anteil an allen Forschungsvorhaben – nach vorläufigen Angaben – von 1971 8% auf 1980 30% wuchs (vgl. *Tabelle 1*).

Tabelle 1: Anzahl der Evaluierungsuntersuchungen im IZ-Pool (ohne Einzel- und Auslandsforschung)

Evaluierungsuntersuchungen	1971	1973	1974	1975	1976	1977	1978	1979	1980
Anzahl	118	231	221	377	614	765	733	912	1 303
Prozentueller Anteil an allen Forschungsvorhaben	8	11	10	13	14	17	27	31	30

Quelle: IZ Sozialwissenschaften, Titel- und String-Recherche im Auftrag des Z16, FU Berlin. Hellstern/Wollmann 1984, 35.

(2) In den politikwissenschaftlichen Zeitschriften wurde die Policy-Forschung bisher eher stiefmütterlich behandelt. Obwohl beispielsweise bei der PVS zwischen 1970 und 1981 15 Policy-Studien als Manuskripte eingereicht wurden (zum Vergleich: 16 zum Schwerpunkt „Politisches System"), wurde in diesem Zeitraum keine einzige Policy-Studie (hingegen 3 Studien zum „Politischen System") veröffentlicht.

In der Folgezeit hat sich die Situation etwas verbessert. Von drei 1982 eingereichten Manuskripten zur Politikfeldanalyse wurde eines veröffentlicht und von 1983 insgesamt eingereichten 15 immerhin vier. Mit fünf Veröffentlichungen in der PVS zum Thema Policy-Studien lag dieser inhaltliche Schwerpunkt zwar immer noch am unteren Ende der Häufigkeitsskala von Schwerpunktbeiträgen, wurde aber seit 1982 wenigstens berücksichtigt (vgl. PVS 25 [1984], 4f.).

Bezieht man, wie *Böhret* dies getan hat (1985, 252 ff.), weitere Fachzeitschriften in diese Analyse ein, bestätigt sich, daß in bezug auf Policy-Studien auch dort „offensichtlich sehr ‚restriktiv' ausgewählt wurde. Politikfeldanalysen sind (im Vergleich zu der ‚Tendenz' in der Umfrage auffällig unterrepräsentiert. ‚Zum Zuge' kommen sie hauptsächlich in der Beilage zur Wochenzeitschrift „Das Parlament", während sie ansonsten – mit Ausnahme gerade des kritisch, nicht aber Policy-Science-orientierten „Leviathan" – sehr stark herausgefiltert werden."

(3) Bei der Suche nach Schwerpunkten der Policy-Forschung in der Bundesrepublik fällt zunächst ein Defizit auf: Trotz entsprechender Forderungen, die z. T. schon über 10 Jahre alt sind (*Schaefer* 1972, 275), besteht ein großer Mangel an genuinen deutschen Beiträgen zur Theorie der Policy-Forschung. Das Gros theoretischer Bemühungen besteht aus kaum verhüllten, an amerikanischen Vorbildern orientierten Übersetzungsanstrengungen. Das Ergebnis solcher Bemühungen ist – nicht zuletzt aufgrund der ebenfalls vorhandenen Theoriedefizite der US-Forschung und der Probleme der Übertragung kontextgebundener wissenschaftlicher Konzepte – bisher wenig befriedigend. Sie genügen nicht, aus dem „Problemkind der Politikwissenschaft", Policy Theorie (*Windhoff-Héritier* 1983, 347), einen Musterknaben zu machen (vgl. auch *Scharpf* 1978, 117 f./*Hese* 1985, 45 ff.). Neben dem erwähnten Fehlen eines logistischen Unterbaus der Policy-Forschung scheint diese Tatsache mit eine der zentralen Ursachen für den Mangel an „Fachidentität" (*Konukiewitz* 1984, 91) und „Professionalisierung" der Policy-Forschung (*Wollmann* 1984a, 39) zu sein, die sich nicht zuletzt in der nur zaghaften Verwendung der Kategorien der Policy-Forschung in konkreten Politikfeldanalysen niederschlägt.

Schwerpunkte der Policy-Forschung im Bezug auf einzelne Politikfelder zu identifizieren, bereitet methodisch einige Mühe. Erstens werden wichtige Beiträge zu vielen Politikfeldern von Nicht-Politologen geschrieben – gehören also damit aus der Sichtweise der Profession nicht zur „eigentlich" politikwissenschaftlichen Forschungsleistung.

Zweitens lassen sich Politikfelder nicht scharf voneinander abgrenzen. Sollte man sich deshalb mit einigen „Groß"kategorien, wie Wirtschaftspolitik oder Sozialpolitik, begnügen? Dies würde der doch eher kleinräumiger argumentierenden Mehrzahl der Policy-Studien schwerlich gerecht werden. Selbst wenn es allerdings gelänge hier eine überzeugende Systematik verbindlich festzulegen, wäre das Abgrenzungsproblem – das sich zudem bei internationalen Policy-Vergleichen neu stellt – nicht gelöst. Zur Illustration sei hier das Feld der Sozialpolitik erwähnt, zu der in der angelsächsischen Literatur in der Regel neben der Einkommenssicherung, die Gesundheitspolitik, die Wohnungspolitik und auch die Bildungspolitik gezählt werden, während in der deutschsprachigen Literatur unter Sozialpolitik eher das Bündel der Sozialversicherungsprogramme verstanden wird. Drittens schließlich legt die Geschichte der Herausbildung der Policy-Forschung die Konzentration auf innenpolitische Themen nahe, ihren neuen Fokus hat die Policy-Forschung bisher nur hier mit größerem Erfolg durchgesetzt. Im Bereich der Internationalen Beziehungen nach Policy-Schwerpunkten zu suchen erscheint heute gleichzeitig verfrüht und verspätet, denn: „Die politologische Forschung über Internationale Beziehungen kannte schon immer eine Art der ‚policy-Orientierung', die der Außenpolitik-Analyse" (*Rittberger/Wolf* 1985, 205).

Versucht man, trotz dieser Vorbehalte, eine vorläufige Bilanz der Schwerpunktbildung der Policy-Forschung, so ist auf ein weiteres Defizit der Policy-Forschung hinzuweisen.

Es fehlen – auch nach der zeitweisen Konjunktur vergleichender Policy-Output-Studien – weiterhin international vergleichende Policy-Analysen. Allerdings ist dies, führt man sich den Mangel an vergleichenden Studien auch zu Fragestellungen außerhalb der Policy-Forschung und die sich erst langsam entwickelnde Theoriebildung im Bereich der „Comparative Public Policy" vor Augen, kein spezifisch deutsches Defizit.

In der Forschung der Bundesrepublik kann man eine relativ breit gestreute Beschäftigung mit Politikfeldern feststellen (vgl. *Tabelle 2*). Nach der *Böhret*schen Befragung sind aktuelle Schwerpunkte (mit abnehmender Bedeutung): die Technologiepolitik, die Arbeitsmarktpolitik, die Strukturpolitik, die Bildungspolitik, die Umweltpolitik und die Medienpolitik. Aktuelle Schwerpunkte werden auch deutlich, wenn man die Bereiche betrachtet, in denen in den letzten Jahren vor allem Ressortforschung sowohl durch institutionelle als auch durch Auftragsforschung betrieben wurde. Es sind dies die Arbeitsmarktpolitik, die Umweltschutzpolitik, die Sozialpolitik und die Städte- und Wohnungsbaupolitik (*Jann* 1983a, 40). Eine Auszählung des Autors der neueren Veröffentlichungen (1983ff.) zu speziellen Politikfeldern ergab die aktuellen Schwerpunkte (in dieser Reihenfolge): Arbeitsmarktpolitik, Sozialpolitik; Umweltpolitik; Wohnungspolitik; Medienpolitik; Gesundheitspolitik.

Tabelle 2: Art und Menge der Politikfeldanalysen im engeren Sinne
(bisher, derzeit, geplant) Hochschullehrer

lfd. No.	Politikfeld	bisher n	%	derzeit n	%	geplant n	%	insgesamt n	%
1	Bildungspolitik	14	17,4	7	8,3	2	2,4	23	9,2
2	Dritte Welt (Entwicklungspolitik)	12	14,9	7	8,3	8	9,4	27	10,8
3	Sozialpolitik	9	11,1	6	7,1	9	10,5	24	9,6
4	Technologiepolitik	9	11,1	13	15,5	14	16,5	36	14,5
5	Strukturpolitik (Modernis.; Industrie)	8	9,9	8	9,5	14	16,5	30	12,0
6	Arbeits(markt)politik	7	8,6	13	15,5	13	15,3	33	13,3
7	Ökologie/Umweltpolitik	5	6,2	7	8,3	7	8,2	19	7,6
8	Medienpolitik	4	4,9	7	8,3	5	5,9	16	6,4
9	Energie- und Rohstoffpolitik	3	3,7	3	3,6	1	1,2	7	2,5
10	Wohnungs(bau)politik	3	3,7	4	4,8	4	4,7	11	4,4
11	Gesundheitspolitik	2	2,5	4	4,8	3	3,5	9	3,6
12	Städtebau-Raumordnungspolitik	1	1,2	2	2,4	1	1,2	4	1,6
13	Familienpolitik (mit Jugend, Senioren)	1	1,2	–	–	–	–	1	0,4
14	Ausländerpolitik	1	1,2	2	2,4	2	2,5	5	2,0
15	Forschungspolitik	1	1,2	–	–	–	–	1	0,4
16	Verkehrspolitik	1	1,2	–	–	–	–	1	0,4
17	Biopolitik	–	–	1	1,2	1	1,2	2	0,8
18	Sonstige	–	–	–	–	–	–	–	–
	Summe	81	100	84	100	85	100	249	100

Quelle: Böhret 1985, 261.

Politikfeldanalysen unterliegen ausgeprägten Themenkonjunkturen *(issue-attention cycles)*, was auch *Böhrets* Studie (1985, 220) bestätigte. Am deutlichsten kann dies am Beispiel der Bildungspolitik demonstriert werden, die Ende der 60er und Anfang der 70er Jahre ganz oben in der Rangfolge der bearbeiteten Themen stand und heute sowohl was das Interesse der Politologen betrifft (vgl. *Tabelle 2*) als auch bei der Auftragsforschung und der Dichte von Publikationen deutlich an Boden verloren hat.

III. Zur Diskussion auf den einzelnen Politikfeldern

Ein auf wenige Seiten begrenzter und angesichts der unbestimmten Vielzahl möglicher Suffix-Politiken notwendigerweise selektiver Überblick über Strömungen der Forschung auf den einzelnen Politikfeldern muß immer für Bereichsspezialisten ärgerliche Lücken aufweisen. Im Bewußtsein dieses strukturellen Mangels sollen im folgenden – von den eher traditionellen zu den neu hinzugekommenen Politikfeldern fortschreitend – die Beiträge zu neun Politikbereichen analysiert werden.

Die Beschäftigung mit der *Sozialpolitik,* dem ersten hier zu analysierenden Politikfeld, hat Traditionen, die bis ins letzte Jahrhundert zurückreichen, wobei allerdings bis heute die thematische Abgrenzung des Politikfeldes umstritten bleibt. In sehr hohem Maße wurde und wird die Forschung gerade von Nichtpolitologen, wie den Vertretern der Spezialdisziplin „Sozialpolitik" in der Volkswirtschaftslehre (Verein für Socialpolitik), und auf dem sozialwissenschaftlichen Feld von Soziologen (*Achinger* [3]1979; *von Ferber* 1967; *Bethusy-Huc* [2]1976; *Kaufmann* [2]1973) getragen. Die Tradition der Sozialpolitik hat diese – wie kaum ein anderes Politikfeld – mit Spezialzeitschriften (Arbeit und Sozialpolitik, seit 1947; Soziale Sicherheit, seit 1952; Sozialer Fortschritt, seit 1952; Zeitschrift für Sozialreform, seit 1955), Lehrbüchern (*Preller* 1970; *Brück* [2]1981; *Lampert* 1980; *Bäcker u. a.* 1980) und historischen Darstellungen (*Gladen* 1974; *Bartholomäi u. a.* 1977; *Tennstedt* 1981; *Alber* 1982; *Hentschel* 1983) ausgestattet.

Das Interesse der Politikwissenschaft an der Sozialpolitik entzündete sich in den 70er Jahren in der kritischen Auseinandersetzung mit der Reformpolitik der sozialliberalen Regierung (*Narr/Offe* 1975; *Murswieck* 1976; *von Ferber/Kaufmann* 1977; 1976: Einrichtung des Arbeitskreises Gesundheits- und Sozialpolitik in der DVPW). In der zweiten Hälfte der 70er Jahre wurde die linke und rechte Grundsatzkritik am Wohlfahrtsstaat zu einem wichtigen Gegenstand der wissenschaftlichen Kontroverse (*Schelsky* 1976; *Widmaier* 1976; 1978; *Strasser* 1979; *Mosdorf* 1980; *Greven u. a.* 1980) – ein Thema, das zu Beginn der 80er Jahre von dem Problem der Handlungsrestriktionen in der Sozialpolitik bei knappen Kassen als zentralem Diskussionsgegenstand abgelöst wurde (*Badura/Gross* 1976; *Albers* 1982; *Gross* 1983; *Molitor* 1984; *Herder-Dorneich u. a.* 1984; *Stahl/Zängle* 1984; *Heinze* 1985). Daneben blieben auf diesem Politikfeld immer Arbeiten von Gewicht, die Fragen z. B. des Sozialrechts und der Sozialversicherungspolitik (*Schmidt* 1981; *Köhler/Zacher* 1981; 1983) oder der Familienpolitik thematisierten (*Kaufmann* 1982), oder die sich mit der sozialpolitischen Programmatik und Praxis der Regierungsparteien (*Standfest* 1979; *Hockerts* 1980; *Michalsky* 1985) beschäftigten.

Forschungsarbeiten zur *Gesundheitspolitik* betonten in den 60er Jahren zunächst verbandssoziologische (*Naschold* 1967) und medizinsoziologische Aspekte (*von Ferber* 1971).

Anfang der 70er Jahre wurde begonnen, die gesamtgesellschaftliche Dimension der Gesundheitspolitik stärker zu reflektieren, wobei ein Argumentationsstrang der Debatte Systemsteuerungsaspekte in den Vordergrund stellte (*Hugger* 1977), während ein anderer die gesellschaftskritische – teilweise aus praktischer Erfahrung gespeiste (*Jahn* u. a. 1972) Forschung auf diesem Politikfeld initiierte (z. B. *Deppe* u. a. 1973; *Kühn* 1980; Jahrbuch Medizinische Soziologie, seit 1981). Die konservative Gegenbewegung reagierte auf diese Kritik u. a. mit der Betonung des Gewichts marktwirtschaftlicher Prinzipien der Gesundheitsökonomie (*Herder-Dorneich* 1976; *Bogs* u. a. 1982).

Die eigentliche Policy-Spezialisierung setzte auf diesem Politikfeld Mitte der 70er Jahre ein (*Naschold* 1976; *Dahme* u. a. 1980; *Murswieck* 1983), wobei der Politikfeldfokus durch handlungssoziologische Studien (*Wiesenthal* 1981) ergänzt wurde. Institutionell verankert ist auf diesem Politikfeld v. a. die Erforschung des Zusammenhangs von Arbeit und Gesundheit im Internationalen Institut für Vergleichende Gesellschaftsforschung des WZB (Wissenschaftszentrum Berlin), Schwerpunkt: Arbeitspolitik. Die neueren Beiträge zur Gesundheitspolitik haben auch Überlegungen zu einer Alternativorganisation des Gesundheitssektors thematisiert (*Trojan/Waller* 1980; *Kickbusch/Trojan* 1981; *Badura/von Ferber* 1983).

Die *Bildungspolitik,* Ende der 60er und Anfang der 70er Jahre im Zeichen der vielbeschworenen Bildungskatastrophe (*Picht* 1964) und der Rebellion an den Schulen und Hochschulen das fast alleine dominierende Politikfeld (*Hüfner/Naumann* 1977), hat mit ihrem Gewicht in der Tagespolitik auch ihre Bedeutung als Forschungsschwerpunkt verloren. Bildungspolitische Bestandsaufnahmen (*Dannemann* 1973; *Hearnden* 1973; *Arnold/Marz* 1979; *Reuter/Muszynski* 1980; *Rothe* 1981), Reformdebatten (*Naschold* 1974; *Richter* 1975; *Raith* 1979) und die politökonomisch begründete Kritik „kapitalistischer" Bildungspolitik (*Altvater/Huisken* 1971; *Briese* u. a. 1973) mit ihrer planungstheoretischen Variante (*Ronge/Schmieg* 1973) wurden Mitte der 70er Jahre ergänzt durch Analysen des bisher vernachlässigten Bereichs der beruflichen Bildung (*Lempert* 1975; *Offe* 1975). Die institutionelle Unterstützung der Forschung auf diesem Politikfeld (Max-Planck-Institut für Bildungsforschung/Projektgruppe Bildungsbericht 1980) vermochte allerdings nicht zu verhindern, daß dieser für die Politik der „Inneren Reformen" einstmals zentrale Politikbereich heute, wie viele der anderen Politikfelder auch, primär mit der finanzpolitischen Elle gemessen wird (*Brinkmann* 1985).

Die *Haushalts-* und die *Wirtschaftspolitik* sind ähnlich traditionelle Politikfelder wie die Sozialpolitik. Politologen haben bisher *Haushaltspolitik* v. a. dann kommentiert, wenn sich mit dieser eine über den engeren Bereich der Finanzpolitik hinausgehende politische Neuorientierung verband. Einen ersten solchen Anlaß bot die Auseinandersetzung um die Haushaltsreform Ende der 60er Jahre (*Hirsch* 1968; *Korff* 1975), einen zweiten die Debatte um die Ausgabenentwicklung (*Kohl* 1984; *Rühle/Veen* ²1979) und die Staatsverschuldung (*Simmert/Wagner* 1981; *Triesch* 1981; *Möller/Schwebler* o. J. [1981]) Ende der 70er Jahre. Budgetdaten wurden auch zu einer wichtigen Grundlage der Policy-Output-Forschung (z. B. *Schmidt* 1980; 1982), die diese als Indikatoren für Ergebnisse politischer Entscheidungen nutzte. Politikwissenschaftliche Analysen haushaltspolitischen Entscheidens sind relativ neu (*Treiber* 1984; *Sturm* 1986).

Analysen der *Wirtschaftspolitik* (*Simmert* 1979; *Vogel* 1982; *Grosser* 1985) kreisen um die Felder der Wettbewerbs- (*Willeke* 1980; *Herdzina* 1984), der Geld- (*Kaiser* 1980; *Narr-*

Lindner 1984) und der Konjunktur- und Strukturpolitik (*Hauff/Scharpf* 1975; *Bombach* 1977; *Eckey* 1978; *Osterwald* 1982; *Schroeder* 1984, auch die Arbeiten des WZB, Schwerpunkt Strukturpolitik), sowie neuerdings der Sparpolitik (*Mäding* 1983; *von Arnim/Littmann* 1984). Sieht man einmal von der linken Kritik der Politischen Ökonomie (*Altvater* u. a. 1980; *Grauhan/Hickel* 1978; *Groth* 1978) ab – der es mit Gegenmemoranden (seit 1975) zu den Jahresgutachten des Sachverständigenrates zur Begutachtung der gesamtwirtschaftlichen Entwicklung gelang, stärker politikwissenschaftlich argumentierende Positionen in die öffentliche Debatte einzubringen – blieb auf diesem Politikfeld, trotz der gelegentlichen Interventionen der Politikwissenschaftler, die Dominanz der Ökonomen auch gestützt durch die Forschungskapazitäten der fünf führenden Wirtschaftsforschungsinstitute (DIW, Berlin; HWWA, Hamburg; Ifo, München;. IfW, Kiel; RWI, Essen) bestehen.

Dem Politikfeld *Rechtspolitik* widmete die Politische Wissenschaft seit den 60er Jahren vor allem aus zwei Gründen verstärkte Aufmerksamkeit. Zum einen politisierte die rechtliche Normierung von Policy-Entscheidungen im Zuge der Reformpolitik das in der Frühphase der Bundesrepublik als stärker neutral perzipierte Steuerungsmedium Recht. Über dessen subsidiäre Rolle hinausgehend Tendenzen der „Verrechtlichung" (*Voigt* 1980) von Lebensbereichen wurden kritisch reflektiert und konservativ (Deregulation) und linksalternativ begründeten Gegentendenzen gegenübergestellt (*Voigt* 1983). Zum zweiten wurde die Rechtspolitik im Zusammenhang mit der Debatte der 70er Jahre um den Extremistenbeschluß (*Böckenförde* u. a. 1981) und die Verschärfung der rechtlichen Instrumente zur Terroristenbekämpfung (Politik der Inneren Sicherheit) zum Gegenstand politikwissenschaftlicher Analysen (*Blankenburg* 1980; *Hirsch* 1980). Daneben wurden immer wieder Bestandsaufnahmen zum Verfassungsrecht (z. B. *Benda/Maihofer/Vogel* 1983) bzw. zur Rechtspolitik (z. B. Recht und Rechtspolitik 1985) versucht. Neuerdings wird verstärkt auf den politologischen Aspekt des Rechts verwiesen (*Görlitz/Voigt* 1985; *Voigt* 1985), der z. B. bei den Entscheidungen des Bundesverfassungsgerichts von Politologen schon immer unterstellt wurde (*Landfried* 1984).

Die Politikfelder *Wohnungs(bau)politik* (*Evers/Lange/Wollmann* 1983; *Herlyn* 1983) und *Stadtpolitik* (*Fürst* u. a. 1984; *Hesse* 1985) haben – bei teilweiser thematischer Verflechtung – in den 70er Jahren in besonderer Weise zur Entwicklung der Policy-Forschung in der Bundesrepublik beigetragen. Mit dem von *Rolf-Richard Grauhan* (1975; *Grauhan/Lindner* 1974) bereits 1972 gegründeten Arbeitskreis „Lokale Politikforschung" innerhalb der DVPW und der Initiative von *Paul Kevenhörster* (1977), die 1975 zur Konstituierung einer „Studiengruppe für lokale Politikforschung" führte, war eine im Vergleich zu anderen Politikfeldern weit dichtere politikwisschenschaftliche Forschungskooperation entstanden. So wurde nicht nur die gründliche Analyse von einem breiten Spektrum von Fragen auf diesen Politikfeldern möglich, wie beispielsweise bei der Essener Fachtagung der DVPW 1981 zum Thema „Stadtpolitik in den 80er Jahren", bei der über 100 Beiträge präsentiert wurden (*Hesse/Wollmann* 1983), sondern es entstanden auch theoretisch/konzeptionelle Ansätze zur Implementation und Evaluierung von Policies, die über dieses spezifische Politikfeld hinauswirkten (z. B. *Hellstern/Wollmann* 1984). Bemerkenswert ist auch die breitgefächerte Infrastruktur von Forschungseinrichtungen auf diesem Politikfeld, wie dem difu (Deutsches Institut für Urbanistik), Berlin; dem IWW (Institut Wohnen und Umwelt) (1981), Darmstadt; der GEWOS (Gesellschaft für Wohnungs- und

Siedlungswesen), Hamburg, und dem IFS (Institut für Stadtforschung), Berlin, wobei auch wichtige Beiträge unter öffentlicher Regie (Deutscher Städtetag 1980) bzw. durch staatliche Institutionen (Bundesanstalt für Raumordnung, Bauwesen und Städtebau) geleistet werden.

Das Politikfeld *Umwelt(schutz)politik* ist nicht nur für Politologen ein relativ neuer Arbeitsbereich. Bundesregierungen betrachten erst seit Beginn der 70er Jahre Umweltschutz als eigenständige politische Aufgabe (*Glagow* 1972). Anfänglich spielte die Politikwissenschaft in der sich rasch entwickelnden öffentlichen Debatte, die geprägt war von Kassandra-Rufern mit großem internationalem (*Meadows u. a.* 1973) und nationalem Echo (*Gruhl* 1975), v. a. aber von einem hohen Grad politischer Mobilisierung (Bürgerinitiativen), eine Nebenrolle.

Einer ersten Zusammenfassung der Diskussion in der DVPW (Bonner Kongreß 1977, *Jänicke* 1978) folgte dann aber ein noch immer anhaltender Publikationsschub. Neben zunehmend detaillierteren Bestandsaufnahmen (*Wey* 1982; *Hartkopf/Bohne* 1983/86; *Jänicke/Simonis/Weigmann* 1985) trat eine Ausdifferenzierung der Fragestellungen sowohl hinsichtlich von Teilbereichen des Umweltschutzes, wie z. B. der Luftreinhaltepolitik (*Weidner/Knoepfel* 1985) bzw. der Implementation solcher Teilpolitiken (*Mayntz* 1978), als auch hinsichtlich der Einbringung neuer Perspektiven, wie der kommunalen (*Hucke/Ueberhorst* 1983), der supranationalen (*Bungarten* 1978) und der internationalen (*Prittwitz* 1984) in die Diskussion.

Politikfeldanalysen im Bereich des Themas Umwelt wurden entscheidend verstetigt durch die Gründung zahlreicher – allerdings oft populärwissenschaftlicher Zeitschriften (für die Forschung am relevantesten: Zeitschrift für Umweltpolitik, seit 1978), v. a. aber durch die Schaffung einer institutionellen Infrastruktur. In erster Linie sind hier die Politikberatung des „Rates von Sachverständigen für Umweltfragen" (seit 1971) und die Gründung von Forschungsinstituten, wie des als Behörde konzipierten Umweltbundesamts (ca. 400 Mitarbeiter, gegr. 1974), des Internationalen Instituts für Umwelt und Gesellschaft im WZB (gegr. 1975/76) und der ca. 35 den Bürgerinitiativen Umweltschutz nahestehenden, in einer Arbeitsgemeinschaft zusammengeschlossenen ökologischen Forschungsinstitute, zu nennen.

Die *Energiepolitik* ist – wie die Umweltpolitik, mit der sie in der aktuellen Diskussion über die Problematik der Kernenergie verbunden ist – ein relativ neues Politikfeld. Erst nach der Ölkrise 1973/74 wurden energiepolitische Themen Gegenstand sozialwissenschaftlicher Forschung (*Krüper* 1977; *Meyer-Renschhausen* 1977; 1981; *Horn* 1977; *Brandes u. a.* 1981; *Kitschelt* 1983). Zu einem zentralen Gegenstand der Kontroverse wurden die politischen und ökologischen Folgen der Kernenergie (*Deubner* 1977; *Nowotny* 1979; *Bufe/Grumbach* 1979; Kitschelt 1980; *Roßnagel* ²1983) und im Zusammenhang damit, die Frage nach alternativen Energiequellen (*Lienemann u.a.* 1978; *Schaaf* 1978). Im Rahmen der Auseinandersetzung mit Problemen der Kernenergie galt das besondere Augenmerk auch zukünftigen technologisch-politischen Problemen und entsprechenden Entscheidungen für die Wiederaufarbeitung und den Schnellen Brüter – Reaktor (*Keck* 1984; *Traube* 1984; *Meyer-Abich/Ueberhorst* 1985).

Obwohl die *Arbeitsmarktpolitik* (*Bolle* 1976; *Schmid* 1984), anders als beispielsweise die Umweltpolitik deutliche historische Vorläufer hat, kann sie auch, zumindest was das sozialwissenschaftliche Interesse an diesem Thema betrifft, zu den neueren Politikfeldern gezählt werden. Eine aktive Arbeitsmarktpolitik (*Lutz/Sengenberger* 1974; *Engelen-Kefer* 1976; *Scharpf u. a.* 1982a/b), ausgestattet mit einem eigenständigen Instrumentarium (*Schmid/Semlinger* 1980; *Dückert* 1984) wurde durch das Arbeitsförderungsgesetz von 1969 (*Weber* 1972) ermöglicht. Mit der zunehmenden politischen Bedeutung der Arbeitslosigkeit in den 70er und 80er Jahren wurde auch eine detaillierte Auseinandersetzung der Politikwissenschaft mit Arbeitsmarktproblemen angeregt (*Offe* 1977; *Schmid* 1980; *Garlichs u. a.* 1983; *Scharpf/Brockmann* 1983; *Bruche/Reissert* 1985) – nun auch zunehmend unter dem Blickwinkel finanzieller Restriktionen einer staatlichen Politik zur Bekämpfung der Arbeitslosigkeit (*Seifert/Simmert* 1977; *Heinze u. a.* 1984; *Dierkes/Strümpel* 1985) –, und es wurde der Blick über die Grenzen bei der Diskussion der Probleme dieses Politikfeldes einbezogen (*Schmid* 1975; *Schmidt* 1985).

Obwohl Arbeitsmarktpolitik – etwa im Vergleich zur Sozialpolitik – einen relativ geringen Bereich politischen Entscheidens abdeckt, ist die wissenschaftliche Infrastruktur dicht. Zu nennen sind hier besonders die Forschungsinstitute (z. B. Institut für Arbeitsmarkt- und Berufsforschung der Bundesanstalt für Arbeit, Nürnberg; Internationales Institut für Management und Verwaltung im WZB) und die zahlreichen Periodika (u. a. Arbeit und Beruf; Berufsbildung in Wissenschaft und Praxis; Mitteilungen aus der Arbeitsmarkt- und Berufsforschung, sowie Mitteilungen des WSI, des Wirtschafts- und Sozialwissenschaftlichen Instituts des Deutschen Gewerkschaftsbundes).

Abschließend sei darauf hingewiesen, daß bis heute Gesamtdarstellungen aus einer Feder, die unter bestimmten Fragestellungen alle oder eine große Anzahl von Politikfeldern einbeziehen, fehlen. Einen ersten *Überblick* über den Diskussionsstand zu den einzelnen Policies geben die von *Hesse* (1982); *Schmidt* (1983) und *von Beyme/Schmidt* (1985) edierten Sammelbände.

Literaturverzeichnis

I. Policy-Forschung

Beyme, K. von, 1984: Neuere Entwicklungstendenzen von Theorien der Politik, in: Aus Politik und Zeitgeschichte 33, 3–13.

Beyme, K. von, 1984a: Do Parties Matter?, in: Government and Opposition 19, 5–29.

Beyme, K. von, 1985: Policy Analysis und traditionelle Politikwissenschaft, in: *Hartwich*, 7–29.

Beyme, K. von, 1985a: Policy-Making in the Federal Republic of Germany: A Systematic Introduction, in: *Ders./Schmidt*, 1–26.

Beyme, K. von/Schmidt, M. G. (Hrsg.), 1985: Policy and Politics in the Federal Repulic of Germany. Aldershot, Gower.

Blankenburg, E./Schmid, G./Treiber, H., 1974: Von der reaktiven zur aktiven Politik? Darstellung und Kritik des Policy Science-Ansatzes, in: *Grottian, P./Murswieck, A.* (Hrsg.): Handlungsspielräume der Staatsadministration. Hamburg, Hoffmann & Campe, 37–51.

Böhret, C., 1985: Zum Stand und zur Orientierung der Politikwissenschaft in der Bundesrepublik Deutschland, in: *Hartwich*, 216–330.

Fitzsimmons, S. J., 1981: The Transfer of Public Policy Research from the United States to the Federal Republic of Germany, in: *Levine, R. A./Solomon, M. A./Hellstern, G.-M./Wollmann, H.* (Hrsg.): Evaluation Research and Practice. Beverly Hills/London, Sage, 107–130.

Gesellschaft für Programmforschung (Hrsg.), 1981: Programmforschung in der öffentlichen Verwaltung. Münschen, GfP.

Greven, M., 1985: Macht, Herrschaft und Legitimität. Eine Erinnerung der Politologen an die Grundfragen ihrer Disziplin, in: *Hartwich,* 143–147.

Hartwich, H.-H. (Hrsg.), 1983: Gesellschaftliche Probleme als Anstoß und Folge von Politik. Opladen, Westdeutscher Verlag.

Hartwich, H.-H., 1984: Grundfragen der Politikwissenschaft. Bericht über das wissenschaftliche Symposium „Zum Verhältnis der Policy-Forschung/Policy-Studies zu den Kernbereichen des Faches" im Leibnizhaus zu Hannover, in: PVS 25, 462–465.

Hartwich, H.-H. (Hrsg.), 1985: Policy-Forschung in der Bundesrepublik Deutschland. Opladen, Westdeutscher Verlag.

Heidenheimer, A. J., 1985: Comparative Public Policy at the Cross Roads: The Past Decade in Perspective. Paris, IPSA World Congress.

Hellstern, G.-M./Wollmann, H. (Hrsg.), 1983: Experimentelle Politik – Reformstrohfeuer oder Lernstrategie. Opladen, Westdeutscher Verlag.

Hellstern, G. M./Wollmann, H., 1984: Evaluierung und Evaluierungsforschung – ein Entwicklungsbericht, in: *Dies.* (Hrsg.): Handbuch zur Evaluierungsforschung, Band 1. Opladen, Westdeutscher Verlag, 17–93.

Hesse, J. J. (Hrsg.), 1982: Politikwissenschaft und Verwaltungswissenschaft (=PVS Sonderheft 13). Opladen, Westdeutscher Verlag.

Hesse, J. J., 1985: Policy-Forschung zwischen Anpassung und Eigenständigkeit, in: *Hartwich,* 30–68.

Jann, W., 1981: Kategorien der Policy-Forschung, Speyerer Arbeitsheft 37.

Jann, W., 1983: Policy-Forschung – ein sinnnvoller Schwerpunkt der Politikwissenschaft?, in: Aus politik und zeitgeschichte 47, 26–38.

Jann, W., 1983a: Der Policy-Ansatz. Ein Überblick über Entwicklungen in der Bundesrepublik Deutschland und in den USA. Speyerer Arbeitsheft 45.

Jann, W., 1985: Policy-Forschung als angewandte Sozialwissenschaft, in: *Klages, H.* (Hrsg.): Arbeitsperspektiven der Sozialwissenschaft. Opladen, Westdeutscher Verlag, 64–111.

Jürgens, U./Naschold, F., 1983: Thesen und Materialien zur Arbeitspolitik, in: *Hartwich,* 113–138.

Konukiewitz, M., 1984: Conference Report. The Development and Present State of Policy Research, in: Policy Sciences 17, 89–92.

Mayntz, R., 1980: Die Entwicklung des analytischen Paradigmas der Implementationsforschung, in: *Dies.* (Hrsg.): Implementation politischer Programme. Königstein/Ts., Athenäum, 1–19.

Mayntz, R., 1983: Probleme der Theoriebildung in der Implementationsforschung, in: *Dies.* (Hrsg.): Implementation politischer Programme II. Opladen, Westdeutscher Verlag, 7–24.

Mayntz, R./Scharpf, F. W. (Hrsg.), 1973: Planungsorganisation. Die Diskussion um die Reform von Regierung und Verwaltung des Bundes. München, Piper.

Murswieck, A., 1985: Policy-Forschung und politische Institutionenanalyse – Verbindungslinien einer scheinbaren Zerrüttung, in: *Hartwich,* 80–86.

Nagel, S. S., 1984: Contemporary Public Policy Analysis. University of Alabama Press.

Rittberger, V./Wolf, K. D., 1985: Policy-Forschung und internationale Beziehungen, in: *Hartwich,* 204–211.

Schaefer, G. F., 1972: Policy Analysis und Politologie. Kritische Anmerkungen zu neuen theoretischen Ansätzen in der amerikanischen politischen Wissenschaft, in: Sozialwissenschaftliches Jahrbuch für Politik 3, 261–280.

Scharpf, F. W., 1978: Comparative Policy Studies: Cases in Search of Systematic Theory, in: European Journal of Political Research 6, 117–125.

Scharpf, F. W., 1983: Bericht aus der Arbeitsgruppe A: Politikfelder, in: *Hartwich,* 504–509.

Scharpf, F. W./Reissert, B./Schnabel, F., 1976: Politikverflechtung. Kronberg/Ts., Scriptor.

Scharpf, F. W./Reissert, B./Schnabel, F. (Hrsg.), 1977: Politikverflechtung II. Kronberg/Ts., Athenäum.

Schmidt, M. G., 1982: Wohlfahrtsstaatliche Politik unter bürgerlichen und sozialdemokratischen Regierungen. Frankfurt/New York, Campus.

Schmidt, M. G. (Hrsg.), 1983: Westliche Industriegesellschaften (=Pipers Wörterbuch zur Politik, Band 2). München, Piper.

Tribe, K., 1984: Cameralism and the Science of Government, in: Journal of Modern History 56, 263–284.

Windhoff-Héritier, A., 1980: Politikimplementation. Königstein/Ts., Hain.

Windhoff-Héritier, A., 1983: „Policy" und „Politics" – Wege und Irrwege einer politikwissenschaftlichen Policy-Theorie, in: PVS 24, 347–360.

Wollmann, H., 1980: Implementationsforschung – eine Chance für kritische Verwaltungsforschung, in: Ders. (Hrsg.): Politik im Dickicht der Bürokratie. Opladen, Westdeutscher Verlag, 9–48.

Wollmann, H., 1984: Federal Republic of Germany, in: *Thurn, G./Wagner, P./Wittrock, B./Wollmann, H.*: Development and Present State of Policy Research. Berlin, Wissenschaftszentrum, 400–430.

Wollmann, H., 1984a: Policy Analysis. Some Observations on the West German Scene, in: Policy Sciences 17, 27–47.

Wollmann, H., 1985: Policy-Forschung – ein ‚Kernbereich' der Politikwissenschaft. Was denn sonst?, in: *Hartwich*, 69–80.

Wollmann, H./Jann, W., 1983: Public Policy Research in the Federal Republic of Germany. A National Report. Berlin/Speyer, unv. Ms.

II. Politikfelder

Sozialpolitik

Achinger, H., ³1979: Sozialpolitik als Gesellschaftspolitik. Frankfurt, Dt. Verein f. Öffentl. u. Priv. Fürsorge.

Alber, J., 1982: Vom Armenhaus zum Wohlfahrtsstaat. Frankfurt/New York, Campus.

Albers, W., 1982: Soziale Sicherung. Stuttgart, Bonn aktuell.

Badura, B./Gross, P., 1976: Sozialpolitische Perspektiven. München, Piper.

Bäcker, G,. u. a., 1980: Sozialpolitik. Köln, Bund.

Bartholomäi, R., u. a., 1977: Sozialpolitik nach 1945. Bonn/Bad Godesberg, Neue Gesellschaft.

Bethusy-Huc, V., Gräfin von, ²1976: Das Sozialleistungssystem der Bundesrepublik Deutschland. Tübingen, Mohr.

Brück, G. W., ²1981: Allgemeine Sozialpolitik. Köln, Bund.

Ferber, Ch. von, 1967: Sozialpolitik in der Wohlstandsgesellschaft. Hamburg, Wegner.

Ferber, Ch. von/Kaufmann, F. X. (Hrsg.), 1977: Soziologie und Sozial-Politik (=Kölner Zeitschrift für Soziologie und Sozialpsychologie, Sonderheft 19). Opladen, Westdeutscher Verlag.

Gladen, A., 1974: Geschichte der Sozialpolitik in Deutschland. Wiesbaden, Steiner.

Greven, M. Th., u. a., 1980: Sozialstaat und Sozialpolitik. Neuwied/Darmstadt, Luchterhand.

Gross, P., 1983: Die Verheißungen der Dienstleistungsgesellschaft. Opladen, Westdeutscher Verlag.

Heinze, R. G. (Hrsg.), 1985: Neue Subsidiarität. Leitidee für eine zukünftige Sozialpolitik. Opladen, Westdeutscher Verlag.

Hentschel, V., 1983: Geschichte der deutschen Sozialpolitik (1880–1980). Frankfurt, suhrkamp.

Herder-Dorneich, Ph., u. a. (Hrsg.), 1984: Überwindung der Sozialstaatskrise. Baden-Baden, Nomos.

Hockerts, H. G., 1980: Sozialpolitische Entscheidungen im Nachkriegsdeutschland. Stuttgart, Klett-Cotta.

Kaufmann, F. X., ²1973: Sicherheit als soziologisches und sozialpolitisches Problem. Stuttgart, Enke.

Kaufmann, F. X. (Hrsg.), 1982: Staatliche Sozialpolitik und Familie. München/Wien, Oldenbourg.

Köhler, P. A./Zacher, H. F. (Hrsg.), 1981: Ein Jahrhundert Sozialversicherung in der Bundesrepublik Deutschland, Frankreich, Großbritannien, Österreich und der Schweiz. Berlin, Duncker & Humblot.

Köhler, P. A./Zacher, H. F. (Hrsg.), 1983: Beiträge zur Geschichte und aktuellen Situation der Sozialversicherung. Berlin, Duncker & Humblot.

Lampert, H., 1980: Sozialpolitik. Berlin/Heidelberg, Springer.

Michalsky, H., 1985: Sozialstaat als Programm und Praxis. Die Sozialpolitik der SPD als Regierungspartei (1966–1982). Habilschrift, Heidelberg.

Molitor, B., 1984: Der Sozialstaat auf dem Prüfstand. Baden-Baden, Nomos.

Mosdorf, S., 1980: Die sozialpolitische Herausforderung. Wohlfahrtsstaatskritik, Neue Soziale Frage und die Zukunft der deutschen Sozialpolitik. Köln, Bund.

Murswieck, A. (Hrsg.), 1976: Staatliche Politik im Sozialsektor. München, Piper.

Narr, W. D./Offe, C. (Hrsg.), 1975: Wohlfahrtsstaat und Massenloyalität. Köln, Kiepenheuer & Witsch.

Preller, L., 1970: Praxis und Probleme der Sozialpolitik, 2 Bde. Tübingen/Zürich, Mohr/Polygraph. Verlag.

Schelsky, H., 1976: Der selbständige und der betreute Mensch. Stuttgart, Seewald.

Schmid, F., 1981: Sozialrecht und Recht der sozialen Sicherheit. Berlin, Duncker & Humblot.

Stahl, Th./Zängle, M., 1984: Die Legende von der Krise des Wohlfahrtsstaats. Frankfurt/New York, Campus.

Standfest, E., 1979: Sozialpolitik als Reformpolitik. Köln, Bund.

Strasser, J., 1979: Grenzen des Sozialstaats?. Köln/Frankfurt, eva.

Tennstedt, F., 1981: Sozialgeschichte der Sozialpolitik in Deutschland. Göttingen, Vandenhoek & Ruprecht.

Widmaier, H. P., 1976: Sozialpolitik im Wohlfahrtsstaat. Reinbek, rororo.

Widmaier, H. P. (Hrsg.), 1978: Zur Neuen Sozialen Frage. Berlin, Duncker & Humblot.

Gesundheitspolitik

Badura, B./Ferber, Ch. von (Hrsg.), 1983: Laienpotential, Patientenaktivierung und Gesundheitsselbsthilfe. München/Wien, Oldenbourg.

Bogs, H., u. a., 1982: Gesundheitspolitik zwischen Staat und Selbstverwaltung. Köln, Deutscher Ärzteverlag.

Dahme, H. J., u. a., 1980: Die Neuorganisation der ambulanten Sozial- und Gesundheitspolitik. Empirische Implementationsstudie in zwei Bundesländern. Bielefeld, Kleine.

Deppe, H.-U., u. a., 1973: Medizin und gesellschaftlicher Fortschritt. Köln, Pahl-Rugenstein.

Ferber, Ch. von, 1971: Gesundheit und Gesellschaft. Haben wir eine Gesundheitspolitik?. Stuttgart, Kohlhammer.

Herder-Dorneich, Ph., 1976: Kostenexplosion und ihre Steuerung im Gesundheitswesen. Opladen, Westdeutscher Verlag.

Hugger, W., 1977: Gesamtsystemplanung und Reform des Gesundheitswesens der Bundesrepublik Deutschland, Frankfurt, Lang.

Jahn, E., u. a., 1972: Die Gesundheitssicherung in der Bundesrepublik Deutschland. Köln, Bund.

Kickbusch, J./Trojan, A., 1981: Gemeinsam sind wir stärker. Selbsthilfegruppen und Gesundheit. Frankfurt, Fischer.

Kühn, H., 1980: Politisch-ökonomische Entwicklungsbedingungen des Gesundheitswesens. Königstein, Hain.

Murswieck, A., 1983: Die staatliche Kontrolle der Arzneimittelsicherheit in der Bundesrepublik und den USA. Opladen, Westdeutscher Verlag.

Naschold, F., 1967: Kassenärzte und Krankenversicherungspolitik. Freiburg i. Br., Rombach.

Naschold, F., 1976: Strukturelle Bestimmungsfaktoren für die Kostenexplosion im Gesundheitswesen, in: *Murswieck, A.* (Hrsg.): Staatliche Politik im Sozialsektor. München, Piper, 126–138.

Trojan, A./Waller, H. (Hrsg.), 1980: Gemeindebezogene Gesundheitssicherung. München etc., Urban & Schwarzenberg.

Wiesenthal, H., 1981: Die Konzertierte Aktion im Gesundheitswesen. Frankfurt/New York, Campus.

Bildungspolitik

Altvater, E./Huisken, F., [2]1971: Materialien zur Politischen Ökonomie des Ausbildungssektors. Erlangen, Politladen.

Arnold, R./Marz, F., 1979: Einführung in die Bildungspolitik. Stuttgart etc., Kohlhammer.

Briese, V., u. a., 1973: Grenzen kapitalistischer Bildungspolitik. Frankfurt, Athenäum.

Brinkmann, G. (Hrsg.), 1985: Probleme der Bildungsfinanzierung. Berlin, Duncker & Humblot.

Dannemann, Ch. (Hrsg.), 1973: Bildung und Bildungspolitik in der BRD. Neuwied, Luchterhand.

Hearnden, A., 1973: Bildungspolitik in der BRD und der DDR. Düsseldorf, Schwan.

Hüfner, K./Neumann, J., 1977: Konjunkturen der Bildungspolitik in der Bundesrepublik Deutschland, Band I: Der Aufschwung (1960–1967). Stuttgart, Klett.

Lempert, W., 1975: Berufliche Bildung als Beitrag zur gesellschaftlichen Demokratisierung. Frankfurt, suhrkamp.

Naschold, F., 1974: Schulreform als Gesellschaftskonflikt. Frankfurt, Athenäum.

Offe, C., 1975: Berufsbildungsreform. Frankfurt, suhrkamp.

Picht, S., 1964: Die deutsche Bildungskatastrophe. Olten/Freiburg i. Br., Walter.

Projektgruppe Bildungsbericht (Hrsg.), 1980: Bildung in der Bundesrepublik Deutschland. 2 Bde., Reinbek, rororo.

Raith, W., 1979: Wohin steuert die Bildungspolitik?. Frankfurt/New York, Campus.

Reuter, L.-R./Muszynski, B., 1980: Bildungspolitik. Parteien- und Verbandsprogrammatik in Dokumentation und Analyse. Opladen, Leske & Budrich.

Richter, I., 1975: Die unorganisierbare Bildungsreform. München, Piper.

Ronge, V./Schmieg, G., 1973: Restriktionen politischer Planung, Frankfurt. Fischer Athenäum.

Rothe, K., 1981: Chancengleichheit, Leistungsprinzip und soziale Ungleichheit. Zur gesellschaftspolitischen Fundierung der Bildungspolitik. Berlin, Duncker & Humblot.

Haushalts- und Wirtschaftspolitik

Altvater, E./Hoffmann, I./Semmler, W., [2]1980: Vom Wirtschaftswunder zur Wirtschaftskrise. Ökonomie und Politik in der Bundesrepublik, 2 Bde., Berlin, Olle & Wolter.

Arnim, H. H. von/Littmann, K. (Hrsg.), 1984: Finanzpolitik im Umbruch: Zur Konsolidierung öffentlicher Haushalte. Berlin, Duncker & Humblot.

Bombach, S. (Hrsg.), 1977: Probleme des Strukturwandels und der Strukturpolitik. Tübingen, Mohr.

Eckey, H.-F., 1978: Grundlagen der regionalen Strukturpolitik. Köln, Bund.

Grauhan, R. R./Hickel, R. (Hrsg.), 1978: Krise des Steuerstaats (=Leviathan Sonderheft 1). Opladen, Westdeutscher Verlag.

Grosser, D. (Hrsg.), 1985: Der Staat in der Wirtschaft der Bundesrepublik. Opladen, Leske & Budrich.

Groth, K.-M., 1978: Die Krise der Staatsfinanzen. Systematische Überlegungen zur Krise des Steuerstaats. Frankfurt, suhrkamp.

Hauff, V./Scharpf, F. W., 1975: Modernisierung der Volkswirtschaft. Technologiepolitik als Strukturpolitik. Frankfurt, eva.

Herdzina, K., 1984: Wettbewerbspolitik. Stuttgart, Gustav Fischer.

Hirsch, J., 1968: Haushaltsplanung und Haushaltskontrolle in der Bundesrepublik Deutschland. Stuttgart etc., Kohlhammer.

Kaiser, R. H., 1980: Bundesbankautonomie – Möglichkeiten und Grenzen einer unabhängigen Politik. Frankfurt, Rita G. Fischer.

Kohl, J., 1984: Staatsausgaben in Westeuropa. Analysen zur langfristigen Entwicklung der öffentlichen Finanzen. Frankfurt/New York, Campus.

Korff, H. C., 1975: Haushaltspolitik. Instrument öffentlicher Macht. Stuttgart etc., Kohlhammer.

Mäding, H. (Hrsg.), 1983: Sparpolitik. Ökonomische Zwänge und politische Spielräume. Opladen, Westdeutscher Verlag.

Möller, A./Schwebler, R., o. J. (1981): Schuld durch Schulden? Nutzen und Grenzen der Staatsverschuldung. München/Zürich, Droemer Knaur.

Narr-Lindner, G., 1984: Grenzen monetärer Steuerung. Die Restriktionspolitik der Bundesbank 1964–1974. Frankfurt/New York, Campus.

Osterwald, E., 1982: Die Entstehung des Stabilitätsgesetzes. Frankfurt/New York, Campus.

Rühle, H./Veen, H.-J. (Hrsg.), ²1979: Wachsende Staatshaushalte. Stuttgart, Bonn aktuell.

Schmidt, M. G., 1980: CDU und SPD an der Regierung. Ein Vergleich ihrer Politik in den Ländern. Frankfurt/New York, Campus.

Schmidt, M. G., 1982: Wohlfahrtsstaatliche Politik unter bürgerlichen und sozialdemokratischen Regierungen. Frankfurt/New York, Campus.

Schroeder, K., 1984: Der Weg in die Stagnation. Eine empirische Studie zur Konjunkturentwicklung und Konjunkturpolitik in der Bundesrepublik von 1967–1982. Opladen, Westdeutscher Verlag.

Simmert, D. B. (Hrsg.), 1979: Wirtschaftspolitik kontrovers. Köln, Bund.

Simmert, D. B./Wagner, K. D. (Hrsg.), 1981: Staatsverschuldung kontrovers. Köln, Wissenschaft und Politik.

Sturm, R., 1986: Der Hauhaltsausschuß des Deutschen Bundestages. Opladen, Leske & Budrich.

Treiber, H., 1984: Politik unter der Oberfläche. Politikwissenschaftliche Analyse von Bundesausgaben 1952–1980. Frankfurt, Haag & Herchen.

Triesch, G. (Hrsg.), 1981: Staatsfinanzen und Wirtschaft. Köln, Deutscher Instituts-Verlag.

Willeke, F. U., 1980: Wirtschaftspolitik der 80er Jahre. Tübingen, Mohr.

Vogel, C. (Hrsg.), 1982: Wirtschaftspolitik der 80er Jahre. Köln, Deutscher Instituts-Verlag.

Rechtspolitik

Benda, E./Maihofer, W./Vogel, H.-J. (Hrsg.), 1983: Handbuch des Verfassungsrechts. Berlin/New York, de Gruyter.

Blankenburg, E. (Hrsg.), 1980: Politik der Inneren Sicherheit. Frankfurt, Campus.

Böckenförde, E.-W./Tomuschat, C./Umbach, D. (Hrsg.), 1981: Extremisten und öffentlicher Dienst. Baden-Baden, Nomos.

Görlitz, A./Voigt, R., 1985: Rechtspolitologie. Opladen, Westdeutscher Verlag.

Hirsch, J., 1980: Der Sicherheitsstaat. Frankfurt, eva.

Landfried, Ch., 1984: Bundesverfassungsgericht und Gesetzgeber. Baden-Baden, Nomos.

Recht und Rechtspolitik 1985. Stuttgart etc., Kohlhammer.

Voigt, R. (Hrsg.), 1980: Verrechtlichung. Königstein, Athenäum.

Voigt, R. (Hrsg.), 1983: Gegentendenzen zur Verrechtlichung. Opladen, Westdeutscher Verlag.

Voigt, R. (Hrsg.), 1985: Recht als Instrument der Politik. Opladen, Westdeutscher Verlag.

Wohnungs(bau)politik und Städtepolitik

Deutscher Städtetag, 1980: Neue Wohnungsnot in unseren Städten. Stuttgart etc., Kohlhammer.

Evers, A., u. a. (Hrsg.), 1983: Kommunale Wohnungspolitik. Basel etc., Birkhäuser.

Fürst, D., u. a., 1984: Stadt und Staat. Baden-Baden, Nomos.

Grauhan, R. R. (Hrsg.), 1975: Lokale Politikforschung, 2 Bde. Frankfurt/New York, Campus.

Grauhan, R. R./Lindner, W., 1974: Politik der Verstädterung. Frankfurt, Fischer Athenäum.

Hellstern, G. M./Wollmann, H., 1984: Evaluierung und Erfolgskontrolle in Kommunalpolitik und -verwaltung. Basel etc., Birkhäuser.

Herlyn, I. und U., 1983: Wohnverhältnisse in der Bundesrepublik Deutschland. Frankfurt/New York, Campus.

Hesse, J. J. (Hrsg.), 1985: Erneuerung der Politik „von unten". Stadtpolitik und kommunale Selbstverwaltung im Umbruch. Opladen, Westdeutscher Verlag.

Hesse, J. J./Wollmann, H. (Hrsg.), 1983: Probleme der Stadtpolitik in den 80er Jahren. Frankfurt/New York, Campus.

Institut Wohnen und Umwelt (Hrsg.), 1981: Wohnungspolitik am Ende?. Opladen, Westdeutscher Verlag.

Kevenhörster, P. (Hrsg.), 1977: Lokale Politikforschung unter exekutiver Führerschaft. Meisenheim, Hain.

Umwelt(schutz)politik

Bungarten, H. H., 1978: Umweltpolitik in Westeuropa. Bonn, Europa-Union Verlag.

Glagow, M. (Hrsg.), 1972: Umweltgefährdung und Gesellschaftssystem. München, Piper.

Gruhl, H., 1975: Ein Planet wird geplündert. Frankfurt, Fischer.

Hartkopf, G./Bohne, E., 1983/86: Umweltpolitik, 2 Bde. Opladen, Westdeutscher Verlag.

Hucke, J./Ueberhorst, R. (Hrsg.), 1983: Kommunale Umweltpolitik. Basel/Stuttgart, Birkhäuser.

Jänicke, M. (Hrsg.), 1978: Umweltpolitik. Opladen, Leske.

Jänicke, M./Simonis, U. E./Weigmann, G. (Hrsg.), 1985: Wissen für die Umwelt. 17 Wissenschaftler bilanzieren. Berlin/New York, de Gruyter.

Mayntz, R., 1978: Vollzugsprobleme der Umweltpolitik. Stuttgart etc., Kohlhammer.

Meadows, D., u. a., 1973: Die Grenzen des Wachstums. Reinbek, rororo.

Prittwitz, V., 1984: Umweltaußenpolitik. Grenzüberschreitende Luftverschmutzung in Europa. Frankfurt/New York, Campus.

Weidner, H./Knoepfel, P. (Hrsg.), 1985: Luftreinhaltepolitik in städtischen Ballungsräumen. Frankfurt/New York, Campus.

Wey, K.-G., 1982: Umweltpolitik in Deutschland. Opladen, Westdeutscher Verlag.

Energiepolitik

Brandes, V., u. a. (Hrsg.), 1981: Wie Phönix aus der Asche? Energiekrise und ‚Modell Deutschland‘. Offenbach, Verlag 2000.

Bufe, H./Grumbach, J., 1979: Staat und Atomindustrie – Kernenergie-Politik in der BRD. Köln, Pahl-Rugenstein.

Deubner, C., 1977: Die Atompolitik der westdeutschen Industrie und die Gründung von Euratom. Frankfurt/New York, Campus.

Horn, M., 1977: Die Energiepolitik der Bundesregierung von 1958 bis 1972. Berlin, Duncker & Humblot.

Keck, O., 1984: Der schnelle Brüter. Frankfurt/New York, Campus.

Kitschelt, H., 1980: Kernenergiepolitik. Frankfurt/New York, Campus.

Kitschelt, H., 1983: Politik und Energie. Frankfurt/New York, Campus.

Krüper, M. (Hrsg.), 1977: Energiepolitik. Köln, Bund.

Lienemann, W., u. a. (Hrsg.), 1978: Alternative Möglichkeiten für die Energiepolitik. Opladen, Westdeutscher Verlag.

Meyer-Abich, K./Ueberhorst, R. (Hrsg.), 1985: Ausgebrütet – Argumente zur Brutreaktorpolitik. Basel etc., Birkhäuser.

Meyer-Renschhausen, H., 1977: Energiepolitik in der BRD von 1950 bis heute. Köln, Pahl-Rugenstein.

Meyer-Renschhausen, H., 1981: Das Energieprogramm der Bundesregierung. Frankfurt/New York, Campus.

Nowotny, H., 1979: Kernenergie. Gefahr oder Notwendigkeit?. Frankfurt, suhrkamp.

Roßnagel, A., [2]1983: Bedroht die Kernenergie unsere Freiheit?. München, C. H. Beck.

Schaaf, P., 1978: Ruhrbergbau und Sozialdemokratie – die Energiepolitik der Großen Koalition 1966–1969. Marburg, VAG.

Traube, K., 1984: Plutonium-Wirtschaft? Das Finanzdebakel von Brutreaktor und Wiederaufarbeitung. Reinbek, rororo.

Arbeitsmarktpolitik

Bolle, M. (Hrsg.), 1976: Arbeitsmarkttheorie und Arbeitsmarktpolitik. Opladen, Leske & Budrich.

Bruche, G./Reissert, B., 1985: Die Finanzierung der Arbeitsmarktpolitik. Frankfurt/New York, Campus.

Dierkes, M./Strümpel, B. (Hrsg.), 1985: Wenig Arbeit – aber viel zu tun. Neue Wege der Arbeitsmarktpolitik. Opladen, Westdeutscher Verlag.

Dückert, Th., 1984: Arbeitsbeschaffungsmaßnahmen – ein beschäftigungspolitisches Instrument?. Frankfurt/New York, Campus.

Engelen-Kefer, U., 1976: Beschäftigungspolitik. Köln, Bund.

Garlichs, D., u. a. (Hrsg.), 1983: Regionalisierte Arbeitsmarkt- und Beschäftigungspolitik. Frankfurt/New York, Campus.

Heinze, R. G., u. a., 1984: Beschäftigungskrise und Neuverteilung der Arbeit. Bonn, Neue Gesellschaft.

Lutz, B./Sengenberger, W., 1974: Arbeitsmarktstrukturen und öffentliche Arbeitsmarktpolitik. Göttingen, Schwartz.

Naschold, F. (Hrsg.), 1985: Arbeit und Politik. Frankfurt, Campus.

Offe, C. (Hrsg.), 1977: Opfer des Arbeitsmarktes. Neuwied/Darmstadt, Luchterhand.

Offe, C., 1984: ‚Arbeitsgesellschaft‘. Strukturprobleme und Zukunftsperspektiven. Frankfurt, Campus.

Scharpf, F. W., u. a., 1982a: Implementationsprobleme offensiver Arbeitsmarktpolitik. Frankfurt/New York, Campus.

Scharpf, F. W., u. a., 1982b: Aktive Arbeitsmarktpolitik. Frankfurt/New York, Campus.

Scharpf, F. W./Brockmann, M. (Hrsg.), 1983: Institutionelle Bedingungen der Arbeitsmarkt- und Beschäftigungspolitik. Frankfurt/New York, Campus.

Schmid, A., 1984: Beschäftigung und Arbeitsmarkt. Frankfurt/New York, Campus.

Schmid, G., 1975: Steuerungssysteme des Arbeitsmarkts. Göttingen, Schwartz.

Schmid, G., 1980: Strukturierte Arbeitslosigkeit und Arbeitsmarktpolitik. Königstein, Athenäum.

Schmid, G./Semlinger, K., 1980: Instrumente gezielter Arbeitsmarktpolitik. Königstein, Hain.

Schmidt, M. G., 1985: Der Schweizerische Weg zur Vollbeschäftigung. Frankfurt/New York, Campus.

Seifert, H./Simmert, D. B. (Hrsg.), 1977: Arbeitsmarktpolitik in der Krise. Köln, Bund.

Weber, H., 1972: Das Arbeitsförderungsgesetz. Köln, div.

Der Stand der Wissenschaft von den Internationalen Beziehungen und der Friedensforschung in der Bundesrepublik Deutschland

Ernst-Otto Czempiel

1.

Mit dem Vorbehalt, dem ein Versuch monographischer Erfassung eines großen wissenschaftlichen Arbeitsgebietes stets unterliegt, läßt sich sagen, daß der Zustand der Disziplin in der Bundesrepublik eher diffus ist. Zwar hat die Zahl der publizierten Arbeiten erheblich zugenommen, was bei dem globalen Einzugsbereich dieser Wissenschaft nicht sonderlich verwundert. Aber gerade diese Fülle trägt dazu bei, den Eindruck der Zersplitterung zu erzeugen, unter dem das Gesamtbild leidet. Es gibt offenbar nach wie vor keinen zentralen Problembestand, der kontinuierlich bearbeitet werden und auf diese Weise für die Entstehung eines Kernbereichs der Disziplin sorgen würde. Wenn es früher galt, daß eine Disziplin sich durch die Existenz eines eigenen Gegenstandes und einer eigenen Methode auszeichnet, so muß sie heute doch zumindest über eine gemeinsame Fragestellung verfügen, will sie Identität entwickeln und behalten. Die Addition von Arbeiten über die türkische oder die brasilianische Außenpolitik macht noch keine Disziplin aus, die vielmehr auf ein Gerüst systematisch orientierter Problemstellungen angewiesen ist.

Eine Zeitlang konnte es so aussehen, als würde dieses Gerüst von der Renaissance des Friedens als der erkenntnisleitenden Absicht der internationalen Beziehungen gebildet werden, das von der Friedensforschung erstellt werden würde. Um 1970 entstanden, hat sich die Friedensforschung nie so recht entscheiden können, ob sie sich innerhalb der Disziplin der Internationalen Beziehungen ansiedeln und sozusagen von innen für die Wiederbelebung des erkenntnisleitenden Ziels des Friedens sorgen soll. Aus Gründen der Forschungsförderungspraxis hat sie es denn wohl vorgezogen, sich als eigenständigen Zweig der Politikwissenschaft zu verstehen und eine dementsprechende Teildisziplin aufzubauen. Nicht verstanden hat sie es jedoch, ihrerseits zum Aufbau eines Identität kreierenden Problemkataloges beizutragen, im Gegenteil. Sie hat alsbald sogar die Diskussion um den für sie lebenswichtigen Begriff des Friedens aufgegeben, beiseite gelegt zugunsten einer mehr oder minder pragmatisch orientierten Beschäftigung mit Gegenständen, die dem Alltagswissen nach zum Frieden gehören, vor allem also Abrüstung und Entwicklung. Wenn man in der Disziplin der Internationalen Beziehungen gehofft hatte, von der Friedensforschung nicht nur angeregt, sondern geradezu angestoßen zu werden zur systematischen Diskussion der normativen und der methodisch-theoretischen Implikationen einer Theorie der Internationalen Beziehungen, so kam man nicht auf seine Kosten. Internationale Beziehungen und Friedensforschung koexistieren seitdem in dem gleichen Dilemma, und die Beziehungen zwischen den beiden werden zwar gelegentlich durch Personalunionen hergestellt, aber nicht durch Diskussionen gestaltet und entwikkelt. Der Auftrag fällt damit wieder an die Internationalen Beziehungen zurück und das um so eher, als sie als akademische Disziplin mehr Interesse an theoretisch-methodischen Fragestellungen haben und mehr Zeit dafür aufwenden können sollte als die Friedensforschung, deren gesellschaftlicher Auftrag eher auf die konkrete Lösung konkreter Probleme der gegenwärtigen Außenpolitik und internationalen Politik lautet. Leider ist, wie bereits erwähnt, für die Disziplin weitgehend Fehlanzeige zu erstatten.

Die These läßt sich mit einigen Daten veranschaulichen. Die Deutsche Vereinigung für Politische Wissenschaft hat nun schon seit langem keine eigene Sektion mehr, die sich mit den internationalen Beziehungen systematisch beschäftigt – wenngleich Einzelaspekte in anderen Sektionen zur Sprache kommen. Die letzten Kongresse der DVPW haben das Gebiet nicht oder nur sehr am Rande behandelt. Eine eigene wissenschaftliche Zeitschrift für das Gebiet der internationalen Beziehungen gibt es nach wie vor in der Bundesrepublik nicht, und eine, wenn auch kursorische Betrachtung der letzten drei Jahrgänge der PVS ergibt, daß in immerhin zwölf Ausgaben sich nur 3 (in Worten: drei) Beiträge zum Themenbereich der internationalen Beziehungen fanden. Das PVS-Editorial (1986, 5) zählt fülliger, rechnet aber internationale Politik und die Außenpolitik auch zu den „schwach" besetzten Gebieten. Sieht man die Dissertationen der Jahre 1978 bis 1981 an, so waren sie zwischen 17 und 25% jeweils den internationalen Beziehungen gewidmet, allerdings eben in jenem breiten Rahmen, der von der Türkei bis nach Brasilien reicht und nicht eben den Eindruck eines auch nur einigermaßen konstruierten Bildes vermittelt.

Es ist klar, daß in einem kleinen Land wie der Bundesrepublik nicht die gleichen Größenordnungen herrschen können wie in den USA, wo die Disziplin in der International Studies Association über eine eigene Standesvereinigung und sie wiederum im International Studies Quarterly über eine eigene Zeitschrift verfügt, wo es darüber hinaus noch vier weitere Zeitschriften auf dem Gebiet gibt, das selbstverständlich auch auf jeder Tagung der American Political Science Association entsprechend vertreten ist. Man muß also, will man die bundesrepublikanische Wissenschaftslandschaft vermessen, einen kleineren Maßstab anlegen. Aber selbst er zeigt, daß die Disziplin wenigstens in ihrem Kernbereich in der Bundesrepublik deutlich unterentwickelt und in der wissenschaftlichen Diskussion auch unterrepräsentiert ist. Der sehr stark ausgebildete Praxisbezug hat die Vertreter dieser Disziplin in eine große Nähe zur aktuellen Politik, gleichzeitig aber eben offenbar auch in eine beträchtliche Distanz zu den stärker wissenschaftlichen, auf Theoriebildung gerichteten Bemühungen versetzt. Es gab – und gibt – in der Bundesrepublik nicht einmal einen Abglanz der drei ‚großen Debatten' über Fragestellungen und Methoden dieser Disziplin. Die sich in den siebziger Jahren gelegentlich zeigende generelle Abneigung gegenüber der ‚amerikanischen Wissenschaft' ersetzt schließlich noch nicht die eigene produktive Auseinandersetzung mit der Sache selbst.

2.

Das Defizit wird durch die sich mehrenden Einführungen und Nachschlagewerke nicht gefüllt. Es ist für den Fachmann nützlich – und für den Studenten sicher hilfreich –, sich an den Stichwortbeiträgen bei *Boeckh* (1984) und *Woyke* (1980²) informieren und orientieren zu können; man kann aber gerade bei dem von Helga Haftendorn entwickelten sinnfälligen Schema der Ansätze und Autoren (in *Woyke* 1980[2], 338–343) erfahren, wie marginal der Beitrag deutscher Autoren für die Theoriebildung (gewesen) ist. Zwar verfügen wir inzwischen über eine – nicht immer unproblematische – umfassende Darstellung der Theorien in der Internationalen Politik (*Behrens* und *Noack* 1984); zwar liegt eine umfasende, wenn auch nicht immer den letzten Diskussionsstand erfassende Darstellung der Entwicklung der Disziplin vor (*Meyers* 1981), sie können aber selbstverständlich nicht die kontroverse theoretische Diskussion ersetzen.

Dazu wären schon eher die problemorientierten Einführungen imstande, wie sie in den siebziger Jahren von *Hütter* (1976), *Frei* (1973) und *Haftendorn* (1975) vorgelegt worden sind. Während Frei und Haftendorn im wesentlichen den in den westlichen Ländern erreichten Diskussionsstand referieren und dokumentieren, hat ihn Hütter zur Grundlage eines Einführungstextes gemacht, der die Forschungsergebnisse, vor allem aber die Forschungsprobleme, geordnet und sorgfältig benennt. Es muß ja angesichts der Komplexität der Probleme gar nicht wunder nehmen, daß die Wissenschaft noch keine gesicherten Ergebnisse darüber vorlegen kann, ob beispielsweise die Gewalt in der internationalen Politik durch das System, durch die Akteure oder durch deren Struktur ausgelöst wird. Worauf es ankommt, ist, solche Forschungsprobleme zu benennen und sie offenzuhalten für die Entwicklung von Theorien, Methoden und Modellen, mit deren Hilfe allein sie bearbeitet werden können. Daran fehlt es eben in der Bundesrepublik nach wie vor. Wenn es auch zutrifft, daß es in den Vereinigten Staaten geradezu ein Überangebot an ‚frameworks‘ gibt, so ist die Bundesrepublik damit zweifellos unterversorgt. Hier wird in der Regel nicht einmal sorgfältig zwischen den analytischen Niveaus der Außenpolitik und der internationalen Politik unterschieden, was schon *Singer* (bei *Haftendorn* 1975, 193 ff.) vor 25 Jahren gefordert hat. Wo aber die angelsächsische Diskussion nicht ergiebig reflektiert wird (was durch *Cap* 1983) erleichtert werden sollte, drängen sich europäische, vor allem deutsche Denktraditionen wieder in den Vordergrund. In dem von *Kindermann* (1977) vertretenen neorealistischen Ansatz – der allerdings keinesfalls verwechselt werden darf mit der in den USA vorherrschenden neorealistischen Richtung und deren Hauptautoren wie *Nye/Keohane, Gilpin* und *Krasner* – gelten „die einzelnen Staaten als geschlossene soziopolitische Entscheidungs- und Aktionssysteme, deren Zweck in der Erfüllung der . . . staatlichen Primärfunktionen der Politik liegt" (S. 51). Zu Recht hat *Hans J. Morgenthau*, der Vater des Realismus, das Geleitwort und einen Beitrag zu diesem Band geschrieben. Das dabei verwendete Modell der Staatenwelt wird heute nur noch selten als geschlossen anwendbar angesehen; gerade der erwähnte Neo-Realismus in den USA hat diesen Ansatz mit dem Interdependenz-Modell weitgehend ersetzt.

Auf der anderen Seite des wissenschaftspolitischen Spektrums wird hingegen mit dem Modell der Weltgesellschaft gearbeitet (*Gantzel* 1975; *Siebold/Tetzlaff* 1981). Es hat allerdings wenig mit dem Anfang der siebziger Jahre von *John Burton* (1974) entwickelten Modell der World Society, sondern sehr viel mehr mit der an Marx angelehnten Vorstellung zu tun, daß der durch den Kapitalismus geschaffene Weltmarkt eben die dazugehörige Weltgesellschaft produziere. Dementsprechend wird die Existenz einer „Klassenstruktur", einer „internationalisierten Verlängerung der je nationalen Klassenstrukturen" (*Gantzel* 1975, 11) postuliert, wird eine „Herrschaftsstruktur des gegenwärtigen internationalen Systems" unterstellt und der Disziplin demzufolge ein „kritisches Verständnis von Herrschafts- und Befreiungsinteressen im Weltmaßstab" zugewiesen, das die „Gefahr von Fehldeutungen" dabei ruhig in Kauf nimmt (*Siebold/Tetzlaff* 1981, 13). Die Entstehung dieser Weltgesellschaft als einer internationalisierten Klassenherrschaft hat seinerzeit *Krippendorff* historisierend beschrieben und dabei „versucht, die Struktur und die Konflikte des internationalen Systems, so wie es sich seit den europäischen Entdeckungen entwickelte, aus der Logik der sich entwickelnden kapitalistischen Produktionsweise abzuleiten" (1975, 105; vgl. auch 1977). Dergleichen ist anregend, aber deswegen noch nicht bewiesen, in der Form des Essays wohl auch nicht beweisfähig.

Albrecht (1986, 25) formuliert denn auch sehr viel vorsichtiger (wenn auch, denkt man beispielsweise an *Vegetius*, nicht unbedingt richtiger), daß die Prinzipien der politischen Ökonomie gleichzeitig mit denen der auswärtigen Politik des bürgerlichen Nationalstaats formuliert worden seien. Auch *Albrecht* versteht das internationale System „als Herrschaftssystem" (1986, 20) und setzt die kritische Beschäftigung damit von der von ihm als dominant bezeichneten Analyseausrichtung auf die Interdependenz ab. Man muß indes befürchten, daß der verwendete Herrschaftsbegriff nicht präzise genug und nicht deutlich von dem der Macht unterschieden und darüber hinaus nicht gesehen wird, welche Machtpotentiale gerade in der Interdependenz nachgewiesen worden sind – wofür *Knapp* (1978) den glücklichen Begriff der Delta-Interdependenz längst gebildet hat.

Man muß sich immer wieder fragen, warum ein „kritisches" Verständnis der Disziplin lediglich gesamtsystemare, holistische Ansätze (*Röhrich* 1986, 170) verlangen soll, wobei es sich notwendig inhaltlich wie methodisch überstrapaziert und deswegen mehr vorwissenschaftliche Weltanschauungen als strenger wissenschaftliche Analysen der Welt produziert. Holistische Ansätze müßten seit *Popper* eigentlich als endgültig überholt gelten. Wer sich dennoch daran versucht, müßte *Poppers* Vorwürfe an diese Adresse durch brillante Beweisführung entkräften. Deren Methodologie ist noch nicht erfunden; sie müßte auch wohl sehr stark auf den in der Bundesrepublik – hier hat *Albrecht* (1986, 22) völlig recht – nach wie vor nicht akzeptierten mathematisch-statistischen Verfahren beruhen.

Es muß also wohl nicht gleich als unkritisch gelten, wer die Welt nicht für eine Weltgesellschaft und das internationale System nicht für ein Herrschaftssystem ansieht, sondern im internationalen System eine Fülle von Handlungszusammenhängen unterschiedlicher Verdichtung erkennt, die nach wie vor stark, aber keinesfalls ausschließlich von den politischen Systemen, sondern auch von gesellschaftlichen Akteuren, vornehmlich wirtschaftlichen Konzernen getragen werden, wobei das Spezifikum in der Verbindung auswärtiger Macht mit interner Herrschaft liegt (*Czempiel* 1986; 1981). Der inzwischen in der Bundesrepublik wenigstens von zwei Autoren (*Wolf/Zürn*, 1986) rezipierte Regime-Ansatz erweist sich gegenüber allen holistischen Weltgesellschafts-Ansätzen als außerordentlich fruchtbar, weil er die die internationale Politik ausmachenden formellen oder formalisierten Interaktionsmuster zu analysieren erlaubt, in denen mit Macht Gewinne verteilt werden. Das emanzipatorisch kritische Element, das ja niemand in der Disziplin eliminieren will, kann sich hier voll und mit der Chance entfalten, wissenschaftliche Ergebnisse, also hard-ware, zu liefern. Politische Hegemonien, das internationale Währungssystem, die Neue Weltwirtschaftsordnung oder auch das Abschreckungssystem könnten durchaus als solche Regimes mit schon beträchtlichem Einzugsbereich aufgefaßt werden. Die internationale Zusammenarbeit zwischen Rüstungsfirmen und Militärs, zwischen einzelnen Mediengruppen, zwischen politischen Gruppierungen könnte als

Anschauungsbeispiel für kleinere Regimes gelten. Der Ost-West-Konflikt wiederum ließe sich gerade in Europa hervorragend mit dem Regimeansatz darstellen.

Kurzum: Die weitere Entwicklung der Disziplin müßte sich daran orientieren, daß wir zum Ausgang des 20. Jahrhunderts zwar nicht mehr in einer Staatenwelt, aber noch nicht in einer Weltgesellschaft leben, daß sich internationale, aber eben noch nicht globale Interaktionen nachweisen lassen. Dafür bietet sich innerhalb eines neutralen Modells das Theorem des internationalen Regimes hervorragend an. Seine Analyse bedarf jetzt noch der theoretischen Anleitung und der methodischen Ausstattung. Die Sprache der Wissenschaft verfügt über eine Begrifflichkeit, die explizit und anerkannt sich auf die Erfassung von Interaktionen konzentiert und beschränkt. Sie ist nicht nur schwierig, sondern auch problematisch (*Czempiel* 1984, 29 ff.). Es würde in der Tat ausreichen, Aktionen zu addieren und sie dann zu Interaktionen zu aggregieren. In einem späteren Entwicklungsstadium der Disziplin könnten dann vielleicht sofort Interaktionen erfaßt und dabei die sie konstituierenden Aktionen dennoch sichtbar gemacht werden.

3.

Das Defizit an theoretisch-methodologischer Diskussion wurde durch das Aufkommen der Friedensforschung in der Bundesrepublik zweifellos nicht abgebaut. Darauf ist auch zurückzuführen, daß das interne Verhältnis zwischen Friedensforschung und der Disziplin Internationale Beziehungen in der Bundesrepublik bis heute unbestimmt und eine Abgrenzung der Forschungsfelder ausgeblieben ist. Vielmehr überlappen sich die beiden Bereiche sowohl in den Personen wie in den Arbeitsgebieten, wodurch sich die infolge der zunehmenden Professionalisierung der Friedensforschung ohnehin einstellende Angleichung zwischen ihr und der Disziplin noch verstärkt. Sie lassen sich daher am besten durch das jeweilige Selbstverständnis und die institutionelle Anbindung unterscheiden. Danach zählen zur Friedensforschung diejenigen, die sich selbst als „Friedensforscher" bezeichnen, und sodann die, die an einem der drei Friedensforschungsinstitute in der Bundesrepublik (Frankfurt/Hamburg/Heidelberg) oder an inneruniversitären Arbeitsgemeinschaften (Tübingen) und Forschungsgruppen (Berlin/Stuttgart) mitwirken. In einem dritten Kreis wird man schließlich diejenigen Wissenschaftler anzusiedeln haben, die, ohne sich selbst der Friedensforschung zuzurechnen, sich mit dem Problem des Friedens befassen. Da nach der Auflösung der Deutschen Gesellschaft für Friedens- und Konfliktforschung die Förderung der Friedensforschung der Deutschen Forschungsgemeinschaft überstellt wurde, ist zu erwarten, daß sich die ‚Akademisierung der Friedensforschung' fortsetzen und damit ihre mögliche spätere Integration in die Disziplin der Internationalen Beziehungen erleichtern wird.

Unter historischen Gesichtspunkten ergibt sich, daß die bis in die zweite Hälfte der siebziger Jahre andauernde Anfangsphase der bundesrepublikanischen Friedensforschung eine beträchtliche Schwankungsbreite der Problemstellungen und Zugänge aufwies. Der Versuch, sich wenigstens über die Umrisse des Friedensproblems, seine Abgrenzung und seinen Inhalt zu verständigen, kam über gewisse Anfänge nicht hinaus. Im Gegenteil. Die Friedensforschung zog sich rasch hinter das von *Johan Galtung* bereitgestellte Argument (1975, 48) zurück, daß der Friede ebensowenig definiert werden könne wie die Gesundheit. Die einige Zeit anhaltende Diskussion um die Unterscheidung zwischen „negativem" und „positivem" Frieden blieb weitgehend nominalistisch. Der Verzicht, auf das in der Disziplin der Internationalen Beziehungen bereitgestellte methodische Instrumentarium zurückzugreifen, erschwerte es weiter, das Erkenntnisobjekt des Friedens auch nur einigermaßen zu bestimmen. Ob es im internationalen System, in der Außenpolitik oder der Innenpolitik der Systemglieder oder in allen dreien anzusiedeln sei, blieb offen. Für die Erörterung dieser außerordentlich schwierigen Problematik gebrach es der Friedensforschung zweifellos an Zeit. Von der Politik eingerichtet und von der Gesellschaft gefördert, stand die Friedensforschung von vornherein unter besonders aktuellem Leistungsdruck, der eine notwendige Klärung der Grundsatzprobleme nicht zuließ. Vielmehr geriet die Friedensforschung in die mißliche Lage, Ergebnisse vorweisen zu müssen, bevor die Voraussetzungen für deren Erarbeitung geschaffen werden konnten.

In dieser ersten Phase herrschten, je zur Hälfte, zwei Richtungen in der bundesrepublikanischen Friedensforschung vor, die eine mehr politologisch-praktisch, die andere mehr soziologisch-philosophisch orientiert. Beide reduzierten die Friedensforschung auf die Konfliktursachenforschung. Die sich in Anlehnung an die Kritische Theorie der Frankfurter Schule selbst so nennende ‚Kritische Friedensforschung' (*Senghaas* 1971; 1972; 1972 a) suchte die Ursachen des ‚Organisierten Unfriedens' in den dem Kapitalismus zugeschriebenen Deformationen westlicher Gesellschafts- und Herrschaftssysteme. Die Gesinnungsethik *Theodor Eberts* (1975) versuchte, die in Indien und in den USA praktizierten Strategien der gewaltlosen Aktion in der Bundesrepublik zu einer Theorie des ‚Gewaltfreien Widerstands' werden zu lassen. Demgegenüber befaßte sich die politologisch-praktische Richtung der Friedensforschung sehr früh mit den schon traditionell als Konfliktursachen geltenden Phänomenen wie Rüstung und Rüstungswettläufen und mit der Kriegsursachenforschung (*Gantzel* 1972; *Weede* 1975). Sie bemühte sich bevorzugt um eine komplexe Analyse der Rüstungsursachen sowie der Chancen der Rüstungskontrolle (*Krell/Schmidt* 1982), untersuchte die Bedeutung von Feindbildern (*Becker et al.* 1976) und die sozial-psychische Verankerung von Aggression (*Volmerg* 1975). Wenn auch der thematische Umfang und, vor allem, die Theoriehaltigkeit dieser Friedensforschung deutlich geringer waren als in der amerikanischen Konfliktforschung, so war sie andererseits dafür stärker auf die aktuellen Konflikte, besonders auf den Ost-West-Konflikt ausgerichtet. Mit dieser Orientierung traf sie aber auch auf diejenigen Arbeiten zu diesem Konflikt, die außerhalb der Friedensforschung dazu angefertigt wurden. Von ihnen unterschied sie sich häufig nur noch in der besonders pointiert herausgearbeiteten Absicht, zu Rüstungskontrolle und Entspannung beizutragen.

Einen zweiten analytischen Schwerpunkt bildete die bundesrepublikanische Friedensforschung in dieser Phase hinsichtlich des Nord-Süd-Konfliktes aus. Dieser Schwerpunkt befreite sich relativ rasch von den zunächst reparierten Relikten der klassischen Imperialismus-Theorie, unterschied zunehmend deutlich zwischen den exogenen (Dependencia-Theorie) und den endogenen (*Elsenhans* 1981) Ursachen von Unterentwicklung und brachte damit die Überlegungen zu deren Überwindung voran. Untersucht wurden auch die Kriege in der Dritten Welt (*Matthies* 1982) sowie Zusammenhänge zwischen Rüstung und Unterentwicklung bzw. Abrüstung und Entwicklung (*Brock* 1980). Indes fiel es auch diesem Schwerpunkt nicht leicht, seine Friedensorientierung von den Erkenntnisinteressen anderer akademischer Disziplinen, insbesondere der Wirtschaftswissenschaften und der Politikwissenschaft, abzugrenzen.

Die zweite Phase der bundesdeutschen Friedensforschung, die ungefähr mit dem Beginn der achtziger Jahre einsetzt, ist, während die ‚kritische Friedensforschung' zurückgeht, durch eine zunehmende Ausrichtung auf die aktuellen Probleme des Ost-West-Konflikts, eingeschlossen die der europäischen Friedensordnung, und die Konflikte in der Dritten Welt (Süd-Süd-Konflikte) gekennzeichnet. Diesen beiden Forschungsbereichen sind auch die beiden einschlägigen Förderungsschwerpunkte der DFG zugeordnet. Im Vordergrund dieser beiden Politikfelder stehen einerseits die Krise der Rüstungskontrolle und die Ausweitung des Wettrüstens in den Weltraum, andererseits die Zunahme originärer und autochthoner Konflikte zwischen den Ländern in der Dritten Welt. Konzeptuell befaßt sich die Friedensforschung der Gegenwart mit den Konturen einer sich verdichtenden westeuropäischen Zusammenarbeit (*Brock et al.* 1985), den spannungsmindernden Möglichkeiten der KSZE und mit der Entwicklung alternativer, eindeutig defensiver Strategien (*Afheldt* 1983).

Diese zunehmende Fokussierung der Friedensforschung auf die aktuellen Probleme der Gegenwart war einer Intensivierung der Theoriediskussion zweifellos abhold, sieht man von den Arbeiten von *Senghaas* ab, der sich seit der zweiten Hälfte der siebziger Jahre zunehmend mit einer Theorie abhängiger Entwicklung beschäftigte (1985). Beide Tendenzen, die zur Professionalisierung wie zur Aktualisierung der Forschungsarbeiten, verringerten die Distanz zwischen Friedensforschung und der allgemeinen Disziplin der Internationalen Beziehungen immer weiter. Natürlich ist die Distanz an den Polen groß, unterscheiden sich die von *Nerlich* herausgegebenen Arbeiten zur „Einhegung sowjetischer Macht" (1982) erheblich von denen, die *Lutz* zur ‚Sicherheitspolitik am Scheideweg?' versammelt hat (1982). Solche Differenzen gibt es aber auch innerhalb der Disziplin selbst, wenn man einmal die von *Kaiser/Schwarz* herausgegebenen, sehr heterogenen Beiträge zur „Weltpolitik" (1985) mit der ganz spezifisch gerichteten Anthologie vergleicht, die *Opitz* unter dem Titel der „Weltprobleme" (1982) publiziert hat. Arbeiten wie die stark theoriegeleitete Studie von *Link* zum Ost-West-Konflikt (1980) oder die vor Empirie berstende Untersuchung *Helga Haftendorn*s zur Außenpolitik der Bundesrepublik Deutschland (1983) bewegen sich in einem Mittelfeld, das bequem von beiden Seiten vertreten werden kann. In ihm sind die meisten der Arbeiten angesiedelt, die hier als einschlägig zu verzeichnen sind.

4.

Die sich herauskristallisierende policy-Orientierung der bundesrepublikanischen Forschung auf dem Gebiet der Internationalen Beziehungen kommt vor allem drei Feldern zugute: der Sicherheitspolitik mit dem Kernbereich von Rüstung und Rüstungskontrolle und steigender Aufmerksamkeit für die Rolle der Bundesrepublik darin, schließlich dem Nord-Süd-Konflikt mit der anhaltenden Aufmerksamkeit für die westliche, besonders die bundesrepublikanische Entwicklungshilfe. Unerwähnt bleibt hier die steigende Anzahl der – mancherorts zu den Internationalen Beziehungen gerechneten – Arbeiten, die sich mit Staat und Gesellschaft in einem anderen Land befassen.

Diese policy-gerichteten Arbeiten weisen mit wenigen Ausnahmen einen niedrigen Theoriegehalt auf, sind nicht auf allgemeine, systematisierbare Ergebnisse gerichtet,

sondern ganz konkretistisch auf die Erarbeitung ihres Objekts. Die Tendenz dabei ist Aufklärung, Information der breiten, der informierten und der wissenschaftlichen Öffentlichkeit über das Sujet. Diese Aufklärungsfunktion von Wissenschaft hat in den letzten Jahren insofern an Bedeutung gewonnen, als es selbst dem aktiven Politiker wie dem bürokratischen Fachmann schwerfällt, bei der Beobachtung und Bearbeitung eines Politikfeldes ständig à jour zu bleiben. Dies gilt um so mehr für die Öffentlichkeit, die vor wenigen Jahren auf den schwer zugänglichen Gebieten der auswärtigen und der internationalen Politik bei weitem nicht so sensibilisiert und informiert war, wie sie es heute ist. Dies gilt besonders für das Feld der Rüstung und der Rüstungskontrolle, das einerseits politisch brisant, andererseits hinsichtlich seiner politischen Implikationen und technischen Voraussetzungen schwer zu überschauen ist. Speziell auf diesem Feld ist in den letzten Jahren eine zunehmende Anzahl von Büchern und Aufsätzen entstanden, die keinen besonderen theoretischen Anspruch erheben, mit einer common sense-Methodologie arbeiten, sich damit aber fugenlos in die politische Diskussion einpassen. Als Autoren sind hier vor allem zu nennen: *Brauch* (z. B. 1984), *Forndran/Krell* (1984), *Lutz* (etwa 1981), der im übrigen auch die erste einschlägige Zeitschrift der Bundesrepublik herausgebracht hat: Sicherheit und Frieden; ferner *Mechtersheimer/Barth* (1983) und *Stratmann*. Seit Jahren bemüht sich *Afheldt* um die Konzeptualisierung einer neuen, die strukturelle Nichtangriffsfähigkeit der Verteidigungsstreitkräfte dokumentierende Strategie. *Rittberger* (1979) und *Albrecht* (1979) äußern sich speziell zu Problemen der Abrüstung und der Rüstungskonversion in der Bundesrepublik, zur Lage in den USA vgl. *Kappus* (1985).
Es ist bei den genannten Autoren aber auch sonst keinesfalls immer einfach, wissenschaftliche von nicht-wissenschaftlichen, auf Meinungsbildung gerichteten Arbeiten abzugrenzen. Die vor allem durch die Nachrüstungsdiskussion stark erhöhte Sensibilität der westdeutschen Bevölkerung hat zu einer großen Aufnahmebereitschaft von Literatur auf dem Gebiet der Rüstung und der Rüstungskontrolle geführt. Davon profitieren dann auch Arbeiten, die stärker politisch gerichtet als politikwissenschaftlich fundiert sind. Die Grenze zur Politik wird hier häufig und wohl auch bewußt überschritten.
Innerhalb der wissenschaftlichen Literatur müssen Publikationen erwähnt werden, die ihrer Erscheinungsform nach zur „grauen Literatur" zählen, weil sie auf dem Buchmarkt nicht erhältlich sind. Sie spielen aber in der Diskussion eine erhebliche Rolle, sind meist besonders aktuell gehalten und dienen der Information der Politiker und des informierten Publikums. Sie werden von der Friedrich-Ebert-Stiftung (Beispiel *Lübkemeier* 1985), der Hessischen Stiftung Friedens- und Konfliktforschung (Beispiel *Kubbig* 1986) und der Stiftung Wissenschaft und Politik (Beispiel *Scherz* 1985) herausgegeben. Diese Arbeiten erscheinen unregelmäßig, aber sehr häufig. Sie insbesondere drücken die zunehmende Politiknähe politikwissenschaftlicher Forschung aus. Dabei zeigt sich allerdings sofort, daß diese Forschung aus den Universitäten weitgehend abgewandert ist und sich vornehmlich, wenn nicht beinahe ausschließlich, in außeruniversitären Forschungsinstituten angesiedelt hat. Dieser Vorgang sollte aufmerksam beobachtet werden, weil er in sehr viel stärkerem Maße, als dies bei der Friedensforschung der Fall war, bewirken könnte, daß sich die Entfernung zwischen der Grundlagenforschung an den Universitäten und der anwendungsgerichteten Forschung in den Instituten zum Schaden beider vergrößert. Die policy-bezogene Forschung rezipiert beispielsweise schon jetzt kaum noch, was in der akademischen Forschung im Hinblick auf Theoriebildung und Methodeneinsatz erarbei-

tet worden ist. Die Universitäten hingegen laufen Gefahr, mit dieser Ausrichtung und der sich daran orientierenden Lehre einen Nachwuchs zu erzeugen, der für die Beschäftigung in solchen Instituten nicht hoch genug spezialisiert ist.

Auf dem zweiten Politikfeld, dem des Nord-Süd-Konflikts und der Entwicklungshilfe, hat sich diese Tendenz nicht in der gleichen Weise durchgesetzt. Die einschlägige Forschung ist vielmehr an den Universitäten verblieben, was wohl darauf zurückzuführen ist, daß die außeruniversitären Forschungsinstitute auf diesem Gebiet von und mit Wirtschaftswissenschaftlern besetzt sind. Freilich ist die politikwissenschaftliche Forschung im Vergleich zu den siebziger Jahren der Zahl nach zurückgegangen; dabei hat sich die Professionalität erheblich erhöht (*Nuscheler* 1985). Die Theorieüberlast dieser Periode wurde zugunsten einer stärkeren Berücksichtigung der Empirie vermindert, wobei sich vor allem *Elsenhans* (z. B. 1984) hervorgetan hat. Das vom Deutschen Übersee-Institut, Hamburg, herausgegebene, 1985 zum dritten Mal erschienene Jahrbuch Dritte Welt dokumentiert diese Tendenz. Sie hat wohl auch bewirkt, daß sich die Rezeption des Nord-Süd-Konflikts an den Universitäten stark verbreitet hat (*Link/Tücks* 1985; *Weede* 1985). Die alten Fronten sind damit nicht völlig eingeebnet worden (*Simonis/Weede* 1986), einige Stellungen werden ehern gehalten (*Fröbel et al.* 1986). Der Forschungsakzent kommt aber doch offensichtlich mehr und mehr auf professionalisierte Detailstudien zu liegen, wo, wie das Beispiel der Medien (*Becker* 1985) und der Neuen Internationalen Informationsordnung (*Steinweg* 1985) zeigen, noch zahlreiche neue Konfliktbereiche zu erschließen und zu analysieren sind. Das gilt vor allem für die politischen Konflikte in der Dritten Welt, für die sich der Begriff der Süd-Süd-Konflikte eingebürgert hat (*Matthies* 1982, 1982a). Die Deutsche Forschungsgemeinschaft hat, wie erwähnt, diesem Problembereich den zweiten Schwerpunkt ihrer Friedensforschungsförderung gewidmet. Er hat inzwischen auch Eingang in die allgemeine Diskussion gefunden (*Braun et al.* 1986).

Auf diesem Politikfeld, eingeschlossen das der bundesrepublikanischen Entwicklungshilfe, liegen die Übergänge zwischen wissenschaftlicher und nicht-wissenschaftlicher Literatur noch näher beieinander, überwiegt der Anteil letzterer am literarischen Ausstoß bei weitem. Das Aufmerksamkeitspotential für Probleme dieser Art ist in der bundesrepublikanischen Gesellschaft sehr hoch, wozu – stärker als auf dem Feld der Sicherheit – die beiden großen christlichen Kirchen erheblich beitragen. Dieser Hinweis muß hier ausreichen; er ist aber insofern notwendig, als gerade über das Engagement solcher großen gesellschaftlichen Kräfte Wissenschaft unmittelbar in gesellschaftliche Praxis einfließt und sie dementsprechend beeinflußt. Dieser nexus besteht in dieser Form auf dem Feld der Sicherheit nicht. Die Ausnahmen von Hamburg, wo der SPD-Politiker *Egon Bahr* das IFSH leitet, und die Heidelberger Forschungsstätte der Evangelischen Studiengemeinschaft, deren Leiter *von Schubert* an den sicherheitspolitischen Konzepten der SPD mitwirken kann, bestätigen die Regel.

Jenseits der beiden Politikfelder Sicherheit und Dritte Welt ist die politikwissenschaftliche Forschung auf dem Gebiet der Internationalen Beziehungen deutlich weniger aktiv. Auf dem analytischen Niveau des Systems ist nach wie vor nur die Studie von *Link* zum Ost-West-Konflikt vorzufinden (1982). Die sachlich sehr verdienstvolle Edition von *Rode* und *Jacobsen* (1984) verwendet zwar für ihren Titel Systembegriffe, analysiert aber durchweg die Außenwirtschaftspolitiken der beteiligten Länder, argumentiert also auf dem Niveau der Außenpolitik, der Aktion. Das ist, wie ich an anderer Stelle (*Czempiel* 1984) ausgeführt habe, unvermeidlich und auch auf mittlere Zeit hin ausschließlich zu erwarten. Die Disziplin hat weltweit das Instrumentarium nicht zur Verfügung und auch noch nicht entwickelt, mit dem sich Interaktionen, Beziehungen also, unmittelbar erfassen ließen. Die Möglichkeit dazu ist zwar in der Begrifflichkeit vorgegeben (Krieg, Frieden); sie analytisch zu verwirklichen, fällt indes außerordentlich schwer. Hilfsweise ist es natürlich möglich, die internationalen Beziehungen aus der Aggregation addierter Außenpolitiken zusammenzusetzen, was denn in der Regel – freilich ohne die Aggregation – auch geschieht. In jedem Fall kommt auf diese Weise eine vollständige, d. h. also auch die Interaktion mit berücksichtigende Analyse von Außenpolitik zustande, es ist kein Wunder, daß die meisten politologischen Arbeiten denn auch dieses Niveau bevorzugen.

In den letzten Jahren ist eine Reihe guter Studien zur Außenpolitik einzelner Länder veröffentlicht worden, beispielsweise zu der der USA (*Schweigler* 1982; *Hacke* 1983), etwas problematisch die geraffte Übersicht von *Spillmann* (1985). Grundlegend zur sowjetischen Außenpolitik hat sich *Adomeit* geäußert (1983), mit stärker einführender Absicht *von Beyme* (1985). Auch Einzelaspekte der sowjetischen Außenpolitik finden Beachtung (*Tiedtke* 1985), besonders natürlich im Bundesinstitut für ostwissenschaftliche Forschung (*Wettig* 1985; *Meißner* 1984).

Verständlicherweise nimmt die Untersuchung der bundesrepublikanischen Außenpolitik sowie die ihrer Einbindung in die westliche Allianz den ersten Platz in der bundesrepublikanischen Forschungslandschaft ein; er ist interessanterweise nicht so groß, wie man es eigentlich vermuten müßte. Gesamtanalysen bundesrepublikanischer Außenpolitik sind eine Seltenheit, finden sich vornehmlich im Textbuchbereich (*Haftendorn et al.* 1982; *Pfetsch* 1981; *Schneider/Uffelmann* 1976) oder in Gestalt von Handbuchartikeln (*Schwarz* 1975). *Schwarz'* neuere Arbeit zur Machtvergessenheit der Deutschen (1985) muß, trotz ihrer systematischen Einschübe, eher der politischen Literatur zugeordnet werden. Zu erwarten ist eine Studie von *Link* über die Außenpolitik der sozialliberalen Koalition (1986). Für die deutsch-deutschen Beziehungen ist allerdings eine ganze Zeitschrift, das ,Deutschland-Archiv', zuständig. In Erlangen startet 1986 die Schriftenreihe ,Erlanger Beiträge zur Deutschlandpolitik'.

Ließe sich die relativ geringe Anzahl von Gesamtanalysen der bundesdeutschen Außenpolitik daraus erklären, daß sie sehr viel Schwierigkeiten und relativ wenig Sinn machen, so fällt doch auf, daß auch die Zahl der Teilanalysen bundesdeutscher Außenpolitik nicht so groß ist, wie man es eigentlich erwarten müßte. Es gibt sie, natürlich. *Haftendorn* hat schon 1974 und in erweiterter Form nochmals 1983 die Sicherheits- und Entspannungspolitik der Bundesrepublik grundlegend analysiert, *Seidelmann* (1982) deren Entspannungspolitik eigens untersucht. *Schweigler* (1985) hörte die öffentliche Meinung auf die „Grundlagen der außenpolitischen Orientierung" der Westdeutschen, *Meyer* (1983) auf ihr Sicherheitsbewußtsein hin ab. Darüber hinaus gibt es zahlreiche Studien und Aufsätze zu Einzelproblemen bundesrepublikanischer Außenpolitik, vor allem im ,Europa-Archiv'. Die Deutsche Gesellschaft für Auswärtige Politik mit ihrem Forschungsinstitut ist sozusagen von Amts wegen auf diesen Forschungsbereich verpflichtet; *Schultz* hat sich hier insbesondere und mehrfach mit der deutschen Frage befaßt (z. B. 1985). Die vom Forschungsinstitut der DGAP herausgegebenen Jahrbücher „Die internationale Politik" geben selbstverständlich der bundesrepublikanischen Außenpolitik großen Raum. Dennoch bleiben bestimmte Bereiche der bundesdeutschen Außenpolitik fast ganz ausgespart, beispielsweise ihre Politik in der Europäischen Gemeinschaft. Zwar ist die bundesrepublikanische Forschung hier vertreten (*Hrbek/Wessels* 1984), wird die Bundesrepublik als Teil Westeuropas aufgefaßt und ihre Außenpolitik dementsprechend im Rahmen der EPZ behandelt (*Rummel* 1982). Angesichts der Bedeutung der Rolle der Bundesrepublik in der EG und deren Relevanz für Position und Politik Bonns wäre sicher eine größere analytische Aufmerksamkeit vonnöten. Der gleiche Wunsch drängt sich auf, wenn man die bilateralen Beziehungen der Bundesrepublik zu den wichtigsten westeuropäischen Ländern betrachtet; sie sind bisher fast unbeachtet geblieben – wie auch die politischen Systeme und Gesellschaften dieser Länder in der bundesrepublikanischen Forschung stark vernachlässigt werden. Dieser Aspekt gehört nicht, wie erwähnt, in die Internationalen Beziehungen; er gehört aber in das Bild einer bundesrepublikanischen Forschungslandschaft, die sich nicht gerade durch eine besondere Hinwendung zur Außenpolitik und den Umweltbeziehungen der Bundesrepublik auszeichnet. Wirtschaftswissenschaft und Rechtswissenschaft, jedenfalls das Völkerrecht, weisen – so will es scheinen – eine größere Außenorientierung auf als die bundesdeutsche Politikwissenschaft.

Der Befund hellt sich beträchtlich auf, wenn man die Falluntersuchungen miteinbezieht, die zahlreich erscheinen. Sie beziehen glücklicherweise auch die bundesrepublikanischen Außenwirtschaftsbeziehungen mit ein, beleuchten zunehmend die darin enthaltenen Schnittstellen politischer und wirtschaftlicher Interessen (*Rode* 1980; *Wörmann* 1986). Außenpolitische Neuerscheinungen, wie z. B. die Rolle, die der Technologietransfer in den internationalen Beziehungen spielt, werden relativ rasch aufgegriffen. Es gibt also keinen Grund zu Klagen, zumal die Fülle der Publikationen, die Einzelaspekten bundesrepublikanischer Politik gewidmet werden – der erwähnten Defizite ungeachtet –, hier auch nicht annähernd wiedergegeben werden kann.

Bedenklich muß jedoch stimmen, daß die meisten dieser Publikationen wiederum sehr stark in der Praxis angesiedelt sind und ohne geklärtes wissenschaftliches Instrumentarium arbeiten. Dementsprechend klein ist der Nutzen für die Weiterentwicklung der Disziplin; dementsprechend gering die Beiträge, die aus der Bundesrepublik in die internationale Diskussion der ‚international relations' fließen. Sie ist nach wie vor sehr stark auf Theoriebildung ausgerichtet (ohne daß die Fallstudien dabei völlig übersehen würden). Diese Theorie-Orientierung ist in der Bundesrepublik zweifellos unterentwickelt; der Trend hier geht nicht zum Entwurf und Test von Hypothesen, die dann zum akkumulierbaren Wissen beitragen könnten. Auf dem Panier der bundesdeutschen Zunft weht weithin das Signum der Praxisnähe.

In diesem Zeichen gewinnt die Tatsache, daß die Deutsche Vereinigung für Politikwissenschaft keine Sektion Internationale Politik mehr hat, fast schon symbolische Bedeutung. Der vor einiger Zeit gegründete, Wissenschaftler mehrerer Disziplinen umfassende „Studienkreis Internationale Politik" ist noch zu jung, als daß sich absehen ließe, daß er als Impulsgeber für eine stärkere systematische Orientierung dienen könnte. Interdisziplinarität ist zwar gerade auf diesem Gebiet unentbehrlich, freilich auch kein Allheilmittel. Wenn die Disziplin ihrem Auftrag gerecht werden, zur internationalen Diskussion beitragen und schließlich auch den Nutzen ihrer Studien für die politische Praxis der Bundesrepublik erhöhen will, müßte sie sich stärker auf die Prozeduren einlassen, auf die die Erzeugung wissenschaftlicher Erkenntnisse nun einmal angewiesen ist. Das mag dem Praktiker als Umweg erscheinen; für den Wissenschaftler ist es nicht nur der einzige, sondern auch der direkte Weg zur Verbesserung von Praxis.

Literaturverzeichnis:

Adomeit, Hannes (1983): Die Sowjetunion in internationalen Krisen und Konflikten. Verhaltensmuster, Handlungsprinzipien, Bestimmungsfaktoren, Baden-Baden.

Afheldt, Horst (1983): Defensive Verteidigung, Reinbek.

Albrecht, Ulrich (1979): Rüstungskonversionsforschung, Baden-Baden.

Ders. (1986): Internationale Politik. Einführung in das System internationaler Herrschaft. München.

Becker, Jörg, et al. (1976): Zur Analyse außenpolitisch relevanter Feindbilder in der Bundesrepublik 1949–1976, Frankfurt/HSFK.

Ders. (1985): Massenmedien im Nord-Süd-Konflikt. Frankfurt.

Behrens, Henning, und *Noack, Paul* (1984): Theorien der Internationalen Politik, München.

Boeckh, Andreas (Hrsg.) (1984): Internationale Beziehungen, Theorien – Organisationen – Konflikte. Pipers Wörterbuch zur Politik, Band 5, München.

von Beyme, Klaus (1985²): Die Sowjetunion in der Weltpolitik. München.

Brauch, Hans Günter (1984): Angriff aus dem All. Der Rüstungswettlauf im Weltraum. Bonn.

Braun, Gerald, et al. (1986): Krisenherde in der Dritten Welt – Eine Bedrohung des Weltfriedens?, Freiburg.

Brock, Lothar (1980): „Abrüstung als Entwicklungspolitik", in: Aus Politik und Zeitgeschichte. B 42/80, 18. 10. 1980, S. 21–29.

Brock, Lothar, et al. (1985): „Zehn Jahre KSZ-Prozeß", in: Aus Politik und Zeitgeschichte, Beilage zur Wochenzeitung das Parlament, B 37, S. 3–24.

Burton, John W., et al. (1974): The Study of World Society: A London Perspective. International Studies Association.

Cap, Peter (1983): Analysen und Modelle auswärtiger Politik. Die wissenschaftsgeschichtliche Entwicklung vergleichender Studien auf dem Gebiet der Außenpolitik in den USA, München.

Czempiel, Ernst-Otto (1981): Internationale Politik. Ein Konfliktmodell, Paderborn.

Ders. (1984): „Zum theoretisch-methodischen Ansatz der Analyse des Ost-West-Konflikts", in: *Link, Werner* (Hrsg.): Die neueren Entwicklungen des Ost-West-Konflikts: Konstanten und Veränderungen, Köln, S. 29–36.

Ders. (1986): Friedensstrategien. Systemwandel durch internationale Organisationen, Demokratisierung und Wirtschaft, Paderborn.

Deutsches Übersee-Institut (Hrsg.) (1983 lfd.): Jahrbuch Dritte Welt, München.

Ebert, Theodor (1975): „Gewaltfreie Aktion. Erfahrungen und Perspektiven", in: *Funke, Manfred* (Hrsg.): Friedensforschung – Entscheidungshilfe gegen Gewalt, München, S. 215 ff.

Elsenhans, Hartmut (1981): Abhängiger Kapitalismus oder bürokratische Entwicklungsgesellschaft. Versuch über den Staat in der Dritten Welt, Frankfurt.

Ders. (1984): Nord-Süd-Beziehungen. Geschichte – Politik – Wirtschaft, Stuttgart.

Forndran, Erhard/Krell, Gert (Hrsg.) (1984): Kernwaffen im Ost-West-Vergleich. Zur Beurteilung militärischer Potentiale und Fähigkeiten, Baden-Baden.

Fröbel, Folker, et al. (1986): Umbruch in der Weltwirtschaft, Reinbek.

Galtung, Johan (1975): Strukturelle Gewalt. Beiträge zur Friedens- und Konfliktforschung, Reinbek.

Gantzel, Klaus-Jürgen (1972): System und Akteur. Beiträge zur vergleichenden Kriegsursachenforschung, Düsseldorf.

Ders. (Hrsg.) (1975): Herrschaft und Befreiung in der Weltgesellschaft, Frankfurt.

Hacke, Christian (1983): Die Ära Nixon – Kissinger 1969–1974, Stuttgart.

Haftendorn, Helga (1975): Theorie der internationalen Politik. Gegenstand und Methode der Internationalen Beziehungen, Hamburg.

Dies. et al. (1982): Die Außenpolitik der Bundesrepublik Deutschland, Berlin.

Dies. (1983): Sicherheit und Entspannung. Zur Außenpolitik der Bundesrepublik Deutschland 1955–1982, Baden-Baden.

Frei, Daniel (Hrsg.) (1973): Theorien der internationalen Beziehungen, München.

Hrbek, Rudolf/Wessels, Wolfgang (Hrsg.) (1984): EG-Mitgliedschaft: Ein vitales Interesse der Bundesrepublik Deutschland?, Bonn.

Hütter, Joachim (1976): Einführung in die internationale Politik, Stuttgart.

Jopp, Mathias, et al. (1985): „Zehn Jahre KSZE-Prozeß", in: Aus Politik und Zeitgeschichte B 37/1985, 14. 9. 1985, S. 3–24.

Kaiser, Karl/Schwarz, Hans-Peter (Hrsg.) (1985): Weltpolitik. Strukturen – Akteure – Perspektiven, Bonn.

Kappus, Wolfgang (1985): Abrüstung und Wirtschaftswachstum. Die Erfahrungen der USA mit der Rekonversion 1968–1976, Frankfurt.

Kindermann, Gottfried-Karl (Hrsg.) (1977): Grundelemente der Weltpolitik, München.

Knapp, Manfred (1978): „Politische und wirtschaftliche Interdependenzen im Verhältnis USA – (Bundesrepublik) Deutschland 1945–1975", in: ders. et al.: Die USA und Deutschland 1918–1975, München.

Krell, Gert/Schmidt, Hans-Joachim (1982): Der Rüstungswettlauf in Europa. Mittelstreckensysteme, konventionelle Waffen, Rüstungskontrolle, Frankfurt.

Krippendorff, Ekkehart (1975): Internationales System als Geschichte, Frankfurt.

Ders. (1977): Internationale Beziehungen als Wissenschaft, Frankfurt.

Kubbig, Bernd (1986): Zivilen Nutzen schaffen mit Raketenabwehrwaffen. Technologie- und industriepolitische Aspekte der SDI-Diskussion. HSFK-Forschungsbericht 2, Frankfurt.

Link, Werner (1980): Der Ost-West-Konflikt. Die Organisation der internationalen Beziehungen im zwanzigsten Jahrhundert, Stuttgart.

Ders./Tücks, Paul (1985): Der Nord-Süd-Konflikt und die Zusammenarbeit der Entwicklungsländer, Berlin.

Lübkemeier, Eckhard (1985): Die SDI – Eine militärstrategische und rüstungskontrollpolitische Bewertung, Bonn.

Lutz, Dieter S. (1981): Weltkrieg wider Willen? Die Nuklearwaffen in und für Europa, Reinbek.

Ders. (Hrsg.) (1982): Sicherheitspolitik am Scheideweg?, Bonn.

Ders. (Hrsg.) (1983 lfd.): S+F. Vierteljahresschrift für Sicherheit und Frieden.

Matthies, Volker (1982): Kriege in der Dritten Welt – Analysen und Materialien, Opladen.

Ders. (Hrsg.) (1982a): Süd-Süd-Beziehungen. Zur Kommunikation, Kooperation und Solidarität zwischen Entwicklungsländern, München.

Meissner, Boris (1984): Sowjetische Kurskorrekturen: Breshnew und seine Erben, Zürich.

Meyer, Berthold (1983): Der Bürger und seine Sicherheit. Zum Verhältnis von Sicherheitsstreben und Sicherheitspolitik, Frankfurt.

Meyers, Reinhard (1981): Die Lehre von den Internationalen Beziehungen. Ein entwicklungsgeschichtlicher Überblick, Königstein/Ts.

Mechtersheimer, Alfred/Barth, Peter (Hrsg.) (1983): Den Atomkrieg führbar und gewinnbar machen? Dokumente zur Nachrüstung, Reinbek.

Nerlich, Uwe (Hrsg.) (1982): Die Einhegung sowjetischer Macht. Kontrolliertes militärisches Gleichgewicht als Bedingung europäischer Sicherheit, Baden-Baden.

Nuscheler, Franz (Hrsg.) (1985): Dritte-Welt-Forschung. Entwicklungstheorie und Entwicklungspolitik, in: Politische Vierteljahresschrift, Sonderheft 16.

Opitz, Peter J. (Hrsg.) (1982): Weltprobleme, München.

Pfetsch, Frank R. (1981): Die Außenpolitik der Bundesrepublik 1949–1980, München.

Rittberger, Volker (Hrsg.) (1979): Abrüstungsplanung in der Bundesrepublik, Baden-Baden.

Rode, Reinhard (1980): Amerikanische Handelspolitik gegenüber Westeuropa. Von der Handelsreform zur Tokio-Runde, Frankfurt.

Ders./Jacobsen, Hanns-Dieter (Hrsg.) (1984): Wirtschaftskrieg oder Entspannung. Eine politische Bilanz der Ost-West-Wirtschaftsbeziehungen, Bonn.

Röhrich, Wilfried (1986): Politik als Wissenschaft. Ein Überblick, Opladen.

Rummel, Reinhardt (1982): Zusammengesetzte Außenpolitik. Westeuropa als internationaler Akteur, Kehl und Straßburg.

Scherz, Reimar (1985): Land- und Luftstreitkräfte in Europa. Ein militärischer Kräftevergleich, Ebenhausen.

Schneider, Herbert/Uffelmann, Uwe (1976): Zur Außenpolitik der Bundesrepublik Deutschland, Paderborn.

Schubert, Klaus von (Hrsg.) (1977): Sicherheitspolitik der Bundesrepublik Deutschland. Dokumentation, 1945–1977. 2 Bde, Bonn.

Schulz, Eberhard/Danylow, Peter (1985²): Bewegung in der deutschen Frage? Die ausländischen Besorgnisse über die Entwicklung in den beiden deutschen Staaten, Bonn.

Schwarz, Hans-Peter (Hrsg.) (1975): Handbuch der deutschen Außenpolitik, München.

Ders. (1985): Die gezähmten Deutschen, Stuttgart.

Schweigler, Gebhard (1982): Von Kissinger zu Carter. Entspannung im Widerstreit von Innen- und Außenpolitik, 1969–1981, München.

Ders. (1985): Grundlagen der außenpolitischen Orientierung der Bundesrepublik Deutschland. Rahmenbedingungen, Motive, Einstellungen, Baden-Baden.

Seidelmann, Reimund (1982): Die Entspannungspolitik der Bundesrepublik Deutschland. Entstehungsursachen, Konzepte und Perspektiven, Frankfurt.

Senghaas, Dieter (Hrsg.) (1971): Kritische Friedensforschung, Frankfurt.

Ders. (Hrsg.) (1972): Imperialismus und strukturelle Gewalt. Analysen über abhängige Reproduktion, Frankfurt.

Ders. (1972a): Abschreckung und Frieden. Studien zur Kritik organisierter Friedlosigkeit, Frankfurt.

Ders. (1982): Von Europa lernen. Entwicklungsgeschichtliche Betrachtungen, Frankfurt.

Siebold, Thomas/Tetzlaff, Rainer (Hrsg.) (1981): Strukturelemente der Weltgesellschaft. Studien zu Konflikt und Kooperation in den Nord-Süd-Beziehungen, Frankfurt.

Simonis, Georg/Weede, Erich (1986): „Forum", in: Politische Vierteljahresschrift 27, 1, S. 100 ff.

Spillmann, Kurt R. (1985): Aggressive USA? Amerikanische Sicherheitspolitik 1945–1985, Stuttgart.

Steinweg, Reiner (Hrsg.) (1984): Medienmacht im Nord-Süd-Konflikt: Die Neue Internationale Informationsordnung, Frankfurt.

Stratmann, K.-Peter (1981): NATO-Strategie in der Krise. Militärische Optionen von NATO und Warschauer Pakt in Mitteleuropa, Baden-Baden.

Tiedtke, Stephan (1985): Abschreckung und ihre Alternativen. Die sowjetische Sicht einer westlichen Debatte, in: Texte und Materialien der Forschungsstätte der evangelischen Studiengemeinschaft, Reihe A, Nr. 20, Heidelberg.

Volmerg, Ute (1977): „Gesellschaftliche Verhältnisse und individuelles Verhalten in der Aggressionsforschung. Eine kritische Bestandsaufnahme", in: Friedensanalysen, 5, Frankfurt, S. 17–84.

Wassmund, Hans (1985²): Grundzüge der Weltpolitik. Daten und Tendenzen von 1945 bis zur Gegenwart, München.

Weede, Erich (1975): Weltpolitik und Kriegsursachen im 20. Jahrhundert. Eine quantitativ-empirische Studie, München.

Ders. (1985): Entwicklungsländer in der Weltgesellschaft, Opladen.

Wettig, Gerhard (1985): „Die kleineren Warschauer-Pakt-Staaten in den Ost-West-Beziehungen", in: Berichte des Bundesinstituts for ostwissenschaftliche und internationale Studien 35, Köln.

Wörmann, Claudia (1986): Osthandel als Problem der Atlantischen Allianz. Erfahrungen aus dem Erdgas-Röhrengeschäft mit der UdSSR, Bonn.

Wolf, Klaus Dieter/Zürn, Michael (1986): International Regimes und Theorien der internationalen Politik. Arbeitspapiere zur internationalen Politik und Friedensforschung, 3, Tübingen.

Woyke, Wichard (Hrsg.) (1980²): Handwörterbuch Internationale Politik, Opladen.

Namensregister

Abendroth, W. 14, 30, 35, 36, 68, 69, 70, 74, 146, 154
Aberbach, J. 110
Achen, C. 194, 204
Achinger, H. 238
Adomeit, H. 259
Afheldt, H. 256, 257
Alber, J. 197, 238
Albers, W. 238
Albrecht, U. 105, 253, 257
Alemann, U. von 32, 89, 169, 173, 185
Almond, G. 174, 196
Althusser, L. 16
Altvater, E. 239, 240
Andrews, W. 7
Arculeo, A. 7
Arendt, H. 20, 147
Argyris, Ch. 222
Arndt, H.-J. 13, 14, 15, 20, 42, 112, 122, 146, 147, 180
Arnim, H. H. von 106, 215, 217, 246
Arnold, R. 239
Asher, H. 194

Badura, B. 238, 239
Bäcker, G. 238
Bahr, E. 258
Baker, K. 196, 197, 199
Baring, A. 29, 50
Barnes, S. 10, 195, 202
Barth, P. 257
Bartholomäi, R. 238
Bauer, R. 219
Beck, U. 102
Becker, H. 107
Becker, J. 255, 258
Behr, W. 32, 174
Behrens, H. 252
Benda, E. 183, 240
Benz, A. 218
Berg-Schlosser, D. 168, 175
Berger, M. 198, 205
Bergstraesser, A. 14, 35, 36, 68, 119, 125, 145, 147, 151
Bergstraesser, L. 69, 70
Bermbach, U. 14, 32, 50, 122, 124

Bethusy-Huc, V. Gräfin 238
Beyme, K. von 17, 20, 21, 48, 49, 50, 51, 53, 101, 103, 107, 109, 110, 112, 118, 119, 120, 122, 168, 169, 171, 172, 173, 174, 175, 186, 231, 233, 242, 259
Blankenburg, E. 219, 232, 247
Blaug, M. 155
Bleek, W. 213, 217
Blumenberg, H. 156
Böckenförde, E.-W. 240
Boeckh, A. 251
Böhret, C. 42, 45, 46, 50, 51, 104, 105, 111, 112, 150, 212, 213, 214, 215, 219, 220, 221, 235, 236, 237, 238
Bogs, H. 239
Bohne, E. 220, 241
Bolle, M. 241
Bombach, S. 240
Borcke, A. von 174
Borkenau, F. 153
Bourdieu, P. 17
Boutmy, E. 15
Bracher, K. D. 36, 48, 49, 50, 51, 72, 119, 146
Brandes, V. 241
Brandt, K.-W. 173
Brandt, R. 156
Brauch, H. G. 257
Braun, G. 258
Briese, V. 239
Brill, H. 69, 70
Brinkmann, G. 213, 239
Brock, L. 255, 256
Brockmann, M. 249
Brown, A. H. 174
Bruche, G. 242
Bruder, W. 110, 190, 218, 219, 221
Brück, G. W. 238
Brunner, G. 168, 174
Bryce, J. 21
Bubner, R. 119
Buchanan, J. M. 131
Buchheim, H. 123
Bürklin, W. 197
Bufe, H. 241
Bull, H.-P. 212
Bulling, M. 212, 215

Autorenverzeichnis

Prof. Dr. Udo Bermbach, Institut für Politische Wissenschaft, Universität Hamburg, Allende-Platz 1, 2000 Hamburg 13

Prof. Dr. Klaus von Beyme, Institut für Politische Wissenschaft, Universität Heidelberg, Marstallstraße 6, 6900 Heidelberg 1

Prof. Dr. Ernst-Otto Czempiel, Johann Wolfgang Goethe-Universität, FB Gesellschaftswissenschaften, Senckenberganlage 15, 6000 Frankfurt/Main

Prof. Dr. Thomas Ellwein, FG Politikwissenschaft/Verwaltungswissenschaft, Universität Konstanz, Postfach 55 60, 7750 Konstanz 1

Prof. Dr. Jürgen W. Falter, Freie Universität Berlin, ZI 6, Sarrazinstraße 11–15, 1000 Berlin 41

Prof. Dr. Gerhard Göhler, Freie Universität Berlin, FB 15, WE 01, Ihnestraße 21, 1000 Berlin 33

Prof. Dr. Peter Grottian, Freie Universität Berlin, ZI 6, Babelsberger Straße 14–16, 1000 Berlin 31

Dr. Klaus Günther, Seminar für Politische Wissenschaft, Universität Bonn, Am Hofgarten 15, 5300 Bonn

Ilse Hartmann, Wissenschaftliche Mitarbeiterin am Institut für Sportsoziologie der Deutschen Sporthochschule Köln, Carl-Diem-Weg, 5000 Köln-Müngersdorf

Priv.-Doz. Dr. Jürgen Hartmann, Institut für Politische Wissenschaft, Universität Hamburg, Allende-Platz 1, 2000 Hamburg 13

Dr. Harro Honolka, Lehrbeauftragter an der Technischen Universität München, c/o Institut für Sozialwissenschaften, Lothstraße 17/I, 8000 München 2

Dr. Werner Jann, Hochschule für Verwaltungswissenschaften Speyer, Postfach 14 09, 6720 Speyer/Rh.

Prof. Dr. Manfred Küchler, The Florida State University, Department of Political Science, Tallahassee, Florida 32306–2049, USA

Dr. Christine Landfried, Institut für Politische Wissenschaft, Universität Heidelberg, Marstallstraße 6, 6900 Heidelberg 1

Dr. Arno Mohr, Institut für Politische Wissenschaft, Universität Heidelberg, Marstallstraße 6, 6900 Heidelberg 1

Prof. Dr. Friedhelm Neidhardt, Universität zu Köln, Forschungsinstitut für Soziologie, Greinstraße 2, 5000 Köln 41

Dr. Roland Sturm, Institut für Politische Wissenschaft, Universität Heidelberg, Marstall-straße 6, 6900 Heidelberg 1

Politische Vierteljahresschrift

Lieferbare Sonderhefte

Sonderheft 1
Ernst O. Czempiel (Hrsg.)
Die anachronistische Souveränität

Sonderheft 3
Lucian Kern /
Horst Dieter Rönsch (Hrsg.)
Simulation internationaler Prozesse

Sonderheft 4
**Gesellschaftlicher Wandel und
politische Innovation**

Sonderheft 5
Klaus Jürgen Gantzel (Hrsg.)
**Internationale Beziehungen als
System**

Sonderheft 8
Carl Böhret (Hrsg.)
Politik und Wirtschaft

Sonderheft 9
Udo Bermbach (Hrsg.)
**Politische Wissenschaft und
politische Praxis**

Sonderheft 10
Wolfgang Bruder /
Thomas Ellwein (Hrsg.)
**Raumordnung und
Steuerungsfähigkeit**

Sonderheft 11
Peter Grottian (Hrsg.)
**Folgen reduzierten Wachstums
für Politikfelder**

Sonderheft 12
Hans-Dieter Klingemann /
Max Kaase (Hrsg.)
Politische Psychologie

Sonderheft 13
Joachim Jens Hesse (Hrsg.)
**Politikwissenschaft und
Verwaltungswissenschaft**

Sonderheft 14
Wolf-Dieter Eberwein (Hrsg.)
Politische Stabilität und Konflikt

Sonderheft 15
Udo Bermbach (Hrsg.)
Politische Theoriengeschichte

Sonderheft 16
Franz Nuscheler (Hrsg.)
**Entwicklungstheorie und
Entwicklungspolitik**

Sonderheft 17
Klaus von Beyme (Hrsg.)
**Politikwissenschaft in der
Bundesrepublik Deutschland**

Westdeutscher Verlag

Richard Stöss (Hrsg.)

Parteien-Handbuch

Die Parteien der Bundesrepublik Deutschland 1945–1980.
Sonderausgabe in 4 Bänden

1986. 2580 S. 12,5 X 19 cm. (Schriften des Zentralinstituts für sozialwissenschaftliche Forschung der FU Berlin, Bde. 38 u. 39.) Taschenbuchkassette mit 4 Bänden

Dieses Handbuch ist als Nachschlagewerk für den politisch interessierten Benutzer und als wissenschaftliches Hilfsmittel für die sozialwissenschaftliche Forschung konzipiert. Es gibt erstmalig umfassend Auskunft über die Entwicklung der Parteien in der Bundesrepublik seit 1945. 45 Parteien werden nach einem einheitlichen Raster in gesonderten Beiträgen ausführlich dargestellt. Über weitere ca. 80 Parteien findet man knappe „Steckbriefe" bzw. wichtige Kurzinformationen. In einem zusammenfassenden Einleitungsaufsatz werden Entwicklungstendenzen innerhalb des Parteiensystems vor dem Hintergrund wirtschaftlicher und politischer Verhältnisse in der Bundesrepublik behandelt. Ein ausführliches Register erleichtert das rasche Auffinden der gewünschten Informationen.

Frank Trommler (Hrsg.)

Amerika und die Deutschen

Bestandsaufnahme einer 300jährigen Geschichte

1986. X, 698 S. 15,5 X 22,6 cm. Geb. mit Schutzumschlag

Der reich illustrierte Band entfaltet ein kritisches Panorama der Geschichte der Deutschen in Amerika und der Beziehungen zwischen den USA und Deutschland im 20. Jahrhundert. Zum 300. Jahrestag der ersten deutschen Einwanderung nach Nordamerika vereinte eine Konferenz namhafte amerikanische und deutsche Forscher aus den verschiedensten Disziplinen. Mit den vieldiskutierten Studien u.a. von Fritz Stern, Theo Sommer, Steven Müller, Gerhard Weinberg, Kathleen Conzen, Herbert Strauss, Günter Moltmann, Kurt Sontheimer, Peter Gay ist das Buch ein Standardwerk für die Erforschung der politischen, kulturellen und ethnischen Aspekte des faszinierenden Themas ‚Amerika und die Deutschen'. Die Beiträge reflektieren den aktuellen Forschungsstand, sind jedoch für ein generell interessiertes Publikum verfaßt. Der Band enthält zahlreiche Illustrationen.

Günther Lüschen (Hrsg.)

Deutsche Soziologie seit 1945

Entwicklungsrichtungen und Praxisbezug

1979. 370 S. 15,5 X 22,6 cm. (Kölner Zeitschrift für Soziologie und Sozialpsychologie, Sonderheft 21.) Kart.

14 führende Soziologen analysieren und diskutieren die Entwicklung und den Praxisbezug der deutschen Soziologie seit 1945. Der Band bietet eine umfassende Bestandsaufnahme der Soziologie in der Bundesrepublik und ist von grundlegendem Interesse für den nationalen und internationalen Fachbereich und für die Nachbardisziplinen.
In Einzelbeträgen werden dargestellt: Entwicklungs- und Ideengeschichte (R. Lepsius, F. Tenbruck); Entwicklungen in der Methodologie (H. Lenk, K. O. Hondrich, U. Oevermann); Empirische Untersuchungen zur Fachliteratur, Forschung und Lehre (G. Lüschen, H. von Alemann, R. Klima, H. J. Lieber); Soziologie und die Nachbardisziplinen (P. C. Ludz, D. Goldschmidt); Praktische Bedeutung und gesellschaftliche Integration (F. Neidhardt, H. Klages, R. König).

Westdeutscher Verlag

MIX
Papier aus verantwortungsvollen Quellen
Paper from responsible sources
FSC® C105338

If you have any concerns about our products,
you can contact us on
ProductSafety@springernature.com

In case Publisher is established outside the EU,
the EU authorized representative is:
Springer Nature Customer Service Center GmbH
Europaplatz 3, 69115 Heidelberg, Germany

Printed by Libri Plureos GmbH
in Hamburg, Germany